国家社科基金重大项目"加快构建新型农业经营体系研究"（14ZDA0
国家社科基金重大项目"农村集体产权制度改革深化与经济发展研究
（20ZDA045）
现代农业产业技术体系建设专用资金（CARS-28）
江苏省社会科学基金重大项目"江苏建立健全城乡融合发展的体制机
制与政策体系研究"（K0201900192）

加快构建新型农业经营体系研究

周应恒 耿献辉 著

STUDY ON
SPEEDING UP THE CONSTRUCTION OF
NEW AGRICULTURAL MANAGEMENT SYSTEM

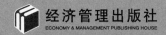

经济管理出版社
ECONOMY & MANAGEMENT PUBLISHING HOUSE

图书在版编目（CIP）数据

加快构建新型农业经营体系研究/周应恒等著. —北京：经济管理出版社，2020.12
ISBN 978-7-5096-7514-4

Ⅰ.①加… Ⅱ.①周… Ⅲ.①农业经营-经营体系-研究-中国 Ⅳ.①F324

中国版本图书馆 CIP 数据核字（2020）第 245013 号

组稿编辑：曹　靖
责任编辑：曹　靖　郭　飞
责任印制：黄章平
责任校对：张晓燕

出版发行：经济管理出版社
　　　　　（北京市海淀区北蜂窝 8 号中雅大厦 A 座 11 层 100038）
网　　　址：www.E-mp.com.cn
电　　　话：（010）51915602
印　　　刷：北京晨旭印刷厂
经　　　销：新华书店
开　　　本：787mm×1092mm/16
印　　　张：17
字　　　数：450 千字
版　　　次：2020 年 12 月第 1 版　2020 年 12 月第 1 次印刷
书　　　号：ISBN 978-7-5096-7514-4
定　　　价：88.00 元

·版权所有　翻印必究·
凡购本社图书，如有印装错误，由本社读者服务部负责调换。
联系地址：北京阜外月坛北小街 2 号
电话：（010）68022974　邮编：100836

首席专家

周应恒　教　授　南京农业大学

课题组主要成员

耿献辉	教　授	南京农业大学
杜志雄	研究员	中国社会科学院
潘显政	研究员	农业农村部
胡　浩	教　授	南京农业大学
应瑞瑶	教　授	南京农业大学
田　旭	教　授	南京农业大学
王学君	副教授	南京农业大学
严斌剑	副教授	南京农业大学
田　曦	副教授	南京农业大学
张晓恒	副教授	华中农业大学
胡凌啸	博士后	清华大学

序

新型农业经营体系的重要性

实施乡村振兴战略对现代农业发展既提供了新机遇，也提出了新要求，加快农业现代化建设已成为今后一段时期农业工作的重要内容。当前农业供给侧改革处于深水区和攻坚克难期，加快构建现代农业产业体系、生产体系、经营体系是实现农业现代化的重要抓手，是实现农业现代化的"四梁八柱"，必须研究好、用好这一抓手，为社会经济发展提供有力支撑。

在当前我国农业发展阶段，农业生产、产业、经营等三大体系仍然面临诸多问题。农业产业大而不强，传统农业产业份额比重仍然较大，农产品仍以原字开头，优质农产品少，一二三产业融合度不高。农业生产方式转变仍在进行，要素投入方式依旧传统，现代农业科技手段利用不足。农业生产的很多产品、很多环节科技水平不高，农业科技贡献率有待提升，农产品的市场机制尚不健全，能形成品牌化、具有市场竞争力的农产品少之又少。农产品要素成本较高，市场机制扭曲，无法实现农产品的优质优价。新型农业经营主体的潜能还未完全释放，农业经营规模仍然偏小偏弱，主体素质偏低，传统农户仍是经营主体的主要组成部分。农业经营组织化程度较低，分散经营的生产组织方式难以适应大市场、大变革的要求，农业供给侧改革面临诸多困难，农业发展质量有待提高。破解当前农业发展面临的"瓶颈"，需要构建农业产业体系、生产体系、经营体系协同发展机制，推进现代农业稳步高效地发展。由于体制机制存在障碍，我国现代农业三大体系的构建进程缓慢，需要创新三大体系协同发展模式，为三大体系的构建提供支撑条件和制度保障。

构建现代农业经营体系的核心是在土地流转、农业适度规模经营的基础上，促进家庭经营、合作经营和企业经营共同发展，充分调动新型农业经营主体的积极性，释放经营主体的发展潜力，重点发挥社会化服务组织的优势，尤其是通过社会化服务组织的服务规模化实现农业经营效益的提升，降低农业经营成本，提高农业竞争力。通过三大体系协同发展，充分发挥协同效应，齐头并进同时发力，破解农业供给侧改革的难点，实现我国的农业现代化。

新型农业经营体系的关键问题

新型农业经营体系构建中市场机制和政府职能的分工界定。市场在新型农业经营体系构建中扮演着信息传递者的角色，有助于调节农业经营体系中各经济主体的经济行为，合理配置有限的资源。但我们也看到农业经营体系发展中存在正外部性、规模递增、信息不对称等市场失灵特点，因此也离不开政府干预。政府通过提供公共产品、制定政策法规等方式规范和引导农业经营主体的行为，提高新型农业经营体系运行绩效。然而，由于政府行为自身的局限性和其他客观因素的制约，政府失灵问题同样存在。所以，明确新型农业经营体系构建中市场与政府的定位，处理好两者的关系，进而实现政府干预与市场调节二元机制的"凸性组合"。

粮棉油等土地密集型、果蔬等园艺类劳动密集型和畜禽等资本密集型三大产业类别的新型农业经营体系构建存在组织差异。新型农业经营体系是一个各经营主体、各经营环节以及政府与市场力量密切联系的系统，农业经营主体培育、经营体系组织发育、经营体系的支持政策与制度保障措施不是相互独立的，而是一个有机体系。更进一步，粮棉油等土地密集型、果蔬等园艺类劳动密集型和畜禽等资本密集型三大产业类别的新型农业经营体系构建路径是不同的，其产业组织连接也是有差异的。因此，在研究中要分别研究这三大类别农业经营体系与经营主体的特点、机制和政策，同时也要考察三大类别新型农业经营体系构建过程中的相互关系。

新型农业经营主体适度规模边界界定问题。农业经营主体的适度经营规模在不同生产技术发展水平下适度值不同，而且存在明显的地区差异和产品差异。因此，农业经营主体适度规模分析问题不能仅仅依靠统计和计量分析结果，还需要综合考虑不同地区现有资源禀赋条件的差异、不同农产品生产特点与技术约束等多方面的问题。

本书的特色和贡献

本书在研究过程中构建了包含新型农业经营主体培育、组织建设和政策保障三个维度的新型农业经营体系框架。新型农业经营体系是一个复杂的系统，不仅限于农业经营主体的培育，还应包括相应的组织建设和政策保障，前者指如何协调各主体内部以及相互之间的关系，后者是政府为了促进新型经营主体的培育和相关组织建设而提供的扶持和保障政策。本书从这三个角度逐步分析，可以更全面地把握构建新型农业经营体系的关键要素。

本书针对不同的经营主体提出不同的发展战略，充分发挥不同主体的比较优势。新时期农业经营主体不仅包括小规模经营的小农户，也包括适度规模经营的合作组织、家庭农场以及龙头企业。小农户受规模、资金等限制，无法在普通农产品上体现优势。他们的发展趋势应当是生产高附加值的特色精品农产品，依靠质量参与市场竞争。农民合作组织可以与产业资本或者商业资本融合，通过一体化的连接使得分散独立经营的小农户融入现代产业组织体系中，通过整合品牌资源提高市场竞争力。而家庭农场、企业等适度规模经营主体有较强的信贷能力，可以通过引进商业资本、提升技术水平、提高机械化、规模经营等方式降低成本、提高土地生产率，参与国际竞争。

本书将研究对象分为大宗作物、园艺产品和畜禽水产三大类别进行新型农业经营体系分析。大宗作物、园艺产品和畜禽养殖三大产业类别的新型农业经营体系构建路径是不同的，其产业组织连接也是有差异的。因此，分别研究这三大类别农业经营体系与经营主体的特点、组织机制和政策支持，具有积极意义。

展望

我国的城乡关系正处在快速转变时期，乡村振兴战略作为统领"三农"工作的核心抓手，产业兴旺成为产业、组织、文化、生态、人才五大振兴的首要支撑。随着市场经济的快速发展和人民生活水平的提高，现代农业经营体系对于生产、产业、经营三大体系的有机协调发展，对于现代农业发展和一二三产业融合发展，对于提高我国现代农业国际竞争力和为乡村振兴提供产业支撑，具有重要现实意义。本书从资本、土地、劳动力等投入要素密集程度视角出发，将分析对象分为粮棉油、畜禽、园艺三大类，利用经济学的分析工具实证了不同类型产业经营体系构建的相应模式，在借鉴国际经验的基础上，密切联系我国国情，构建了我国新型农业经营体系。

本书的出版，对于在乡村振兴战略背景下拓展现代农业产业的研究思路，促进现代农业组织形式创新，丰富现代农业支持政策的科学基础，推进中国特色新型农业经营体系的建设，均将发挥重要的作用。

周应恒

2020 年 12 月

目　录

第一章 乡村振兴战略与现代农业三大体系

第一节 我国城乡关系发展与乡村振兴战略

长期以来，我国工业化、城镇化优先发展的战略引起乡村社会结构、乡村经济、环境等方面的剧烈变化，部分农村地区出现空心化与衰落，如何破解农业农村发展的难题，已经影响到我国社会主义现代化的顺利实现。

早期的发展经济学和区域经济学关于乡村发展提出了工农两个部门和城乡两个区域之间的被动和极化发展的关系，认为这是市场化的结果，没有必要通过政府行为来进行纠正。后来的文献通过对发展中国家深入研究，提出了政府应在缩小工农两个部门和城乡两个区域发展差距上发挥更大的作用，并且提出了工农、城乡协调发展的思想。

一、工业化和城镇化优先战略导致农村衰落和大城市病

从我国工业化、城镇化发展战略的历史选择看，农业、农村、农民问题存在的根本原因在于国家工业化、城镇化发展战略的重点、排序和资源配置导向侧重于重工业和城市，从而导致国民收入再分配不利于农民、农业和农村发展；随着经济的发展，低价征地、农民工低工资和农村资金向城市流动等新问题日益凸显，加剧了我国农村的凋敝与衰落。

工业化、城镇化的优先发展战略，导致大量青壮年优质农村劳动力持续涌入城市，乡村普遍出现老龄化、空心化的现象，经济、文化、治理上出现衰落，城乡差距加大。乡村人口的年龄结构、性别结构出现严重失衡，留守乡村的大多数是老人、妇女、儿童，出现了大量农村土地闲置、耕地撂荒，造成了农村土地资源严重浪费，农业产业化程度较低，农村产业结构单调[1][2][3]，农民收入增加缓慢，影响了农业和农村现代化的推进，导致农村经济上的衰落甚至凋敝；大量人口的外出，使传统的节庆、风俗、饮食、手艺等失去了传承的土壤，建构在熟人关系上的亲切与温情瓦解，对传统乡村文化形成了强烈的冲击，造成乡村传统文化的式微；大量劳动力出外打工使农村社区建设缺乏必要的主体，撤村并点等农村社区调整使村民缺乏社区认同，乡村治理经费支撑能力不足，给农村社会治理形成了新的困扰和挑战；

---

①潘鹏. 电商扶贫效应与长效机制的构建 [J]. 商业经济, 2019 (03): 51-52+96.

②许溪溪. 乡村振兴战略下农村成人教育发展探析 [J]. 河北大学成人教育学院学报, 2019, 21 (01): 62-68.

③柳晓明. 大数据视角下乡村振兴人才支撑的路径选择 [J]. 菏泽学院学报, 2019, 41 (03): 10-14.

基础设施、基本公共服务和社会保障没有公平、均等地惠及农村人口，城乡没有形成良性互动的格局，城镇化推进未能有效地、稳定地减少依赖土地的农业人口，加速了城乡差距扩大。

工业化与城镇化优先发展过程中①，由于政策的人为干预，以一线城市、省会和中心城市为重点的大城市领先优先发展，迅速成为区域经济发展的龙头，人口不断向大城市、特大城市集中，小城镇则由于投入不足、功能不完善、集聚效益差，缺乏吸引力，发展相对缓慢②。小城镇集中供水、污水处理设施、人均市政公用设施投入、教育、卫生、文化等公共服务明显不足③。大城市、特大城市的市民化存在较高的制度门槛，大量进城务工的农业转移人口难以在大城市落户，无法实现市民身份转变，不仅严重阻碍了农业转移人口市民化，还使得大城市人口膨胀、交通拥堵、住房紧张、环境污染治理不足、城市管理运行效率低、要素资源相对短缺，"大城市病"现象在我国普遍出现。

二、城乡关系演变与乡村振兴战略

城乡关系是城镇和乡村因功能各异且互补而产生的一种共生关系。学者对乡村发展进行激烈的讨论，国外学者乡村价值理论和城乡融合发展理论的研究进行得较早。发展中国家存在着生产率低下的传统农业部门和生产率高的工业部门④，这种典型的二元经济结构是在发展商要求下采取工业和城市优先发展的不平衡发展战略，这一战略使得乡村建设和发展以一种被动的发展方式进行。在市场经济背景下，商品、资本、技术、人员等要素完全以自由方式流动，首先向具有极化效应的地区流动，这些地区发展得更快、更繁荣⑤，农业部门和农村处在经济区域的边缘，形成了中心—外围经济，随之而来形成了中心主导城市的不平衡发展。农业在经济发展中不仅消极地为工业部门提供劳动力，同时还积极地为工业部门和城镇提供剩余农产品，为了保证工业化和城镇化的顺利进行，必须重视农业劳动生产率的提高，积极推动农业部门建设与发展。城市与农村、工业与农业是协调发展的关系，一个国家要在全国范围内取得广泛的经济发展，就需要在国家范围内建立起一体化的居落系统，从而实现城市与农村、工业与农业之间的产品与服务双向流动，推动全国性交易市场的顺利进行。从城乡融合概念出发，要消除由产业不同带来的城乡就业对立、人口空间分布不均以及城乡福利差异等。

我国城乡关系在经历单向城市化以后，已经转向城乡互动阶段，人口、土地和资本从单向配置到城市，转为城乡两个空间的相互流动和配置⑥。对城市和乡村两种文明的认识发生变化，两者的互补和互需增强，有助于城乡两个文明在异质中发挥各自优势。促进城乡资源要素双向流动形成产业支撑，挖掘乡村生产、生活、生态、文化、休闲等多功能价值满足城乡大市场，以人为核心促进福利公平是连接两大战略的三根纽带，最终实现城乡融合发展。

---

①刘勇.我国城镇化战略的演进轨迹和操作取向［J］.改革，2012（09）：18-30.

②③国家发改委宏观经济研究院课题组，马晓河，黄汉权，等.迈向全面建成小康社会的城镇化道路研究［J］.经济研究参考，2013（25）：3-3.

④出燕鹏.浅析科学发展观视阈中的城乡一体化论［J］.福建商业高等专科学校学报，2012（06）：52-56.

⑤周静瑜.乡村振兴战略思考与实践（上）［J］.建筑设计管理，2019，36（05）：17-20.

⑥新型城镇化遇上乡村振兴，如何理解二者的关系？［J］.广西城镇建设，2019（01）：6-7.

党的十九大报告提出"实施乡村振兴战略",是推动城乡融合发展的重要战略举措,为新时代的农业农村改革和发展指明了方向。乡村振兴战略和十八大提出的新型城镇化发展战略是一致的。从党的十八大到十九大,这两个战略虽然侧重点不同,但在本质上内涵一致,互相支持配合,两大战略是辩证统一的。

　　以"产业兴旺,生态宜居,乡风文明,治理有效,生活富裕"为内涵要求的乡村振兴战略①②,其实施不仅能够增强农村活力,更为城镇居民提供优质产品、文化传承、休闲空间,促进新型城镇化以人为本,解决大城市病。乡村振兴战略通过产业振兴增强农村自身经济活力,保护生态资源为全民提供休闲服务产品,为城市发展提供绿色屏障。乡村振兴对于稀释大城市人口密度和拓宽经济发展空间具有重要价值。政府面向城乡提供公平的基础设施和公共资源,提高基本公共服务均等化的覆盖力度,不仅提升了乡村生活质量,还强化了乡村的承载能力,承载更多功能、产业、人口,构建合理的城乡空间结构,乡村振兴战略也就成为治理大城市病的路径。

三、乡村振兴战略与城乡融合发展

　　当前我国最大的发展不平衡是城乡发展不平衡,最大的发展不充分是农村发展不充分,这一矛盾在农业农村中的表现凸显了农业、农村、农民发展面临的突出问题;解决新时代的主要矛盾,一个非常重要的路径就是要解决农村的平衡发展和充分发展问题,乡村振兴战略是解决我国当前社会主要矛盾的重大举措。

　　乡村振兴的重点问题和发展路径与新农村建设一脉相承。乡村振兴有农业产业、基础设施等十大战略重点。重视打破历史形成的乡村发展低水平均衡状态,把握人力、地权、资本和技术4个重点,推进农村发展。农村建设的重点内容,应该是首先解决农民最需要、最基本的公共设施和公共服务,满足他们生存和发展的需要③④。从农村内部来看,以土地制度和户籍制度为中心进行制度改革;从农村外部来看,要通过改善城乡关系,发挥城市现代文明发动机的核心作用,辐射带动农村发展⑤。城镇吸纳农村富余劳动力、辐射带动农村发展的能力必须足够强大。

　　乡村振兴战略包含着十分丰富的内涵,包括产业兴旺、生态宜居、乡村文明、治理有效以及生活富裕等。当前农业科技进步与科技力量难以满足产业兴旺的发展要求,应加强对农业的科技引领来实现产业兴旺。产业兴旺就是现代农业产业体系形成,一二三产业融合发展,农业农村经济发展活力旺盛。产业兴旺是新时代乡村产业更高质量发展的必然要求,而要实现产业兴旺,必须引入科技、资本和人力资源到乡村发展,就必须处理好新型城镇化与乡村振兴之间的关系,促进农村一二三产业融合发展、支持和鼓励农民就业创业,也是实现产业兴旺的路径。农村一二三产业融合发展是以农村一二三产业之间的融合渗透和交叉重

①李国祥.实现乡村产业兴旺必须正确认识和处理的若干重大关系[J].中州学刊,2018(01):32-38.

②朱泽.以乡村振兴战略推进农业农村现代化[N].学习时报,2018-07-06(002).

③时媛媛.中国新农村建设研究综述[J].农村经济与科技,2010,21(02):28-29.

④刘丽华,林明水,王莉莉.新乡贤参与乡村振兴的角色感知与参与意向研究[J].福建论坛(人文社会科学版),2018(11):181-189.

⑤袁梦醒.新农村建设的路径探讨:主流观点与学理分析[J].泰山学院学报,2011,33(05):103-108.

组为路径，以产业链延伸、产业范围拓展和产业功能转型为表征，以产业发展和发展方式转变为结果，通过形成新技术、新业态、新商业模式，带动资源、要素、技术、市场需求在农村的整合集成和优化重组，甚至农村产业空间布局的优化①。三产融合以第一产业农业为融合主体，第二产业工业为经济支撑，第三产业为主攻方向的叠加发展形式。三产融合应是农业和市场发展到一定程度以后自发形成的结果。其应以农民增收为目的，且适应各个地区当地发展的特点，不可盲目进行。乡村旅游应以生态和经济和谐发展为核心，满足生态需求；以旅游特色城镇建设为导向；以环保为支撑，深化乡村绿色发展。生态宜居的乡村基本内容是乡村生态经济比重不断提高，乡村生态环境不断美化，乡村居民的绿色环保意识不断加强。

对乡村振兴战略的内涵、路径等问题探索和讨论，其最终目标是要实现城乡的融合发展。城乡融合是一个社会经济概念，是在城乡之间的各个方面，包括社会、经济、文化、科学技术、生态景观等方面实现融合。改变城乡在工业②、商业之间的对立，实现乡村和城市人口的观念上的淡化。城乡融合的前提是农业现代化，乡村工商业的高度发展，它表现出来的既是城镇又是农村，是一种新型的社区形式。在城乡二元结构的体制下，我国的发展严重偏向城市，造成城乡分离，发展差距越来越大，从城乡分离到城乡融合是现代化的关键性标志。城乡融合就是城乡从分离、对立，在互动中逐步走向融合的过程，并逐步实现城乡一体的结果③④。城乡融合要在生产力较高的情况下，充分高效地配置城乡资源，以城带乡，以乡助城，实现城乡在经济、社会、文化、生态等领域的融合，是体制统一、规划一体、资源共享、利益共得的城乡新格局⑤。

第二节　乡村振兴战略与现代农业体系

一、现代农业主要特征与发展趋势

（一）主要特征

（1）产业链越来越复杂，长短交织。现代农业区别于传统农业的一个显著特点，就是产业链大大延长了，形成了农业产前、产中、产后紧密结合的产业体系，现代农业成为一个比较复杂的生态经济系统。现代农业突破了传统农业仅仅或主要是从事初级农产品原料生产

①周晓晶，董大朋，田宏，等．乡村振兴背景下黑龙江省农村三产融合路径分析［J］．黑龙江农业科学，2019（08）：141-144.
②魏清泉．城乡融合——城市化的特殊模式［J］．城市发展研究，1997（04）：28-31.
③张坤，田尧．从城乡分离到城乡融合：历史变迁视角下的城乡发展道路［J］．新疆农垦经济，2019（02）：5-12+25.
④徐杰舜．城乡融合：新农村建设的理论基石［J］．中国农业大学学报（社会科学版），2008（01）：61-67.
⑤周明生，李宗尧．由城乡统筹走向城乡融合——基于江苏实践的对中国城镇化道路的思考［J］．中国名城，2011（09）：12-19.

的局限性，实现种养加、产供销、贸工农一体化生产，使农业的内涵不断得到拓宽和延伸，农业的链条通过延伸更加完整，农业的领域通过拓宽，使农工商的结合更加紧密。尤其是食品供给的链条越来越长，环节越来越多。一种食品从农场到餐桌，要经过生产、加工、流通等诸多环节，食品的供给体系趋于复杂化和国际化。各国按比较优势原则调整和重组国内农业资源，在世界范围内进行优化配置，实现资源和产品在国内国际市场双向流动，参与国际经济循环，形成农业国际化产业链条，整体地推动现代农业的发展。

（2）地域特征明显，与当地农业资源关系紧密。社会生产力发展到一定阶段，现代农业系统内的某些产业会受到集聚规模效益的驱动，向特定农业资源的地理区域集中，从而形成具有一定规模、地域特征明显的农业产业集聚区。现代农业会按照区域比较优势原则，突破行政区划的界限，形成有特色的作物带和动物饲养带，使分散农户形成区域生产规模化，实现资源的优化配置。这种依据当地农业资源、产品品种和基础优势，以产业化为基础，以创新为动力，以形成国内外竞争优势为目标，以持续增收增效为目的，形成某种特色和相当生产经营规模，一业为主、各业有机协调发展的农业地域，也被称为优势农产品产业带。现代农业这种区域布局特征和趋势的形成与发展，实际上是发挥地区比较优势、农业资源不断优化配置、农业国际竞争力不断提升的过程；是推进现代农业结构战略性调整向纵深发展，形成科学合理的农业生产力布局的过程；是优势区域和优势农产品的快速发展，农民收入不断增加的过程；是提高农业生产和管理水平，加快现代农业进程的过程。现代农业的区域布局特征要求优势农产品应具备一定的产业化经营水平和潜力，生产基地或加工能力达到较高水平，产品的流通渠道畅通，有较大型的批发市场，有较强的社会化服务能力，中介组织比较发达。农产品区域布局的优化和优势农产品产业带的形成，又会促进现代农业的进一步发展。

（3）现代农业产业链中主导环节后移[1]~[7]。不管过去还是现在，无论发达国家还是发展中国家，农业劳动力份额的减少是一个普遍的趋势。随着技术进步、劳动生产率增长和人均国民收入的提高，劳动力首先从第一产业向第二产业转移；人均国民收入持续提高时，劳动力便进一步从第一、第二产业流动到第三产业。现代农业的产前、产中、产后诸环节产生了专业化分工，随着社会分工的深入引起劳动生产率的提高，与此同时传统农业部门自身不断缩小，产后的涉农加工、流通企业开始成为这个链条的主体，大量的利润与产值也逐渐流向产后加工、销售环节。在发达国家，产后环节，尤其是农产品精深加工已成为提高农业竞争力和参与国际分工的重要手段，产后部门的发展规模最大，其产值是产中环节的5倍多；发达国家的农产品中，大约有80%的动物产品和70%以上的植物产品要通过不同程度的加工才能销售；食品加工业是制造业中最大的产业，约占制造业的10%以上。在现代农业体系中，任意环节的生产均在供给经济产品的同时，为下一环节提供原料，通过市场经济杠杆

①周应恒，耿献辉．现代农业内涵、特征及发展趋势［J］．中国农学通报，2007（10）：33-36.

②耿献辉．中国涉农产业：结构、关联与发展［D］．南京农业大学，2009.

③智慧农业与传统农业的主要差异_杀虫灯应用技术_新浪博客，http://blog.sina.com.cn/s/blog_168da801e0102xgyy.html.

④周应恒，耿献辉．"现代农业"再认识［J］．农业现代化研究，2007（04）：399-403.

⑤潘泽江．湖北省优势农产品产业带研究［D］．华中农业大学，2005.

⑥周应恒，耿献辉．认识"现代畜禽业"［J］．中国禽业导刊，2007（14）：14.

⑦韩毅．发展农业特色产业需要注意几个问题［N］．陇南日报，2007-11-16（004）.

的调整作用，将农业生产的产前、产中、产后诸环节进行整合，使之成为一个完整的产业系统。现代农业系统内的龙头企业对这个系统总产值的贡献占据着主导地位，通过产后涉农企业的带动或者辐射，成千上万的农户进入联合体，从而实现了产前、产中、产后的有机连接。产后涉农企业带动着现代农业系统，使整个产业链条外与市场接轨，内与农户联结，既满足了市场需要，又给这个链条上的各环节带来了利润。

（4）农业产业组织两极分化，产业组织结构呈现出"哑铃型"特征。现代农业系统内的产业组织开始出现两极分化，产业组织结构呈现出"哑铃型"特征，即整个产业由绝大多数中小企业和少量大型跨国公司构成，中小企业在产业体系中数量大，为农村经济的发展提供了巨大的空间与条件。

（二）现代农业发展趋势

（1）传统农业部门的产值比重减小。与消费结构的整体性转换相适应，发达国家在农业产业结构变革的推进上就是不断增加动物性食品及其后向关联产业，即饲料产业的生产，进而不断增加生活质量类产业的发展，使农业生产的总体结构不断走向高级化。目前，发达国家农业中畜牧业的比重大都超过了农业，水果、花卉、高品质蔬菜等产业都获得了快速发展，支撑农业增长的已不再是传统的粮食产业。

（2）农产品加工业和涉农服务业发展迅速。农业的分工分业向纵深发展，形成了发达的农业产前部门和农业产后部门。农业产前部门主要包括：为农业提供各种生产资料的部门。农业产后部门主要包括：农产品的包装、储藏、加工、运输、销售等部门，也就是常说的社会化的服务体系、服务产业。农业产中部门与产前、产后部门共同构成现代农业产业系统，构成了更广泛的现代农业体系。农业越发达，其产业价值链分工越细，联系也就越紧密。发达国家的实践证明，精深加工已成为提高农业竞争力和参与国际分工的重要手段，不仅可延伸产业链、提高农业附加值，而且可缓解农产品供应市场的季节性问题，增加社会对农产品的需求总量。

（3）技术进步加速。发达国家无论是农产品加工业的发展、农业服务业的发展，还是品牌的形成，都是以现代科技知识为支撑的。目前发达国家农业所使用的技术已经远远超过了几十年前的水平，生物技术和信息技术是重要的应用技术。农业生产的高科技化，不仅进一步推动了农业生产率的提高和农业结构的优化，而且改变了农业的传统特性，使农业的内涵和外延都发生了很大变化。

（4）农民组织化和产业组织化程度提高。提高农民组织化水平是发展现代农业的需要，发达国家农民纷纷加入或创立某些组织（如合作社等），以农业服务业为切入点，推进规模化和一体化经营。几乎所有农业发达国家都有各种各样的农民合作经济组织。发展现代农业，必须努力提高农业的组织化程度，充分发挥各类农业和农民组织在技术传递、信息集合、产业开发、规模经营、资源共享等方面的作用[1]~[8]。

二、乡村振兴的产业支撑体系

实施乡村振兴战略，产业兴旺会使农业比较效益明显提高，农业国际竞争力更强，农村经济更加繁荣；生态宜居、乡风文明和治理有效会使乡村更加美丽，更具有吸引力，促进市场优质资源要素流向农村；生活富裕意味着农民增收渠道更多，会有更多的获得感、幸福感和安全感，让农民充分分享中国特色社会主义现代化建设的成果[9]。

（一）产业兴旺是乡村振兴战略的首要支撑

实现乡村振兴，产业兴旺是基础。乡村产业兴旺并不单纯指农业发展，而是包括现代农业、一二三产业融合、农村工业和商业等产业的综合发展。需要破除体制机制障碍，深化供给侧结构性改革，引导更多的资本、技术、劳动力等要素流向乡村，提升乡村产业供给体系的质量，保持乡村经济发展的旺盛活力，实现要素融合、产业融合和城乡融合发展。

乡村振兴战略强调农业现代化和农村现代化同步推进。农业现代化一直是我国农业发展的追求目标。2017 年农业科技进步贡献率达到 57.5%，农田有效灌溉面积达到 10.2 亿亩，主要农作物耕种收综合机械化水平超过 66%，实现了由人畜耕作为主向机械化耕作为主转变。农业现代化水平的提高，成为实现农业稳产增产的最主要推动力。与农业现代化发展呈鲜明对比的是，我国农村发展滞后问题日益凸显。正是出于同步推进农业农村现代化的考虑，党的十九大明确提出农村现代化的任务，并将其与农业现代化一并作为实施乡村振兴战略的目标。

产业兴旺是乡村振兴的根本出路[10][11]。适应农业主要矛盾的变化，必须加快农业转型升级，不断延伸农业产业链、价值链，促进一二三产业融合发展，培育农业农村发展新动能，提高农业综合效益和竞争力。坚持高质量发展，推进农业供给侧结构性改革，主攻方向是推动农业由增产导向转向提质导向。建立健全质量兴农评价体系、政策体系、工作体系和考核体系，深入推进农业绿色化、优质化、特色化、品牌化，调整优化农业生产力布局。推进特色农产品优势区创建，建设现代农业产业园、农业科技园。坚持融合发展，瞄准城乡居民消费需求的新变化，以休闲农业、乡村旅游、农村电商、现代食品产业等新产业新业态为引

①周应恒，耿献辉. 现代农业内涵、特征及发展趋势 [J]. 中国农学通报，2007 (10)：33-36.
②耿献辉. 中国涉农产业：结构、关联与发展 [D]. 南京农业大学，2009.
③周应恒，耿献辉. "现代农业"再认识 [J]. 农业现代化研究，2007 (04)：399-403.
④智慧农业与传统农业的主要差异_杀虫灯应用技术_新浪博客，http://blog.sina.com.cn/s/blog_ 168da801o102xgyy.html.
⑤智慧农业与传统农业的主要差异_杀虫灯应用技术 -新浪博客，http://blog.sina.com.
⑥刘军. 江苏现代农业发展区域比较研究 [D]. 南京农业大学，2010.
⑦周应恒，耿献辉. 认识"现代畜禽业" [J]. 中国禽业导刊，2007 (14)：14.
⑧韩毅. 发展农业特色产业需要注意几个问题 [N]. 陇南日报，2007-11-16 (004).
⑨李国祥. 产业融合发展是乡村振兴的重要路径 [N]. 上海证券报，2017-11-28 (012).
⑩朱泽. 以乡村振兴战略推进农业农村现代化 [N]. 学习时报，2018-07-06 (002).
⑪中国人民银行保山市中心支行课题组，范应胜. 乡村振兴战略背景下金融支持农业产业转型路径研究——以保山市为例 [J]. 时代金融，2018 (35)：49-51.

领，着力构建现代农业产业体系、生产体系、经营体系，促进农村一二三产业融合发展，使农村产业体系全面振兴①~④。

现代农业已经突破了传统的种养殖业范畴，是一个包括种养殖业（产中）及其相关的投入部门（产前）与加工、流通和餐饮服务（产后）各部门完整的产业体系⑤，该系统是一个涉农的产业链系统，融合了第一产业及相关的第二、第三产业，发挥农业的多元功能，以便满足人们不断变化的需求。与此同时，我国社会主要矛盾已经转化为人民日益增长的美好生活需要和不平衡不充分发展之间的矛盾。现代农业的新内涵以及国内主要矛盾的重大变化，特别是面临竞争力日益下降的现实，我国小农户和现代农业发展的有机衔接必须也可能走出新的路径。

（二）加快构建现代农业体系是产业兴旺的根本

确保国家粮食安全是实施乡村振兴战略的底线。实践证明，巩固和完善农村基本经营制度，是保障国家粮食安全的有效举措。在稳定农村土地家庭承包基础上，我国还必须面对人们对美好生活的需要日益增长与农业发展相对滞后且极不充分之间的矛盾，加快构建现代农业体系，这也有助于保障把中国人的饭碗端在自己手中⑥~⑨。

三、现代农业体系的主要内容

面对新时代农业发展面临的矛盾，必须加快构建农业产业体系、生产体系和经营体系，必须完善农业支持保护体系和健全农业社会化服务体系。

（一）现代农业产业体系

突破乡村的产业就是农业，以及农业的功能就是提供农产品的传统思维模式，最重要的举措是促进农村一二三产业融合发展。目前，我国不同乡村的产业经济差异十分悬殊，有的乡村基本上只有农业生产，而有的乡村农业已经占很小的份额。有的乡村劳动生产率很低，青壮劳动力基本外出，而有的乡村劳动生产率非常高，吸纳大量外来务工人员。实现产业兴旺，应在尊重不同乡村资源禀赋的基础上，进一步实现差异化的产业发展。乡村产业兴旺，不是所有乡村产业形态千篇一律。

随着新型城镇化不断推进，现有的粮食主产区和其他典型农区的劳动力与人口将进一步外流外迁，其乡村产业格局在国家实施乡村振兴战略过程中将会进一步分化。一部分乡村产

①朱泽.以乡村振兴战略推进农业农村现代化［N］.学习时报，2018-07-06（002）.
②殷民娥.关于实施乡村振兴战略的几点思考［J］.安徽农业大学学报（社会科学版），2018，27（06）：1-5.
③石磊.着力构建现代农业产业体系［N］.吉林日报，2019-06-17（012）.
④王红梅.发展品牌农业　助推质量兴农［J］.河北农业，2019（01）：51-53.
⑤刘依杭.小农户与现代农业有机衔接发展机制研究——以河南省为例［J］.河南牧业经济学院学报，2019，32（03）：1-5.
⑥李国祥.产业融合发展是乡村振兴的重要路径［N］.上海证券报，2017-11-28（012）.
⑦李国祥.实现乡村产业兴旺必须正确认识和处理的若干重大关系［J］.中州学刊，2018（01）：32-38.
⑧柳晓明.大数据视角下乡村振兴人才支撑的路径选择［J］.菏泽学院学报，2019，41（03）：10-14.
⑨吕建文.实施乡村振兴战略　实现城乡融合发展［J］.环渤海经济瞭望，2018（11）：93-94.

业主要是种养融合，种植业为养殖业提供饲料，养殖业为种植业提供肥料，种养产业实现循环发展，供给的农产品主要满足远距离市场需求，这类地区将通过粮食生产功能区、主要农产品生产保护区和特色农产品优势区建设实现①②。另一部分乡村则实现一二三产业融合，推动休闲体验、乡村旅游产业蓬勃发展。

近年来，我国一些地方的乡村旅游和农业休闲体验等业态发展迅猛，表明农业与乡村二三产业融合、现代农业与乡村现代化融合发展的时代已经来临，也意味着农村一二三产业融合发展的潜力无限。当然，我们不能否认农村一二三产业融合发展刚刚起步，多数农村的农民还局限于农业生产领域，时常受到农产品市场波动和自然灾害的侵扰，农业比较效益低且不稳定，主要从事农业的农民还比较困难。农民生产的农产品质量安全状况与市场价格关联度不高，优质优价机制尚未形成，生产绿色优质安全专用农产品的动力机制尚未构建。要解决这些难题，必须依赖一二三产业融合发展。只有农村一二三产业融合发展起来，才能避免农村空心化，乡村产业才能够兴旺③④。

（二）现代农业生产体系

加强农业绿色基地建设和标准化投入，节约农业资源，重点解决田怎么种和牲口怎样养的问题。我国一直比较重视高标准农田建设，高标准农田已近10亿亩，这在提高农业抵御自然灾害和农业增效等方面发挥了重要作用。但是，循环农业没有得到应有的重视。在区域布局上，种植业和养殖业分别高度集中，造成农作物秸秆和养殖废弃物不能资源化利用和严重的农业面源污染。近年来，我国将南方水网地区生猪生产引导到粮食主产区布局，在农牧结合和绿色生产基地建设方面取得成效。现代农业生产体系还需要解决农民滥用化肥农药的难题，还需要让农业资源能够休养生息，这对农业科技创新促进农业标准化生产和资源节约等方面都提出了新要求。

（三）现代农业经营体系

加快新型农业经营主体培育，发展适度规模经营，重点解决谁来种田和饲养。党的十八大以来的农村全面改革和农村要素市场的培育，使农民合作经济组织、家庭农场、种养大户和农业企业不断发展，已经成为引领现代农业发展的重要力量。在构建现代农业经营体系中，一般小农户在现代农业中的地位和作用是什么？一般小农户与新型农业经营主体之间是怎样的关系？党的十九大报告提出，要实现小农户和现代农业发展有机衔接。通过建立紧密的利益联结机制，让小农户与新型农业经营主体通过要素流动和参与分配等方式分享现代农业发展成果。⑤⑥

（四）农业支持保护政策体系

党的十八大以来，我国对农业补贴和农产品价格形成机制进行了改革，效果开始显现，农业补贴政策已经放弃了简单的刺激生产，追求高产增产。耕地地力保护补贴，更加有助于

①⑥李国祥.产业融合发展是乡村振兴的重要路径［N］.上海证券报，2017-11-28（012）.
②李国祥.实现乡村产业兴旺必须正确认识和处理的若干重大关系［J］.中州学刊，2018（01）：32-38.
③⑤李国祥.专家解读：十九大"乡村振兴战略"［J］.农经，2017（11）：28-35.
④袁浩博.吉林省农村三次产业融合发展研究［D］.吉林大学，2019.

促进农业可持续发展。支持适度规模经营政策，有助于改变过度依赖财政投入农业的局面，将金融投入农业的积极性调动起来，有助于改变农业投资不足和农业融资难、融资贵的矛盾。取消玉米临时收储政策，实行市场定价、价外补贴和多元化收储政策，有力地促进了玉米供求关系的改善，成效超预期。当然，现有的农业支持保护体系仍然没有理顺，力度仍然需要加强，操作难度仍然需要降低，效果仍然有待进一步提高①②。

（五）现代农业社会化服务体系

农业现代化水平越高，农业社会化服务体系就越健全发达。在认识到农村一二三产业融合发展是一种趋势的同时，也必须看到农业产前、产中、产后不同环节的作业分工越来越细。近年来，我国各地不断涌现的大田托管、联耕联种、代收代清理烘干和代储代加工代销售等专业化服务不断涌现，都是符合经济发展规律的表现。农业社会化服务的发展，不仅有助于新型农业经营主体的培育，而且有助于实现小农户与现代农业发展有机衔接，需要通过农机购置补贴等政策措施加以支持③④。

第三节　加快构建现代农业三大体系

实施乡村振兴战略对现代农业提出了新要求，加快农业现代化已成为今后一段时期农业工作的重要内容。当前农业供给侧改革处于深水区和攻坚克难期，加快构建现代农业产业体系、生产体系、经营体系是实现农业现代化的重要抓手，是实现农业现代化的四梁八柱，必须研究好、用好这一抓手，为社会经济发展提供了有力支撑。

在当前我国农业发展阶段，农业三大体系仍然面临诸多问题。农业产业大而不强，传统农业产业份额比重仍然较大，农产品仍以原字开头，优质农产品少，一二三产业融合度不高。农业生产方式转变仍在进行，要素投入方式依旧传统，现代农业科技手段利用不足。农业生产的很多产品、很多环节科技水平不高，农业科技贡献率有待提升，农产品的市场机制尚不健全，能形成品牌化且具有市场竞争力的农产品少之又少。农产品要素成本较高，市场机制扭曲，无法实现农产品的优质优价。新型农业经营主体的潜能还未完全释放，农业经营规模仍然偏小偏弱，主体素质偏低，传统农户仍是经营主体的主要组成部分。农业经营组织化程度较低，分散经营的生产组织方式难以适应大市场、大变革的要求，农业供给侧改革面临诸多困难，农业发展质量有待提高。

破解当前农业发展面临的瓶颈，需要构建农业产业体系、生产体系、经营体系协同发展机制，推进现代农业稳步高效地发展。构建现代农业产业体系的核心是通过产业链上下游之间的纵向延伸、横向拓展，实现农业全产业链发展。依托一二三产业深度融合提升农产品附加值，发挥产业融合的乘数效应。现实路径包括：深化农产品加工领域，实现农产品的精细化加工，契合市场需求。发挥农业的多功能性，结合乡村振兴的时代背景，推广乡村文化旅

①③李国祥. 专家解读：十九大"乡村振兴战略"[J]. 农经，2017（11）：28-35.
②④李国祥. 产业融合发展是乡村振兴的重要路径[N]. 上海证券报，2017-11-28（012）.

游、观光旅游等休闲农业发展模式，培育新产业、新业态和新动能。通过农业产业结构调整，促进农业产业转型升级，提升农产品供给效率。构建现代农业生产体系的核心是通过转变农业生产方式和要素投入方式，加大科技投入力度，利用现代农业科技手段武装农业，加强农业基础设施装备建设。采用良种良法，结合农技农艺，生产优质农产品，完善农产品市场机制，通过品牌化的市场路径实现农产品的优质优价，在提高生产效率的同时增加农业生产效益。构建现代农业经营体系的核心是在土地流转、农业适度规模经营的基础上，促进家庭经营、合作经营和企业经营共同发展，充分调动新型农业经营主体的积极性[①]，释放经营主体的发展潜力，重点发挥社会化服务组织的优势，尤其是通过社会化服务组织的服务规模化实现农业经营效益的提升，降低农业经营成本，提高农业竞争力。通过三大体系协同发展，充分发挥协同效应，齐头并进，同时发力，破解农业供给侧改革的难点，实现我国的农业现代化。

由于体制机制存在障碍，我国现代农业三大体系的构建进程缓慢，需要创新三大体系协同发展模式，为三大体系的构建提供支撑条件和制度保障。构建现代农业三大体系，应以生产体系作为基础和支撑，以产业体系和经营体系为两翼，共同推动现代农业的发展。根据农业生产的具体分类，按劳动力密集型、土地密集型和资本密集型的生产结构分类，通过产业链延伸拓展，在发挥农业多功能性的基础上，一二三产业深度融合，提升农业效益。为实现优质农产品的生产，需要与之相适应的经营方式。通过经营主体的横向多元化，提高组织化程度，实现社会化服务的规模化。服务的规模化一方面可以降低农业生产的交易费用，另一方面可以通过专业化分工实现农业的高效生产。破除三大体系的体制机制障碍，总结一般性规律，创新现代农业发展模式，优化现代农业发展路径，提供政策支持与制度保障，最终构建符合我国国情的现代农业产业体系、生产体系、经营体系。

一、农业生产体系内涵与现代农业生产体系构建

（一）农业生产体系内涵

现代农业生产体系是农户和涉农企业采用现代科学技术从事农业生产活动，该活动涵盖农、林、牧、渔等领域，涉及产前、产中、产后整个农业生产过程，其目的是实现农业现代化的可持续发展，是一种以农村可持续发展为目标而形成并发展的农业经营模式，这种模式包括节俭、优配、循环、经济、生态和社会效益等内容[②]。

现代农业生产体系以保护环境和资源有效利用为核心，以资源综合循环利用、环境保护以及节水、节地、节肥、节药、节能等具体资源为重点，按照科学发展观的要求，通过资源成本节约和环境友好技术大力推广和发展循环农业，集约农业形态，以提高资源利用效率和保护生态环境，从而促进农业可持续发展[③]。

①凤翔翔．我国构建新型农业经营体系研究［D］．兰州财经大学，2015.
②③窦以鹏．吉林省现代农业生产体系研究［D］．吉林农业大学，2017.

（二）农业生产体系约束

当前我国的农业生产体系面临着许多问题，具体表现为：

（1）生产要素的约束性不断增强。自然资源条件和资本性投入对农业生产带来了很大的挑战，虽然我国主要农产品收入呈上升趋势，但是农业生产成本也呈不断上升的趋势，致使农业产量的平均效益处于下降趋势，虽然灌溉设施的建设在一定程度上可以促进农业生产要素的优化配置但同样也会使农业生产成本增加。这对现代农业生产体系有非常大的不利影响，与此同时气候的不断变化使我国农业生产的不定性加剧，对农业的生产布局和结构产生不利影响[1]。

（2）工业化进程的不利影响，在工业化进程中，用现代技术改造农业，提高农业水利化、机械化和信息化，在提高土地产出率和农业劳动生产率同时，也造成了农村大量劳动力转移和环境污染[2]。

（3）农业生产经营的组织化程度低。农户分散经营惯性阻碍了农业生产经营组织化程度的提高，提高农业生产经营组织化程度难度大。目前，我国农业仍处于低度粗放型阶段，以小农户为主的农业生产方式与现行的监管体制仍存在两难的矛盾，千家万户的小规模生产使农产品质量安全监管工作难度大、成本高；现有的监管措施和手段对小农户的针对性不够，激励机制又不能深入小农户层面，使小农户在落实各类农产品安全标准规范方面存在困难、缺乏积极性。[3]

（4）农业生产性服务业发展薄弱。目前我国的农业科技水平和农技推广发展相较于其他农业大国均有滞后，基层农技推广体系弱、农业劳动力科技素质差，农业机械化低、科技成果转化低。

（三）农业生产体系构建

构建现代农业生产体系要从四个方面来进行。第一，加强基础性工作；第二，突出区域农业特色，统筹农业产业布局；第三，加强制度创新；第四，加强技术创新[4]。

现代农业生产体系要以转变农业发展方式为主线，以提高农业经济为重点，围绕提高土地产出率、资源利用率和劳动生产率，强化科技支撑能力，构建优质、高效、生态和安全农业生产体系[5]，农业发展由注重农业的第一产业向促进农业的一产、二产、三产协调发展转变。农业欲达到现代化生产，农业生产成本是关键，要进一步提高生产效率，降低生产成本，优化农业生产资源配置，促进农民增收[6]，此外，加大农业投资力度，各个生产要素合理有效配置，同时依靠科学技术提高土地生产率。

现代农业生产体系核心是要促进农业供给更好适应市场需求变化、更好适应资源与环境条件，实现可持续发展；要不断优化农业资源配置[7]，降低不符合市场消费需求和没有市场前景的品种的播种面积，适应农业市场多样化、优质化和专业化的需求，促进农业经营由粗放型向集约型、由数量型向质量型的根本性转变，此外构建新型农业生产体系。必须强化物

①②④⑤⑥⑦窦以鹏.吉林省现代农业生产体系研究［D］.吉林农业大学，2017.
③朱晓禧，肖运来.面向农户的农产品质量安全管理对策研究［J］.农业经济与管理，2012（06）：76-82.

质装备和技术职称，着力构建现代农业生产体系，大规模推进高标准农田建设[1][2]，以机械化、化学化、水利化、电气化、经营管理现代化"五化"为主要内涵的农业现代化是未来我国农业的发展方向[3]。在农业生产中应该进行规模化、标准化生产，从种子供应到产品收购、加工、销售实现一体化。

二、农业产业体系内涵、一二三产业融合与现代农业产业体系构建

（一）农业产业体系内涵

现代农业产业体系是以保障农产品供给、增加农民收入、保护生态环境等为主要目标，集食物保障、原料供给、资源开发、生态保护、经济发展、文化传承、市场服务等产业于一体的综合系统，是多层次、复合型、可持续发展的产业体系[4][5]，具有市场化、动态化、一体化、整体化、国际化等特征。在市场经济条件下，农业产业体系的内涵非常丰富，主要包括微观层次、中观层次和宏观层次，其构成一共有三个方面：农产品产业体系、多功能产业体系、现代农业支撑产业体系。

现代农业的重要特征是农业产业链向工业和服务业的有效延伸，突破了传统农业局限在种养殖范围的狭小空间，通过食品加工业、农产品运销等向农业产前部门、农业产后部门广阔延伸，从而形成了横跨一、二、三产业的产业组织体系[6]，其实质是以现代科学技术及其应用水平、现代工业技术及其装备水平、现代管理技术及其管理水平、现代农产品加工技术及其加工水平、现代农产品流通技术及其营销水平为基础的产供销相结合的、贸工农一体化的高效率高效益科技创新产业[7]。

（二）一二三产业融合

农业产业融合就是要让农业与其他产业在技术、产品、服务、市场等方面相互融合，创造另一种形式的价值体。在传统农业时期，农业产业化走的是一条高度依赖龙头企业的纵向一体化发展道路，但目前由于在我国广大农区并不具备大规模培植龙头企业的条件，农业产业朝着横向一体化经营方向发展，导致了农业与第二、第三产业的融合，因此，在农业产业化的路径演变上，产业融合是农业产业化的新路径。

一二三产业融合发展是指以农业为基本依托，以产业化经营组织为引领，以利益联结机制为纽带，通过产业联动、要素集聚、技术渗透、体制创新，促进农业产前、产中、产后以及休闲服务各环节的有机结合，实现农业产业链的延伸、价值链的跃升、功能的拓展、多主体的共赢，让农民参与二三产业、分享增值收益[8][9]，其具体表现特征为，产业链的延伸、

①③朱晓禧，肖运来．面向农户的农产品质量安全管理对策研究［J］．农业经济与管理，2012（06）：76-82．
②王海滋，周楚涵，张士彬．农业三大体系的经济学解释及对中国的启示［J］．价值工程，2019，38（22）：281-28．
④姜吉龙．浅议如何构建农业产业化体系［J］．农场经济管理，2014（02）：21-22．
⑤袁浩博．吉林省农村三次产业融合发展研究［D］．吉林大学，2019．
⑥周应恒，耿献辉．"现代农业"再认识［J］．农业现代化研究，2007（04）：399-403．
⑦姚惠源．粮食加工科学与技术发展研究（摘录）［J］．粮食与饲料工业，2011（05）：1-6．
⑧龚晶．促进农民持续增收　推动农村一二三产业融合发展［J］．蔬菜，2016（03）：1-5．
⑨袁浩博．吉林省农村三次产业融合发展研究［D］．吉林大学，2019．

产业范围的拓展和产业功能的转型。产业融合的不断发展使农业产业综合体和联合体不断完善，从而实现农业现代化、城乡发展一体化的发展目标，提高农民的收入，农业产业融合使得农业与其他产业中的组织发生大规模的跨越产业边界的分工合作，促进有效竞争，降低交易成本。

农业产业融合使现代农业的功能不断拓展，而现代农业提出的多功能性要求，也导致了农业与相关产业融合发展。其发展路径有信息化农业、生态农业、农产品加工业、农业装备和综合型农业等，因此，推进农村一二三产业融合发展，必须加快农业供给侧结构性改革、转变农业发展方式、调整农业结构，构建粮经饲、种养加、产供销等大农业和大食物体系；延伸产业链，推动农产品加工业转型升级。

（三）农业产业体系构建

现代农业产业体系的构建需要满足结构协调、技术进步①、组织创新和布局合理等特征，在新常态背景下，先进地区的发展模式主要有外向创汇型、企业带动型、科技园区型和现代都市型模式，对于农业产业体系构建的侧重点，不同学者提出不同的看法，有学者提出我国的现代农业产业体系模式应该是政府推进型，在政府直接干预的情况下，推进现代农业产业体系协调发展，另有学者提出除了政府需要做出适当的措施之外，还要依靠科技进步来构建现代农业产业体系，同时以粮食产业为基础农业在功能变化的基础上培育、构建结构合理的农业产业新体系。

现代农业产业体系的建设必须要有有效的组织支撑，农联模式是构建现代农业产业体系的重要组织载体。目前我国的农业产业组织体系主要由"龙头企业+农户"和"合作社+农户"两种形式构成，而从产业链紧密程度看，可以分为合同（契约）模式、合作社模式、企业模式三种。

三、现代农业经营主体、经营方式与经营体系的构建

农业经营体系是指农业生产经营性主体构成的体系、社会化服务主体构成的体系与一系列政策与制度体系的集成。现代农业经营体系是当前实现我国农业现代化和可持续发展的重要战略步骤和制度保障。党的十八大报告和2013年中央一号文件都明确提出了构建集约化、专业化、组织化、社会化相结合的新型农业经营体系的要求。目前关于农业经营体系的研究主要围绕农业经营主体研究、农业经营方式研究、农业经营组织研究和农业经营体制研究这四个方面②③。

（一）农业经营主体

我国多种形式新型农业经营主体的产生是在农业生产与业经营分工条件下，各市场主体根据自身实际情况对各类劳动交易费用进行综合比较后选择不同的剩余权利赖以实现的最优

①②凤翔翔.我国构建新型农业经营体系研究［D］.兰州财经大学，2015.

③刘启明.中国家庭经营的现实特征与发展趋势［J］.西北农林科技大学学报（社会科学版），2019，19（03）：87-95+103.

组织结构的结果。当前我国的农业经营主体主要包括专业大户、家庭农场、农民专业合作社、龙头企业和经营性服务组织。

家庭农场主要是指以家庭成员为主要劳动力，从事农业规模化、集约化、商品化生产经营，并以农业为主要收入来源的经营主体①~④，是当前我国农业微观经营的重要形式，同时在一定程度上实现了土地家庭经营方式与商品化生产的有机结合。专业大户属于家庭经营的一种形式，具有一定的规模经营的优势。其发展既来自对高生产率的诉求，也来自对土地制度改革的期望。专业大户是推进现代农业发展的重要经营主体，对现代农业发展进程有着深刻的影响。农民专业合作社是新型农业经营主体的重要组成部分，同时也是我国推进农业现代化的核心力量之一，其有利于提高农业产业组织化水平，增强农业竞争力，通过合作经营的方式，可以帮助农户提高市场谈判地位，解决由单个农民式微而带来的问题。此外，农民专业合作社也可以在一定程度上帮助生产者分享来自加工和销售环节的利润，因此，有的学者认为在新型经营主体中，农民合作社可以起到核心或引领作用。农业企业一般是指采用现代企业经营方式，进行专业分工协作，从事商业性农业生产及其相关活动，并实行独立经营、自负盈亏的经济组织，许多学者认为龙头企业可以更好地应对多变的市场环境与激烈的竞争。同时农业龙头企业是产业化经营的先导力量，在农业的产业化发展中占据着十分重要的角色。农业社会化服务是农户小规模分散经营在市场机制引导下而产生的一种内在需求⑤，新型农业社会化服务组织是适应市场化要求的多元化主体共同参与的立体模式。当前，我国农业社会化服务组织存在农业合作社和农业服务公司两种主要形式。在农业经营体系中，各类农业经营主体既独立运行又相互合作，使得经营体系更加具有活力。

（二）农业经营方式

随着社会经济的发展，我国原有的农业生产经营中以一家一户为生产经营单位的方式已不适应现代市场经济条件下对农业产业化的要求，新的农业经营发展正在不断地发展⑥，目前我国的农业经营方式主要分为以下三种，分别是家庭经营方式、合作经营方式及企业经营方式。

2013 年底，十八届三中全会和中央农村工作会议都明确提出要坚持家庭经营在农业中的基础性地位，这种经营方式相对于传统承包经营方式，具有更大的规模，有学者认为家庭经营方式是农业生产环节最有效的经营方式，在上述农业经营主体中提到的家庭农场及专业大户都是家庭经营方式的外在形式。由于农业生产具有一定的特殊性质，如地域分散、规模不均匀等，在市场中缺乏竞争力与谈判力，因此，农民相互合作通过合作经营方式来维护其利益成为一种必然趋势，这种经营方式将分散的小规模农户组织起来进入农产品供应链以应对现代市场所要求的各种产品标准和交易特征，农业合作社是该方式的主要载体。除上述两

①何治江，李强．舒心农场：责任式创新下小农户"博弈胜出"新业态［J］．安徽农业科学，2019，47（09）：256-259+262.

②王慧敏．粮食安全背景下农地适度规模化经营综合效益研究［D］．西南大学，2018.

③张长江．河南省家庭农场发展的优势和阻碍因素及对策建议［J］．中州大学学报，2019，36（02）：38-41.

④王大为，李琪．新型城镇化与家庭农场发展的耦合关系研究［J］．求是学刊，2019，46（04）：64-71.

⑤何军，张兵．对我国农业社会化服务体系建设的几点认识［J］．农村经济，2005（01）：113-115.

⑥凤翔翔．我国构建新型农业经营体系研究［D］．兰州财经大学，2015.

种经营方式，当前企业经营方式也在不断地发展，企业经营方式可以更有效地降低交易成本、实现规模经济，甚至有学者认为促进家庭经营方式以及建立合作经营方式体系的现行政策只具有局部性和短期性作用，不具有摆脱小规模经营的缺陷和建立起现代农业的总体性和长期性作用，而以企业为母体的租赁式公司农场和以农地股份制为基础的公司农场将成为我国未来农业经营微观组织的重要形态。

（三）农业经营组织及体制

随着我国市场化改革的深入推进以及政府职能在农村经济领域中的快速退出，就必须大力推进农业经营的组织化进程[1]，农业产业组织向规模化、专业化发展已经成为发展农业经济的必由之路，但是当前我国农业市场存在着诸多的矛盾，发展农业经营组织的难度较大，此外，农户分散的经营惯性也为经营组织的发展带来一定困难。

推进农业经营体制机制创新，使生产关系更好地适应生产力发展，是新阶段农业农村发展的必然要求[2]，在国际化条件下，农业经营体制要进行"四位一体"的创新，即将发展龙头企业作为农业市场主体的创新；将发展专业合作社作为农业服务主体的创新；将发展行业协会作为农业管理主体的创新[3]。

（四）农业经营体系构建

新型农业经营体系主要从以下三个方面进行构建：

（1）培育新型农业经营主体对构建新型农业经营体系依赖多元化市场主体的培育。构建"四化"相结合的新型农业经营体系，其实质是对农业经营主体的创新，在构建新型农业经营体系中，对于农业经营主体的侧重点有着不同的观点，有学者认为应重点发展专业大户，有学者提出应大力促进家庭农场的发展，而对专业合作组织的培育研究成果最为丰富，这些学者提出要以农民合作组织为核心来构建现代农业经营体系与制度，此外，还有部分学者提出要以龙头企业的发展为主以及应促进农业经营主体的多元化发展。

（2）创新农业发展机制，为构建新型农业经营体系应该积极探索农业经营组织模式创新，加快构建农业社会化服务新机制，进行农业生产主体、市场主体、服务主体和管理主体创新。

（3）完善农业经营环境等，由于农业存在基础产业的特殊性和弱质性，客观上要求政府对农业发展给予扶持，同时相关的服务组织及相关体系建设应大力支持。

---

①②③凤翔翔. 我国构建新型农业经营体系研究［D］. 兰州财经大学，2015.

第二章　现代化进程中农业经营体系演化

第一节　国际农业经营体系结构及其演变

一、美国农业经营主体和经营规模的演化

美国种植业农业经营主体以大规模农场为主。根据美国农业部农业资源管理调查（US-DA Agricultural Resource Management Survey，ARMS）2011 年的统计数据，种植业农场中有96%是家庭农场，这些家庭农场的产值占种植业产值的87%。可见，在种植业领域，家庭经营的主导地位更为突出①。

1982~2007 年，美国种植业家庭农场的平均规模仅仅从 221 英亩增加到 241 英亩，变化并不明显；到了 2012 年，也仅仅增加了 10 英亩。但是，在 25 年时间里，美国种植业家庭农场内部结构发生了变化，其中点规模发生了重大改变，从 1982 年的 589 英亩增加到 2007 年的 1105 英亩，增长了 88%。1982 年，规模超过 589 英亩的家庭农场数量是 184030 个，平均规模为 1215 英亩；而到了 2007 年，规模超过 1105 英亩的家庭农场数量是 86531 个，但平均规模达到了 2350 英亩。这说明，美国的耕地越来越多地向大规模家庭农场集中；但同时，小规模家庭农场的数量也在进一步增长。

美国家庭农场在经营面积与数量关系上也表现出大规模家庭农场在面积上占主导、小规模家庭农场在数量上占主导的局面，而且随着时间的推移，家庭农场规模呈现两极化发展。实际上，美国小规模家庭农场数量的增长只是近几年才发生的。根据美国农业调查数据②，1974 年，规模为 1~49 英亩的家庭农场大约有 87.2 万个，相比于 1950 年的 290 万个下降了70%左右。但是，这一下降趋势从 1974 年开始减缓，到了 2000 年以后，这一规模的家庭农场数量反而出现了增长。

从美国主要粮食作物来看，种植玉米、小麦、大豆的家庭农场的点规模都呈现出快速增长的趋势，且以种植玉米的家庭农场中点规模增长最快。1987~2007 年，种植玉米、小麦、大豆家庭农场的点规模在两个 10 年内分别增长了 75%和 83%、72%和 31%、56%和 29%（见表 2.1）。表 2.2 展示了玉米、小麦、大豆三种作物生产在不同农场规模下的收益率、单

---

①周应恒，胡凌啸，严斌剑. 农业经营主体和经营规模演化的国际经验分析 [J]. 中国农村经济，2015（09）：80-95.
②USDA NASS, Census of Agriculture, http://www.nass.usda.gov/.

位面积劳动投入以及雇用劳动力占总劳动力的比重。可以发现，对于三种作物而言，小规模家庭农场的净收益率是负的，但随着规模扩大，净收益率也在提高。小规模家庭农场的单位面积劳动投入比大规模农场要多，但是，大规模家庭农场雇用的劳动力数量要远远高于小规模家庭农场。随着规模增大，美国家庭农场雇用劳动力的数量也在增加，且越来越表现出高度机械化、自动化的公司农场特征[①]。

表 2.1　美国主要粮食作物家庭农场的点规模

单位：英亩

	1987 年	1997 年	2007 年
玉米	200	350	600
小麦	404	693	910
大豆	243	380	490

资料来源：MacDonald 等（2013）。

表 2.2　美国主要粮食作物生产的净收益率、单位面积劳动投入及雇用劳动力占总劳动力的比重

农场规模（英亩）	净收益率（%）			单位面积劳动投入（小时）			雇用劳动力占总劳动力的比重（%）		
	玉米	小麦	大豆	玉米	小麦	大豆	玉米	小麦	大豆
<100	-0.9	-2.6	-1.3	38.6	40.4	45.7	5.0	4.0	2.7
100~249	1.2	-0.6	-0.03	12.3	8.7	10.4	2.9	3.2	5.2
250~499	2.9	0.6	1.1	7.8	5.8	7.3	4.6	3.4	7.4
500~999	4.8	0.4	1.7	5.7	5.3	5.8	10.2	16.3	14.6
1000~1999	5.3	4.6	5.4	3.5	3.2	3.8	16.9	19.5	16.4
>2000	8.0	5.5	8.2	2.7	2.2	3.0	31.2	20.5	36.0

注：表中数据是净收益率、单位面积劳动投入及雇用劳动力占总劳动力的比重 3 个指标在 2008~2011 年的平均水平。
资料来源：MacDonald 等（2013）。

二、欧盟主要国家农业经营主体和经营规模的演化

欧盟农业经营主体主要分为两类，一类是独立经营的家庭农场（Sole Holder Holdings），另一类是除家庭农场之外的其他类型经营主体，主要包括农业法人（Legal Entity）和农业团体（Group Holding）。无论从数量上还是从占有的耕地面积上看，家庭农场在欧盟仍然是最主要的农业经营主体。家庭农场所经营的耕地面积占比在国与国之间存在差异，多数国家在90%以上[②]。

根据欧盟统计局数据可知，从整体上看，1990~2010 年，欧盟主要国家庭农场的平均规模表现出增长的趋势。20 年时间里，德国家庭农场平均规模增加了 1.17 倍，增长最多，2010 年已经超过 40 公顷；丹麦增长了 81%，荷兰增长了 62%，另外三个国家的增幅都在

①②周应恒，胡凌啸，严斌剑. 农业经营主体和经营规模演化的国际经验分析［J］. 中国农村经济, 2015 (09)：80-95.

20%以上。但是，各个国家家庭农场规模的分布却存在着很大差异。根据表2.3和表2.4，欧盟6国都存在家庭农场退出农业经营的情况。在家庭农场数量占比和耕地面积占比上，德国、爱尔兰、西班牙、荷兰都呈现出相似的变化趋势，即大规模（超过50公顷）家庭农场的数量占比和耕地面积占比都在增长，而小规模（不足2公顷）家庭农场的数量占比和耕地面积占比都在不断下降。此外，以上4个国家规模小于30公顷家庭农场的耕地面积占比都呈现出下降的趋势。这说明，耕地越来越向大规模的家庭农场集中。在丹麦，耕地向大规模家庭农场集中的速度非常快，2010年，规模在100公顷以上家庭农场的耕地面积占比已经超过60%，而中等规模家庭农场（10~49.9公顷）的数量和耕地面积比重都在快速下降。英国家庭农场结构的变化缺乏规律，笔者认为，这可能与统计口径的变化有关，因此在此不做详细讨论。

表 2.3　欧盟 6 国不同规模家庭农场的数量占比

单位：%

年份		0公顷	<2公顷	2~4.9公顷	5~9.9公顷	10~19.9公顷	20~29.9公顷	30~49.9公顷	50~99.9公顷	>100公顷
丹麦	1990	0.19	1.29	1.25	14.95	24.75	17.47	21.03	14.94	4.13
	2000	0.33	1.24	1.74	16.42	20.05	13.12	16.70	19.92	10.47
	2010	3.07	1.05	2.19	19.29	18.79	10.44	11.86	14.33	18.97
德国	1990	0.45	16.61	16.36	15.75	19.04	11.87	11.74	6.81	1.36
	2000	0.22	7.17	16.75	16.12	19.41	11.42	13.80	11.31	3.81
	2010	0.23	4.70	3.96	16.76	22.39	10.89	15.64	16.86	8.57
爱尔兰	1990	0.16	2.40	8.63	14.18	28.36	18.20	16.68	9.18	2.21
	2000	0.02	2.16	6.05	11.84	24.25	17.71	20.96	13.79	3.23
	2010	0.08	1.57	5.27	11.26	24.03	17.68	21.95	14.84	3.32
西班牙	1990	1.30	33.63	26.61	15.48	10.42	4.01	3.73	2.93	1.87
	2000	1.89	31.81	25.26	15.14	11.02	4.45	4.11	3.62	2.70
	2010	1.94	28.73	24.55	14.74	11.22	5.14	5.14	4.72	3.83
荷兰	1990	1.94	15.44	14.49	17.35	20.51	13.81	11.79	4.20	0.47
	2000	1.29	13.98	15.33	15.77	17.50	13.17	15.06	6.91	1.00
	2010	1.95	10.68	14.93	14.09	15.17	10.64	16.64	12.97	2.94
英国	1990	0.70	5.20	8.06	13.05	15.91	10.67	14.96	17.52	13.94
	2000	5.32	8.16	9.31	11.12	13.05	8.66	12.14	16.00	16.23
	2010	1.84	2.40	4.35	14.48	15.49	9.69	13.29	17.90	20.57

注：由于计算过程中有"四舍五入"的情况，因此，有的合计数与100%稍有出入。

数据来源：欧盟统计局（Eurostat）网站（http：//ec.europa.eu/eurostat/web/agriculture/data/database）。

总体上看，欧盟国家家庭农场也在向大规模家庭农场发展，表现为数量的扩张和耕地面

表 2.4　欧盟 6 国不同规模家庭农场经营的耕地面积占比

单位：%

	年份	0公顷	<2公顷	2~4.9公顷	5~9.9公顷	10~19.9公顷	20~29.9公顷	30~49.9公顷	50~99.9公顷	>100公顷
丹麦	1990	0	0.03	0.13	3.27	10.58	12.64	23.85	29.59	19.91
	2000	0	0.02	0.14	2.64	6.47	7.16	14.40	30.97	38.20
	2010	0	0.01	0.13	2.25	4.40	4.18	7.51	16.79	64.73
德国	1990	0	1.01	2.89	6.09	14.78	15.57	23.98	24.17	11.51
	2000	0	0.23	2.07	4.29	10.53	10.43	19.65	28.58	24.22
	2010	0	0.12	0.33	3.00	8.26	6.67	15.05	29.03	37.54
爱尔兰	1990	0	0.11	1.19	4.13	15.96	17.21	24.64	23.71	13.06
	2000	0	0.07	0.69	2.84	11.39	13.90	25.90	29.46	15.74
	2010	0	0.05	0.58	2.62	10.99	13.40	26.17	30.46	15.73
西班牙	1990	0	2.83	6.71	8.63	11.53	7.75	11.38	16.16	35.00
	2000	0	2.37	5.48	7.25	10.48	7.36	10.71	17.14	39.20
	2010	0	1.77	4.35	5.79	8.81	7.00	11.03	18.50	42.75
荷兰	1990	0	0.95	3.07	7.77	18.54	21.00	27.73	16.84	4.11
	2000	0	0.75	2.67	5.85	13.17	16.90	29.92	23.33	7.41
	2010	0	0.44	1.94	3.92	8.48	10.17	25.10	33.22	16.73
英国	1990	0	0.09	0.46	1.65	3.93	4.48	9.97	21.15	58.28
	2000	0	0.11	0.48	1.26	2.94	3.34	7.42	17.77	66.69
	2010	0	0.03	0.19	1.35	2.87	3.07	6.71	16.47	69.31

注：由于计算过程中有"四舍五入"的情况，因此，有的合计数与 100% 稍有出入。

数据来源：欧盟统计局（Eurostat）网站（http://ec.europa.eu/eurostat/web/agriculture/data/database）。

积的集中。虽然小规模家庭农场在数量上不占主导地位，但是，各国仍有数量众多的小规模家庭农场存在[①]。

三、日本农业经营主体和经营规模的演化

与我国类似，日本拥有以稻作为主的传统农耕文化，人多地少，家庭经营是其农业的基本特点。在现代化进程中，日本根据本国资源禀赋，构建了以小农户为主体，以农协为纽带，生产高附加价值、特色化、品牌化农产品的农业经营体系。随着工业化、城市化的发展以及国内农产品市场的日益开放，日本农业经营主体也在不断分化和变迁，但是，这并未改变日本以家庭经营为主导的农业经营方式[②③]。

为了谋求农业发展和提高农业从业者的地位，日本政府于 1961 年颁布并实施了《农业基本法》。其重点是促进土地合理流动，扩大农业经营规模，实施农地集中，并通过这种方式培育一批适于发展现代农业的自立经营农户。自立经营农户类似我国常说的经营大户，是

①周应恒，胡凌啸，严斌剑. 农业经营主体和经营规模演化的国际经验分析［J］. 中国农村经济，2015（09）：80-95.

②王昌虎. 西方国家农场发展演进中的"踏轮效应"及其对中国的启示研究［D］. 云南大学，2018.

③蒋例利，王定祥，苏婉茹. 财政金融服务与新型农业经营体系构建的协同性研究［J］. 重庆大学学报（社会科学版），2018，24（01）：34-45.

指拥有使家庭中从事农业生产的成员能够正常发挥其经营能力的土地面积，在达到充分就业的状态下能够获得与其他产业劳动者相近的收入，并享受与城市家庭同等生活水准的农户或经营实体。在其他小规模农户流转自有土地、逐渐离开农业的情况下，让这批自立经营农户成为日本农业的主体。可见，培育自立经营农户的核心就是实现土地规模经营。为了落实《农业基本法》，日本还逐步废止、修改和新设立了一批法规制度，完善了日本农业法规体系。虽然日本不遗余力地推进农业规模化经营、培育自立经营农户，但结果并没有达到预期的目标。1960~1997 年，自立经营农户占农户总数的比例不仅没有增加，反而从 8.6% 下降到 5%；同期，耕地总面积中由自立经营农户经营的比例也从 24% 下降到 18%，以小规模农户为主的农业经营体系并没有根本改变[①]。

由于对自立经营农户的培育并没有实现扩大经营规模的目的，越来越开放的国际市场加剧了日本政府对农业主体培育的重视。日本政府于 1992 年发表了名为《新食料·农业·农村政策的方向》的报告书，人们称之为"新政策"。该报告书建议，培育与扶持"农业经营体"，并推进其法人化。农业经营体包括"家庭经营体"和"组织经营体"。"家庭经营体"指以家庭劳动力为主，以农户为单位从事农业经营活动，并且拥有经营决定权的农业经营体，包括一户一法人；"组织经营体"是除家庭经营体以外的经营体，主要是具备法人资格且从事农业经营的组织以及非法人团体。较之于自立经营农户，"家庭经营体"和"组织经营体"更加重视推进经营主体法人化。此外，日本逐步允许以农民为大股东的公司法人进入农业领域，鼓励村落营农。新时期的日本农业政策仍然坚持在稳定农业家庭经营的基础上，积极促进法人经营和村落营农经营的发展。1996 年，日本正式设立了日本农业法人协会。

一方面，日本政府的一系列农业经营政策对日本农业经营形态的发展变化起到了重要的导航作用，促进了日本农业经营形态的多样性，主要表现为组织经营体数量增加且其法人化的比重越来越高。从 2005 年到 2014 年，组织经营体占全部农业经营体的比重从 1.40% 提高到 2.18%，增长了约 56%；组织经营体的法人化比重也从 49.47% 提高到 58.88%，法人化的组织经营体对日本农业日益重要。组织经营体的平均耕作面积是家庭经营体的 10 倍以上，但两者的平均耕作面积都呈上升的趋势[②③]（见表 2.5）。

表 2.5 日本农业经营体发展情况

单位：万个、公顷

年份	农业经营体		家庭经营体		组织经营体							
	合计（(1)+(2)）	平均耕作面积	小计(1)	平均耕作面积	合计(2)（(2)=(3)+(4)）	法人化					非法人化(4)	平均耕作面积
						小计(3)	农事组合法人	公司	各种团体	其他法人		
2005	200.94	1.86	198.13	1.74	2.81	1.39	0.20	0.63	0.51	0.05	1.42	17.89
2010	167.91	2.19	164.81	1.94	3.10	1.71	0.36	0.89	0.41	0.05	1.39	19.14
2011	161.76	2.27	158.61	2.00	3.15	1.78	0.39	0.90	0.42	0.07	1.38	25.12
2012	156.39	2.32	153.27	2.04	3.12	1.78	0.42	0.92	0.38	0.06	1.34	24.95

---

①②周应恒，胡凌啸，严斌剑. 农业经营主体和经营规模演化的国际经验分析 [J]. 中国农村经济，2015（09）：80-95.
③蒋例利，王定祥，苏婉茹. 财政金融服务与新型农业经营体系构建的协同性研究 [J]. 重庆大学学报（社会科学版），2018，24（01）：34-45.

续表

年份	农业经营体 合计((1)+(2))	平均耕作面积	家庭经营体 小计(1)	平均耕作面积	组织经营体 合计(2)((2)=(3)+(4))	法人化 小计(3)	农事组合法人	公司	各种团体	其他法人	非法人化(4)	平均耕作面积
2013	151.41	2.39	148.24	2.08	3.17	1.82	0.45	0.94	0.37	0.06	1.34	24.65
2014	147.12	2.45	143.91	2.13	3.21	1.89	0.49	0.96	0.36	0.07	1.32	24.63

数据来源：2005 年和 2010 年数据来自日本农林水产省：《農林業センサス》，http：//www.maff.go.jp/j/tokei/kouhyou/noucen/index.html；2011～2014 年数据来自日本农林水产省：《農業構造動態調査》，http：//www.maff.go.jp/j/tokei/kouhyou/noukou/index.html。

另一方面，日本农户总量下降、类型分化和土地经营规模加速扩大的特征也非常明显。2010 年，日本农户总量为 252.8 万户，为 1950 年的 41%，1985 年的 54%，2000 年的 81%。在农户数量快速减少的同时，农户中没有或很少有农产品销售的自给农户比例快速增加，2010 年达到 35.5%。曾经快速提升的农户兼业化程度在 1990 年以后开始下降，到 2010 年，兼业农户占销售农户的比例下降了近 20 个百分点。日本农户中专业农户的比例逐步有所回升，1990～2010 年 20 年间提升了 5.6 个百分点，农户类型分化明显（见表 2.6）。从经营规模来看，1960～1985 年，日本全国农户户均耕地面积从 0.88 公顷上升至 1.05 公顷；1990～2011 年，全国农户户均耕地面积从 1.31 公顷上升到 1.81 公顷。

表 2.6　1990～2010 年日本农户的构成

单位：万户

年份	总农户数	销售农户 专业农户	占比（%）	兼业农户	占比（%）	自给农户 数量	占比（%）
1990	383.4	47.3	12.3	249.7	65.1	86.4	22.6
1995	344.4	42.8	12.4	222.4	64.6	79.2	23.0
2000	312.0	42.6	13.7	191.1	61.2	78.3	25.1
2005	284.8	44.3	15.5	152	53.4	88.5	31.1
2010	252.8	45.1	17.8	118	46.7	89.7	35.5

注：日本只把经营耕地面积 0.1 公顷以上或年销售额超过 15 万日元的农户列入统计中。销售农户是指经营耕地面积 0.3 公顷以上或者年农产品销售额 50 万日元以上的农户。其中，专业农户是指户主以及农业承担者没有农外兼业的农户；兼业农户是指家庭农业劳动力有人从事农外兼业的农户；自给农户是指经营耕地面积 0.3 公顷以下或者年农产品销售额 50 万日元以下的农户①。

四、国际经验的启示

虽然美、欧、日等国在人地资源禀赋、农业经营制度上很不相同，但是家庭经营在各个国家仍是农业生产最主要的方式。随着经济的发展、农业技术的进步，各国农业经营主体的总量都在迅速下降。而经济全球化程度的提高使得农业国际竞争越来越充分，各国的农业部门都承受着巨大的外部冲击。在日益开放的国际环境下，为了应对日趋激烈的市场竞争，多

---

① 周应恒，胡凌啸，严斌剑．农业经营主体和经营规模演化的国际经验分析［J］．中国农村经济，2015（09）：80-95.

数经济快速发展且已实现农业现代化的国家在农业经营主体以及经营规模上主要表现出两个层面的变化：

一个变化是农业经营主体在总数减少的过程中出现两极分化的特征。这种分化可以从两个方面概括：首先，在数量上，大规模农场的数量不断增加（但比重仍然很低），但是各国仍有相当数量的小规模农场，中等规模农场的数量和占比都明显下降。其次，在经营耕地面积上，尽管小规模农场在数量上占主导，但是其经营的耕地面积却在日益萎缩，土地越来越向大规模农场集中，大型农场的生产能力进一步提升，农业规模化经营程度得到提高。这一现象在美国和欧盟各国尤其明显，土地集约化的大规模经营成为美国和欧盟各国农业国际竞争力提升的源泉。农场规模的变化还与技术进步、农业政策有着密不可分的关系。

另一个变化是农业经营主体呈现多元化的趋势。虽然家庭农场仍占农业经营主体的多数，但是各国都发展出一些新型经营主体以适应国际竞争，例如美国的公司农场、欧盟的公司法人和农业团体、日本的法人化经营体和村落营农组织等。这种经营主体多元化的趋势在扩大单户土地规模受到严重限制的日本最为突出。如果欧美国家能够通过不断提高土地的集约化程度来提高其农业国际竞争力，对于人口众多而土地有限的东亚国家而言，提高农业经营主体的多元化程度、实现农业规模化经营，可能是增强本国农业国际竞争力的有效路径。除此之外，日本针对本国小规模农户创造出了农协这一农民合作组织，解决了国内小规模农户的组织化问题。虽然家庭农场以外的农业经营主体数量不多，但是，它们为农业发展注入了新的活力，对各自国家农业竞争力的提高有很强的促进作用[1][2][3]。

第二节　我国经济与农业发展环境的变化

一、农业内部生产要素

伴随劳动力成本上升以及土地租金显性化，农业生产成本迅速攀升。劳动力和土地作为农业生产过程中不可或缺的投入要素，对农业生产成本影响较大。近年来，随着农业劳动力非农就业机会的增多，劳动力从事农业生产的机会成本上升，直接导致农业劳动力用工费用上涨。2004年，小麦生产亩均人工成本仅为111.84元/亩，2014年则迅速上升至364.77元/亩，年均上涨12.55%。此外，随着适度规模经营的发展，农地流转市场逐渐发展成形，土地租金显性化，农业生产成本不断攀升。2004年，小麦生产的土地成本约为43.8元/亩，到2014年则上升至181.33元/亩，年均上涨15.27%。在《农产品成本收益资料汇编》中，劳动力价格与土地租金存在低估的情况，根据本课题组2015年的实地调研了解，江苏地区小麦规模种植户的土地租金已经上升至474.5元/亩，显著高于统计年鉴中的181.33元/亩，农业生产成本居高

①周应恒，胡凌啸，严斌剑.农业经营主体和经营规模演化的国际经验分析[J].中国农村经济，2015（09）：80-95.
②蒋例利，王定祥，苏婉茹.财政金融服务与新型农业经营体系构建的协同性研究[J].重庆大学学报（社会科学版），2018，24（01）：34-45.
③王昌虎.西方国家农场发展演进中的"踏轮效应"及其对中国的启示研究[D].云南大学，2018.

不下。①

随着工业化、城镇化快速推进，一方面，大量农村劳动力转移到城镇和非农业部门，农村老龄化、空心化现象突出，谁来种地问题日渐紧迫；另一方面，化肥、农药等各种农资价格，特别是劳动力价格的快速上涨，推动农产品成本不断攀升，农业收入占农民总收入的比重持续下降，部分传统小农户将其土地流转出去获得租金收入，从而退出农业商业化经营。伴随着承包地作为农民就业、收入以及生活保障的功能减弱，而同时政府土地制度的改革日趋深化，特别是农村土地三权分置政策的落实，为我国农业经营规模的扩大提供了基础条件。截至 2012 年底，我国共有符合统计标准的家庭农场 87.7 万个，经营耕地面积达 1.76 亿亩，占全国承包耕地面积的 13.4%；各类产业化经营组织超过 30 万个；农业社会化服务体系建设初步形成，经营性专业服务组织超过 100 万个。这些新型农业生产经营者具备一定的现代经营能力和资金实力，成为我国农业生产的生力军，引领着我国现代农业的发展②~⑦。

在适度规模经营主体发展的同时，农业劳动力素质有所提升，但劳动力数量仍下降迅速。随着农业适度规模经营的稳步推进，新型农业经营主体参与到农业经营中来。在国家政策的支持鼓励下，农业新型主体往往受到更多的农业技术培训，劳动力素质更高。因此，在农业适度规模经营实现的过程中，我国农业经营者素质的整体水平呈上升趋势。尽管劳动力素质有所提升，但是农业劳动力数量下降的趋势仍不可避免。2005 年，我国农林牧渔业从业人员约为 2.99 亿人，截至 2012 年，农林牧渔业从业人员仅为 2.7 亿人，下降 9.7%。同时，我国农业劳动力数量存在严重高估的情况，2012 年农业劳动力真实比重仅为 19.8%，远低于官方统计的 38.9%；2005 年该真实比重约为 38.2%，7 年间下降了 18.4 个百分点，农业劳动力数量正经历快速下降阶段。

不同生产要素相对价格的变化，特别是劳动力价格的上升和农田基本建设水平的提升，带来了农业机械化水平的快速提高。相对要素价格变动与生产技术进步是相互联系的。在农业生产过程中，大量农村青壮年劳动力向城市转移，农村劳动力的机会成本不断攀升，农业机械作为劳动的替代要素之一，在各个环节开始广泛地替代劳动。相关研究结论认为，农用机械总动力每增加 10 万千瓦的使用量就会有 8.47 万个农村剩余劳动力转移出去。伴随着农业机械对劳动力的广泛替代，2015 年我国农作物耕种收综合机械化水平超过 63%⑧。其中，三大主粮作物的综合机械化率超过 75%，小麦基本上实现全过程机械化。农业机械化水平的提升，进一步促进了农业劳动力的节约，也促进了农业经营规模的扩大。

二、农业外部市场环境

随着经济发展，居民收入水平的提升，我国农产品需求日益向多样性、高附加值化、高

①周应恒，刘余.中国农业发展大趋势与新三农发展路径 [J].现代经济探讨，2017 (04)：32-37.
②当前我国农业发展趋势及应对_ 农庄淡墨_ 网络（http://blog.sina.com）.
③万宝瑞.当前我国农业发展趋势及应对 [N].农民日报，2014-03-22 (003).
④万宝瑞.当前我国农业发展的趋势与建议 [J].农业经济问题，2014，35 (04)：4-7+110.
⑤林大伟.我国惠农政策推广的社会学分析 [D].华中师范大学，2014.
⑥汪桂轩.金融支持县域经济发展研究 [D].华中师范大学，2014.
⑦闵自阳.农业发展方式测定指标体系的构建及评价 [D].河南农业大学，2015.
⑧该数据为全国农业机械化工作会议公布信息.

品质化、便利化方向转变，同时对农业生态功能、教育功能以及休闲功能的需求快速增加。我国农业产出的增长已经成功地解决了 13 亿人的温饱问题，随着居民生活水平的提升，农业正经历着供给导向向需求导向转变。首先，我国农产品需求呈现多元化、高附加值化趋势。相关数据表明，随着居民生活水平的提高，饮食消费结构正从以消费谷物、蔬菜等高碳水化合物的食物向更多的消费畜产品、水产品等高蛋白质的食物转变。此外，随着农产品生产能力的提升，市场竞争更加激烈，消费者不仅关注农产品本身的属性，而且还关注农产品品牌、包装等附加属性。其次，农业生态功能、教育功能以及休闲功能需求日益增长。随着消费者生活水平的提高，尤其是城市消费群体，对农业的生态功能、文化功能日益关注，农业多功能性的发挥十分必要。2007 年的中央一号文件明确提出，农业不仅具有食品保健的功能，还具有原料供给、就业增收、生态保护、观光休闲、文化传承的功能，应该开发农业的多种功能。在此背景下，农家乐、乡村旅游、民宿等新型农业经营形态迅速发展。这些新型经营主体以农业为基础，融入农产品加工业和服务业发展理念，实现一二三产业的融合，大大扩展了农业经营的盈利空间①。

在国际市场上，随着农产品生产成本的不断上升，我国农业生产成本在国际比较中发生了逆转，加之我国农业市场开放程度高、保护水平低，产业安全面临威胁。随着全球化以及农产品贸易自由化进程的推进，我国农业发展受到其他国家农业的影响不断加大。入市初期，我国农产品在国际市场上具有绝对的成本优势，尤其是相对于美国、巴西等主要农产品出口国。然而，近年来，我国农产品生产的物质资料、劳动成本不断攀升，随着土地市场的形成，土地成本不断显性化，成本优势逐渐丧失。面对成本推动型的粮食国际竞争力下降，应该加强和完善对我国农业产业的支持与保护，用好农产品关税、配额等政策，形成有效的"防火墙"。但是，现阶段，我国平均关税水平仅为 15%，是 WTO 成员国平均关税水平的1/4。在农产品生产成本攀升加之贸易"防火墙"保护程度较低的双重压力下，以 2014 年为例，我国各种农产品成本"地板"已经突破国际价格"天花板"，谷物类产品国内市场价格比进口到岸价格高出 15%~30%（见表 2.7），大豆、棉花、油菜籽、糖及肉类产品进口到岸价格均显著低于国内市场价格。尽管大豆、油菜籽等属于短缺型进口，但粮食产品出现产量、进口量和库存量"三量"齐增的尴尬局面②。

表 2.7　2014 年主要农产品国内外价差

产品	高幅（%）	进口价（元/吨）	国内价（元/吨）
谷物	15~30		
大米	>15	3300	3800~3900
小麦	>20	1800~2000	2400
玉米	28	1800	2300
大豆	20	4000	4800
棉花	41	14000	19800
油菜籽	38	3700	5100

---

①②周应恒，刘余. 中国农业发展大趋势与新三农发展路径 [J]. 现代经济探讨，2017（04）：32-37.

产品	高幅（%）	进口价（元/吨）	国内价（元/吨）
糖	85	2700	5000
肉类	50		
牛羊肉	>100	<30000	60000
猪肉	150	12000	30000

资料来源：根据相关报告整理。

除了国内外市场的变动，我国农村环境也正在发生变化。在农村社区，农村人口大量减少，农村空心化及乡村治理失效问题凸显。农村空心化作为我国城镇化进程中一个不可逆转的趋势，已经成为影响广泛而深远的长期历史性过程。它不仅意味着高素质青壮年劳动力和新农村建设主体的流失，而且引发耕地资源浪费、乡村社会资本瓦解以及农村整体经济社会功能退化等问题，我国原有的乡村治理体系趋于失效，这给农村生活、农业生产以及农村土地制度带来新的挑战。

三、我国农业未来发展趋势与应对

在对农业内部现状和外部环境进行分析把握的基础上可以看出，我国农业发展在取得诸多成就的同时仍面临重大挑战，农业的转型发展势在必行。在对转型方向进行思考之前，我们可以对世界现代农业的发展趋势进行了解和借鉴。

虽然世界各国资源禀赋条件存在较大差异，但依然可以从中总结出具有共性的现代农业发展趋势。首先，家庭经营始终是现代农业经营主体，同时规模化经营不断发展。目前，全球大约有 5.7 亿个农场，其中 90% 以上都是以家庭为经营单位的形式存在，这也是农业生产所具有的周期性长、季节性强、受自然环境影响明显等特性所决定的。同时，在 WTO 体制下，世界各国出现规模分化，专业化经营主体不断发展，以美国为例，2001~2011 年，50公顷以下和 2000 公顷以上的农场数量所占比重分别由 43.7% 和 1.7% 上升至 51.5% 和 2.2%，经营面积所占比重分别由 3.7% 和 24.15 上升至 4% 和 34.3%[①]。其次，各国多元化的农业组织形式不断出现，因地制宜地提升了组织化程度。日本农协、法国合作社等农业组织快速发展，2004 年，法国共有 3500 多家合作社带动了全国 90% 的农户，收购了全国 60% 的农产品，占据了食品加工业产值的 40%，2013 年营业额达 843 亿欧元[②]。最后，在农业机械技术（M 技术）、生物技术（B 技术）以及化学技术（C 技术）发展成熟并广泛应用之后，农业信息化技术（I 技术）成为重要发展方向并取得了快速发展。此外，在农业政策方面，"挂钩"农业支持政策不断削弱，市场化调控手段增强。美国通过农作物保险制度、环境保护制度等手段实现"脱钩支付"，日本也从 2014 年开始对每 0.1 公顷的水稻补贴从

①何治江，李强. 舒心农场：责任式创新下小农户"博弈胜出"新业态 [J]. 安徽农业科学，2019，47（09）：256-259+262.

②周应恒，刘余. 中国农业发展大趋势与新三农发展路径 [J]. 现代经济探讨，2017（04）：32-37.

15000 日元减为 7500 日元，并于 2018 年将彻底取消①。

在了解我国"三农"发展现状的基础上，通过对不同国家现代农业发展经验的借鉴，可以判断出我国农业的未来发展趋势。

（一）小规模农户仍将是重要经营主体，应探索多样化的复合经营模式

在各项农业政策支持鼓励下，适度规模经营得到适度发展，但也很难改变小规模经营仍是我国农业经营的主体格局。我国人多地少，户均耕地规模细小，远低于国际平均水平，农业劳动生产率水平较低②。我国户均耕地面积不足 7.5 亩，每户平均 5.7 个地块；户均规模是日韩的 1/3，欧盟的 1/40，美国的 1/400③。我国现有的农业资源禀赋决定着我国小规模农户仍将长期大量存在，在很多产业领域仍将保持重要经营主体的地位。

未来我国农业经营是适度规模户与小规模农户并存，小规模农业经营需要多样化复合经营的模式。目前，我国有 2.3 亿承包户，即使 2030 年，实现城镇化率达 70%，农村仍然有 4.5 亿人，大约相当于 1 亿～1.2 亿农户。按照 70% 从事农业生产计，也有将近 0.7 亿～0.85 亿户。按照现在农业部给出的标准，将适度的土地规模界定为相当于当地户均承包土地面积的 10～15 倍④，在此取 120 亩作为平均水平，我国 12 亿亩承包农地只能容纳适度规模经营农户（家庭农场）1000 万户。并且随着机械化与技术水平的提高，"适度的规模"还将不断扩大，每经营户 300 亩的话，全部承包地只需要 400 万适度经营户。另外近 8000 万农业经营户将面临失业，要达到这样的局面，实际上非常困难。所以，随着市场竞争的发展，基于国际经验，我国农户也将在减少中出现规模分化，呈现出我国农业经营将是一批适度规模组织与大量小规模农户并存格局，细小规模经营的特点仍然无法改变。我们需要探索多种形式的复合型农业经营模式。

（二）高成本农业将成为我国必然，应积极走集约化和高附加价值化的道路

在各项农业要素成本急剧上升的背景下，我国农业生产成本居高不下，农产品价格出现倒挂现象，价格竞争力逐渐丧失。2004 年我国开始对小麦和稻谷实施最低收购价，小麦的最低收购价格为 0.69～0.72 元/斤，稻谷的最低收购价格为 0.7～0.75 元/斤⑤；2016 年小麦（三等）的最低收购价格涨到 1.18 元/斤，稻谷最低收购价格上涨到 1.33～1.55 元/斤，分别上涨 60% 和 100%。国内粮价上涨速度显著高于国际增幅。此外，农产品价格倒挂背后仍存在多方面的原因。首先，国际市场粮食价格迅速下降。较 2011 年最高水平而言，2015 年 6 月国际市场大米价格下降了 40.4%，小麦价格下降了 39.3%，玉米价格下降了 49.3%，大豆价格下降了 39.2%⑥，国内外农产品价格一增一减导致价格倒挂现象出现⑦。其次，人民币兑美元汇率上升进一步拉大国内外农产品价差。2014 年，平均汇率是 1 美元兑换 6.14 元人民币，但是 1994 年以前汇率是 1 美元兑换 8.62 元人民币，在人民币相对美元不断升值

①该部分数据来源于 2011～2013 年 OECD 报告。
②④周应恒，严斌剑.发展农业适度规模经营既要积极又要稳妥 [J].农村经营管理，2014（11）：16-17.
③此数据来源于农业部副部长陈晓华在 2013 年全国农村经营管理工作会议上的讲话内容。
⑤⑦周应恒，刘余.中国农业发展大趋势与新三农发展路径 [J].现代经济探讨，2017（04）：32-37.
⑥此数据根据农业部市场与经济信息司每周《国内外农产品市场动态》报告公布数据计算所得。

的同时，相同美元标价的农产品到岸折算人民币单价进一步下降。最后，全球能源价格的暴跌导致货物海运价格的明显下滑。伊拉克战争以来，国际原油价格由每桶 150 美元跌至 2015 年的每桶不足 50 美元，在此背景下，2005 年 5 月，从美国墨西哥湾新奥尔良运往我国的大豆运费为 138 美元/吨，2015 年 5 月运价仅为 34 美元/吨，大豆的运输成本缩减高达 104 美元/吨[1]。

联合国已有研究表明，大宗粮食作物只有在种植面积达到 300 亩以上时，才能在国际市场具有一定的竞争力水平，经济作物也需要达到 170 亩以上。在我国资源禀赋的约束下，加之受国内成本上升、国际价格下降、人民币汇率上升以及国际原油价格下滑的影响，我国农产品未来难以通过价格优势来提高竞争力水平。因此，未来我国的农业走集约化、特产化、高附加价值化是必由之路。

（三）农业经营将面临严重的资源环境约束，应走资源节约型、环境友好型的可持续发展道路[2]

随着种植户对高产量的盲目追求，农药、化肥使用量逐年上升，我国耕地质量退化严重。我国农业生产使用化肥存在"一高一低"的弊端：一是施用量高，我国是世界上最大的化肥生产和消费国，我国耕地不到世界总量的 1/10，每年施用的化肥总量却是世界总量的 1/3，单位化肥投放量是美国的 1.7 倍。二是有效利用率低，2015 年我国水稻、玉米、小麦三大粮食作物化肥利用率为 35.2%，比 2013 年提高 2.2 个百分点；农药利用率为 36.6%，比 2013 年提高 1.6 个百分点，但仍远低于国际水平。由于过量施用化肥、缺施有机肥，造成土壤板结、有机质土层厚度下降[3][4][5]。

我国农业必须通过转变发展方式，以提高资源利用效率和生态环境保护为核心，以节地、节水、节肥、节药、节种、节能、资源综合循环利用和农业生态环境建设保护为重点，推广应用节约型技术[6][7]，注重水土保持和保护环境等环保型技术，大力培养农民和农业企业的资源节约和环境保护观念，促进农业实现可持续发展。

（四）农村的"空心化"将进一步加剧，应早日筹划乡村振兴政策

农村空心化严重，农业缺乏吸引力，农业后继者缺乏；农村人口大量减少，导致农村空心化，不仅造成农业劳动力的短缺，对农村的社会治理也造成强烈的冲击。目前我国城镇化水平已经达到 51%，农村"空心化"就是在城镇化进程中，由于大部分农村居民外出打工，形成了"人走屋空""人走村空"的现象，其中人口"空心化"是核心，人口"空心化"必然会造成农村基础设施、农村宅基地、农村产业等方面的"空心化"。随着农业老龄化和后继乏人这些情形的加重，不仅现代农业发展而且农村社会治理面临重

①周应恒，刘余. 中国农业发展大趋势与新三农发展路径 [J]. 现代经济探讨，2017（04）：32-37.
②周应恒，刘余. 中国农业发展大趋势与新三农发展路径 [J]. 现代经济探讨，2017（04）：32-37.
③万宝瑞. 当前我国农业发展的趋势与建议 [J]. 农业经济问题，2014，35（04）：4-7+110.
④邢娇阳. 促进我国农业信息化建设研究 [J]. 经济纵横，2015（12）：68-73.
⑤此数据为农业部种植业管理司司长曾衍德在农药化肥零增长行动会议上公布的数据。
⑥姚海娟. 政府在新农村建设中的生态责任担当研究 [J]. 农村经济与科技，2010，21（12）：7-10.
⑦余霜. 新农村建设中的政府生态责任探讨 [J]. 现代商业，2011（08）：113.

大挑战。

在农村"空心化"问题的背后，农业后继者问题变得越来越严重。即使是所谓新型的农业经营主体也会存在经营者的老化、劣化问题。农村社会治理也面临重大挑战。需要乡村特别是丘陵山区和边远落后农村的振兴政策，韩国开展的"新村运动"以及日本开展的"农业后继者计划"等东亚农业与农村发展的应对策略值得我们参考。只有通过乡村内部的振兴发展，才能使乡村重新获得吸引力，解决农村"空心化"带来的诸多问题。

第三节　我国农业经营体系的演化过程

我国特色现代农业经营体系的形成与土地制度变迁密切相关。在由众多要素构成的我国农业经营体系中，土地制度居于基础性地位。农地经营制度作为我国农业经营体系的重要组成部分，新中国成立后，我国农地经营制度经历了多次改革和调整。

农地经营制度的变革和调整对农业经营体系和农村社会经济产生了深刻的影响，其中既有积极的成功经验，又有失败的惨痛教训。回顾历史，总结经验，以史为鉴，对于推进农地经营制度改革，建设新型现代农业经营体系具有十分重要的现实意义。

一、改革开放前农村基本经营制度的形成及其内涵

（一）合作社和农村集体所有制建立（1949~1956年）

一是新中国成立的初期，依靠政治强制力量废除了封建土地所有制，实行农地农民所有，家庭经营；二是1953~1957年过渡时期，在保留农民土地私有制的基础上，实行互助合作经营；三是1958~1978年人民公社时期，实行农地集体所有制下的集体经营；四是1979年以后，实行土地集体所有，家庭联产承包经营。农地经营制度的变革和调整对农业生产和农村经济产生了深刻的影响，其中既有积极的成功经验，又有失败的惨痛教训。回顾历史，总结经验，以史为鉴，对于推进农地经营制度改革，加快农业现代化，建设社会主义新农村，实现农村全面小康具有十分重要的现实意义[①]。

新中国成立的初期，依靠政治强制力量废除了封建土地所有制，实行农地农民所有，家庭经营。土地改革后，农民获得土地、生产积极性极大提高。为了解决生产中的困难，农民按照自愿互利的原则，在私有财产的基础上进行互助合作，成立了互助组。1951年，中央发布《中国共产党中央委员会关于农业生产互助合作的决议（草案）》，把互助组分为三种：简单的劳动互助、常年互助组和以土地入股为特点的农业生产合作社。

---

①孙全亮. 现阶段我国农地经营制度研究［D］. 中共中央党校，2011.

这时的合作社土地是私有的，入股和退股都是根据农民自愿、互利的原则进行①②③④。为了把农民引导到互助合作的轨道上来并逐步过渡到社会主义，中央于 1953 年发布《中国共产党中央委员会关于发展农业生产合作社的决议》；1955 年发布《中国共产党第七届中央委员会第六次全体会议（扩大）关于农业合作化问题的决议》，试图通过合作社引导农民过渡到更高级的社会主义。

1956 年公布的《农业生产合作社示范章程》，将农业生产合作社的发展分为初级和高级两个阶段。初级社的特点是以土地入股、统一经营，具有半社会主义性质；高级社中农民的生产资料包括土地都转化为全体社员集体所有，属于完全社会主义性质⑤~⑧。农业生产合作社的基本单位为生产队，有固定成员并负责经营固定土地和固定的副业生产。至 1956 年底，全国绝大多数地区实现了农业合作化的初级形式向高级形式的转变，我国农村的集体所有制初步形成，集体所有制和部分集体所有制的合作经济已经在农业经济中占据了绝对优势地位。

（二）队为基础的三级农村集体所有制（1957~1978 年）

农业合作社的迅猛发展和所有制单位的突然扩大导致了生产管理上的困难和劳动生产率的下降。1957 年 9 月，中央通过《关于做好农业合作社生产管理工作的指示》和《关于整顿农业生产合作社的指示》两个文件，要求合作社实行一村一社和 20 户左右的生产队规模。这两个文件使得生产队的成员基本固定。由此，生产队演化而来的村民小组仍然是我国最基本的农村组织形式，也是最基本的农村集体经济组织。

1957 年底，完成土地改革的地区的个体农户的比例只剩 3%。按照当时中央的思路，合作社发展的必然趋势是人民公社，因此，1958 年 8 月，中央做出了《关于在农村建立人民公社问题的决议》，积极推进从生产队小集体所有制转变成人民公社大集体所有制，试图以人民公社的形式，使社会主义集体所有制向全民所有制过渡，从而全面实现全民所有制。

1959 年 8 月，中共中央政治局通过了上海会议纪要《关于人民公社的十八个问题》，首次明确了人民公社的三级所有制，即人民公社所有制、生产大队（原高级社）所有制和生产队所有制。之后通过数个文件，明确提出人民公社的基本核算单位是生产队，农村土地归生产队所有，生产队有权决定自己的生产计划，独立核算，自负盈亏，组织生产和收益分配。到 1978 年启动农村改革前，我国农村一直实行队为基础的三级集体所有制度。

二、改革开放后农村基本经营制度的变迁

通过从新民主主义到社会主义的快速转变，我国在农村建立起统购统销、人民公社和户

①农村基本经营制度：理论评价与现实选择——理论-人民网-网络（http：//theory. people）.
②孔祥智，刘同山. 论我国农村基本经营制度：历史、挑战与选择 [J]. 政治经济学评论，2013，4（04）：78-133.
③孔祥智. 中国农村土地制度：形成、演变与完善 [J]. 中国特色社会主义研究，2016（04）：16-22+2.
④蒋永穆，赵苏丹. 坚持与完善农村基本经营制度：现实挑战与基本路径 [J]. 政治经济学报，2017，8（01）：3-1.
⑤农村基本经营制度：理论评价与现实选择——理论-人民网-网络（http：//theory. people）.
⑥孔祥智，刘同山. 论我国农村基本经营制度：历史、挑战与选择 [J]. 政治经济学评论，2013，4（04）：78-133.
⑦孔祥智. 中国农村土地制度：形成、演变与完善 [J]. 中国特色社会主义研究，2016（04）：16-22+2.
⑧蒋永穆，赵苏丹. 坚持与完善农村基本经营制度：现实挑战与基本路径 [J]. 政治经济学报，2017，8（01）：3-1.

籍制度三大基本制度，形成了当时的农村基本经营制度，得以"剪刀差"等形式将农民创造的国民收入用于支持工业发展和城市建设，保证一定基础和规模的工业体系的形成。随着经济的发展和国内外形势的变化，农村集体所有制暴露出来缺陷，传统体制的主要目标——国家集中的商品农产品增长也无法实现[1][2]。我国由粮食净出口国变为净进口国。多数省份的粮食已不够自足。这标志着传统体制的边际效用已经小于或等于零，为20世纪70年代末期的改革打下伏笔。

（一）家庭联产承包责任制的探索与确立（1978~1983年）

1978年底，党的十一届三中全会通过了《中共中央关于加快农业发展若干问题的决定》草案[3]，指出对农业的合乎客观实际的领导要按照能否调动劳动者的积极性为判断标准。政策上的松动，使广大农民和基层干部看到了制度创新的希望。出于对会议精神的理解，加上对此前召开的中共中央工作会议精神的学习，包括小岗村在内的一批贫困地区农村在1978年底开始包干到户的实验。到1979年底，全国包产到户的比重已经达到9%。

1980年9月，中央在省区市第一书记座谈会上通过了国家农委代中央起草的《关于进一步加强和完善农业生产责任制的几个问题》，指出在多数地区必须继续坚持农业集体化，但是在边远山区和贫困落后的地区，可以在长时间内实行包产到户和包干到户，从而给"双包"责任制开了口子。会后各地农村改革的步伐大大加快，"大包干"责任制形式在当时已经成为无法阻挡的大趋势。

1981年，中央召开全国农村工作会议，会议通过了《全国农村工作会议纪要》并作为1982年中央一号文件下发，指出包产到户和包干到户与合作化以前的小私有的个体经济不同，是社会主义农业经济的组成部分，从而"双包"责任制的合法地位。这个文件确认了家庭联产承包责任制的政策上的合法性，同时也强调了土地集体所有以及农户与集体的承包关系。

1982年中央一号文件标志着土地承包者开始在政策上被视作一个独立的经营主体。文件中强调"双包"责任制在内的各种责任制都是建立在土地公有基础上的，农户和集体保持承包关系[4][5]，而生产大队、生产队作为集体经济组织，仍应保留必要的经济职能，通过联产承包制的运用来保证集体利益与个人利益，并使集体统一经营和劳动者自主经营两个积极性同时得到发展。这个文件确认了家庭联产承包责任制的政策上的合法性，同时也强调了土地集体所有以及农户与集体的承包关系。

（二）家庭联产承包责任制的稳定（1983~1992年）

1983年，中央一号文件提出完善联产承包责任制的关键在于通过承包处理好"统与分"的关系。1984年，中央一号文件进一步要求地区性合作经济组织应以土地公有为基础，工作重点转移到组织为农户服务的工作上来。1986年的中央一号文件再次强调地区性合作经

①农村基本经营制度：理论评价与现实选择——理论-人民网-网络（http：//theory. people）
②孔祥智，刘同山. 论我国农村基本经营制度：历史、挑战与选择［J］. 政治经济学评论，2013，4（04）：78-133.
③孙全亮. 现阶段我国农地经营制度研究［D］. 中共中央党校，2011.
④农村基本经营制度：理论评价与现实选择——理论-人民网-网络（http：//theory. people）.
⑤孔祥智，刘同山. 论我国农村基本经营制度：历史、挑战与选择［J］. 政治经济学评论，2013，4（04）：78-133.

济组织"应当坚持统分结合,切实做好技术服务、经营服务和必要的管理工作"。这些文件将农村的基本经营形式分为两类:一是统一经营,二是分户经营,强调统一经营为分户经营提供公共服务。

1991年,中共十三届八中全会通过了《中共中央关于进一步加强农业和农村工作的决定》,把我国的农村经营体制表述为"统分结合的双层经营体制",一直沿用至今。文件指出:"要在稳定家庭承包经营的基础上,逐步充实集体统一经营的内容。一家一户办不了、办不好、办起来不合算的事,乡村集体经济组织要根据群众要求努力去办。要做到集体财产有人管理,各种利益关系有人协调,生产服务、集体资源开发、农业基本建设有人组织。这不仅不会影响家庭经营,而且会给家庭经营注入新的活力,推动全体农户共同发展。"通过明确"统一经营"的内容及作用,完善了家庭联产承包责任制[1~10]。

(三) 家庭联产承包责任制的完善与发展 (1993年至今)

这一时期,针对家庭联产承包责任制实际操作中出现的新问题,中央多次通过决议逐步提出了解决问题的办法。在政策和实践的推动下,农村土地承包关系得以不断地稳定和完善。

1993年,八届人大第一次会议通过《中华人民共和国宪法修正案》,正式以根本大法的形式确立了家庭承包制的法律地位,并确立家庭承包为主的责任制是社会主义劳动群众集体所有制经济。同年夏天的八届人大二次会议通过《中华人民共和国农业法》,对农民承包地的转包权、转让权、优先承包权和继承权做出了具体规定。为了稳定土地承包关系,鼓励农民增加投入,提高土地的生产率[11],年末的《中共中央、国务院关于当前农业和农村经济发展若干政策措施》进一步提出原定的承包期到期后延长"30年不变"的政策,还提出30年承包期内"增人不增地,减人不减地",目的是防止承包耕地的频繁变动和耕地不断被细分[12]。

1993年全国人大常委会通过了《中华人民共和国农业法》。坚持土地集体所有和不改变土地用途的前提下,根据农业法,允许承包方在承包期内,对承包地依法转包、转让、互换、入股;少数二、三产业比较发达,大部分劳动转向非农产业有稳定收入的地方[13][14][15],可以对承包土地做必要的调整,实行适度的规模经营。

1997年,中央政府再次强调,30年不变,指的是土地承包经营期限,至于集体土地实行家庭承包经营,是一项长期不变的制度。1998年,十五届三中全会通过的《关于农业和

①孔祥智. 全面贯彻全会精神 深入推进农村改革 [J]. 农村实用技术, 2015 (12): 19-22.

②孔祥智, 高强, 刘同山. 中国农业现代化: 资源约束与发展方向 [J]. 湖州师范学院学报, 2014, 36 (05): 1-8.

③孔祥智. 把准新时代创新农村双层经营体制的核心 [J]. 农村经营管理, 2018 (11): 8-9.

④十三大以来重要文献选编下——党的历史文献集和当代文献集——中国共产党新闻-人民网 - 网络 (http://cpc. people. co).

⑤⑫中共中央、国务院文件中关于农村土地承包制度的内容摘录 (一) _ 齐天大圣 - 网 (http://blog. sina. com)

⑥中共中央关于进一步加强农业和农村工作的决定 - 网络 (http://www. lianghui.).

⑦⑭王敏. 新时期中国共产党关于产权的认识与政策 [D]. 西南交通大学, 2012.

⑧赵亮. 农村集体经济组织的法规政策依据 [J]. 农村经营管理, 2010 (02): 20-23.

⑨孔祥智. 中国农村土地制度: 形成、演变与完善 [J]. 中国特色社会主义研究, 2016 (04): 16-22+2.

⑩⑮蒋永穆, 赵苏丹. 坚持与完善农村基本经营制度: 现实挑战与基本路径 [J]. 政治经济学报, 2017, 8 (01): 3-14.

⑪⑬孙全亮. 现阶段我国农地经营制度研究 [D]. 中共中央党校, 2011.

农村工作若干重大问题的决定》，提出用家庭承包经营为基础取代家庭联产承包为主。同时，再次提出要坚定不移地贯彻土地承包期再延长 30 年的政策，要抓紧制定确保农村土地承包关系长期稳定的法律法规，赋予农民长期而有保障的土地使用权。这预示着有关土地经营制度安排将上升到法律程序，对土地制度规范无疑具有保障作用。

2000 年，为进一步减轻农民负担，规范农村收费行为，中央明确提出了对现行农村税费制度进行改革，并从 2001 年开始，逐步在部分省市进行试点、推广。这也是我国农村继家庭联产承包经营责任制之后的一项重大改革措施，也为农村土地家庭经营的创新提供了便利的政策环境①。2002 年，《中华人民共和国农村土地承包法》得以颁布，在法律上保障了农民的土地承包经营权，允许农地在自愿基础上的流转。

2003 年，党的十六届三中全会指出："土地家庭承包经营是农村基本经营制度的核心，要长期稳定并不断完善以家庭承包经营为基础、统分结合的双层经营体制，依法保障农民对土地承包经营的各项权利。农户在承包期内可依法、自愿、有偿流转土地承包经营权，完善流转办法，逐步发展适度规模经营。"2004 年，宪法把"以家庭承包为主的责任制"修改为"农村集体经济组织实行家庭承包经营为基础、统分结合的双层经营体制"，标志着以家庭承包经营为基础、统分结合的双层经营体制作为我国农村基本经营制度的法律地位的正式确立②~⑨。

2008 年，党的十七届三中全会审议通过的《中共中央关于推进农村改革发展若干重大问题的决定》，提出现有土地承包关系要保持稳定并长久不变。"长久不变"给农民土地承包经营权提供了更加切实有力的制度保障，为农业发展、农村繁荣、农民增收奠定了制度性基础。同时，提出要推进农业经营体制创新，加快农业经营方式的"两个转变"，即家庭经营要向采用先进科技和生产手段方向转变，增加技术、资本等生产要素投入，着力提高集约化水平；统一经营要向发展农户联合与合作，形成多元化、多层次、多形式经营服务体系方向转变。这一时期，中央连续出台"一号文件"锁定农业、农村和农民问题。一脉相承，落脚点于稳定粮食生产、增加农民收入、加强农村基础建设。这些文件为农村土地家庭承包经营制度的创新注入了活力，产生了重要的推动作用⑩⑪。

三、现行农村基本经营制度优势

作为双层经营体制中基础层次的家庭经营，具有十分明显的优势。我国农村家庭是一个

---

①农村基本经营制度：理论评价与现实选择——理论-人民网-网络（http：//theory. people）.

②孙全亮. 现阶段我国农地经营制度研究 [D]. 中共中央党校，2011.

③赵海. 新型农业经营体系的涵义及其构建 [J]. 中国乡村发现，2013（01）：41-46.

④新型农业经营体系建设要把握的四个重点_ 中国三农产业-网络（http：//blog. sina. com）.

⑤宋洪远，赵海. 构建新型农业经营体系，推进经营体制创新 [J]. 团结，2013（01）：31-34.

⑥赵海. 新型农业经营体系的涵义及其构建 [N]. 中国县域经济报，2013-05-27（007）.

⑦宋洪远. 加快构建新型农业经营体系 [N]. 经济日报，2013-06-05（015）.

⑧王平. 新型农业经营体系建设要把握的四个重点 [N]. 东方城乡报，2013-06-20（B01）.

⑨周尤正. 中国特色农业现代化道路论 [D]. 武汉大学，2014.

⑩孔祥智，刘同山. 论我国农村基本经营制度：历史、挑战与选择 [J]. 政治经济学评论，2013，4（04）：78-133.

⑪宋洪远，赵海. 新型农业经营主体的概念特征和制度创新 [J]. 新金融评论，2014（03）：122-139.

活跃的社会经济细胞。家庭经营是生产单位与消费单位的统一，与农业生产的特征相适应。家庭依血缘、亲缘关系而维系，利益共同体特征决定了家庭经营的动力是内生性的，便于自我监督，能有效克服监督和激励难题[1][2]；土地在农业生产中有不可替代性，这决定农业生产过程具有空间分散性；农业的劳动对象是动植物，决定了生产具有的连续性；家庭成员的性别、年龄、体力、技能上的差别，与农业生产不同作物、环节、农时多样化的劳动需求相匹配[3]~[7]；农业生产时间与劳动时间不一致决定了其具有季节性；农业生产容易受环境影响，因此具有不稳定性。家庭经营能够对动植物进行精心管理和照料。农业中劳动资源弹性大，家庭经营可以根据实际需要合理调节劳动投入，采取机动灵活的适应性措施。因此，无论从历史变迁还是从国际比较看，农户家庭始终是农业生产经营的最主要载体。

家庭经营与进行农村改革时的农业生产力水平相适应。20 世纪 70 年代末期，农业生产力有了一定发展，但仍然是以手工操作为主、社会分工不发达，社会化程度不高，市场发育不健全，农业劳动力整体素质不高。家庭经营与当时的生产力水平相适应。家庭经营中需要互助和合作的部分，则由统一经营的集体经济组织完成。随着经济的发展，集体经济组织可以提供逐步完善的社会化服务，农户之间也可以联合与合作，参与社会分工与专业化生产，克服规模小和决策分散等不利因素。

家庭经营以血缘与婚姻关系为基础，家庭成员在农业生产中既是经营者，又是劳动者，利益目标和行为动机一致，在农业生产中尽其所能，精打细算，节省开支，降低成本，不存在控制和监督失效或成本过高的问题。

家庭经营的优势主要反映在两个方面：一是农产品产量增长。全国的人均粮食占有量从 1978 年的 319 公斤提高到 1984 年的 396 公斤，增长了 24.1%，年均增长 3.7%[8]。改革使农村生产力大幅度提高，广大农民从贫困逐渐向小康社会迈进。林毅夫更是指出农村改革后农业的高速增长很大程度上归因于家庭经营的再次确立，从集体制转向家庭承包的农作制度改革，对 1978~1984 年增长的贡献达到 42.20%。二是农民收入水平显著提高。我国农民的绝对收入水平迅速提高，快速脱离绝大部分收入都用于购买食物的较为贫困的状态。恢复家庭经营后，农村家庭用于反映消费支出中购买食物所占比例的恩格尔系数实现了稳步的下降，1978 年恩格尔系数为 67.7%，1984 年恩格尔系数下降到 59.2%。城乡收入差距的缩小，农村居民人均纯收入和城市居民人均可支配收入比从 1978 年的 1：2.57 降至 1984 年的 1：1.84，反映贫富差距的基尼系数从 1980 年的 0.320 降低为 1984 年的 0.257[9]~[11]。

①⑤张红宇，李伟毅．新型农业经营主体：现状与发展 [J]．中国农民合作社，2014（10）：48-51．

②⑥张红宇．新型农业经营主体发展趋势研究 [J]．经济与管理评论，2015，31（01）：104-109．

③农村基本经营制度：理论评价与现实选择——理论-人民网－网络（http：//theory.people）．

④孔祥智，刘同山．论我国农村基本经营制度：历史、挑战与选择 [J]．政治经济学评论，2013，4（04）：78-133．

⑦赵佳，姜长云．兼业小农抑或家庭农场——中国农业家庭经营组织变迁的路径选择 [J]．农业经济问题，2015，36（03）：11-18+110．

⑧数据来源：《建国三十年全国农业统计资料（1949-1979）》、《建国三十年全国农业统计资料续编（1979-1983）》和《我国统计年鉴（1985）》．

⑨数据来源：《新我国六十年统计资料汇编》．

⑩农村基本经营制度：理论评价与现实选择——理论-人民网－网络（http：//theory.people）．

⑪孔祥智，刘同山．论我国农村基本经营制度：历史、挑战与选择 [J]．政治经济学评论，2013，4（04）：78-133．

四、当前农村基本经营制度面临的问题和挑战

(一) 农地细碎化制约了规模化经营

在实行家庭承包经营制度时，1982 年的中央一号文件中明确提倡根据生产的需要按劳力或人劳比例承包土地，承包土地的数量根据劳力强弱和技术高低而有所不同。由于土地是最基本的生产资料，为了保证同一集体组织内部的每一农民家庭的公平，各个地方把土地按优劣分级，再在村民之间平均分配每一等级的耕地，导致一片土地可能被分成很多小块，随着农村人口的持续增长，农地细碎化程度日益严重。

1997 年的第一次农业普查结果显示经营规模在 1 公顷以下的农户的农地占 90% 以上，这些农地占全国的 79.07%。21 世纪以来，农村耕地的细碎化程度进一步加剧。据全国农村固定观察点调查，2003 年我国农户家庭平均土地经营规模为 7.517 亩，户均有土地块数 5.722 块，平均每块大小为 1.134 亩，其中东部地区由于人地比例较高，农户家庭平均土地经营规模为 4.438 亩，户均有土地块数为 3.850 块，平均每块大小仅有 1.153 亩。2006 年，全国第二次农业普查显示我国农地经营细碎化的现象更加严重，面积不足 1 公顷的农户数量比重高达 92%，全国农地总面积的 84.8% 由这些小农户分散经营。农地细碎化制约了规模化经营。

(二) 土地所有权界定不清限制了持续投入

从市场经济的逻辑看，产权清晰是市场有效率运行的前提。我国宪法规定，农村的土地除法律规定的以外，属农民集体所有。我国土地法进一步规定，农村土地除了村集体所有和乡集体所有的之外，由村内各农村集体经济组织或者村民小组经营、管理。但是，对"集体"的界定不清楚，导致人们对土地究竟归谁所有这一问题的认识不一致。

1987 年，农业部对全国 1200 个行政村的调查结果表明土地归行政村所有的占 34%，土地归村民小组所有的占 65%。相比于 1981 年，土地所有权归村委会的比例明显提高，一部分生产队失去了原有的土地所有权。基于全国 10 个省 20 个县的 1799 个农户的抽样调查数据发现，农户认为土地所有权属于国家的占 41.91%，认为属于村集体的占 29.57%，认为属于村民小组的占 6.23%，认为属于个人的占 17.62%[1][2][3]。

由于农村土地的产权不清晰，导致农村土地所有权虚置、地权关系不稳定，往往导致各种侵犯农民合法土地权益事件，例如，有些地区强迫农民统一种植某种作物进行所谓的农业产业结构调整、征地补偿时村级组织甚至乡镇政府随意提高留成比例、土地流转过程中强迫农民转出土地或接受某一价格等，这些都阻碍了农业长期发展和农村稳定。

(三) 集体经济组织的职能转变与弱化

实行家庭承包经营之后，集体经济组织逐渐退出了农业生产活动，农业社会化服务成为

①农村基本经营制度：理论评价与现实选择——理论-人民网 – 网络（http://theory.people）.
②刘同山，孔祥智. 新时期农村基本经营制度的问题、对策及发展态势［J］. 农业经济与管理，2013（05）：53-64.
③孔祥智，刘同山. 论我国农村基本经营制度：历史、挑战与选择［J］. 政治经济学评论，2013，4（04）：78-133.

其主要职能，负责组织农民进行农田水利建设和向农民提供某些生产服务等。村集体经济组织在农业社会化服务体系中起到连接农户和各种服务主体的作用。但村集体经济组织为农户提供的社会化服务普遍较少、可持续性差、覆盖的生产环节不全面。中央多次强调集体经济组织在农业社会化服务体系建设中的重要作用，并明确集体经济组织开展的服务应以统一机耕、排灌、植保、收割、运输等为主，引导其将服务的重点放在产中环节，但实际上大部分村集体经济组织根本无法提供全面的产中服务。

2006 年，农业税在全国范围内被取消，农村集体经济组织不再负责收取农田灌溉费用，因而也没有了参与农田水利设施建设的组织能力和激励，逐渐脱离农田灌溉和农村水利基础设施建设，农业社会化服务的职能进一步弱化。集体经济组织"统"的功能无法顺利实现不仅阻碍了现代农业技术的采纳和农业生产率的提高，还恶化了农户小生产和大市场的对接关系，加剧了农产品"卖难"。

（四）工业化、城镇化加速带来的挑战

20 世纪末以来，快速推进的工业化和城镇化导致大量青壮年劳动力持续离开农村，进入城市，成为城市社会群体的重要组成部分。因此农业农村发展面临诸多挑战，主要体现在以下两个方面。

（1）农村劳动力短缺，农业劳动力结构性不足。主要表现为务农劳动力老龄化和农业兼业化、副业化。据全国农村观察点调查，1993～2013 年，纯农户比重由 49.90% 下降到 39.65%，非农户和兼业户比重已达 60.05%。2013 年，我国农民人均纯收入中来自第一产业的比重已下降到 31.8%。随着非农收入比重增加，农业经营的重要性逐渐降低，副业化趋势明显，小规模农户生产目的逐步演变为保口粮自给为主要目的，而退出了商品农产品供给。虽然工业化、城镇化能为农民创造大量的非农就业机会，但农户在综合权衡各种利益得失后，一般不会选择放弃土地，也不愿意参与土地流转，而是选择兼业化经营[1]～[5]。城乡人口流动还导致了严重的"空心村"现象，表现在农村宅基地过度占用耕地、大量房屋闲置造成的土地浪费[6][7]。"空心村"不仅侵占了大量耕地，造成土地资源浪费，产生很多社会问题，农村社会安全隐患由此增多。

（2）农业劳动生产率提高缓慢。农业劳动生产率是指每个农业劳动者在单位时间内生产的农产品平均产量或平均产值。进入 20 世纪 90 年代以后，无论是与其他国家相比，还是与国内的非农产业相比，我国的农业劳动生产率提高都过于缓慢。从国际对比角度看，我国与世界主要国家的农业劳动生产率差距持续扩大。世界银行公布的《世界发展指数（2013）》指出，从 2000 年到 2011 年，我国的农业劳动生产率不仅远远低于巴西、俄罗斯等金砖国家，也使得我国与美日等发达国家的农业劳动生产率的绝对差距进一步扩大。从国内不同的产业部门来看，农业与非农产业的相对劳动生产率差距也非常明显，

①张红宇，李伟毅. 新型农业经营主体：现状与发展［J］. 中国农民合作社，2014（10）：48-51.
②张红宇. 新型农业经营主体发展趋势研究［J］. 经济与管理评论，2015，31（01）：104-109.
③⑥农村基本经营制度：理论评价与现实选择——理论-人民网-网络（http：//theory. people）.
④⑦孔祥智，刘同山. 论我国农村基本经营制度：历史、挑战与选择［J］. 政治经济学评论，2013，4（04）：78-133.
⑤赵佳，姜长云. 兼业小农抑或家庭农场——中国农业家庭经营组织变迁的路径选择［J］. 农业经济问题，2015，36（03）：11-18+110.

非农产业与农业的劳动生产率差距自 90 年代以来持续扩大。2013 年我国第一产业劳动生产率约相当于第二产业的 1/5、第三产业的 1/4。与专业化的生产经营者相比，小规模农户采用先进农业生产技术的动机和能力不强，农业技术推广、农业机械利用等也受到交易成本过高的制约[①]。

（五）产业链化现代农业提出更高要求

传统农业主要是就农业生产领域而言的，家庭经营的优势更为明显。而现代农业更多地体现为产业链和产业体系的概念，大大超越了农业生产范畴。跨越了家庭组织具备优势的农业生产领域，则农户家庭经营原本的优势就会缩小甚至转为劣势。随着技术进步、消费者主权强化和食品安全重视程度提高，农户家庭经营的相对优势趋于弱化，其他经营模式的优势趋于增强，在将农业范畴由农业生产延伸到农业产前、产后领域时，情况尤其如此。小规模经营在农业价值链中的地位日趋边缘化。我国以小规模经营农户为主的农业组织结构，难以对接和融入包含产前、产后各个环节的农业产业链和价值链，难以有效组织起来与组织化程度较高的工商资本相抗衡，被日益推向农业产业链利益分配边缘，在产业链中的比较劣势日益突出。

综上所述，家庭经营在农业生产领域的优势为理论和实践反复证明，农户家庭经营作为农业最优组织形式必须长期坚持。但家庭经营的优势也有其边界和局限性，加之我国人多地少导致的农业超小规模经营，放大了家庭经营的局限性，而且给农业农村发展带来了诸多困难和压力。发展新型农业经营主体，是在承认和坚持家庭经营在农业中基础地位的同时，通过组织创新来克服家庭经营的局限和小规模经营的弊端，是推进现代农业建设的必然要求，是我国以小农为基础的农业组织结构的更新换代和升级改造[②][③]。

第四节　我国新型农业经营体系建设的主要内容

在我国经济社会迈向全面小康和现代化的进程中，农业发展进入瓶颈期，传统细碎化的小农经营体系已无法适应现代市场的需求。在开放的经济体系中，传统小农经营体系的竞争力日趋下降。加快农业现代化步伐已经成为党和政府的当务之急。要想促进我国农业由传统走向现代，必须要探索构建符合我国国情并能适应市场的新型农业经营体系。加快培育新型农业经营主体、构建新型农业经营体系已经成为现代农业发展的核心。

由于农业生产具有季节性、周期性以及对自然环境高度的依赖性等特征，监督和计量农业生产活动存在先天性困难，这样的特征也决定了在不同资源禀赋与农业发展阶段的

---

①刘同山，孔祥智 . 新时期农村基本经营制度的问题、对策及发展态势［J］. 农业经济与管理，2013（05）：53-64.
②张红宇，李伟毅 . 新型农业经营主体：现状与发展［J］. 中国农民合作社，2014（10）：48-51.
③张红宇 . 新型农业经营主体发展趋势研究［J］. 经济与管理评论，2015，31（01）：104-109.

国家中，家庭经营始终占据了农业经营体系的主要地位。同时，无论是"人少地多"的美国、"人地适中"的欧洲国家还是"人多地少"的日韩国家，随着全球化与农产品贸易自由化进程的推进，农业经营规模开始出现两极分化，农业经营主体呈现专业化发展趋势，职能逐渐分化的农业经营主体开始互相协作、功能互补，构成了各具特色的农业经营体系。此外，现代农业发展在不同的空间、时间以及产业间表现出不一样的内涵，这决定了农业经营体系将呈现差异化的发展趋势，同时这也表明构建新型农业经营体系需要遵循现代农业发展的制度逻辑。我国农业发展有其自身的特殊性，即"三农"问题联动。

在工业化、城镇化迅速推进的背景下，既要解决"谁来种地""怎么种地"的问题，还要降低农业生产成本，提升农业的国际竞争力。随着收入水平的提升，居民消费偏好呈现多元化发展趋势，农产品品种、品质等方面供需结构失衡的矛盾非常突出。同时，我国是一个地域辽阔、经济发展水平差异较大、多民族、多人口的国家，既有山区也有平原，既有农区也有牧区，既有经营规模较大的东北与新疆等地区，也有平均规模细小且分散的东部沿海和西南等地区，农业发展非常不均衡。没有哪一种农业经营体系可以适合所有的情况，因此，构建新型农业经营体系应该因地制宜、因时制宜、因农业发展需要而不断调整，重点培育能够适应现代农业发展的专业化经营性人才，以市场需求为导向，生产具有国际竞争力的产品①。

一、我国的农业经营体系制度创新

农村改革以党的十一届三中全会为标志启动以来，我国逐步建立了以家庭承包经营为基础、统分结合的双层农业经营体制。小规模家庭经营成为农业生产经营的最主要方式。进入21世纪以来，我国农业加快发展，开始加速从传统农业向现代农业转型②~⑧。与此同时，随着我国工业化、城镇化进程加快以及农村劳动力大量向城镇和非农产业的转移，农业经营体系也发生深刻变革，正由分散的小农经济加快向社会化的生产转变。

然而，随着工业化、城镇化的快速发展以及现代农业建设的快速推进，小规模家庭经营为主的农业生产经营面临着一系列问题。一是大量农村劳动力向城市转移，农业副业化、农村"空心化"、农民老龄化的问题日益凸显，"谁来种"的问题日益紧迫。二是小农生产与市场不能有效对接，农产品价格剧烈波动，谷贱伤农、菜贵伤民的现象越发频繁，"种什么"的问题亟须回答。三是小农户多是从经验出发，土地产出率、劳动生产率不高，迫切需要科学知识的指导以及专业化、系列化的生产性服务，"怎么种"的问题非常迫切。

①周应恒. 新型农业经营体系：制度与路径 [J]. 人民论坛·学术前沿，2016 (18)：74-85+95.
②赵海. 新型农业经营体系的涵义及其构建 [J]. 农村工作通讯，2013 (06)：48-50.
③赵海. 新型农业经营体系的涵义及其构建 [J]. 中国乡村发现，2013 (01)：41-46.
④赵海. 新型农业经营体系的涵义及其构建 [N]. 中国县域经济报，2013-05-27 (007).
⑤宋洪远，赵海. 构建新型农业经营体系，推进经营体制创新 [J]. 团结，2013 (01)：31-34.
⑥新型农业经营体系建设要把握的四个重点_ 中国三农产业 -网络（http://blog.sina.com）.
⑦宋洪远. 加快构建新型农业经营体系 [N]. 经济日报，2013-06-05 (015).
⑧王平. 新型农业经营体系建设要把握的四个重点 [N]. 东方城乡报，2013-06-20 (B01).

　　解决以上问题的关键在于创新农业经营体制机制，加快培育新型农业经营主体，大力发展农业社会化服务，提高农业组织化程度，加快构建新型农业经营体系[1][2]。创新农业经营体制机制的要求日益迫切。中央提出构建新型农业经营体系的要求，是针对我国目前农业农村发展形势做出的综合判断。

　　适应这一变化，坚持和完善农村基本经营制度，依法维护农民土地承包经营权、宅基地使用权、集体收益分配权，壮大集体经济实力，发展多种形式规模经营，构建集约化、专业化、组织化、社会化相结合的新型农业经营体系。理解新型农业经营体系的内涵和特点，把握构建新型农业经营体系的方向和重点，具有重要意义[3]~[13]。

　　农业经营是产前、产中、产后各类活动的总称，既涵盖农产品生产、加工和销售各环节，又包括各类生产性服务。体系泛指有关事物按照一定的秩序和内部联系组合而成的整体，这里既包括各类农业经营主体，又包括各主体之间的联结机制，是各类主体及其关系的总和。所谓新型，是相对于传统小规模的农户分散经营而言，是对传统农业经营方式的创新和发展。综上所述，新型农业经营体系是各种利益关系下的传统农户与新型农业经营主体的总称，可以被理解为：在坚持农村基本经营制度的基础上，顺应农业农村发展形势的变化，通过自发形成或政府引导，形成的各类农产品生产、加工、销售和生产性服务主体及其关系的总和。

二、新型农业经营体系的内涵

（一）内涵与现状

　　我国农业体系中经营主体主要包括传统承包户、家庭农场、专业大户、农民专业合作社、龙头企业与农业社会化服务组织 6 种以农业产业为职业。具有相对较大的经营规模、较好的物质装备条件和经营管理能力，劳动生产、资源利用和土地产出率较高，以市场化、商品化为主要目标的农业经营组织。主要呈现出适度规模、专业化生产、集约化经营和市场化

①农村基本经营制度：理论评价与现实选择——理论-人民网 - 网络（http：//theory. people）.

②孔祥智，刘同山 . 论我国农村基本经营制度：历史、挑战与选择 [J] . 政治经济学评论，2013，4（04）：78-133.

③赵海 . 新型农业经营体系的涵义及其构建 [J] . 中国乡村发现，2013（01）：41-46.

④赵海 . 新型农业经营体系的涵义及其构建 [J] . 农村工作通讯，2013（06）：48-50.

⑤宋洪远，赵海 . 构建新型农业经营体系，推进经营体制创新 [J] . 团结，2013（01）：31-34.

⑥周尤正 . 中国特色农业现代化道路论 [D] . 武汉大学，2014.

⑦倪旭 . 我国新型农业经营主体信用评价研究 [D] . 中国农业科学院，2018.

⑧新型农业经营体系建设要把握的四个重点_ 中国三农产业 -网络（http：//blog. sina. com）.

⑨宋洪远 . 加快构建新型农业经营体系 [N] . 经济日报，2013-06-05（015）.

⑩王平 . 新型农业经营体系建设要把握的四个重点 [N] . 东方城乡报，2013-06-20（B01）.

⑪孔祥智，刘同山 . 论我国农村基本经营制度：历史、挑战与选择 [J] . 政治经济学评论，2013，4（04）：78-133.

⑫宋洪远，赵海 . 新型农业经营主体的概念特征和制度创新 [J] . 新金融评论，2014（03）：122-139.

⑬王亚 . 法国农地流转的经验借鉴 [J] . 中国集体经济，2015（19）：162-164.

程度高的特征①~⑥。除此之外，我国各地区经过积极探索，还出现了联耕联种、农业共营制等其他类型的农业组织形式。尽管经营主体数量众多，但根据职能和属性差异可以将其归纳到家庭经营、合作经营以及企业经营等三种经营制度体系。

我国农村经济快速增长，新型农业主体发展迅速。截至 2017 年 7 月底，我国农民专业合作社已达到 193.3 万家。另外，新型农业经营主体的规模发展特点也愈加突出，第三次全国农业普查显示，规模农业经营户和农业生产经营单位实际耕种的耕地面积约占全国耕地面积的 28.6%；规模化生产的优势通过产业链条延伸、农业技术推广等途径大力提升农产品的附加值，农业生产效益的显著提高带动了大量农户的积极参与，我国的土地流转面积已经达到 3.8 亿亩，占全国耕地面积的 28.8%，已达到 2008 年土地流转面积的 3.5 倍，其中，各类专业大户达到了 367 万户，农业合作社 98 万个⑦。

（二）主要特征

党的十八大围绕构建新型农业经营体系提出了"四化"的要求，即集约化、专业化、组织化、社会化。"四化"是紧密联系、相互促进、互为条件的一个整体，其中集约化和专业化属于"分"的层次，着眼于提高农业生产效率；组织化和社会化属于"统"的层次，着眼于提高农产品市场竞争能力，"四化"共同服务于保障重要农产品有效供给和农民持续增收的目标。与传统承包农户"小而全"的经营方式相比，新型农业经营主体的特征主要表现在以下四个方面⑧~⑰。

1. 集约化

集约化相对粗放而言，是指在一定面积的土地上，集中投入较多的生产资料，运用先进的技术和管理办法，以求在较小面积的土地上获得较高产量和收入的一种集经济效益、生态效益、社会效益为一体的农业经营方式。集约化要解决的是农业经营中"物"的投入不足

---

①张扬. 试论我国新型农业经营主体形成的条件与路径——基于农业要素集聚的视角分析 [J]. 当代经济科学，2014，36（03）：112-117+128.

②⑯宋洪远，赵海. 新型农业经营主体的概念特征和制度创新 [J]. 新金融评论，2014（03）：122-139.

③⑰张国红. 新型农业经营主体制度法律问题研究 [A].//北京市法学会、天津市法学会、河北省法学会、山东省法学会、辽宁省法学会、内蒙古自治区法学会、山西省法学会. 第十三届"环渤海区域法治论坛"论文集 [C]. 北京市法学会、天津市法学会、河北省法学会、山东省法学会、辽宁省法学会、内蒙古自治区法学会、山西省法学会，2018：913-919.

④倪旭. 我国新型农业经营主体信用评价研究 [D]. 中国农业科学院，2018.

⑤周应恒. 新型农业经营体系：制度与路径 [J]. 人民论坛·学术前沿，2016（18）：74-85+95.

⑥孔祥智，刘同山. 论我国农村基本经营制度：历史、挑战与选择 [J]. 政治经济学评论，2013，4（04）：78-133.

⑦刘国刚. 我国农村新型农业经营主体的发展现状及存在问题研究 [J]. 农村经济与科技，2018，29（04）：218+220.

⑧赵海. 新型农业经营体系的涵义及其构建 [J]. 中国乡村发现，2013（01）：41-46.

⑨宋洪远，赵海. 构建新型农业经营体系，推进经营体制创新 [J]. 团结，2013（01）：31-34.

⑩赵海. 新型农业经营体系的涵义及其构建 [J]. 农村工作通讯，2013（06）：48-50.

⑪赵海. 新型农业经营体系的涵义及其构建 [N]. 中国县域经济报，2013-05-27（007）.

⑫新型农业经营体系建设要把握的四个重点_ 中国三农产业 -网络（http：//blog.sina.com）

⑬宋洪远. 加快构建新型农业经营体系 [N]. 经济日报，2013-06-05（015）.

⑭王平. 新型农业经营体系建设要把握的四个重点 [N]. 东方城乡报，2013-06-20（B01）.

⑮周尤正. 中国特色农业现代化道路论 [D]. 武汉大学，2014.

问题,特别是先进适用技术和现代物质装备不足的问题。

集约经营的目的,是从单位面积的土地上获得更多的农产品,不断提高土地生产率和劳动生产率。传统农户缺乏资金、技术,主要依赖增加劳动投入来提高土地产出率。而新型农业经营主体能发挥资金、技术、装备、人才等优势,有效集成利用各类生产要素,增加生产经营投入,其生产技术水平高,具有现代经营管理意识,大幅度提高了土地产出率、劳动生产率和资源利用率。

2. 专业化

专业化是相对兼业化而言,是农村社会分工深化和经济联系加强的结果。改革开放以来,农业家庭经营主体经历了由小农户为主到小农户、兼业户、专业户共存的过程。传统农户的生产"小而全",兼业化倾向明显。相比小农户和兼业化,专业户一般规模比较大,以家庭经营收入为主要收入来源,并且在改善农业生产条件、发展现代农业、开拓市场等方面都具有较高的主动性和积极性。

随着农村生产力水平的提高和分工分业化的发展,无论是种养、农机等专业大户,还是各种类型的农民合作社,都集中于农业生产经营的某一个领域、品种或环节,开展专业化的生产经营活动。专业化解决的是农业经营中"人"的支撑问题,要以一定的经营规模为基础,以使专业户获得与兼业户或外出务工人员相当的收入水平。专业化的发展方向是专业大户、家庭农场,是未来职业农民的中坚力量①~⑩。

3. 组织化

组织化是相对分散经营而言,既包括横向上农户的联合与合作,农民专业合作社和专业协会属于此类,旨在提高农户进入市场的能力;也包括纵向上产业链条的延伸,"公司+农户"的模式属于这一类,旨在降低市场风险。

过去生产力水平偏低,传统农户扩大生产规模的能力较弱。随着农业生产技术装备水平的提高和基础设施条件的改善,特别是随着农村劳动力转移后释放出大量土地资源,为规模化经营,组织化对接"市场"提供了可能。组织化要解决的是"市场"对接不足问题,通过把分散的小农组织起来,着力扩大经营规模、提高规模效益,加强对信息的收集和辨识,以应对日渐激烈的国内外市场竞争,进而谋取较高收益。

4. 社会化

社会化是相对个体而言,主要包括两个层面的含义:

①赵海. 新型农业经营体系的涵义及其构建 [J]. 中国乡村发现, 2013 (01):41-46.

②新型农业经营体系建设要把握的四个重点_ 中国三农产业 -网络(http://blog.sina.com).

③宋洪远, 赵海. 构建新型农业经营体系, 推进经营制创新 [J]. 团结, 2013 (01):31-34.

④赵海. 新型农业经营体系的涵义及其构建 [J]. 农村工作通讯, 2013 (06):48-50.

⑤赵海. 新型农业经营体系的涵义及其构建 [N]. 中国县域经济报, 2013-05-27 (007).

⑥宋洪远. 加快构建新型农业经营体系 [N]. 经济日报, 2013-06-05 (015).

⑦王平. 新型农业经营体系建设要把握的四个重点 [N]. 东方城乡报, 2013-06-20 (B01).

⑧周尤正. 中国特色农业现代化道路论 [D]. 武汉大学, 2014.

⑨宋洪远, 赵海. 新型农业经营主体的概念特征和制度创新 [J]. 新金融评论, 2014 (03):122-139.

⑩张国红. 新型农业经营主体制度法律问题研究 [A] //北京市法学会、天津市法学会、河北省法学会、山东省法学会、辽宁省法学会、内蒙古自治区法学会、山西省法学会. 第十三届"环渤海区域法治论坛"论文集 [C]. 北京市法学会、天津市法学会、河北省法学会、山东省法学会、辽宁省法学会、内蒙古自治区法学会、山西省法学会:山西省法学会, 2018:913-919.

（1）农业生产过程的社会化，即生产过程从一系列的个人行动变为一系列的社会行动，突出表现在农业社会化服务对农业生产过程的广泛参与。现阶段突出强调社会化，主要就是大力发展社会化服务，使农户克服自身小规模经营的弊端，从而获得较高经济效益。社会化要解决的是"服务"不足问题，服务主体包括各类公共服务机构，农村自发形成的农业合作经济组织，涉农企业以及农业院校、科研院所等，服务主体具有专业性，服务对象具有广泛性，服务模式具有社会性[1~6]。

（2）产品的社会化，即以市场化为导向，农产品通过交换供应整个社会，而不是自给自足。自给自足是传统农户的主要特征，因此传统农户的农业产品的商品率较低。在工业化、城镇化的大背景下，根据市场需求发展商品化生产是新型农业经营主体发育的内生动力。无论是专业大户、家庭农场，还是农民合作社、龙头企业、社会化服务组织，都围绕着提供农业产品和服务组织开展生产经营活动，商品化率和经济效益明显高于传统农户。

三、新型农业经营主体的功能和定位

新型农业经营主体，是在坚持以家庭承包经营为基础上，创新我国农业经营体制机制、构建新型农业经营体系的骨干力量，是从事现代农业建设，保障国家粮食安全和重要农产品有效供给的重要主体。新型农业经营主体的发展，有利于形成多种生产经营组织共同协作、相互融合、具有我国特色的新型农业经营体系，推动传统农业向现代农业转变。

从制度层面看，培育壮大新型农业经营主体是对我国以家庭承包经营为基础、统分结合的双层经营体制的完善。新型农业经营主体立足于家庭承包经营，通过土地流转、发展规模经营，提高农业比较效益，解决了工业化、城镇化大背景下谁来种地养猪的问题，提高了农业综合生产能力，保障了重要农产品的有效供给。新型农业经营主体通过产前、产中、产后诸环节的专业化服务，提高了传统农户的集约化水平，实现了传统农户与现代市场的对接，推动了农业生产的组织化、社会化，巩固了以家庭承包经营为核心的农业基本经营制度。

从产业发展层面看，新型农业经营主体是构建现代农业产业体系的依靠力量。龙头企业、农民合作社等新型农业经营主体，将先进的技术、资金和现代经营管理理念等要素引入农业，大力发展产后的加工和流通环节，延长产业链条，提高了农业附加值和比较效益，推动了现代农业产业体系的构建，提高了农业的市场竞争力和抗风险能力。

专业大户、家庭农场、农民合作社和龙头企业在现代农业具有不同的定位和功能。专业大户、家庭农场作为规模化生产主体，承担着农产品生产尤其是商品生产的功能，发挥着对小规模农户的示范效应，向采用先进科技和生产手段的方向转变，增加技术、资本等生产要

---

①赵海．新型农业经营体系的涵义及其构建［J］．中国乡村发现，2013（01）：41-46.

②宋洪远，赵海．构建新型农业经营体系，推进经营体制创新［J］．团结，2013（01）：31-34.

③赵海．新型农业经营体系的涵义及其构建［J］．农村工作通讯，2013（06）：48-50.

④赵海．新型农业经营体系的涵义及其构建［N］．中国县域经济报，2013-05-27（007）．

⑤宋洪远．加快构建新型农业经营体系［N］．经济日报，2013-06-05（015）．

⑥王平．新型农业经营体系建设要把握的四个重点［N］．东方城乡报，2013-06-20（B01）．

素的投入，着力提高集约化水平。农民专业合作社具有带动散户、组织大户、对接企业、联结市场的功能，应成为引领农民进入国内外市场的主要经营组织，发挥其提升农民组织化程度的作用。龙头企业是先进生产要素的集成者，具有资金、技术、人才、设备等方面的比较优势，应主要在产业链中更多承担农产品加工和市场营销的作用，并为农户提供产前、产中、产后的各类生产性服务，但不宜长时间、大面积租农民土地直接耕种。随着农民进城落户步伐加快以及户均耕地的逐步增加，专业大户和家庭农场未来有很大的发展空间，或将成为职业农民的中坚力量。

传统承包经营农户与新型农业经营主体共同构建现代农业经营体系。构建新型农业经营体系是在坚持农村基本经营制度的前提下，对双层经营体制的完善和发展。在"分"的层次，主要是培育家庭农场，提高家庭经营的集约化、专业化和规模化水平；在"统"的层次，主要是培育合作社、龙头企业和社会化服务组织，提高农业生产经营的组织化、产业化和社会化程度。但从我国基本国情出发，在当前和今后相当长一段时间内，广大承包农户仍将是农业生产经营的基本主体和重要基础，将与新型农业经营主体共同构建我国现代农业的经营体系。

在这一体系中，承包农户是构建现代农业经营体系的基础，会随工业化、城镇化发展而逐步分化，它是其他主体扩大经营规模的源泉；家庭农场是构建现代农业经营体系的核心，能够有效集成现代农业生产要素，是今后商品农产品，特别是大田作物农产品的主要提供者，是发展合作经营的核心力量；农民合作社是构建现代农业经营体系的骨干，是引领家庭经营主体参与国内外市场竞争的重要力量，是联结各类农业经营主体的桥梁；龙头企业是构建现代农业经营体系的引领者，是使分散经营者有效对接社会化大市场的重要平台，是带动其他经营主体分享产业链增值收益的核心力量；农业社会化服务组织是构建现代农业经营体系的支撑力量，是维系其他农业经营主体健康发展不可或缺的重要依托，是推进现代农业发展的基本保障。

四、新型农业经营体系建设要处理好几个关系

我国有人多地少的特殊国情，各地资源要素禀赋、经济社会条件不尽相同，甚至差别较大。不同新型经营主体之间发展的条件、能力和速度不同，各自的需求也不同。因此，培育新型农业经营体系要立足于基本国情，考虑到区域差异，处理好重要关系，以促进各类主体的协调、健康、稳定发展。

（一）新型农业经营主体和传统农户的关系

家庭承包经营是我国农村基本经营制度的基础，传统农户是农业的基本经营单位。新型农业经营主体是在农户承包经营的基础上发展起来的。在未来，传统农户将长期大量存在，

新型经营主体也会蓬勃发展①~⑬。在此过程中，处理好发展新型经营主体和扶持传统农户的关系，对两者的协调发展非常重要。

在我国农业市场化程度日益加深、农业兼业化和农民老龄化趋势不断加快的过程中，传统农户的弱势和不足表现得更加明显。对大部分中老年农民来说，农业不仅是一种生产方式，还是一种生活方式。尽管农业经营收入在家庭收入中的比重可能大幅下降，但他们中相当比例的人仍然会坚持从事农业生产。不能因为强调发展新型农业经营主体，就试图以新型农业经营主体完全取代传统农户。大力扶持传统农户，这不仅是发展农村经济、全面建成小康社会的需要，而且是稳定农村大局、加快构建和谐社会的需要。

新型经营主体与传统农户不同，前者主要是商品化生产，后者主要是自给性生产。两者有一定的竞争关系，更有相互促进的关系。新型主体，尤其是龙头企业、合作社，可以对传统农户提供生产各环节的服务，推动传统农户生产方式的转变。与此同时，传统农户也可以为合作社、龙头企业提供原料。在农业的发展过程中，培育新型经营主体和扶持传统农户是相辅相成的，两者并重，不可偏废⑭~⑱。

（二）新型农业经营主体之间的关系

农业新型经营体系中各类新型经营主体，在农业生产发展实践中承担的角色不同，定位不同，并不存在优劣高低之分。各类主体应发挥各自的比较优势，努力形成各类主体合作与联合的组织形态。

家庭农场作为一个经营性质比较综合的经济体，出于效率和效益考虑，可能将一些生产性服务外包给特定组织，如专业合作社。在农地租赁方面也可以借助农民合作社，直接从农民土地合作社租入土地，以避免面对分散农户的高昂交易成本。随着合作的深入，一些家庭农场可能成为合作社成员。类似地，龙头企业为了降低与农户的交易成本，也可能加入某个合作社或直接领办合作社，这在各地都有经验可循。即使这些主体不加入合作社，家庭农场、龙头企业和农民合作

①⑰宋洪远，赵海．新型农业经营主体的概念特征和制度创新［J］．新金融评论，2014（03）：122-139.

②张照新，赵海．新型农业经营主体的困境摆脱及其体制机制创新［J］．改革，2013（02）：78-87.

③赵海．新型农业经营体系的涵义及其构建［J］．中国乡村发现，2013（01）：41-46.

④宋洪远，赵海．构建新型农业经营体系，推进经营体制创新［J］．团结，2013（01）：31-34.

⑤赵海．新型农业经营体系的涵义及其构建［J］．农村工作通讯，2013（06）：48-50.

⑥赵海．新型农业经营体系的涵义及其构建［N］．中国县域经济报，2013-05-27（007）.

⑦宋洪远．加快构建新型农业经营体系［N］．经济日报，2013-06-05（015）.

⑧王平．新型农业经营体系建设要把握的四个重点［N］．东方城乡报，2013-06-20（B01）.

⑨张国红．新型农业经营主体制度法律问题研究［A］//北京市法学会、天津市法学会、河北省法学会、山东省法学会、辽宁省法学会、内蒙古自治区法学会、山西省法学会．第十三届"环渤海区域法治论坛"论文集［C］．北京市法学会、天津市法学会、河北省法学会、山东省法学会、辽宁省法学会、内蒙古自治区法学会、山西省法学会：山西省法学会，2018：913-919.

⑩⑱中国农村财经研究会课题组，王树勤，申学锋．财政支持新型农业生产经营主体发展的总体思路与路径选择［J］．当代农村财经，2014（12）：6-12.

⑪龙丽娜．支持新型农业经营主体 发展特色农业［J］．北方经贸，2018（05）：102-105.

⑫⑭宋洪远：培育新型农业主体 发展适度规模经营——中国金融四十人论坛——传送门 - 网络（http：//chuan-song.me/）.

⑬⑮宋洪远．培育新型农业经营主体 发展适度规模经营［N］．21世纪经济报道，2014-05-12（023）.

⑯张照新，赵海．新型农业经营主体的困境摆脱及其体制机制创新［J］．改革，2013（02）：78-87.

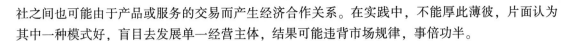

社之间也可能由于产品或服务的交易而产生经济合作关系。在实践中，不能厚此薄彼，片面认为其中一种模式好，盲目去发展单一经营主体，结果可能违背市场规律，事倍功半。

（三）规模经济和土地产出率之间的关系

追求规模经济是新型经营主体发展的动力。从我国分散的小农经营来看，其土地规模较小，劳动生产率相对低下，但通过精耕细作，土地产出率并不低。家庭联产承包责任制下，正是传统农户在单位土地上投入了更多的劳动，最大限度对土地进行集约经营，才以占世界7%的土地养活了占世界1/5的人口。

与之相比，新型经营主体通过扩大经营规模，科学组合和集约利用各种生产要素，可以有效提高劳动生产率和土地产出率。但规模超过一定程度，随着劳动生产率的提高，土地产出率有可能出现下降。

在发展新型农业经营主体中，规模经营要适度，不能盲目追求扩大规模。要根据各地资源条件和经营者能力适当控制规模。如果经营规模过大，超过了经营者自身的能力，就会由原来的规模经济转变为规模不经济。当然，如何确定适度规模标准，要因地制宜。例如，在东北这种耕地资源丰富的地方，单个主体的土地经营规模可以达到几百亩乃至上千亩；而在浙江、重庆等耕地资源稀缺的地方，可能几十亩以上就算规模经营了。

（四）推进适度规模经营与发展社会化服务的关系

新型农业经营主体发展的过程，是农业分工不断精细化的过程，也是农业社会化服务大发展的过程。在传统农业阶段，分散的小农可以通过一己之力或邻里互助完成生产过程，不需要跨区域、大规模的社会化服务。而在建设现代农业阶段，随着单个主体经营规模的扩大，对社会服务的需要自然产生。农业生产经营是复杂的系统工程，任何一个主体都不可能"包打天下"。

出于对生产稳定和利润最大化的追求，新型经营主体更愿意接受专业化、社会化的生产性服务。这是因为，某些服务即使能够自我提供，也可能达不到规模经济的要求。比如农业信息、市场营销、统防统治、抗旱排涝等，而这些服务如果在更大范围内统一提供，则能实现规模经济的要求。从这个角度看，有了服务的需求，并通过规模经济来激励服务的供给，就能为社会化服务发展创造良好的环境。

同时，新型经营主体也能参与提供社会化服务，可以通过领办或合办社会化服务组织，通过自发的产业链整合，为自己及其他经营主体提供高质量服务，有利于在更大范围内降低成本，拓展利润空间。因此，对种养大户、家庭农场、农民合作社、龙头企业等新型农业经营主体而言，发达的农业社会化服务是其快速发展不可或缺的重要条件。

（五）新型农业经营体系和劳动力转移的关系

在工业化、城镇化深入发展过程中，农业劳动力转移是一个长期趋势。在目前的资源状况和技术水平下，我国还有数千万的农业富余劳动力，农业劳动力转移将是一个长期的过程。培育新型经营主体有利于转移农业劳动力。新型经营主体往往有积极性使用机械来替代繁重的体力劳动，这不仅有利于大幅度降低生产成本和提高生产效率，还能把容易向非农产业转移的劳动力从土地上解放出来①~⑧。另外，机械的使用也能在劳动力难以被替代的环节提高年龄相对较大但农业经验丰富的劳动力的效率。

培育新型农业经营主体，要与农业劳动力转移步伐相适应。要根据农村劳动力的转移，积极稳妥推进土地流转，发展新型经营主体。但不能不顾劳动力转移的过程，强行推动土地流转，发展规模经营。考虑到有相当比例的进城农村劳动力还没有真正在城市落地生根，在推动土地流转中更要审慎，尊重农民意愿，以发展新型经营主体。否则，这不但不能推动现代农业的发展，还会影响社会发展的大局。

第五节 政府和市场在新型农业经营体系构建中的角色定位

根据农业产业投入要素结构的差异来构建新型农业经营体系是一种思路。由于我国地域辽阔，并且处于经济转型期，农业生产环境在时间和空间上存在明显的差异，我国农业经营体系发展将呈现多元化、多层次的发展趋势。此外，新型农业经营体系可能随着农业现代化内涵的演变而呈现新的发展趋势。构建新型农业经营体系应该因时制宜、因地制宜、因业制宜，实现数量与质量并重、竞争力强、科技水平先进及可持续的目标。

市场、社会分别是促进经济发展、协调公平发展的首要路径，政府则需要承担农业农村发展中的"兜底"职能；在市场、社会能够发挥作用的领域，政府应避免多此一举的干预，但它仍然需要在提供市场，社会运行制度、匡正市场，社会失灵以及培育市场，社会主体中发挥作用；最后，政府能力建设是政府落实以上职能的基础保障。基于此，政府是农业农村发展中市场和社会力量的最终补充，它强调了政府职能的"兜底"性，通过将市场、社会置于优先地位，突出了政府不同职能的逻辑次序；构建市场、社会运行制度环境是政府的首要职能，匡正和补充市场、社会失灵需要以不破坏市场和社会机制为前提进行，而培育市场、社会主体则是政府阶段性的工作职能，需要随着市场、社会能力的提升而调整、弱化⑨⑩。

①宋洪远，赵海.新型农业经营主体的概念特征和制度创新［J］.新金融评论，2014（03）：122-139.

②张照新，赵海.新型农业经营主体的困境摆脱及其体制机制创新［J］.改革，2013（02）：78-87.

③发展方式转变视阈下农业经营主体多元化发展研究－《学术论文联合比对库》.

④我国新型农业经营主体培育模式研究－《学术论文联合比对库》.

⑤中国农村财经研究会课题组，王树勤，申学锋.财政支持新型农业生产经营主体发展的总体思路与路径选择［J］.当代农村财经，2014（12）：6-12.

⑥赵海.新型农业经营体系的涵义及其构建［J］.中国乡村发现，2013（01）：41-46.

⑦赵海.新型农业经营体系的涵义及其构建［N］.中国县域经济报，2013-05-27（007）.

⑧赵海.新型农业经营体系的涵义及其构建［J］.农村工作通讯，2013（06）：48-50.

⑨郁建兴，高翔.农业农村发展中的政府与市场、社会：一个分析框架［J］.中国社会科学，2009（06）：89-103+206-207.

⑩周应恒.新型农业经营体系：制度与路径［J］.人民论坛·学术前沿，2016（18）：74-85+95.

一、政府的制度与政策创新

政府应深化和扩展农村经营体制改革，促进农用土地流转、土地经营权和宅基地抵押贷款发展；创新农村金融体制和产品，扩大农业贷款抵押范围，将农田、土地、林地、牧场等承包经营权、宅基地和农村住房的使用权等纳入农业贷款抵押范围；促进村级集体资产的股份制和非身份化；适度放松粮食产品市场，加强农产品标准化和农产品质量安全工作等规范市场运作。在统筹城乡发展的背景下，农村经营体制的改革目标应注重城乡基本制度的对接，建立城乡一体化的市场经济制度环境。

基于农业中的市场失灵及其相对于工业的弱质性；政府应致力于匡正市场失灵，建立和完善农业发展中适应市场机制的支持保护体系。在当前时期，培育农业生产市场主体也是政府应承担的重要职责。从政策内容来看，政府应加强农业基础设施建设，建立农业科技支撑体系，健全现代农业服务体系，改革农产品价格保护制度和农产品市场调控体系，转变农业生产补贴方式，完善农业保险制度和强化金融、信贷对农业的支持等，以此降低市场对农业生产的冲击，弥补农业生产中的市场失灵。

政府应依据农业产业的网络关系，培育现代农业生产、加工、经营、销售的主体，提高农民参与市场的能力，促进农业生产组织化。基于缩小城乡发展差距、促进社会公平发展的目标，政府应以城乡一体化为取向，建设并完善城乡基本公共服务体系，履行制度设计和财政供给的职能。城乡基本公共服务的供给体系应以提高农民参与市场能力、降低农民参与市场风险和缩小城乡居民收入差距为主要目标，如何适应城市化快速扩张和人口流动现状，是各项基本公共服务制度设计中必须加以应对的问题。

基于此，政府需要继续巩固前一阶段对农业农村的财政投入，强化对农村劳动力的教育和培训，完善城乡一体以及跨地区的劳动力市场和就业管理服务体系，建立并完善社会保障体系，并加强社会保障制度间的接续和转换，逐步消除附着在户籍之上的教育、就业、社会保障、医疗、住房等权利差异和身份歧视，在农村各项公共服务制度设计中有计划、有步骤地实现城乡衔接，加强和扩展公共服务的属地化管理服务。

基于社会作为政府行动工具的积极意义，政府应创新农村社会管理体制，培育社会组织参与公共事务治理的能力，建立健全一个能够凝聚各方力量的管理主体结构。政府需要承担起供给社会主体运行制度环境、培育社会主体参与公共事务治理能力的职能。农村社会力量的发育不仅有助于将政府从大量公共服务的生产中解放出来，提升政府公共服务的整体供给能力，还将有助于推进农村社会加强自我管理，并推进农村非农产业的发展。

从具体的政策内容来看，政府需要继续规范和深化以村民自治为代表的基层民主，并采用政府购买服务等方式促进社会组织的成长和发育，在此过程中引导和规范社会组织供给服务水平。为了加强和改善对农业农村发展的调控和引导，政府需要进行自身的管理体制改革和制度创新。这里的政府管理体制改革主要包括党政领导体制、各层级政府间的职责分工机制、部门协调机制和农业农村工作的考核评价机制等。

长期以来，我国政府的行政管理体制以城市工作为中心，事实上已经成为强化城乡二元结构的制度基础。在这一体制中，各级政府农业农村工作职责分工不明、部门职能没有覆盖城乡、部门职能分割与交叉并存，除政府"农口"部门外，政府其他职能部门对农业农村的管理和支持严重缺位，农业农村工作在政绩评价体系中不受重视、指标设置欠科学等问题没有得到根本改善，党政机关与各职能部门农业农村工作激励力度不足。有鉴于此，政府需要全面重构其行政管理体制，理顺各部门统筹城乡发展的职能分工，调整政府财政预算的结构和比例，将农业、农村、农民工作纳入各部门的日常工作职责范畴，形成"农外部门跳入三农抓城乡统筹，农口部门跳出三农抓组织协调"的农业农村工作长效机制，打破部门分割和城乡分治局面；明确各层级间政府职责分工，按照转型期人口快速大量流动和协调区域间平衡发展的要求，强化中央政府统筹协调的职能，明确地方政府对转移劳动力的属地化管理和服务责任，加大政府财政对欠发达地区的支持力度，平衡区域间发展；依据调整后的部门职能和层级政府分工，建立适应城乡统筹发展的工作考评机制①。

农业现代化是"四化"同步发展的短板，加快农业现代化步伐，关键在于构建新型农业经营体系。加快构建新型农业经营体系是党和政府推进农业现代化进程的重要内容。实现"四化"同步发展离不开政策的支持②③。推动新型农业经营主体发展，要努力破解在土地、资金、人才等方面的制约，加大财政支持力度，创新各类主体间的利益联结关系，优化新型农业经营主体发展的制度环境。

（一）改革农村土地管理制度

加快土地确权工作，促进土地市场形成，培育家庭农场、专业大户等适度规模经营主体。土地确权工作是稳定农户承包权、放活土地经营权的重要基础，对于促进土地流转、培育新型农业经营主体具有重要意义⑤~⑧。

推进土地承包权确权，打消流转土地的后顾之忧，推进所有权、承包权和经营权"三权分离"。通过加快土地确权工作，使"土地所有权证"体现土地集体所有的性质，"土地承包权证"体现集体经济组织的"成员权"，"土地经营权证"用于流转和抵押；要以土地股份合作为组织发展方式，推进土地流转，促进农业适度规模经营；要建设示范性家庭农场和示范性农民专业合作社，推进农民合作组织的标准化改造，规范其治理结构和经营制度。

健全土地有序流转管理机制，鼓励地方建立土地规模经营扶持专项资金，引导农村土地流向适度规模经营的专业大户和家庭农场。制定专门办法，建立工商企业租赁农户承包耕地准入和监管制度，着重对企业资质、经营项目、流转合同、土地用途等进行审核，对项目投资进度、租金兑付情况、耕地资源保护等加强监管。

加强土地基础条件建设。探索通过"互换并地"等方式解决承包土地细碎化问题，财政设立农民承包地互换并地规模化整理专项资金，对组织开展互换并地成效明显的地区实行以奖代补。将土地确权登记、互换并地与农田基础设施建设结合起来，整合商品粮基地、高

---

①郁建兴，高翔．农业农村发展中的政府与市场、社会：一个分析框架［J］．中国社会科学，2009（06）：89-103+206-207.

②④周应恒．新型农业经营体系：制度与路径［J］．人民论坛·学术前沿，2016（18）：74-85+95.

③赵海．新型农业经营体系的涵义及其构建［J］．农村工作通讯，2013（06）：48-50.

⑤宋洪远，赵海．新型农业经营主体的概念特征和制度创新［J］．新金融评论，2014（03）：122-139.

⑥周应恒．突破体制机制瓶颈　率先实现农业现代化［J］．唯实，2014（07）：74-75.

⑦农业部宋洪远．培育新型农业主体发展适度规模经营_中国金融四十人论坛-传送门-网络（http：//chuan-song.me/）.

⑧宋洪远．培育新型农业经营主体　发展适度规模经营［N］．21世纪经济报道，2014-05-12（023）.

标准农田建设、农业综合开发、土地整理、农田水利等项目资金，大力建设连片成方、旱涝保收的优质农田，并将其优先流转给家庭农场。

（二）创新农村金融保险制度

创新农村金融制度。一是培育和引入各类新型农村金融机构。为农村地区开展金融产品供给和金融服务创新服务[1][2]，允许农民合作社开展信用合作，为新型农业经营主体提供资金支持，形成多元主体、良性竞争的市场格局。二是扩展有效担保抵押物范围。建立健全金融机构风险分散机制，将新型主体的土地经营权、农房、土地附属设施、大型农机具、仓单等纳入担保抵押物范围。三是建立新型农业经营主体信用评定制度。开展新型农业经营主体信用评级，改善当地金融生态和信用环境。四是创新担保机制，采取形式多样的担保办法，既可以由财政出资成立担保公司为新型农业经营主体进行担保，也可以成立村级的互助担保资金对新型主体贷款进行担保，还可以由龙头企业为合作社和家庭农场提供担保。

完善农业保险制度。一是增设政策性农业保险品种。创设针对当地特点的财政支持下的政策性农业保险品种[3]~[7]，建立各级财政共同投入机制。二是建立政府支持的农业巨灾风险补偿基金。加大农业保险保费补贴标准，提高农业保险保额，减少新型农业经营主体发展生产面临的自然风险。三是试点新型农业经营主体种粮目标收益保险。在种粮大户和粮食合作社中，试点粮食产量指数保险、粮食价格指数保险，中长期应加快研究种粮目标收益保险，即以种粮收入为保险标的物，通过指数保险的方式保障农民种粮收益，促进粮食生产。

（三）加大财政支持力度

一是新增补贴资金并向新型农业经营主体倾斜。对达到一定规模或条件的家庭农场、农民合作社和龙头企业，在新增补贴资金中给予优先补贴或奖励，以鼓励规模经营的发展。二是对新型主体流入土地、开展质量安全认证等给予一定补助。对新型农业经营主体流入土地给予一定的流转费补助，以补偿当前较高的土地流转费用；对新型主体开展无公害农产品、绿色食品、有机农产品等质量安全认证给予奖励，以提高家庭农场生产的标准化水平。三是加大对新型主体培训的支持力度。加强对规模经营农户、家庭农场主、农民合作社负责人和经营管理人员、龙头企业负责人和经营管理人员以及技术人员的培训，以提高生产经营的质量和水平。

（四）完善农业设施用地政策

认真落实国家有关农业设施用地政策，优先保障新型农业经营主体的生产设施用地及附属设施用地。有效利用村庄内闲置地、建设用地或复垦土地，支持新型农业经营主体建设连栋温室、畜禽圈舍、水产养殖池塘、育种育苗、畜禽有机物处置、农机场库棚等生产设施，以及建设晾晒场、保鲜、烘干、仓储、初加工、生物质肥料生产等附属设施。对直接用于或

①④龙丽娜．支持新型农业经营主体　发展特色农业［J］．北方经贸，2018（05）：102-105.
②③宋洪远，赵海．新型农业经营主体的概念特征和制度创新［J］．新金融评论，2014（03）：122-139.
⑤林雪梅．家庭农场经营的组织困境与制度消解［J］．管理世界，2014（02）：176-177.
⑥宋洪远：培育新型农业主体　发展适度规模经营 _ 中国金融四十人论坛 -传送门 - 网络（http：//chuansong.me/）.
⑦宋洪远．培育新型农业经营主体　发展适度规模经营［N］．21 世纪经济报道，2014-05-12（023）.

者服务于农业生产的水域滩涂，按农用地管理，并赋予较长的经营期限。各级政府在修订土地利用总体规划时，要充分考虑新型农业经营主体长远发展对设施农用地的实际需求。

（五）建立健全人才培养机制

完善新型职业农民培训体系，提升"新农人"经营管理能力。构建新型农业经营体系，应该注重"人"的培养，通过职业资格培训，提高营农准入门槛，使从事农业经营成为有尊严且体面的职业。根据现代农业发展的内涵与趋势，构建多层次、全过程的培训体系，尤其是重点培养能够经营农家乐、农业休闲观光的人才。此外，在市场决定资源配置的背景下，政策对农业的扭曲将逐渐降低，需要培养具有风险管理能力的经营性人才。

大力加强对新型职业农民的培养，从国家层面制定中长期新型农民培养规划，重点对种养大户、家庭农场经营者、合作社带头人、农民经纪人、农机手和植保员等新型职业农民开展培训，培养大批农村适用专业人才。扩大农民培训规模，增加补助经费。探索建立家庭农场经营者的职业教育制度。

建立合作社带头人人才库，建设合作社人才培养实训基地，着力打造高素质的合作社领军人才队伍和辅导员队伍。加强对龙头企业负责人的培训，培养一大批农业产业化发展急需的经营管理人才。制定和完善大中专院校毕业生到农村务农的政策措施，鼓励吸引毕业生兴办家庭农场和农民合作社。总结地方经验，对在新型农业经营主体就业的大中专院校毕业生给予补贴，并在户籍、社会保障等方面给予其和城镇居民相同的待遇①~④。

二、市场机制配置资源的基础地位

经济发展是劳动分工演进的一个过程，而市场能够通过逐步的社会试验发现劳动分工的有效模式。我们尽管已经积累了许多关于市场失灵的系统性理论，但无数事实证明，市场体制在资源的使用上，往往在特定的时间段中更有效率，并且随时更具创新性。

即便不考虑政府失灵的可能，以国家干预为特征的农业政策虽然可以学习已经被发达国家借助于市场试验得到的劳动分工有效模式，通过采用增加要素投入、变化生产组织形式等方式促进现代农业建设，但正如杨小凯所指出，若体制没有自我创造经济发展和制度创新能力的制度基础设施，模仿只可能在短期内创造绩效，并且是以牺牲社会试验机会为代价的。当模仿潜力耗尽或劳动分工网络日益复杂时，这种策略的长期代价将超过其短期收益。

政治经济学家的实证研究表明，在农业发展中，国家干预市场失败同时可能引发政府失败，并且难以保证后者不坏于前者。农业政策中的国家干预除了导致农业生产率提高空间有限，还可能带来政府财政压力过重等后果，这已在多国实践中得到证明。因此，政府需要认识市场机制在资源配置中的基础性作用，以及筛选农业生产组织方式的有效性，在促进农业

①宋洪远，赵海.新型农业经营主体的概念特征和制度创新［J］.新金融评论，2014（03）：122-139.
②关锐捷，赵亮，王慧敏.探析农村土地集体所有的实现形式——基于天津、四川、江苏的基层调研［J］.毛泽东邓小平理论研究，2014（12）：12-15+85.
③龙丽娜.支持新型农业经营主体 发展特色农业［J］.北方经贸，2018（05）：102-105.
④周应恒.新型农业经营体系：制度与路径［J］.人民论坛·学术前沿，2016（18）：74-85+95.

经济发展中将其置于优先地位[①]。

农村要素市场机制建设是新型农业经营体系建设的重要方面。农业要素市场的建设严重滞后，发育迟缓、门类不全，土地市场、劳动力市场、金融市场、技术市场、信息市场远未形成，使之成为市场体系建设中的最薄弱环节。

深化要素市场改革，也是脱贫攻坚的杠杆所在。要通过改革创新，让贫困地区的土地、劳动力、资产、自然风光等要素活起来，让资源变资产、资金变股金、农民变股东，让绿水青山变金山银山，带动贫困人口增收。更早之前，在贵州六盘水等地进行了"三变"（资源变资产、资金变股金、农民变股东）试点，并在贵州全省推广[②~⑲]。

激活生产要素，最终要落实到股权上，总要有个组织载体。股权的组织形式主要有公司制与合作制两类，经济运行逻辑迥然有别，不可混为一谈。"三变"入股，既可以入股到公司企业，更可以入股到合作制经济组织。相比于公司企业，合作制组织（合作社及新型农协）更能保障农民的主体地位和公平受益。但在一些地方，"农民变股东"，名义上是与工商资本合股，其实并无法律保障，更缺乏谈判地位和风险缓冲，成了"公司+农户"的新变种。

长期以来，农业补贴绝大部分补给了极少数所谓的"农业龙头企业"及其背后的老板，其中的利益输送加剧了农村的贫富分化，不仅有违社会主义的平等原则，也不符合市场经济公平竞争的基本要求。涉农企业基本处于农民及合作社的交易对手方，其垄断地位越强，农民及合作社的利益越难保障。想通过补贴涉农企业去支持农民，好比是通过补贴房地产开发商来解救"房奴"，在逻辑上是南辕北辙的。

①郁建兴，高翔．农业农村发展中的政府与市场、社会：一个分析框架［J］．中国社会科学，2009（06）：89-103+206-207.

②陈林．农业供给侧结构性改革：农民组织化与农村市场机制建设［N］．中国社会科学报，2017-08-04（006）.

③郭秀丽．习近平新时代生态文明建设思想的主要观念［J］．贵州省党校学报，2019（01）：39-44.

④郝栋．习近平生态文明建设思想的理论解读与时代发展［J］．科学社会主义，2019（01）：84-90.

⑤刘涛．论习近平生态文明思想的传统文化意蕴［J］．社科纵横，2019，34（04）：12-16.

⑥张森年．习近平生态文明思想的哲学基础与逻辑体系［J］．南京大学学报（哲学·人文科学·社会科学版），2018，55（06）：5-11.

⑦黄臻．乡村振兴战略下贵阳城乡"三变"改革实现形式与运行机制［J］．贵州师范大学学报（社会科学版），2019（02）：97-106.

⑧苏荣芳．贵州农村"三变"改革的现状分析［J］．现代化农业，2019（03）：51-53.

⑨李娟，张臣军．荒山变茶山"三变"促发展——安康市汉滨区晏坝镇"三变"改革的实践探索［J］．新西部，2019（09）：31-32.

⑩刘永富．全面理解习近平总书记关于扶贫工作的重要论述［J］．机关党建研究，2019（05）：24-27.

⑪于福波．"三变"改革：农地股份合作制的新实践——以贵州省六盘水市为例［J］．农村经济，2019（05）：112-120.

⑫苟丽萍，张娟．习近平扶贫思想的内容维度与价值意蕴［J］．安庆师范大学学报（社会科学版），2019，38（03）：1-5.

⑬欧阳德君．中国共产党在陕甘宁边区的反贫困实践［J］．延安大学学报（社会科学版），2019，41（04）：21-27.

⑭张耀宗，刘艳艳，张多勇．陕甘宁革命老区生态扶贫研究——以甘肃省庆阳市为例［J］．老区建设，2019（14）：24-31.

⑮任勇．关于习近平生态文明思想的理论与制度创新问题的探讨［J］．中国环境管理，2019，11（04）：11-16.

⑯郝栋．生态文明建设视域下乡村振兴战略研究［J］．行政与法，2019（03）：61-69+2.

⑰郑建琼，张征．以红色文化为依托 推进革命老区脱贫攻坚新实践［J］．创造，2019（06）：43-46.

⑱陈霄，吴波，王凤阁．新时代我国社会主要矛盾转化的三重意涵［J］．探索，2019（01）：12-18.

⑲林坚．建立生态文化体系的重要意义与实践方向［J］．国家治理，2019（05）：40-44.

　　明确农业发展中市场机制的基础地位，构建符合市场化要求的制度环境，为农业市场化、组织化的推进提供制度基础设施，是当前我国政府调控和引导农业发展的首要职能[1][2]。

①陈林. 农业供给侧结构性改革：农民组织化与农村市场机制建设［N］. 中国社会科学报，2017-08-04（006）.
②郁建兴，高翔. 农业农村发展中的政府与市场、社会：一个分析框架［J］. 中国社会科学，2009（06）：89-103+206-207.

第三章 现代农业经营的制度逻辑、体系图谱与路径

第一节 现代经营的制度逻辑

一、家庭经营的主体地位

农业生产的特点：①季节性，周期长，高度依赖自然环境；②经济再生产和自然再生产的有机结合，依赖自然条件并遵循一定的自然规律，需因地制宜；③过程的监督和计量的困难；④家庭＝特殊利益共同体（利他主义、互惠性、目标和行为的一致性）的经济性。全球大约有5.7亿个农场，其中90%以上，大约5亿多是以家庭为经营单位，在美国农业经营主体的87%以上为家庭经营。

家庭经营是现代农业经营的主体。农业生产是自然再生产和经济再生产的有机结合。农业生产的对象是动植物和微生物，它们是有生命的个体，生长、繁殖都依赖自然条件并且遵循一定的自然规律。土地是农业生产最重要的生产资料，是为动植物生长发育提供水和养分的重要平台。土地所处的地理位置决定了温度、光照、水分和气候等影响农业生产的自然条件，也因此构成了农业生产的重要制约因素。受到土地位置固定的约束，温度、光照、水分和气候等因素的周期性变化导致了农业生产的季节性，任何一种农产品的生产在一年内都有其合理的时间范围，同一种农产品的生产基本上每年同时开始、同时结束，表现出以年为周期的季节性规律。此外，农产品生长周期一般长达数月，在生长周期内通过获取自然环境中的二氧化碳、矿物质和水进行光合作用，合成有机物，农民投入劳动和其他要素的时间仅占农作物生长周期的一小部分，并且集中分布在农产品生产过程中的某些特定时点，表现出年度和生产季节的不均衡性和间断性。人类活动虽然在一定程度上能够改变某些条件，但动植物生长发育的规律无法改变。农业部门的这些特点决定了农业的生产组织形式与其他部门有着本质区别。

周期性长、季节性强、受自然环境影响明显是农业生产的主要特征，这使得农业在本质上成了经济再生产和自然再生产的结合。因此，农业生产活动存在监督和计量的先天性困难，容易产生信息不对称、失真及委托—代理问题。家庭是一个特殊的利益共同体，家庭内部的利他主义和成员的互惠性质超越了社会资本纽带关系，他们的目标与生产行为更容易达成一致，在家庭内部也不需要进行精确的计量以及劳动监督，这些特征决定

了以家庭为单位经营农业具有巨大的优越性。此外，家庭成员与农业经营所在地具有较强的地缘关系，熟悉当地自然与社会环境，在保护自然和人文环境以及实现农业可持续发展方面也有着独特的优越性。因此，以家庭劳动力为主的家庭经营是从事农业生产经营活动最有效的形式①。

二、经营规模分化与经营主体专业化

经营主体表现出横向多元化和纵向多元化两种发展趋势；农业经营主体横向多元化本质就是经营规模的分化。从国际经验来看，农业经营规模呈现出中等规模农户比重减少，小规模和大规模农户比重增加的分化发展趋势。50公顷以下农户数量和2000公顷以上农户所占比重呈现上升趋势，中等规模农户所占比重下降可能是部分分化为更小规模户，另外一部分发展为更大规模户①。

经营主体的纵向多元化发展趋势，随着农业技术的进步，农业生产的过程的可分性增加。要素替代性增加，农业经营主体纵向多元化表现为农业经营活动专业化分工程度深化，经营效率不断提升。农业专业化分工是农户对生产成本和交易成本的选择结果。农业经营体系是由各类承担产前、产中、产后等不同环节职能的经营主体组成的分工协作、功能互补的系统。

经营规模分化、经营主体专业化是现代农业发展的趋势。农业的自然属性与经济属性决定家庭经营是农业经营的主要形式，但是随着农业技术进步以及农业内外部环境的变化，经营主体表现出横向多元化和纵向多元化两种发展趋势。

农业经营主体横向多元化表现为经营规模的分化。马克思主义理论指出，资本化进程的推进会把小规模农户从自给自足的、较为封闭的同质化状态分化为农业资产阶级和农业无产阶级。同时，随着农业技术进步以及推广体系健全，农业生产率快速提高，农产品供给能力不断增强，农产品市场竞争越发激烈。一般而言，小规模农户相对于大规模农户在生产成本上不占优势，部分小农户逐渐被规模化农户兼并重组，从事商业化经营，而小规模经营逐渐演变为退休工人的一项娱乐休闲活动，他们并不注重经营活动的收益。因此，农业经营规模呈现出中等规模农户比重减少，小规模和大规模农户比重增加的分化发展趋势。不同资源禀赋的发达国家农业经营规模的演变历程验证了以上结论。

农业经营主体纵向多元化表现为农业经营活动的专业化分工程度深化，经营效率不断提升。农业技术进步是推动农业专业化生产的根本动力。随着农业技术的进步，农业生产过程的可分性不断增加，农业生产者将原来由自己操作的生产环节逐步转移给更专业的组织或个人去完成。从制度经济学的角度来看，农业专业化分工是农户生产成本和交易成本的选择结果。农业生产要素供应、农产品销售、加工、储运、农业科技、信息、法律等职能逐渐从农业经营活动中分离出来，由专业化的经营主体承担。农业经营体系是由各类承担产前、产中和产后等不同环节职能的经营主体针对农产品生产、加工、流通与销售而共同组成的分工协作、功能互补的系统。在农业经营规模分化和经营主体专业化的进程中，农业经营主体呈现

---

①周应恒. 新型农业经营体系：制度与路径［J］. 人民论坛·学术前沿，2016（18）：74-85+95.

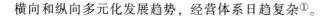

横向和纵向多元化发展趋势，经营体系日趋复杂①。

三、农业经营体系的时空与产业差异

不同时间段：农业技术进步、非农产业发展以及农产品国际市场环境的影响，驱动农业经营体系发生巨大变革。不同空间上：不同的地形、气候以及消费习惯导致差异化的农业经营体系。（如南北差异，我国各地形成了不同的农业产业形态和经营模式）在不同产业间形成差异化的经营体系，按照其投入要素的密集程度可以分为：土地密集型的粮棉油作物种植、劳动密集型的园艺作物种植以及资本密集型的畜禽产品生产。类型边界并不是绝对的，同时还可以继续细分产业，也可以根据其他的视角分析考察。

农业经营体系在时间、空间以及产业间存在差异。农业经营体系的多元化发展趋势还体现在时间、空间以及产业间的差异上。农业经营体系在不同时间段表现出不同的特征。现代农业发展受到农业技术、非农产业发展以及农产品国际市场环境的影响。随着工业化、城镇化快速推进，农业在国民经济中的比重不断下降，农业收入占农民收入的比重也逐步下降，农村劳动力大量转移到非农和城镇部门。由于劳动要素相对机械要素的价格不断上升，机械对劳动产生广泛的替代，农民从事规模化经营的能力大大提升。这将驱动农业经营体系发生巨大变革。

农业经营体系在不同空间上也表现出不同的特征。农业经营活动是在位置固定的土地上进行的，土地的地形、气候条件以及所在区域的文化传统都将对农业经营体系产生影响。我国地域辽阔，地形、气候条件多样，农业历史悠久，民族文化习俗各不相同，各地区形成了不同的农业产业形态和经营模式。南方雨水充沛、四季分明的稻作区孕育出了江南精耕细作的传统，北方相对干旱少水、冬季漫长，因此多为旱作，小麦、大豆、玉米等杂粮集中。当然，随着技术的进步，农业产业区域的边界也在不断变化。由于各个地区消费习惯以及传统文化的差异，以碳水化合物为主要食物来源的地区主要种植谷物、果蔬等作物，而以肉类为主要食物来源的地区主要种植牧草、饲养牲畜。不同的地形、气候以及消费习惯导致差异化的农业经营体系产生。

农业经营体系还在不同产业间表现出不同的特征。农业按照其投入要素的密集程度大体可以分为土地密集型的粮棉油作物种植、劳动密集型的园艺作物种植以及资本密集型的畜禽产品生产。粮棉油产品主要在广阔的田野上种植，温度、光照、水分和气候等自然因素对其影响较大，各地区生产时间相对固定；果蔬园艺产品经营逐渐向设施化的方向发展，受自然因素影响的程度有所降低，但大部分产品具有易腐性；受规模经济影响，畜禽产品经营十分依赖资本设备和技术的投入。不同产业的特征决定了不同的生产经营组织形式，从而形成差异化的经营体系。

农业经营具有季节性、周期性以及对自然环境高度的依赖性等特征，无法像工业部门那样进行标准化的生产，这是农业经营的制度约束。因此，构建新型农业经营体系必须坚持家庭经营。同时，由于科技水平的发展、经营制度的不断创新以及农产品贸易自由化进程的推进，必然导致现代农业发展呈现规模两极分化、经营主体专业化的趋势。此外，农业经营体系在不同

---

① 周应恒．新型农业经营体系：制度与路径［J］．人民论坛·学术前沿，2016（18）：74-85+95.

时间、空间以及产业间还存在显著差异。农业经营体系将随着农业现代化发展而不断改进。

只要农业生产最基本的特点（生产的生物性、地域的分散性以及规模的不均匀性）存在，农民之间就有合作的必然性。在目前分散经营的制度下，一家一户的小生产方式难以应对自然风险的冲击并且难以适应千变万化的大市场。蔬菜、水果、畜禽等产品价格波动剧烈①~⑤，农产品滞销现象时有发生。这不仅对广大的小农户产生冲击，对消费者的选择也产生了巨大影响。当农户意识到，只有通过合作才能解决他们在农产品生产和销售过程中所遇到的问题时，他们就产生了联合起来建立专业合作经济组织的制度创新需求，期望通过农户之间的联合和合作⑥，通过低市场交易成本、获得规模经济及规避市场风险等方式，获得一家一户所不能获得的收益。与此同时，农民专业合作经济组织的建立、运行和维护需要花费一定的成本，这些成本主要包括农户之间寻求合作的谈判成本和合作组织建立后维持组织高效运行必须支付的组织协调成本。只有当合作的收益大于合作组织的制度创新成本时，农户才会选择合作。

第二节　我国现代农业经营体系构建的制度基础

在我国经济社会迈向全面小康和现代化的进程中，农业发展进入瓶颈期，传统细碎化的小农经营体系已无法适应现代市场的需求。在开放的经济体系中，传统小农经营体系的竞争力日趋下降。加快农业现代化步伐已经成为党和政府的当务之急。要想促进我国农业由传统走向现代，必须要探索构建符合我国国情并能适应市场的新型农业经营体系。加快培育新型农业经营主体、构建新型农业经营体系已经成为现代农业发展的核心。

由于农业生产具有季节性、周期性以及对自然环境高度的依赖性等特征，监督和计量农业生产活动存在先天性困难，这样的特征也决定了在不同资源禀赋与农业发展阶段的国家中，家庭经营始终占据了农业经营体系的主要地位。同时，无论是人少地多的美国、人地适中的欧洲国家还是人多地少的日、韩国家，随着全球化与农产品贸易自由化进程的推进，农业经营规模开始出现两极分化，农业经营主体呈现专业化发展趋势，职能逐渐分化的农业经营主体开始互相协作、功能互补，构成了各具特色的农业经营体系。此外，现代农业发展在不同的空间、时间以及产业间表现出不一样的内涵，这决定了农业经营体系将呈现差异化的发展趋势，同时这也表明构建新型农业经营体系需要遵循现代农业发展的制度逻辑。

我国农业发展有其自身的特殊性，需要农业、农民、农村联动。在工业化、城镇化迅速推进的背景下，既要解决谁来种地、怎么种地的问题，还要降低农业生产成本，提升农业的

①周应恒．新型农业经营体系：制度与路径 [J]．人民论坛·学术前沿，2016（18）：74-85+95.

②郭红东，蒋文华．影响农户参与专业合作经济组织行为的因素分析——基于对浙江省农户的实证研究 [J]．中国农村经济，2004（05）：10-16+30.

③彭艺．我国新型农业合作组织研究 [D]．华中科技大学，2006.

④龙齐阳．农民专业合作经济组织发展问题研究 [D]．国防科学技术大学，2006.

⑤何李花，曾福生．从新制度经济学的角度探析农民专业合作经济组织 [J]．农村经济，2007（04）：123-125.

⑥张虹．腾冲雨伞村玉雕产业生产组织方式研究 [D]．云南大学，2016.

国际竞争力。随着收入水平的提升，居民消费偏好呈现多元化发展趋势，农产品品种、品质等方面供需结构失衡的矛盾非常突出。同时，我国是一个地域辽阔、经济发展水平差异较大、多民族、多人口的国家，既有山区也有平原，既有农区也有牧区，既有经营规模较大的东北与新疆等地区，也有平均规模细小且分散的东部沿海和西南等地区，农业发展非常不均衡。没有哪一种农业经营体系可以适合所有的情况，因此，构建新型农业经营体系应该因地制宜、因时制宜、因农业发展需要而不断调整，重点培育能够适应现代农业发展的专业化经营性人才，以市场需求为导向，生产具有国际竞争力的产品。

从理论上厘清农业经营的制度约束与经营体系发展的应有之势，归纳不同资源禀赋国家农业经营体系发展的经验，将对我国构建新型农业经营体系具有重要意义。

由于我国地域辽阔，各地区经济发展水平、传统文化习惯以及农业经营环境表现出很强的区域化差异，因此，我国农业经营体系发展将呈现多元化、多层次的发展趋势。此外，历史的传承以及过去政策的约束使当代我国形成了独特的农业、农村与农民"三农问题"的联动格局；市场的扭曲使我国农产品品种、品质等多方面供需结构出现失衡，在日益开放的国际市场中，我国农产品国际竞争力不断下降。相对于其他国家，在告别传统模式、进行转型发展的过程中，我国新型农业经营体系的构建将更加复杂。

2012 年的中央农村经济工作会议上正式提出要培养新型经营主体[1]。2013 年党的十八届三中全会提出，要坚持家庭经营在农业中的基础性地位，推进家庭经营、集体经营、合作经营、企业经营等共同发展的农业经营方式创新。发展各种类型的新型农业经营主体和推进规模化经营，已成为我国加快现代农业建设，实现工业化、信息化、城镇化和农业现代化同步发展的战略性选择。构建新型农业经营体系，核心是加快培育新型农业经营主体，注重发挥各类主体的比较优势以及对小规模农户的带动作用[2~5]。

20 世纪 90 年代中期以来，大量农村劳动力进城务工经商、农村土地流转增加，农业产业结构深入调整，为家庭经营的家庭农场或专业大户、农民合作社、龙头企业等各类农业生产经营组织的发育和成长提供了难得的机遇。这些农业经营组织既是推动农业经营体制机制创新的主要力量，也成为新型农业经营主体的主要构成部分[6][7]。除此之外，我国各地区经过积极探索，还产生了联耕联种、农业共营制等其他类型的农业组织形式。尽管经营主体数量众多，但根据职能和属性差异可以将其归纳为家庭经营、合作经营以及企业经营这三种经营制度体系。

这些多样化的主体与功能属性各异的经营形式在不同时间、空间以及具体农业产业中的关联关系各不相同，组合方式也复杂多样，从而形成多样化的经营体系样式。传统农户、家庭农场和专业大户是家庭经营的具体表现形式，其在克服农业计量难题和监督成本方面具有天然的优势。农民专业合作社是众多小规模家庭经营主体联合而成的经营组织，在提升我国农业组织化水平、实现规模经营方面具有优势，是合作经营的主要形式。联耕联种、农业共营制体现为村落协同的农业经营，在一定程度上也是合作经营的表现形式。龙头企业是企业经营的主要形式，是解决我国农业发展过程中技术相对落后、管理经验匮乏以及资金不足等

①周应恒. 新型农业经营体系：制度与路径 [J]. 人民论坛·学术前沿，2016 (18)：74-85+95.
②⑤⑥赵海. 新型农业经营体系的涵义及其构建 [J]. 中国乡村发现，2013 (01)：41-46.
③⑦宋洪远，赵海. 新型农业经营主体的概念特征和制度创新 [J]. 新金融评论，2014 (03)：122-139.
④宋洪远. 中国农村改革 40 年：回顾与思考 [J]. 中国农业文摘—农业工程，2019，31 (01)：3-11.

问题的中坚力量。

具有我国特色的新型农业经营体系图谱（见图 3.1）应该以家庭经营为核心，合作经营和企业经营相互支撑，面向国际竞争的适度规模经营与面向附加值提升的小农户特色经营相得益彰，组织化程度与社会化服务水平明显提升。

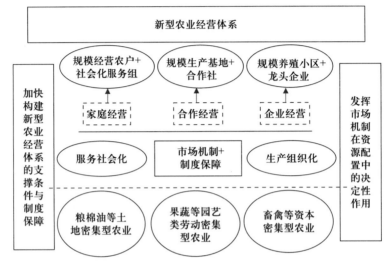

图 3.1 我国新型农业经营体系构建图谱

第三节 我国新型经营体系图谱解析

一、家庭经营降低监督成本

主体包括传统承包农户、专业大户与家庭农场等[①]。传统承包户要逐步退出农业经营（非经营性的自给自足型的农业主体）或转化为专业大户和家庭农场（新型农业经营体系的重要组成部分）；专业大户和家庭农场指的是以经营农业为主要收入，经营规模远大于传统承包户，并且收入水平可能与从事其他产业的相当。一般是有文化、懂技术并且具有更高经营效率，能够接受并掌握先进技术的职业农民[②]。适度规模的边界因技术、组织形式、时间等而异。

家庭经营是应对农业自然属性、降低农业监督成本的最优选择。家庭农场或专业大户都属于家庭经营的范畴。专业大户和家庭农场既没有经营形式上的实质性的区别，也没有法律

①李雨康．宁夏家庭农场发展问题研究［D］．宁夏大学，2015.

②周应恒．新型农业经营体系：制度与路径［J］．人民论坛·学术前沿，2016（18）：74-85+95.

意义上的严格界定①。两者都是在农村分工分业迅猛发展的背景下形成的，以家庭成员为主要劳动力，面向市场从事集约化、专业化、标准化、规模化、商品化生产经营，并以务农收入为家庭主要收入来源的微观农业经营组织。

传统承包户经营规模较小，并且大多数青壮年成员已经从事非农产业，农业收入占家庭收入的比重不断下降，农业经营意愿降低，已经无法适应当前的环境。如果不能通过合作组织实现规模经营，一部分承包户将逐步退化为非经营性的自给自足型农业主体，并最终退出农业经营；另一部分将通过土地的流转扩大经营规模，转化为家庭农场和专业大户，成为新型农业经营体系的重要组成部分。相对于传统农户而言，家庭农场和专业大户以经营农业为收入的主要来源，他们的经营规模一般远远大于传统承包户，并且收入水平可能与从事其他产业的劳动者相当。此外，家庭农场和专业大户一般是一些有文化、懂技术并且具有更高经营效率、能够接受并掌握先进技术的职业农民②~④。

家庭农场以家庭为基本生产经营单位，以家庭成员为主要劳动力，具有产权关系清晰、治理结构单一、利益关系直接、监督成本较低等显著特点⑤。家庭农场具备的适度规模、家庭经营、集约生产的特点，决定其适合在第二、第三产业比较发达、劳动力转移比较充分、要素市场发育良好的地区开展农业种养业生产，为生活消费和工业生产提供初级农产品和加工原料。根据联合国粮农组织统计，全球农业经营主体中90%以上属于家庭经营，家庭农场在农业生产中具有稳定的主导地位⑥。家庭经营是从事农业生产活动的最优选择，是新型经营主体不可或缺的部分。但在一定技术条件下，由于对家庭劳动力的依赖，家庭经营的规模往往会受到一定限制。

建设现代农业，对于我国这样一个大国，最重要的任务是确保国家粮食安全和农产品总量供给，"要把我国人的饭碗牢牢端在自己手中"。因此，在农业生产尤其是粮食生产过程中，要充分发挥家庭农场的基础性作用。据农业部统计，在全国家庭农场中，从事种养业和种养结合的家庭农场占家庭农场总数的98.2%，其中，从事粮食等大田作物生产的家庭农场占总数的40%，并在提高普通农户的农业生产经营水平方面发挥着重要的示范效应⑦~⑨。

引导土地流向专业大户和家庭农场，重点培育家庭农场。提高土地流转管理服务水平，鼓励农村土地优先流向专业大户和家庭农场。健全土地流转市场。加强土地流转平台建设，建立健全县、乡、村三级流转服务体系，开展流转供求信息、合同指导、价格协调、纠纷调

①相比家庭农场，专业大户是一个比较通俗的说法，一般而言是指经营规模比传统承包农户大，从事某一品种或某一行业生产的农业经营者。一些研究把是否经工商部门登记或农业部门认定的作为两者的主要区别（翁贞林和阮华，2015）。杜志雄和王新志（2013）认为家庭农场和专业大户之间既有区别也有联系，家庭农场是专业大户的升级版，家庭农场土地流转相对规范，流转期限相对较长，土地集中连片程度较高。无论家庭农场与专业大户有何区别，二者都是家庭经营的新型形式，是从事农业生产活动的最优选择，是新型经营主体不可或缺的部分。

②赵海.家庭农场的制度特征与政策供给［J］.中国乡村发现，2014（01）：157-162.

③宋洪远，赵海.新型农业经营主体的概念特征和制度创新［J］.新金融评论，2014（03）：122-139.

④曾珍，陈兵兵，范琴.家庭农场经营模式的政策比较研究［J］.经济师，2015（01）：15-18.

⑤张红宇.中国现代农业经营体系的制度特征与发展取向［J］.中国农村经济，2018（01）：23-33.

⑥联合国粮农组织.2014年粮食及农业状况：家庭农业中的创新［EB/OL］.http://agris.fao.org/agris-search/search.do? recordID=XF2016037931，2014.

⑦农业部农村经济体制与经营管理司，农业部农村合作经济经营管理总站.我国农村经营管理统计年报（2016）［M］.北京：农业出版社，2016.

⑧周应恒.新型农业经营体系：制度与路径［J］.人民论坛·学术前沿，2016（18）：74-85+95.

解等服务，引导土地依法、自愿、平稳流转。在尊重农民意愿的前提下，积极推广委托流转、股份合作流转、季节性流转等方式，推进整村整组连片流转，提高规模经营水平。推广实物计租货币结算、租金动态调整、土地入股保底分红等利益分配方式，稳定土地流转关系，保护流转双方合法权益。建立土地优先向专业大户和家庭农场流转的有效机制。以扶持资金为导向，建立分层分级的补助标准，鼓励土地转出户与专业大户、家庭农场签订中长期租赁合同，发展稳定而适度的规模经营①~④。

二、合作经营提升小规模农户农业组织化水平

家庭经营存在如下若干问题：市场谈判势力小、自然和市场风险高；合作经营的优越性：规避风险、降低交易成本、提升农业经营的组织化水平、提升规模化、可获得分工和规模经济利益；合作存在的必然性：农业生产中最基本的特点——生产的生物性、地域的分散性以及规模的不均匀性。"合作" vs "统合"；只有当合作的收益大于合作组织的制度创新成本时，农户才会选择合作。挖掘农产品附加价值、打造区域品牌、增加农民收入的重要经营组织形式⑤。合作经营形式有农业合作社、联耕联种、村落营农、集体经营等。

合作经营是农业分化发展过程中提升小规模农户农业组织化水平的重要手段。农民合作社是指农民在家庭承包经营的基础上，按照自愿联合、民主管理的原则组织起来的一种互助性生产经营组织。农民合作社通过农户间的合作与联合，目的在于解决传统农户家庭经营存在的规模不经济缺陷，通过技术、资金等合作，提高了农户生产的集约化水平。农民合作社集生产主体和服务主体为一身，融普通农户和新型主体于一体，具有联系农民、服务自我的独特功能。对于人多地少的我国来说，农民之间的合作是增强谈判能力、实现小农户融入大市场的最重要方式⑥⑦。

虽然家庭经营能够解决农业生产中监督与劳动计量的问题，是最有效的农业生产形式，但是它并不能解决农业经营中的全部问题。无论是数量众多的普通农户，还是具有一定规模的家庭农场和种养大户，面对日益开放的外部环境，与市场化大生产仍难实现无缝衔接，由此决定了农民间互助合作极为重要。众多家庭经营者在面临市场时的谈判势力是十分弱小的，承担的自然风险和市场风险都很大，因此合作经营就成为农业家庭经营者规避风险、降低交易成本、实现规模经营的重要方式。

农民通过合作化的组织形式，一是有助于降低交易费用。合作社对单个农户独立面对市场交易行为的大量替代，有效降低农户与各类市场主体间的博弈要求，从而减少了交易费用。二是有助于降低生产成本。合作社为成员提供农资采购、作业服务、技术指导等团购服务，通过规模优势，不仅降低了单个成员成本，还能有效保证生产经营和服务作业的质量。

①赵海.家庭农场的制度特征与政策供给 [J].中国乡村发现，2014 (01)：157-162.
②曾珍，陈兵兵，范琴.家庭农场经营模式的政策比较研究 [J].经济师，2015 (01)：15-18.
③郭昕璐，何念奇，石雪飞，杨琴.洞庭湖区水稻种植业家庭农场经营与扶持对策研究 [J].粮食科技与经济，2019，44 (04)：28-31.
④梁修全.湖北保康：建立精准扶贫长效机制 [J].新理财 (政府理财)，2019 (07)：61-65.
⑤周应恒.新型农业经营体系：制度与路径 [J].人民论坛·学术前沿，2016 (18)：74-85＋95.
⑥宋洪远，赵海.新型农业经营主体的概念特征和制度创新 [J].新金融评论，2014 (03)：122-139.
⑦张红宇.中国现代农业经营体系的制度特征与发展取向 [J].中国农村经济，2018 (01)：23-33.

三是有助于增加收入。合作社通过规模经营以及提高议价能力实现优质优价、发展加工流通提供盈余返还，多途径提高了农业经营效益，增加了成员收入。四是有助于共享收益。合作社通过"一人一票"、按交易量（额）返还盈余的制度设计，确保所有成员，包括贫弱农民成员在内，都能平等享受服务和收益。

此外，随着消费者对农产品品牌化、高附加值化、高品质化等属性的需求增长，合作社可以联合众多生产者统一生产标准、统一布局产品品种、统一采购种子、化肥和农药等农资，从源头上提高农产品的标准化程度；通过共同出资，使农业产业进一步向第二、第三产业延伸，加强农产品产后商品化处理设施、设备建设，拓展农业增值空间；借助本地特殊自然、人文属性，打造区域农产品品牌，形成更强的农产品竞争优势。因此，合作经营也是联合农业经营者挖掘农产品附加价值、打造区域品牌、增加农民收入的重要经营组织形式。据统计，截至 2017 年 7 月底，全国 193 万家合作社带动农户成员超过 1 亿户，占全国农户总数的 46.8%。全国 297 个国家级贫困县中约有 744 家国家级示范合作社，带动成员 22.8 万户，入社农户比普通农户增收 20% 以上①。

引导农民加强联合与合作，发展多种形式的新型农民合作社。按照"积极发展、逐步规范、强化扶持、提升素质"的要求，大力发展多元化、多类型的农民合作社。规范发展专业合作社，认真贯彻实施《农民专业合作社法》，指导合作社制定好符合本社实际的章程，建立健全各项内部管理制度，做到民主办社、民主管理。稳步发展土地股份合作社，在集体经济实力和领导班子组织能力较强的地方，坚持农户自愿原则，稳妥推进土地股份合作社发展，同时防止假借合作的名义侵害农民的土地承包权益。鼓励发展农民合作社联合社，在专业合作基础上支持相同产业、相同产品的合作社组成联合社，着力发展农产品贮藏、销售和加工环节，提高农产品的市场竞争能力。引导合作社开展内部信用合作，按照"限于成员内部、用于产业发展、吸股不吸储、分红不分息"的原则，引导产业基础牢、经营规模大、带动能力强、信用记录好的农民合作社开展内部信用合作，建立健全相关规章制度，确保信用合作规范运行、健康发展②~⑤。

三、企业经营促进技术与经营理念创新

农业龙头企业成为企业经营的主体和核心。一方面，完善与农户的利益联结机制，是产业化经营的先导力量；另一方面，难以克服农业经营的季节性，资源配置效率下降，生产监督成本高，绩效评价难⑥。关于工商资本进入农业应该注意，企业经营是弥补家庭经营的局限而生，但不能代替家庭经营成为农业生产的主要方式，更适合进入农业的产前与产后环节；企业经营是解决农民办不了的事，而非与农民争利，不能只顾追逐利益而忽视农业生产

①农业部农村经济体制与经营管理司，农业部农村合作经济经营管理总站．我国农村经营管理统计年报（2016）[M]．北京：农业出版社，2016.

②方志权．关于加快构建上海新型农业经营体系的思考 [J]．科学发展，2015（06）：93-99.

③宋洪远，赵海．新型农业经营主体的概念特征和制度创新 [J]．新金融评论，2014（03）：122-139.

④临泽县板桥镇发展多种形式新型农民合作社_ 甘肃张掖网 -网络（http://www.zyrb.com/）.

⑤构建新型农业经营体系的实践、问题及对策建议_ 漫步乡村 -网络（http://blog.sina.com）.

⑥周应恒．新型农业经营体系：制度与路径 [J]．人民论坛·学术前沿，2016（18）：74-85+95.

的特性。

企业经营是农业专业化分工过程中先进技术与经营理念创新的源泉。企业经营为农业带来的是先进的技术、先进的理念和大量的资金。农业龙头企业是企业经营的主体和核心。我国的农业龙头企业源于农村改革和农业产业化的实践，它们在适应多变的市场环境和应对激烈的国际竞争方面具有较大的优势。农业产业化龙头企业是通过订单合同、合作等方式带动农户进入市场，实行产加销、贸工农一体化的农产品加工或流通企业。和其他新型农业经营主体相比，龙头企业具有雄厚的经济实力、先进的生产技术和现代化的经营管理人才，能够与现代化大市场直接对接。

农业企业作为现代经营组织形式，产权明晰、治理结构完善、管理效率较高、技术装备先进、融资和抗风险能力较强，在物质投入、人力资本、技术开发等方面的优势是其他农业经营形式和组织方式难以复制的。从全球农业发展经验和我国实践看，农业企业已经成为现代农业经营体系不可或缺的重要组成，在引领众多经营主体发展现代农业方面具有示范效应和导向性作用。因此，要充分发挥农业企业的优势，凸显其在高端农产品生产、精深加工、品牌打造、营销渠道建设等方面的功能。通过"公司+农户""公司+合作社+农户"等组织模式，让企业与农户形成利益共同体。据农业部统计，目前全国各类龙头企业达 13 万家，年销售收入 9.2 万亿元，提供的农产品及加工制品占农产品市场供应量的 1/3；超过 50% 的企业通过了"三品一标"认证、注册了商标品牌。农业企业在推动农业供给侧结构性改革、促进现代农业发展，特别是在带领农民、帮助农民、服务农民、富裕农民方面有十分突出的引领作用。

在不断完善与广大农户的利益联结机制的基础上，农业龙头企业作为产业化经营的先导力量将扮演独特而重要的角色。但是，企业型农业经营难以克服农业经营的季节性，从而造成资源配置效率下降的局面，还面临着农业生产过程中监督成本高、绩效评价难的问题。同时，面对农业经营过程中的自然风险和市场风险，企业经营比农户经营更加脆弱。

近来，关于工商资本进入农业方面的讨论不断升温。工商资本往往源自于龙头企业，从理论上讲，由于农业生产的特殊性，企业经营不能代替家庭经营成为农业生产的主要方式，它更适合进入农业的产前与产后环节，由此带动农户，而不是代替农户经营①。发达国家农业产业的企业经营经验显示，工商资本主要进入农产品加工业、种子种苗业、农业科技服务业、农产品流通业等农业产前和产后环节，促进农业经营向第二、三产业融合发展。企业经营是要解决农民办不了的事，而不是与农民争利，如果企业经营过分追逐利益而忽视农业生产的特性，那必然无法长久经营。因此，在构建新型农业经营体系的过程中应该注意这些问题。

培育壮大农业产业化龙头企业，完善利益联结机制。按照"优化配置、集约经营、规模发展、整体推进"的思路，进一步培育壮大龙头企业。做大做强龙头企业，支持龙头企业通过兼并、重组、收购、控股等方式，培育一批引领行业发展的领军企业。积极创建农业产业化示范基地，加强技术创新、质量检测、物流信息、品牌推介等公共服务

①陈锡文（2012）同样指出，公司企业进入农业，实施雇工经营，除了在可以实施严格规范劳动管理的大棚园艺产业和畜禽养殖产业获得成功外，在粮棉油等大田作物经营过程中鲜见成功。

平台建设，不断通过示范基地引领现代农业发展。完善与农户的利益联结机制，大力发展订单农业，规范合同内容和签订程序，明确权利责任。支持龙头企业与专业大户、家庭农场、合作社有效对接，鼓励龙头企业创办领办合作社，推进企业与合作社深度融合发展。鼓励农户、家庭农场、合作社以资金、技术等要素入股龙头企业，形成产权联合的利益共同体。引导工商资本到农村发展适合企业化经营的种养业，把工商资本进入农业同各类现代农业园区建设结合起来，引导工商资本依托农业园区发展现代农业，优化产业布局，夯实发展基础。把工商资本进入农业同各地农业产业发展规划结合起来，支持工商资本在良种繁育、高标准设施农业、科研示范推广等适合企业化经营的领域发展种养业，鼓励工商资本开发"四荒"和开展产前、产中、产后的加工、营销、技术等服务，不断增强其辐射带动能力[1]~[9]。

四、经营性农业服务组织

作为生产型主体，家庭经营、合作经营和企业经营功能属性各异，都是现代市场条件下农业经营组织的具体形态。家庭经营是基础，其他经营形式是补充和发展。在新型农业经营体系中，一个并不直接从事农业生产，但不可或缺的主体是各类经营性农业服务组织。经营性农业服务组织是指在产前、产中和产后各环节为农业生产提供专业化、市场化服务的经济组织，包括专业服务公司、专业服务队、农民经纪人等。经营性农业服务组织为小规模农户提供农机作业、病虫害防治、技术指导、产品购销、储藏运输等服务，解决了农户一家一户办不了、办不好的事情，降低了农户生产成本，提高了农户的资源要素利用效率。

农村劳动力的不断分化，农业领域的专业化分工也越来越明显。其中表现最为突出的就是经营性农业服务组织的大量出现。经营性农业服务组织具有专业化特征，立足生产全过程，利用专业技术人员、专用设施装备、专门营销网络，可以为普通农户和其他经营主体提供市场信息、农资供应、绿色技术、废弃物资源化利用、农机作业及维修、农产品初加工、农产品营销等全方位生产性服务，通过这种统一服务连接千家万户，连片种植、规模饲养，形成服务型规模经营，实现小农户与现代农业发展有机衔接。我国的农机跨区服务已经成为世界范围内满足小农户的机械需求，同时高效利用农业机械的典范，充分显现出生产性服务业在我国农业中有广阔的发展前景。

近年来，我国不同地区出现的"托管""半托管"等多种形式的农业服务模式中，不同

①宋洪远，赵海. 新型农业经营主体的概念特征和制度创新［J］. 新金融评论，2014（03）：122-139.

②方志权. 关于加快构建上海新型农业经营体系的思考［J］. 科学发展，2015（06）：93-99.

③周应恒. 新型农业经营体系：制度与路径［J］. 人民论坛·学术前沿，2016（18）：74-85+95.

④张红宇. 中国现代农业经营体系的制度特征与发展取向［J］. 中国农村经济，2018（01）：23-33.

⑤发展新型农民合作组织　壮大农业产业化龙头企业_农合农合-网络（http://blog.sina.com）.

⑥张照新，赵海. 新型农业经营主体的困境摆脱及其体制机制创新［J］. 改革，2013（02）：78-87.

⑦农业部经管司，经管总站研究组. 发展新型农民合作组织　壮大农业产业化龙头企业——"中国农村经营体制机制改革创新问题"之二［J］. 毛泽东邓小平理论研究，2013（07）：38-43+92.

⑧张谋贵. 大力发展新型农业经营主体［N］. 贵州日报，2019-03-13（012）.

⑨构建新型农业经营体系的实践、问题及对策建议_漫步乡村-网络（http://blog.sina.com）.

类型的社会化服务组织发挥着至关重要的作用。农业社会化服务组织满足了农村劳动力大量转移，农业劳动力兼业化、老龄化导致的农业对经营性生产服务的需要，同时也拓展了规模经营的内涵，为现阶段实现适度规模经营提供了另外一条可选路径。据农业部统计，2016年，全国从事农业生产托管的服务组织有 22.7 万个，服务农户 3656 万户，托管服务土地面积 2.32 亿亩，充分展示了农业社会化服务组织的经营方式和组织形式的巨大潜力。

构建农业社会化服务新机制，培育发展多元服务主体。农业社会化服务，是现代农业的重要支撑，是新形势下推进农业经营体制机制创新的重要内容。按照"主体多元化、服务专业化、运行市场化"的方向，加快构建公益性服务与经营性服务相结合、专项服务与综合服务相协调的新型农业社会化服务体系。继续强化农业公益性服务体系[1]~[5]，近些年公益性服务机构得到了长足的发展，乡镇或区域性农业技术推广、动植物疫病防控、农产品质量监管等机构基本建立，支撑保障和服务能力不断增强。但与发展的需要以及农民的期盼相比，还有不小差距，服务能力、经费保障、人员素质、体制机制等方面还面临不少困难与挑战。下一步，要抓紧建立公共服务机构人员聘用制度，规范人员上岗条件，选择有真才实学的专业技术人员进入公共服务管理队伍。逐步形成服务人员抓示范户、示范户带动辐射户的公益性服务工作新机制，不断增强乡镇公共服务机构的服务能力。重点在那些具有较强公益性、外部性、基础性的领域，经营性服务组织不愿干、干不了的领域积极发挥作用。要重点搞好区域疫病防控、产品质量监管、土壤环境监测、农民技术培训等服务。加快培育农业经营性服务组织[6][7]，发达国家的实践表明，经营性服务可以有效弥补公益性服务的不足，更好满足各类农业经营主体多层次、多形式、多元化的服务需求，已成为农村经济和现代服务业发展的新增长点。采取政府订购、定向委托、奖励补助、招投标等方式，引导农民合作社、专业服务公司、专业技术协会、农民经纪人、涉农企业等经营性服务组织参与公益性服务，大力开展病虫害统防统治、动物疫病防控、农田灌排、地膜覆盖和回收等生产性服务。培育会计审计、资产评估、政策法律咨询等涉农中介服务组织。不断创新农业社会化服务方式，专业化服务组织一般都集中于农业生产经营的某个具体领域、品种或环节，从事专业化的生产经营服务活动，其服务渠道和模式相对成熟，服务水平较高，经营有效益，有较好的发展前景。通过加大对专业化服务组织的扶持力度，积极引导和支持专业化服务组织开展病虫害统防统治、农机作业、农资供应、农产品流通等服务。在县级基层搭建集技术指导、农产品营销、农资供应、土地流转、农机服务、疫病防控等服务于一体的综合平台，促进农业社会化服务供需有效对接。积极推广"专业服务公司+合作社+农户""村集体经济组织+专业化服务队+

①张红宇. 中国现代农业经营体系的制度特征与发展取向 [J]. 中国农村经济, 2018 (01): 23-33.
②韩长赋部长在全国农业厅局长座谈会上的讲话_ 徐娘很美 - 网络 (http://blog.sina.com).
③韩长赋. 构建新型农业经营体系应研究把握的三个问题 [J]. 农村工作通讯, 2013 (15): 7-9.
④方志权. 关于加快构建上海新型农业经营体系的思考 [J]. 科学发展, 2015 (06): 93-99.
⑤宋洪远, 赵海. 新型农业经营主体的概念特征和制度创新 [J]. 新金融评论, 2014 (03): 122-139.
⑥韩长赋. 新型农业经营体系如何着力 [J]. 西部大开发, 2013 (08): 43-45.
⑦关锐捷, 赵亮, 王慧敏. 探析农村土地集体所有的实现形式——基于天津、四川、江苏的基层调研 [J]. 毛泽东邓小平理论研究, 2014 (12): 12-15+85.

农户""涉农企业+专家+农户"等服务模式，总结典型经验，发挥示范作用①~⑦。

第四节　基于要素禀赋差异化的新型经营体系构建路径

不可能存在一种普遍适用的农业组织形式，每一种组织形式的产生和发展都有其一定的适宜条件。不同生产要素（土地、劳动和资本）的投入结构对农业经营体系的构建也具有较大影响⑧，在粮棉、园艺、养殖业等三大农业中投入结构存在显著差异。要素的替代性与替代的不完全性 ，规模经营的多样化实现途径。

家庭经营在从事农业生产活动方面具有天然的优势，合作经营则在联合农户对接市场方面存在优势，企业经营则具有资本与技术优势。各种经营主体与组织形式在不同时间、空间以及具体农业产业中根据农业经营环境的变化以及农产品市场的需求可能同时存在，也可能独立出现。数量与质量并重、竞争力强、科技水平先进以及可持续的新型农业经营体系正是由这些各司其职的经营主体与组织形式分工协作、功能互补而构成的一个系统。

然而，无论是在理论上还是实践中，不可能存在一种普遍适用的农业组织形式，每一种组织形式的产生和发展都有一定的适宜条件。我国各地资源禀赋差异较大，不同生产要素的投入结构对农业经营体系的构建也具有较大影响，作为农业主要投入要素的土地、劳动和资本，在粮棉、园艺、养殖业三大农业中投入结构存在显著差异，而这种差异会造成不同产业的经营体系有所不同。新型农业经营体系的构建应当因地制宜。在具备实现规模化经营条件的地区，应通过土地确权、搭建土地流转市场、完善职业农民培训体系、构建社会化服务组织等方式大力培育家庭农场、专业大户等适度规模经营主体；而在不具备实现规模化经营条件的地区，发展多样化复合经营主体。

家庭经营在从事农业生产活动方面具有天然的优势，合作经营则在联合农户对接市场方面存在优势，企业经营则具有资本与技术优势，经营主体与组织形式在不同时间、空间以及具体农业产业中根据农业经营环境的变化以及农产品市场的需要可能同时存在，也可能独立出现。数量与质量并重、竞争力强、科技水平先进以及可持续的新型农业经营体系正是由这些各司其职的经营主体与组织形式分工协作、功能互补而构成的一个系列。然而，无论是在理论上还是实践中，不可能存在一种普遍适用的农业组织形式，每一种组织形式的产生和发展都有其一定的适宜条件。不同生产要素的投入结构对农业经营体系的构建也具有较大影响，作为农业主要投入要素的土地、劳动和资本，在粮棉、园艺、养殖业等三大农业中投入

---

①方志权．关于加快构建上海新型农业经营体系的思考［J］．科学发展，2015（06）：93-99.

②宋洪远，赵海．新型农业经营主体的概念特征和制度创新［J］．新金融评论，2014（03）：122-139.

③韩长赋．构建新型农业经营体系应研究把握的三个问题［J］．农村工作通讯，2013（15）：7-9.

④农业部经管司、经管总站研究组．发展新型农民合作组织　壮大农业产业化龙头企业——"中国农村经营体制机制改革创新问题"之二［J］．毛泽东邓小平理论研究，2013（07）：38-43+92.

⑤韩长赋．积极推进新型农业经营体系建设［N］．人民日报，2013-08-07（009）.

⑥韩长赋．积极推进新型农业经营体系建设［J］．饲料广角，2013（16）：1-2.

⑦韩长赋．新型农业经营体系如何着力［J］．西部大开发，2013（08）：43-45.

⑧周应恒．新型农业经营体系：制度与路径［J］．人民论坛·学术前沿，2016（18）：74-85+95.

结构存在显著差异，而这种差异会造成不同产业的经营体系有所不同①②。

一、粮棉油等土地密集型产业

粮、棉等土地密集型产品，亩均产值较低，小规模经营的平均成本高，缺乏竞争力③。为了保障可持续发展，需要扩大经营规模，降低平均成本，提高总收益；发展复合经营，提高要素利用效率，增加收益。引导土地互换、流转向规模化经营户，结合社会化服务，通过"规模户+社会化服务组织"的组织形式，降低大田作物经营的平均成本。加快土地制度改革，引导农村土地市场健康发展，促进多种形式适度规模经营，如四川崇州和江苏盐城等地区积极探索粮食等大田作物新型经营模式。

在粮棉油等土地密集型产业适宜发展"适度规模家庭农场+社会化服务组织"模式，有利于农业机械化操作、规模化发展，降低平均成本。我国土地利用型产品经营的发展趋势主要是通过适度规模降低平均成本，进行高效可持续经营。水稻、小麦、玉米等大田作物具有土地密集型特征，经营规模对生产效率具有重要影响。对于粮、棉等土地密集型产品来说，亩均产值较低，小规模农户经营的平均成本较高，缺乏竞争力。随着近几年最低收购价格的提高，我国粮食国际天花板效应逐渐显现，粮、棉等土地密集型产品的国内价格分别高出进口的国内到岸完税价，由于价格过高面临"国货入库，洋货入市"的困境，国内农业产业安全形势严峻。

小规模农户经营亩均产值较低，平均成本较高，缺乏竞争力。已有研究表明，农户平均成本曲线一般是 L 形的，在一定范围内，平均成本将随着规模的扩大呈现迅速下降的趋势。国内有学者对我国粮食主产区农户样本进行实证分析，发现扩大经营规模有助于实现规模经济，降低平均成本。因此，通过扩大经营规模，降低平均成本、提高总收益是保障该类型作物可持续发展的主要方式。

此外，由于单个农户购买资本密集型的设备既不利于降低平均成本也不利于提高相关设备的使用效率，可以通过社会化服务组织提供机耕、机种、机收、施肥、施药等服务，在某些环节实现更高水平的规模经营，例如，我国农机社会化服务和跨区域作业的工作量就不亚于美国农场机械的工作量。因此，针对土地利用型、机械化程度较高的大田作物经营，应该引导土地互换、流转，结合社会化服务，通过"规模户+社会化服务"的组织形式，降低大田作物经营的平均成本，应对国际竞争。

土地股份合作的形式可以将土地流转中高昂的交易费用内生化，在提高土地经营规模的同时进一步降低大田作物经营的成本。加快当前农地制度改革，引导农村土地市场健康发展，促进多种形式适度规模经营是农业发展的当务之急。从支农政策角度来看，首先，应该以市场导向为主辅之以政策手段，培育一批愿意经营农业的新型经营主体与社会化服务组织，对经营主体相关技术采用行为进行培训，购买的相关机械设备给予补贴；其次，由于保障粮食安全对于我国十分重要，应该继续保持粮食的价格支持政策，稳定粮食市场价格，但

①周应恒. 新型农业经营体系：制度与路径 [J]. 人民论坛·学术前沿，2016（18）：74-85+95.
②周应恒，刘余. 中国农业发展大趋势与新三农发展路径 [J]. 现代经济探讨，2017（04）：32-37.
③周应恒，张晓恒，耿献辉. 我国种植业经营主体发展趋势 [J]. 华南农业大学学报（社会科学版），2015，14（04）：1-8.

是，随着适度规模经营下单位产品成本的降低，可以逐步降低最低收购价格或者从最低收购价格补贴向目标价格补贴转变；最后，由于我国粮食的多年持续增产是建立在掠夺式经营的基础上，造成了一系列的农业面源污染问题，因此，应该加强对生态高效的化肥、农药以及适用性机械技术的研究与开发，保持农业的可持续发展[1][2]。

二、园艺等劳动力密集型产业

对于园艺等劳动密集型产品，品种选择、栽培技术以及市场影响等将显著影响其经营效率。传统的小规模农户数量庞大，到 2030 年，城镇化率达到 70%，仍难以实现全部农户适度规模经营。小规模农户的出路在于：通过联合、合作的组织形式，挖掘农产品附加值，避免同质化竞争。推动三产融合，延长产业链条，挖掘产前、产中和产后的可能增值空间。发展"规模生产基地+合作社"的组织形式，着重提高产品附加价值、实现范围经济。培养既懂农业经营又擅长农业管理的人才是关键，加强实用型机械技术的研发与应用是保障。

我国劳动力密集型产品经营的路径主要是发挥小规模农户劳动力资源优势，通过合作经营，挖掘农产品附加值，避免同质化竞争。提高高附加值产品种植比重对于小规模农户应对全球化竞争，增加收入十分重要。水果、蔬菜等高附加值作物具有劳动力密集型的特征，亩均产值较高，小规模农户可以通过合作经营，挖掘农产品附加值，进行差异化竞争，实现经济规模。

对于园艺等劳动密集型产品，品种选择、栽培技术以及市场变化等将显著影响其经营效率。传统的小规模农户由于数量庞大，难以实现全部农户适度规模经营。小规模农户经营种类繁多，商品化处理水平低，缺乏与市场谈判的能力以及营销技能，附加价值未得到有效开发。

小规模农户在园艺产品的品种选择、栽培技术等生产方面更容易实现精细化操作管理，但在适应市场变化、产品商品化处理方面相对缺乏，因此通过联合、合作的组织形式，挖掘农产品附加值，发展"农户+农民专业合作社"来提升组织化程度[3]，挖掘农产品附加值，避免同质化竞争，提高产品竞争力是主要路径。农民专业合作社作为新型农业经营主体的重要组成部分，目前已经成为推进我国农业现代化的核心力量之一。合作经营可以帮助小农户提高市场谈判地位，解决单家独户办不了、办不好、办起来不划算的问题。

从制度经济学的视角来看，"合作社+农户"的组织模式具有完全垂直一体化、组织利益高度一致性、均衡的博弈关系、劳动雇佣资本的特征。此外，通过延长产业链条，挖掘产前、产中和产后的可能增值空间，也是园艺作物发展的重要方向。在现实中，合作社确实在一定程度上缓解或消除了小规模农户参与市场的困境，将分散的小规模农户组织起来进入农产品供应链以应对现代市场所要求的各种产品标准和交易特征，同时，合作组织也可能承担某些环节的社会化服务职能，实现专业化生产[4][5]。重点建设产品产后商品化处理设施，打

---

①周应恒，张晓恒，耿献辉. 我国种植业经营主体发展趋势［J］. 华南农业大学学报（社会科学版），2015，14（04）：1-8.

②③周应恒. 新型农业经营体系：制度与路径［J］. 人民论坛·学术前沿，2016（18）：74-85+95.

④周应恒，张晓恒，耿献辉. 我国种植业经营主体发展趋势［J］. 华南农业大学学报（社会科学版），2015，14（04）：1-8.

⑤方志权. 关于加快构建上海新型农业经营体系的思考［J］. 科学发展，2015（06）：93-99.

造特色化营销品牌，同时，有条件的地区和产品可以设立直销网点，将流通、零售环节的利润内生化，提高以农户为主体的合作社的整体盈利水平。而且，该类产品在产地集聚形成生产基地后，还有助于形成范围经济。以上这些途径都可以帮助吸纳更多劳动力，解决劳动力过剩的问题。此外，近些年大量涌现的农家乐、果蔬直采基地以及果蔬配送基地，这些形态的出现都有效拓宽了农业经营的利润空间。因此，针对劳动密集型作物，应该通过发展"规模生产基地+合作社"的组织形式，着重提高产品附加价值，实现范围经济。

培养既懂农业经营还擅长农业管理的人才是关键，加强适应性机械技术的研发是保障。从支农政策角度来看，首先，引导从事水果、蔬菜经营的小规模农户通过联合、组建专业合作社，选举有能力的人担任合作社负责人，增强农产品销售的市场谈判力量；其次，对于农产品产后商品化处理设施建设与升级给予政策支持与财政补贴，大力开展农产品质量检验与认证工作，为合作社提高农产品质量水平、打造区域特色农产品品牌提供相应服务，加强农村道路交通基础设施建设，为农产品流通奠定基础，建立农村金融信贷体系，破除农业经营的资金约束；最后，注重蔬菜产、销信息统计与发布工作，避免蔬菜价格剧烈波动。

三、畜禽等资本密集型产业

对于畜禽等资本密集型产品，其对技术、资本最为依赖，具有优势的龙头企业为主导是符合客观需要的。一种形式是通过纵向一体化完全由企业对畜禽进行从生产到销售各个环节的控制；另一种形式是给予养殖户一定的自主决策权，由政府构建养殖小区，龙头企业和养殖户签订合约进行商品交易。畜禽产品流通与销售受到相关市场禁止活禽销售，需要定点屠宰等相关规定的影响，这对构建新型经营体系提出了要求。合理处理畜禽业养殖的废弃物，保证环境质量也成为新型经营体系必须解决的问题①。

畜禽产业适合发展"适度规模养殖户+农业龙头企业"模式。作为资本密集型产品，其对技术、资本最为依赖，龙头企业作为主导控制从生产到销售各个环节，和养殖户通过签订合约进行商品的交易符合客观需要。一种形式是纵向一体化，完全由企业对畜禽进行从生产到销售各个环节的控制，另一种形式是给予养殖户一定自主决策的能力，由政府构建养殖小区，然后龙头企业和养殖户通过签订合约进行商品的交易。

近些年来，随着市场的倒逼，整个畜牧生产呈现快速转型之态：生产组织方式由家庭兼营兼业向企业专业化转变，由分散独立向规模专业转型，开始以专业化的理念、企业化的管理、合作化的机制和产加销一体化的定位建设和运营②~④，以迅速提高生产的效率和水平；资本与品牌成为强势力量。在供求关系发生变化、市场竞争日趋激烈的今天，只有具有雄厚资金实力、强大的品牌号召力及成熟的商业运作能力的大型企业集团或创业资本才能够以相对优越条件实现资源整合、形成主导性力量；区域分布上，随着土地、用工成本飙升，加之气环保的压力，导致发达地区畜牧业生产条件比较优势逐步丧失，国内畜牧产业北移趋势明显。另外，作为全球最大的畜产品市场，国内市场面临着日益残酷的国际竞争，畜产品进口

①周应恒.新型农业经营体系：制度与路径［J］.人民论坛·学术前沿，2016（18）：74-85+95.
②我国养羊业"新常态"下十一大特征_微口网-网络（http://www.vccoo.com）.
③陈宏.关于畜牧业发展新常态的思考与解析［N］.中国畜牧兽医报，2015-06-07（005）.
④畜牧业发展新常态的思考与解析［J］.北方牧业，2015（12）：15-16.

量迅猛增长，净进口已成为常态。

畜牧产业是典型的长链条产业，畜产品从生产到上市，涉及种养加销等多个节，还有饲料、兽药等支撑行业①~③。畜牧产业链条长，可以前拉后带，尤其适合工商企业进入，支持大型企业产业链延伸。近年来，畜禽产品流通与销售受到相关市场禁止活禽销售、需要定点屠宰等相关规定的影响，这对构建新型经营体系提出了要求。此外，随着畜禽养殖业规模化经营的发展，合理处理畜禽业养殖的废弃物，保证环境质量也成为新型经营体系必须解决的问题。

我国南方和北方可以有不同的发展模式。北方人均土地面积大，发展家庭牧场有条件；南方人多地少，要依靠龙头企业，发展养殖大户。家禽生猪产业化程度高，适合推进工厂化集约养殖路径；牛羊生产周期长，可通过分户繁育、集中育肥模式，让加工企业带动更有效益。

现代畜牧业必须是质量安全的产业。食品安全已成为制约发展的首要因素。一个质量安全事件可以打垮一家企业，甚至一个行业④。保障畜产品质量安全，要坚持产管结合、源头治理。实行"适度规模养殖户+农业龙头企业"的模式，有利于建立畜禽标准化生产体系，强化生产过程管控，落实畜产品质量安全主体责任，健全质量安全追溯体系。

与此同时，人们对环境与气候变化的关注度也越来越高，环境污染和生态安全已上升为政府社会治理的重要目标。如何通过技术、政策、法律等综合措施保障畜产品、畜牧业和生态系统及环境安全，已成为决定发展与否的首要因素⑤~⑦。畜禽养殖粪污已成为危及产业发展和产品安全的瓶颈。实行"适度规模养殖户+农业龙头企业"的模式有利于推广清洁生产工艺和精准饲料配方技术，推行畜禽粪便基本资源化利用，实现畜禽养殖与环境容量相匹配，发展种养结合的循环农业。

建设现代畜牧业，要在前伸后流通加工、社会化服务等方面综合发力。要完善利益联结机通过龙头企业带动、兼并、合资、联营等多种方式，鼓励企业向养殖、种植、加工纵深发展，打造全产业链，延伸价值链，加强品牌培育。要大力推进电商与实体结合、互联网与产业融合、生产者与消费者直接对接等新业态，创新流通方式，减少流通环节，加强畜产品冷链物流建设，使养殖环节分享更多收益。要发挥畜牧业大企业多、产业化程度高的优势，强化企业在科技创新与推广应用中的主体作用，运用牧场托管、"公司+农户""公司+合作社"等形式，推进畜牧科技成果转化，解决好社会化服务的问题⑧⑨。

经营主体分化发展路径中，经营规模是动态演变的过程。随着城镇化发展、农业科技进步，无论是土地密集型产品、劳动密集型产品，还是资本密集型产品，土地都逐渐向规模化经营主体集中。但由投入要素密集程度所决定的不同产品间的规模差异仍将存在。我国应该

①杜洁茹．飞逝2015 2015年畜牧业十大新闻热词［J］．今日畜牧兽医，2016（01）：4-11.
②④韩长赋．推动现代畜牧业建设率先取得新突破［J］．中国畜牧，2015（14）：19-24.
③许金新，张文娟．现代畜牧业发展的问题与对策浅析［J］．山东畜牧兽医，2019，40（08）：69-70.
⑤我国养羊业"新常态"下十一大特征 _ 微口网－网络（http://www.vccoo.com）．
⑥陈宏．关于畜牧业发展新常态的思考与解析［N］．中国畜牧兽医报，2015-06-07（005）．
⑦畜牧业发展新常态的思考与解析［J］．北方牧业，2015（12）：15-16.
⑧许金新，张文娟．现代畜牧业发展的问题与对策浅析［J］．山东畜牧兽医，2019，40（08）：69-70.
⑨白莹，关丽鸣，史惠文．供给侧结构性改革背景下金融支持内蒙古现代畜牧业发展研究［J］．北方金融，2016（09）：82-85.

优先引导劳动力完全或基本转移且有意向的小规模农户、兼业农户的土地向规模户集中，从事土地利用型作物生产，降低平均成本，应对国际竞争，保障我国粮食安全。同时，鼓励、引导劳动力转移不充分、机械耕作受制于地形约束地区的小规模农户经营劳动密集型产品，通过合作组织进行差异化经营，延长产业链条，挖掘农产品附加价值，提高营农收入①。

①周应恒，张晓恒，耿献辉. 我国种植业经营主体发展趋势 ［J］. 华南农业大学学报（社会科学版），2015，14（04）：1-8.

第四章 粮棉油等土地密集型农业新型
经营体系构建

现代农业发展在不同的空间、时间以及产业间表现出不一样的内涵，这就决定了遵循现代农业发展制度逻辑的新型农业经营体系将在不同时间、空间及产业间呈现出差异化的发展趋势。不同产业的特征决定了不同的生产经营组织形式，从而形成差异化的经营体系①。以土地为主要投入要素的粮棉油等土地密集型农业新型经营体系构建时，就需要结合该类农业自身所特有的农业生产属性加以研究。本章内容重点关注新型农业经营体系在不同产业间表现出的差异化特征，特别是根据土地密集型农业的具体特征，有针对性、有侧重地设计土地密集型农业新型经营体系的总体布局，探讨培育创新性土地密集型农业新型经营主体的关键任务，建立各类土地密集型农业经营主体协同发展的组织模式，发展土地密集型农业适度规模化经营的路径选择三个方面，研究构建土地密集型农业新型经营体系的具体策略和实现路径。

第一节论述构建土地密集型农业经营体系的需求、内涵与特点。现阶段我国土地密集型农业发展中所面临的"三量齐增""两板挤压""双灯限行"等严峻的现实问题，倒逼着我国进行土地密集型农业经营体系改革。在分析现实改革需求的基础上，本节从结构论和关系论两个层面，解读新型经营体系的内涵；其次，论述构建新型经营体系所需考虑的土地密集型农业的产业特殊性。

第二节论述土地密集型农业新型经营主体的培育。新型农业经营主体具有适度规模、组织化、集约化等特征，是构建新型农业经营体系中最为核心的部分。目前，我国新型农业经营主体主要包括家庭农场、专业大户、农业专业合作社、龙头企业与农业社会化服务组织等。棉粮油等土地密集型农业的生产经营对土地的依赖性大，易受自然因素影响制约以及普遍存在监督和计量方面的困难。因此，土地密集型农业新型经营主体的培育应当坚持以家庭经营为主，同时积极发挥其他经营主体对家庭农场的辅助、服务的作用。本节从家庭经营、合作经营和企业经营三个层面论述新型农业经营主体的培育状况，并以此为基础提出新型经营主体培育过程中的现实困境及解决途径。

第三节论述土地密集型农业的经营组织模式创新。家庭经营在土地密集型农业生产经营方面最具优势，但家庭经营在经营管理、融资能力和市场反应等方面存在先天劣势，需要有完善的农业服务体系与之相配套。因此，构建新型农业经营体系过程中需要发展和创新多种形式的农业经营主体合作组织模式，使得各主体能够灵活组织合作，从而使农业生产更加专业化、集约化和现代化。目前，我国农业经营组织模式主要有"合作社+农户""龙头企业+

---

①周应恒. 新型农业经营体系：制度与路径［J］. 人民论坛·学术前沿，2016（18）：74-85+95.

农户""龙头企业+合作社+农户"三种形式，也即横向联合、纵向延伸、纵横一体三大类①。本节主要对比分析这三种经营组织模式的发育机制和现存问题机制，并以此提出各种经营组织模式的改进方向。

第四节主要论述土地密集型农业的适度规模及规模化路径。我国对于发展土地密集型农业的适度规模经营已经形成了相对一致的共识。当前的问题在于清晰把握我国土地密集型农业适度规模经营的内涵及其实现路径。由于农业适度规模经营具有区间性、动态性和多样性的特征，土地密集型农业的适度规模经营并不存在一个普适的标准，需要根据各地实际情况和特定阶段来探寻适度的土地规模。首先，本节阐述农业适度规模经营内涵；其次，选取江苏省稻谷生产为研究对象，研究农地经营规模与生产成本的关系问题；再次，梳理美国、欧盟和日本等发达国家的规模化发展路径；最后，提出推进土地密集型农业适度规模经营的政策建议。

作为本章的最后一节，第五节总结性地论述构建土地密集型农业新型经营体系的路径。构建土地密集型农业新型经营体系是在培育新型经营主体和创新经营组织模式的基础上，着力在生产经营服务、农村金融服务、公共监管服务等多方面，研究促进土地密集型农业新型经营体系的构建策略和实现路径。具体地，首先从分散家庭经营向组织化经营主体转变的角度培育新型经营主体；其次从小规模经营向适度规模化经营的角度创新农业经营方式；最后从政策支持向长效机制转变的角度完善农业支持体系。

第一节　土地密集型农业经营体系的需求、内涵与特点

一、构建土地密集型农业经营体系的现实需求

(一) 产量、进口与库存"三量齐增"

1. 粮棉油产量基本保持增收

近年来，受我国政府一系列惠农强农等农业保护政策的出台与实施，2003~2015 年我国粮食播种面积年均增长 1.1%，其间粮食播种面积由 14.9 亿亩增长到约 17 亿亩。与此同时，粮食单产能力也在逐步提升，由最初的 288.8 公斤/亩起步，以每年 2% 的速度增长到 365.5 公斤/亩。在耕地面积与单产能力同步上涨的双重作用下，我国粮食产量实现了"十二连增"，粮食产量由 2003 年的 4.3 亿吨增长至 2015 年的 6.2 亿吨，年均增长 3.1%。2016 年粮食耕种面积与单产同时下降，合力拉动粮食总产量下降了 520.1 万吨。即便如此，我国粮食也实现了连续 10 年维持高位供给水平，极大地提高了国内粮食安全水平，并为世界粮食生产供应提供可靠保障。

与粮食作物略有不同，近年来棉花种植面积则呈现显著下降趋势，由 2003 年的 0.77 亿亩，下降到 2016 年的 0.5 亿亩，年均下降 2.5%。然而，随着农业科学技术水平的提高，棉

---

①黄迈，董志勇. 复合型现代农业经营体系的内涵变迁及其构建策略 [J]. 改革，2014 (01)：43-50.

花单产能力在不断地上升。据统计，棉花单产能力由 2000 年的 72.9 公斤/亩的产能增长至 2015 年的 98.4 公斤/亩，年均增长 2.2%，到了 2016 年棉花单产能力已经达到 105.6 公斤/亩，同比增长 7.4%。在棉花单产能力显著增强的影响下，棉花产量自 2000 年的 441.7 万吨增长到 2015 年的 560.3 万吨。2003~2009 年油料作物的播种面积呈现先下降后上升的趋势，2009 年后总播种面积基本保持在 1.8 亿亩水平以上。油料作物单产能力则从 2000 年的 127.9 公斤/亩按照每年 2% 的速度上涨，到 2015 年单产能力已达 168 公斤/亩，2016 年继续增长 1.9% 达到 171.14 公斤/亩。油料作物总产量则从 2000 年的 2954.8 万吨上涨到 2016 年的 3629.5 万吨，年均增长 1.3%。

2. 进口量连年增长

在国内支持政策的刺激下国内粮棉油类农产品生产持续增长的同时，生产成本上涨导致粮棉油类产品进口量也在同步增加。自 2001 年我国加入世界贸易组织（WTO）以来，我国主要粮棉油产品包括棉花、玉米、大豆、稻谷、小麦的进口量及进口额都在大幅上涨，出口量则显著下滑，贸易逆差多呈逐年攀升态势。具体来看，如表 4.1 我国棉花的进口量从 2000 年的 43.66 万吨上升到 2016 年的 103.82 万吨，其中 2012 年进口量最高，达到 538.02 万吨。然而，棉花出口量下降趋势明显，特别是加入 WTO 之后，由 2000 年的 30 万吨骤减至 2001 年的 6.33 万吨，其后虽有上升波动，但整体出口量下滑依然显著。几种作物在 2008 年后也一直保持着巨大的贸易逆差，且这种贸易逆差呈稳定的上涨趋势，特别是大豆，自"入世"初期便有极大的贸易逆差，至 2016 年大豆进口量达 8638.34 万吨。

国内生产量显著增长的同时，进口量不断上升说明我国粮棉产品相对于国际农产品缺乏竞争力，国内供给对于国外粮棉产品依赖程度在逐年上涨。2000 年我国棉花的进口量仅是当年世界棉花总进口量的 7.35%，然而我国的棉花进口量在 2005 年占比已达 35.23%，到 2013 年更是增长至 47.17%，至 2016 年该比例有所降低但也有 14.07%。粮食方面，我国玉米 2000 年进口量占世界进口总体的 6.06%，2009 年进一步下降到 4.70%，在 2013 年这一比重上涨至 6.11%，2016 年稳定在 4.75% 左右；我国大豆进口量历年来位居世界第一，且进口量占比从 2000 年的 26.32% 增长了近 40 个百分点到 2013 年已达 63.64%，至 2016 年我国大豆进口量占世界大豆总进口量依然高达 39.36%。

虽然我国消费者通过国际贸易享受了更多的消费者剩余，但是不可忽略的是粮棉产品连年大量进口将会造成短期和长期等诸多方面的不利影响。从短期来看，大量进口冲击国内市场影响农民增收、国家收储压力增大、库存产品滞销还可能造成损失和浪费；从长期看，由于大量进口粮棉产品冲击农业收益而造成的务农人口老龄化问题突出、农田搁荒现象蔓延，农业生产能力受到损害，进而威胁到我国的粮食安全。

表 4.1 2000~2016 年我国主要粮食作物的进出口量

单位：万吨

年份	稻谷		小麦		玉米		大豆		棉花	
	进口量	出口量	进口量	出口量	进口量	出口量	进口量	出口量	进口量	出口量
2000	57.84	306	204.86	0.25	497.5	1046.61	1276.13	23.11	43.66	30
2001	61.98	200.93	172.13	45.48	531.78	602.06	1642.09	26.43	42.38	6.33
2002	69.54	206.45	176.66	68.76	511.93	1167.8	1388.22	28.85	61.05	15.71

年份	稻谷		小麦		玉米		大豆		棉花	
	进口量	出口量	进口量	出口量	进口量	出口量	进口量	出口量	进口量	出口量
2003	75.25	259.08	165.78	223.75	515.1	1639.95	2322.87	28.17	118.76	12.02
2004	126.76	89.16	833.16	78.4	494.25	231.82	2229.02	34.77	219.76	1.94
2005	93.3	66.67	480.15	26.04	507.85	861.1	2907.06	40.93	292.17	1.88
2006	116.84	122.71	157.65	111.41	524.48	307.07	3069.01	39.16	400.4	3.73
2007	97.16	131.28	143.39	233.72	458.09	491.68	3318.54	46.73	273.96	4.36
2008	72.99	96.31	101.57	12.6	426.12	25.27	3956.31	47.4	231.17	2.8
2009	78.33	77.39	213.47	0.84	470.53	12.96	4495.13	35.76	180.41	3.5
2010	87.51	61	236.11	0.01	661.24	12.74	5737.99	17.53	312.34	5.76
2011	105.93	50.11	261.23	3.98	593.01	13.61	5483.44	21.91	357.63	4.8
2012	280.12	28.05	505.75	0	958.75	25.74	6076.55	33.08	538.02	4.22
2013	271.81	46.64	683.07	0.26	734.08	7.77	6555.48	22.11	443.69	4.81
2014	303.17	41.16	426.56	0.1	682.58	2.02	7381.18	21.75	264.07	2.93
2015	382.73	33.54	431.02	0.53	895.4	1.25	8441.03	14.6	166.28	3.02
2016	400.5	56.04	472.5	1.05	740.59	1.22	8638.34	13.99	103.82	0.87

数据来源：FAO 联合国粮农组织数据库。

3. 库存堰塞湖现象显现

保持一定水平的粮食储备规模对国内粮食安全具有重要的战略意义。21 世纪初期，我国稻谷、小麦和玉米的库存—消费比多在 25%～40% 区间内浮动。然而，如表 4.2 所示，2012～2016 年来我国粮食作物的总供给量均大幅超过了总消费量，年末库存量多呈连年上升态势。特别是玉米，其 2016 年年末库存量已经达到 2.6 亿吨成为历年来年末库存量最高值，相当于当年国内消费量的 1.2 倍，库存消费比达 122.08%。稻谷、小麦、棉花库存同样高企，2016 年年末库存量分别达到了 10691 万吨、4684 万吨、4842 万吨，库存消费比分别为 53.74%、40.31%、128.91%，远超国际公认的 17%～18% 的合理水平。相对来说，大豆库存消费比基本稳定在合理范围内，但也是表现出逐年上升的趋势，2016 年一度达到 21.85%。

粮棉作物过高的国内库存在一定程度上反映了国内主要粮棉作物产量持续上升的事实，但不可忽略的是与此同时粮棉作物的进口量也在持续攀升，这主要是因为我国粮食产品价格相对世界市场价格而言缺乏竞争力。因此，国产粮棉只能被积压在库，这就是所谓的"洋货入市，国货入库"现象。长此以往，库存粮食滞销不仅会造成资源浪费，且政府要维持如此高的库存水平必然要承担更重的财政负担，去库存成为我国政府亟待解决的问题。

表 4.2　2012~2016 年我国主要粮棉作物的供需及库存情况

单位：万吨、万包（棉花）、%

品种	年份	总供给量	总消费量	年末库存	库存—消费比
稻谷	2012	27588	19641	7948	40.47
	2013	28545	19909	8635	43.37
	2014	29590	20005	9586	47.92
	2015	30740	19885	10855	54.59
	2016	30586	19895	10691	53.74
小麦	2012	16827	12070	4757	39.42
	2013	16476	11848	4628	39.06
	2014	16627	11890	4737	39.84
	2015	16267	11330	4937	43.58
	2016	16302	11618	4684	40.31
玉米	2012	26957	19518	7439	38.11
	2013	30662	18763	11900	63.42
	2014	35193	17761	17432	98.15
	2015	42749	18620	24129	129.58
	2016	46875	21108	25768	122.08
大豆	2012	8186	7251	935	12.9
	2013	8931	7862	1070	13.6
	2014	9825	8519	1305	15.3
	2015	10595	8923	1672	18.74
	2016	12021	9865	2156	21.85
棉花	2012	8641	3605	5036	140
	2013	9723	3453	6271	181.62
	2014	10099	3407	6692	196.41
	2015	9333	3513	5820	165.67
	2016	8598	3756	4842	128.91

数据来源：布瑞克农业数据库。

（二）"两板挤压"：生产成本上升和国际价格下降

1. "地板"：国内生产成本上升

"地板"是指国内种植粮棉油等农产品的生产成本。生产成本对农民收益、市场竞争能力、农业生产经营方式变革等均至关重要。由于农产品品质差异不明显且产品市场细分存在局限，市场竞争实质上即是价格竞争。农产品生产成本和农业政策补贴的共同作用决定了价格竞争能力。一方面，生产成本的下降与政策性补贴增加将使得农户收益率有所提高，从而带动农民对生产粮棉的积极性，促进粮棉的出口；另一方面，成本下降、增加补贴也对国家粮棉竞争优势产生影响，以补贴后的较低的价格可以占据更大的市场份额，排挤竞争对手，获得竞争优势。

然而，21 世纪以来我国主要粮棉油产品的成本均呈现不断上升的趋势。2004~2015 年期间，稻谷生产成本由 49.06 元/50 公斤上涨到 120.45 元/50 公斤，涨幅近 145.5%，年均增长率约为 12%（见表 4.3）。其他几种粮棉油作物在同时期的涨幅也相当剧烈，小麦、玉米、大豆、棉花生产成本分别以每年增长 10.57%、12.65%、10.29%、11.46% 的速度向上攀升。上升速度最快的年份是 2009 年到 2013 年间，各品种年均涨幅均超过 11%，特别是棉花生产成本 2015 年一度达到 1035.89 元/50 公斤，年均增长近 20%。2013 年后，玉米、大豆生产成本的增长速度略有下降，稻谷、小麦、棉花生产成本一度下降，但至 2015 年各品种生产成本相对于竞争对手国家（如美国①）差距依然十分悬殊。过高的生产成本严重影响了国内粮棉作物的市场竞争能力，不利于国内粮棉作物出口，农业收益微薄也打击了农民种粮积极性，生产成本"地板"持续抬升对国家粮食安全是一种潜在威胁。

表 4.3　2004~2015 年我国粮棉作物成本变化

单位：元/50 公斤

年份	稻谷	小麦	玉米	大豆	棉花
2004	49.06	50.44	42.72	93.88	419.42
2005	55.84	57.33	44.65	98.66	460.68
2006	57.99	55.48	46.9	100.32	437.7
2007	60.32	58.79	51.68	129.36	467.42
2008	70.23	62.23	55.58	121.8	530.74
2009	72.44	73.03	62.21	143.4	522.26
2010	84.04	81.58	67.89	142.38	710.31
2011	95.15	89.19	78.91	163.4	799.87
2012	108.65	105.6	91.55	193.37	900.38
2013	120.34	119.48	101.07	222.39	1035.89
2014	119.78	110.53	103.86	228.21	953.7
2015	120.45	114.41	107.55	238.86	996.4

数据来源：2010~2016 年全国农产品成本收益汇编。

2. "天花板"：国际粮棉油价格下降

"天花板"是指国际粮棉油价格。随着我国粮棉油产品贸易程度的不断增强，其竞争力先天不足的劣势逐渐显现。特别是近年来受到全球金融危机持续影响，世界经济出现通胀紧缩且复苏缓慢、原油价格下行、世界粮食供需关系逐渐宽松等一系列因素促使国际粮食价格逐步下行。与之相对，国内粮棉油产品成本结构扭曲程度日益加剧、总成本不降反升。为了缓解成本快速上涨对粮棉生产造成的压力、维护农民收益、提高农民积极性，我国政府对稻谷、小麦、大豆、玉米和棉花等实施了不同的托市收购政策，使得国产粮棉产品市场价格居高不下，2013 年我国主要粮食产品的国内外价格出现倒挂现象。

当前，我国粮棉主要农产品价格已经顶到"天花板"。由稻谷、小麦、玉米、大豆和棉花市场的进口国到岸价格、平均进口价格和国内产品出售价格相比可知，我国稻谷与进口稻谷相比有一定价格竞争优势，然而这种优势在逐渐减弱；我国小麦、玉米、大豆、棉花2010 年后价格竞争优势不再，且与平均进口到岸价格差距逐渐扩大，本土农产品难以在价

①国家发展改革委员会价格司编著的《全国农产品成本收益汇编》收录了相关的我国美国农产品成本价格数据，梳理 2010~2016 年资料并整合相关数据并将粮棉成本价格单位统一至元/50 公斤，摆脱中美土地面积计量差异对最终农产品盈利状况判断的限制，实现了两国成本总量及价格的年度序列可比性。

格层面和进口的国外农产品进行比拼，往往被竞争对手所排挤，丧失竞争优势（见图4.1）。

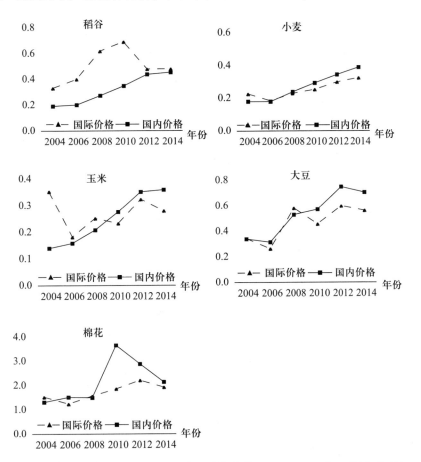

图 4.1　我国与国际市场主要粮棉产品价格比较（2004～2014 年，美元/公斤）

数据来源：国际价格数据由 UN COMTRADE 数据库计算得到；我国价格数据来自 2010～2016 年全国农产品成本收益资料汇编。

（三）"双灯限行"：黄箱限制和资源环境约束

1. "黄箱政策" 约束

开放市场条件下农业国内补贴会影响贸易格局，因而也受到国际规则的制约。WTO《农业协议》（Agreement on Agriculture，AoA）规定采用综合支持量（Aggregate Measure of Support，AMS）测算一国农业国内支持水平，成员国任一年份非特定农产品（即整个农业部门）AMS 或特定农产品 AMS 超过其入世承诺水平均被视为违反 WTO 规则[①]。由于入世前我国对农业实施的是负保护，基期 AMS 水平为零，我国非特定农产品 AMS 和特定农产品 AMS 约束均是 AoA 第 7.4 条规定的微量允许水平（de minimis level），即非特定农产品 AMS

---

①AMS 是指有利于农业和农业生产者所有国内支持的总和，包括所有特定农产品的综合支持量、所有非特定农产品的综合支持量以及所有特定农产品支持等值。

不超过农业总产值的 8.5%，特定农产品 AMS 不超过该产品产值的 8.5%①。

现阶段我国对粮棉农产品所实施的黄箱支持政策主要是价格支持政策，包括水稻和小麦在主产区实施的最低收购价政策，以及新疆棉花的目标价格政策等。在国内粮棉生产成本以及国际农产品价格下降的双向影响下，我国为了更好地保护农民利益，对重点地区、重要粮食品种实行价格支持。需要说明的是，近年来我国对于主要粮棉农产品的"黄箱"支持基本呈现增长态势。根据 AoA 对于黄箱支持的规定所测算我国主要粮食作物的国内支持，虽然仍然保持在 WTO 微量允许范围之内，但突破特定农产品黄箱约束水平风险在日益加大，留给我国可用的政策干预空间越来越小。

更进一步，我国对于土地密集型主要农产品的国内支持政策在国际范围内也开始日益受到关注与挑战。2016 年 9 月 13 日，美国以我国在 2012~2015 年对小麦、水稻和玉米等农产品生产者提供的国内支持超过了我国加入世界贸易组织（WTO）时的农业补贴承诺为由，宣布就此提出 WTO 争端解决机制下的磋商请求。由于双方磋商未能达成一致，2017 年 1 月 25 日，在美国第二次请求下，WTO 争端解决机构成立专家小组，并于 6 月 26 日公布专家小组成员，自此该案正式进入程序性审查阶段②。同时，澳大利亚、巴西和欧盟等 27 个国家和地区申请并被认定为第三当事方参与该案审查。

2. 资源环境约束

粮棉油等农产品持续增产给我国有限的水土资源带来巨大的压力，即使与世界农业大国相比，我国水土资源总量还算可观，但由于人口基数大，我国人均水土资源占有量相比之下就显得严重匮乏。据统计，目前我国人均耕地面积仅相当于世界平均水平的 40%、美国的17%、澳大利亚的 4%，而人均水资源占有量则不足世界平均水平的 30%、巴西的 10%、加拿大的 3%。随着我国经济的快速发展，工业化、城市化进程加快，用地、用水的需求也在增强，耕地资源及水资源的数量和质量却在不断下降。过去 10 多年间我国耕地面积正在按照每年约 1%的速度下降，截至 2015 年年末，耕地共有 13499.87 万公顷，其中较适宜进行农业生产的优等地及高等地仅占总耕地面积的 29.4%③。农业用水量占全国总用水量的比例也是居高不下，2016 年全国总用水量 6040.2 亿立方米，其中农业用水量为 3768 亿立方米，占用水总量的 62.4%④。我国水土资源本来就有限的情况下，面对现今如此高强度的开发利用愈加捉襟见肘、难以为继，加之水土资源本身的空间分布极不均匀，今后的粮食生产只会面临更为严峻的水土约束。

另外，水土资源有限的情况下，我国只能尽可能地提高土地资源的产出水平以维持粮食增产，而人们选择的往往是对土地进行掠夺式索取，简单粗暴的单一依靠大量使用化肥来提高亩产，危害生态环境且加速土地贫瘠化，还会使得粮食生产成本越高，形成了一系列的恶性循环。随着化学品的持续投入、农业开发强度接近极限，生态环境破损也越来越严重。根

---

① AoA 第 7.4 条规定，发达国家的微量允许水平为 5%，发展中国家为 10%，我国入世谈判的结果是我国的微量允许水平介于发展中国家和发达国家适用标准之间，取值为 8.5%。

② 详细信息可参阅 WTO 相关文件 WT/DS511/1，WT/DS511/8 以及 WT/DS511/9。

③ 数据来自中华人民共和国自然资源部官网，2016 年我国土地资源公报（http://www.mlr.gov.cn/sjpd/gtzygb/201704/P020170428532821702501）。

④ 数据来自中华人民共和国水利部官网，2016 年我国水资源公报（http://www.mwr.gov.cn/sj/tjgb/szygb/201707/t20170711_ 955305.html）。

据 FAO 数据库提供的数据，2010 年我国化肥施用总量占全世界的 35%，亩均化肥施用量达到 21.2 公斤，化肥使用量虽多但是使用效率却很低，单季利用率仅为 30%，比发达国家低 20 个百分点以上。大量使用化肥、农药导致耕地质量退化、环境问题加剧。相关数据显示，目前全国耕地污染超标率已经达到 19.4%，超标面积在 3.5 亿亩以上，生态环境与资源条件不容乐观，并将严重制约土地密集型农业的可持续发展。

二、构建土地密集型农业经营体系的科学内涵

2004 年以来，我国坚持多予少取放活的基本方针，持续增加公共财政对"三农"的投入力度，构建起相对完整的农业支持保护体系。尤其是加强了对关乎国计民生的粮棉油等重要农产品的国内支持力度，这在提高粮棉油产量和增加农民收入等方面发挥了重要的作用。然而，如上文所述，现阶段我国土地密集型农业经营面临多重挑战，一系列现实问题对于改变当前经营方式提出了革新要求。我国需要加快由传统农业向现代化农业转型的进程，重构土地密集型农业新型经营体系。

在转变传统农业经营体系之前，首先必须要厘清新型农业经营体系的概念，明晰新型农业经营体系的内涵。党的十八大报告提出"新型农业经营体系"这一概念之前，学术界并没有对这一概念的完整理论阐述，相关研究大多以农业经营主体、农业经营组织、农业经营模式、农业经营体制作为具体研究对象散见于各类文献中[①]。十八大报告后明确了具体概念后，为现阶段土地密集型农业新型经营体系构建做好了战略部署，同时指明了改造传统农业、转变农业经营方式、发展现代农业的方向。至此，学术界针对新型农业经营体系内涵的讨论也开始逐渐增多，目前学术界对于新型农业经营体系内涵的界定可以初步划分为"结构论"和"关系论"两大流派。

所谓"结构论"亦可称为"系统论"，该理论从系统观点出发，认为新型农业经营体系是由其内部的子系统组合而成的。具体地，黄祖辉和傅琳琳提出新型农业经营体系的科学内涵应从多维度、多层次进行把握，依次从横向维度、纵向、区域三个维度，产业体系特征、组织体系特征、制度体系特征三个层次进行观察，认为新型农业经营体系实际上是现代农业产业体系、组织（主体）体系、制度体系和网络体系的集合体[②]；黄迈和董志勇（2014）提出复合型现代农业经营体系是在理顺农村土地所有权、承包权和经营权三者关系基础上，将农户经营、多形式合作与联合以及社会化服务有机结合的新型农业经营体系。

"关系论"在坚持农村基本经营制度的基础上，主张不同类型的新型农业经营主体以及各主体之间的关联集结（特别是产销环节的经营主体），是新型农业经营体系的核心与关键。张克俊和桑晚晴（2014）认为新型农业经营体系是在社会主义市场经济大环境下，以家庭联产承包、统分结合的双层经营制度为基础，以国内外市场为导向，以提高经济效益为目的，以产加销一体经营为组织原则，以当地农业基础形成支柱产业和主导产品，通过社会参与和政府引导，形成的各类新型农业经营主体和农产品生产、加工、销售等专业化服务主

①黄迈，董志勇．复合型现代农业经营体系的内涵变迁及其构建策略［J］．改革，2014（01）：43-50.
②黄祖辉，傅琳琳．新型农业经营体系的内涵与建构［J］．学术月刊，2015，47（07）：50-56.

体及其关系的总和①。

新型经营体系这一概念中,"新型"是相对于传统小规模分散经营而言的,是在传统农业经营方式的基础上进行改革和创新,使之更适合当今农业发展形势,有利于推动现代化农业建设;"农业经营"含义广泛,既指农产品生产、加工、和销售各环节的联结,又包含着农业产前、产中、产后各阶段的各类生产性服务;"体系"泛指一定范围内或同类的事物按照一定的秩序和内部联系组合而成的整体,是不同系统组成的系统②。综上所述,新型农业经营体系应该是一个由承担产前、产中和产后等不同环节职能的经营主体针对农产品生产、加工、流通与销售而共同组成的分工协作、功能互补的系统,也可以理解为一个各经营主体、各经营环节,以及政府与市场力量密切联系的系统③,农业经营主体培育、经营体系组织发育、经营体系的支持政策与制度保障措施不是相互独立的,而是一个有机体系。

新型农业经营体系最重要的4个特征,即集约化、专业化、组织化、社会化,4个特征关系是紧密联系的,彼此相互促进、互为条件。其中,集约化和专业化是在"分"的层次上强调生产效率的提高,而组织化和社会化是在"统"的层次上侧重农产品市场竞争力的增强④⑤。更具体地,集约化是相对于传统农业粗放经营特点而言,力图解决传统小农经济状态中单个农户生产要素往往不能合理配置的问题;专业化是相对于兼业化而言,力图解决农民兼业化问题,积极培养新型职业农民,鼓励农户从兼业化状态转为专门从事农业生产,农户以农业收入为家庭主要收入来源;组织化相对于分散经营而言,力图解决农民在农业生产中散和弱的问题,既包含纵向维度上农业经营主体与农业全产业链的契合,又包括横向维度上单位组织规模由小到大的扩张以及关联性农产品经营体系的联合合作,同时也体现在一定区域范围内农业经营体系的合理分工上;社会化相对于个体而言,力图实现社会化大生产,重点解决农业经营中社会化服务需求得不到满足的问题。

三、构建土地密集型农业经营体系的具体特征

不同农产品的生产投入结构存在很大差异,其农业经营体系的构建也会存在很大不同。粮棉油等农产品的生产主要依赖于土地,而果蔬等园艺产品的生产主要依赖于劳动、畜禽等农产品的生产主要依赖于资本。土地与劳动、资本相比,其资源禀赋分布、资源质量、数量变化和价格变化趋势存在很大差异。因此,土地密集型农产品的新型经营体系的构建模式难以与其余两者相统一。土地密集型农业自身生产特点以及我国农业当前发展进程中所遇问题,都是构建新型农业经营体系时必须要考虑的因素。需要认识到,土地密集型、劳动密集型和资本密集型三类不同农业的新型经营体系构建路径是不同的,进而其产业组织衔接也会有所差异,同时还需关注三类新型农业经营体系构建过程中的相互关系,只有这样才能确保土地密集型农业新型农业经营体系高效、良性运行。

①张克俊,桑晚晴.新型农业经营体系的理论认识与构建路径研究[J].开发研究,2014(02):94-98.

②赵海.新型农业经营体系的涵义及其构建[J].中国乡村发现,2013(01):41-46.

③周应恒.新型农业经营体系:制度与路径[J].人民论坛·学术前沿,2016(18):74-85+95.

④姚元和.渝东南翼构建新型农业经营体系研究——基于重庆市黔江区的实证分析[J].长江师范学院学报,2014,30(04):39-43+150.

⑤黄迈,董志勇.复合型现代农业经营体系的内涵变迁及其构建策略[J].改革,2014(01):43-50.

以粮棉油为代表的土地密集型农业的主要生产特点，是种植在广阔的田野上，作物本身的生长受温度、光照、水分和气候等自然因素影响较大，各地区生产时间相对固定①。另一方面，规模化经营对于土地密集型农业效率提升作用相对明显。随着土地流转速率的提高，适度规模经营对提高土地密集型农产品生产效率具有显著作用已经得到证实，农业机械化程度逐渐提高，资本（特别是机械）对劳动的替代成果显著，进一步减少了土地密集型农业劳动力需求量。此外，土地密集型农业经营特点也具有农业经营的一般特性，且相比其他作物品种对季节性、周期性以及自然环境更加依赖，无法像工业部门那样进行标准化的生产，这也是农业经营的制度约束。因此，构建土地密集型新型农业经营体系仍然需要坚持以家庭经营为基础，同时通过与合作组织和涉农企业合作与联合为纽带，还要借助社会化服务为支撑，进而构建立体式复合型现代农业经营体系。

还要考虑到我国农业发展的自身特殊性，即"三农"问题。在工业化、城镇化快速推进的背景下，既要解决"谁来种地""怎么种地"的问题，还要降低农业生产成本②~④，改变"洋货入市，国货入库"的窘状，提升农业的国际竞争力，合理配置有限的农业资源，保护生态环境不受污染。同时，我国是一个地域辽阔、经济发展水平差异较大、多民族、多人口的国家，既有山区也有平原，既有农区也有牧区，既有经营规模较大的东北与新疆等地区，也有平均规模细小且分散的东部沿海和西南等地区，土地密集型农业发展非常不均衡。没有哪一种农业经营体系可以适合所有的情况，因此，构建土地密集型新型农业经营体系还应该因地制宜、因时制宜、因农业发展需要而不断调整。

第二节　土地密集型农业新型经营主体的培育

一、新型经营主体的内涵及与经营体系内在联系

（一）新型农业经营主体的内涵

农业经营主体是指直接或间接从事农产品生产、加工、销售和服务的任何个人和组织⑤。2017年中央印发的《关于加快构建政策体系培育新型农业经营主体的意见》中指出："加快培育新型农业经营主体，加快形成以农户家庭经营为基础、合作与联合为纽带、社会化服务为支撑的立体式复合型现代农业经营体系，对于推进农业供给侧结构性改革、引领农业适度规模经营发展、带动农民就业增收、增强农业农村发展新动能具有十分重要的意义。"明确了加快新型农业经营主体培育和发展的方向。相较于农业经营主体，"新型"农

①周应恒.新型农业经营体系：制度与路径［J］.人民论坛·学术前沿，2016（18）：74-85+95.
②"人、地、钱、业"实现良性循环［J］.农业发展与金融，2019（01）：15-17.
③王军.新时代加快蚌埠县域经济发展战略思考［J］.安徽职业技术学院学报，2019，18（01）：23-25+33.
④张晓芳.农民政治参与主体性及其培育研究［D］.大连理工大学，2018.
⑤黄迈，董志勇.复合型现代农业经营体系的内涵变迁及其构建策略［J］.改革，2014（01）：43-50.

业经营主体有着更加丰富的内涵①~⑤。

张照新和赵海认为应当从新型农业经营主体与传统家庭经营的主要区别，以及实现我国特色农业现代化的现实背景进行界定。一方面，相比于传统的小规模、自给半自给的家庭经营，新型农业经营主体具有经营规模大、劳动生产率较高、商品化程度高等特征⑥；另一方面，在构建新型农业经营主体、实现我国特色农业现代化的背景下，我国新型农业经营主体应当配备较高的物质技术和经营管理水平，同时兼顾规模经济和土地产出率⑦。

虽然现有文献中对新型农业经营主体尚未形成统一明确的定义，但对新型农业经营主体的基本特征的概括是明晰的：新型农业经营主体应当具备适度规模性、组织性、集约化、专业化、市场化等特征。对于粮、棉等土地密集型产品来说，经营规模对生产效率具有重要影响，因此在培育土地密集型农业新型经营主体时，需要根据地区及经济发展阶段差异，着重提升新型农业经营主体适度规模经营的能力。

（二）新型农业经营主体与新型农业经营体系的内在联系

加快培育新型农业经营主体和构建新型农业经营体系是现代农业发展的核心。新型农业经营体系的构建和新型农业经营主体的培育之间存在密切联系。新型农业经营体系是经营主体及其相互关系的集合。周应恒认为新型农业经营体系是由各类经营主体共同组成的分工协作、功能互补的系统⑧。王慧娟认为农业经营体系是由各种不同类型农业经营及服务主体形成的系列。谭晓峰认为新型农业经营体系包括各种农业经营主体及相互之间的关系，同时包含传统农户以及新型农业经营主体。新型农业经营主体是构建新型农业经营体系的关键。黄祖辉和傅琳琳（2015）认为产业组织与组织制度的选择和安排是新型农业经营体系建构的关键，而作为主体的组织是新型农业体系的灵魂⑨。刘勇认为构建新型农业经营体系的核心任务是在稳定家庭承包经营的前提下，积极培育各类新型农业经营主体，探索现代农业发展的体制机制⑩。

因此，构建新型农业经营体系必须首先着眼于新型农业经营主体的培育以及主体间关系的协调。值得注意的是，农业经营体系在不同时间、空间以及产业间存在的显著差异，决定了农业经营体系呈现差异化的发展趋势。棉粮油作物种植等土地密集型农业经营体系相较于劳动密集型、资本密集型农业经营体系更易受到自然因素影响，因而在培育相应新型农业经营主体时的关键任务也与其他类型农业经营体系不同，不能将各农业类别新型经营主体的培育一概而论，需要具体问题具体分析。

①王军. 新时代加快蚌埠县域经济发展战略思考 [J]. 安徽职业技术学院学报, 2019, 18 (01): 23-25+33.
②张晓芳. 农民政治参与主体性及其培育研究 [D]. 大连理工大学, 2018.
③黄迈, 董志勇. 复合型现代农业经营体系的内涵变迁及其构建策略 [J]. 改革, 2014 (01): 43-50.
④"人、地、钱、业"实现良性循环 [J]. 农业发展与金融, 2019 (01): 15-17.
⑤何广文, 刘甜. 基于乡村振兴视角的农村金融困境与创新选择 [J]. 学术界, 2018 (10): 46-55.
⑥张照新, 赵海. 新型农业经营主体的困境摆脱及其体制机制创新 [J]. 改革, 2013 (02): 78-87.
⑦赵海. 新型农业经营体系的涵义及其构建 [J]. 中国乡村发现, 2013 (01): 41-46.
⑧周应恒. 新型农业经营体系：制度与路径 [J]. 人民论坛·学术前沿, 2016 (18): 74-85+95.
⑨黄祖辉, 傅琳琳. 新型农业经营体系的内涵与建构 [J]. 学术月刊, 2015, 47 (07): 50-56.
⑩刘勇. 我国城镇化战略的演进轨迹和操作取向 [J]. 改革, 2012 (09): 18-30.

二、土地密集型新型农业经营主体

目前，我国农业经营主体主要包括传统承包户、家庭农场、专业大户、农业专业合作社、龙头企业与农业社会化服务组织等[1][2]。各类经营主体在现代农业中具有不同的功能和定位，但根据职能和属性的差异可以将其归纳为家庭经营、合作经营和企业经营这三种经营制度体系。家庭经营是基础，其他经营形式是补充和发展，共同组成一定约束条件下的具体经营体系。其中，土地密集型农业新型主体的培育应当坚持以家庭经营为主，重点推进家庭农场向更高水平发展。由于粮棉油等大宗农作物产品对土地的依赖性大，单位面积劳动投入量少，如果能够通过适度规模经营降低生产成本，则会提高此类农产品在国际上的竞争力。因此，应当重点关注在适度规模经营方面具有优势的农业经营主体。家庭农场在土地密集型产品的生产经营方面最具优势，在土地密集农业经营主体中发挥主要作用，其他经营主体通过提供社会化服务、引进资金和技术等，提升家庭农场适度规模经营的水平，重点起到辅助、服务的作用。

（一）家庭经营

1. 家庭经营的优势

土地密集型农产品的生产对土地的依赖性大，其生产和经营最易受自然因素的制约。生产周期性长、季节性强、受环境影响大的特征决定了土地密集型农产品的生产与组织形式与劳动密集型、资本密集型农产品存在着很大的差异性。同时，土地密集型农产品的生产活动存在监督和计量的困难，容易产生信息不对称、失真及委托—代理问题。家庭是一个特殊的利益共同体，容易达成共同的目标和行为的一致，不需要在农业生产中进行精确劳动计量和监督，且家庭成员与农业经营所在地具有较强的地缘关系，熟悉当地自然与社会环境，在保护自然和人文环境以及实现农业可持续发展方面具有优越性，因此家庭经营在现阶段我国农业生产经营方面，尤其是我国土地密集型农业的生产经营方面具有无可取代的优势[3]。

从全球范围来看，无论是以美国、澳大利亚为代表的"人少地多"的新大陆国家，还是以法国、德国为代表的"人地适中"的欧盟国家，抑或是以日韩为代表的"人多地少"的东亚国家，农业家庭经营都是最普遍的农业经营形式。全球大约有5.7亿个农场，其中大约90%以上是以家庭为经营单位的形式存在。即使在美国，家庭农场也占到了农业经营主体的80%以上[4]。

2. 家庭经营的主体：家庭农场和专业大户

我国家庭经营的主体主要包括传统承包农户、家庭农场和专业大户。其中，传统承包户经营规模较小，存在青壮年成员流失和农业收入比重不断下降的问题，已无法适应当前环境。如果不能通过合作组织实现规模经营，一部分承包户将会退出农业经营，成为非经营性自给自足型的农业主体；另一部分将通过土地流转转化为专业大户和家庭农场。家庭农场和

①④周应恒. 新型农业经营体系：制度与路径 [J]. 人民论坛·学术前沿，2016（18）：74-85+95.
②陈叶军. 孔祥智：四化同步　推进农业现代化 [J]. 中国合作经济，2013（02）：23-25.
③杜志雄，王新志. 中国农业基本经营制度变革的理论思考 [J]. 理论探讨，2013（04）：72-75.

专业大户作为规模经营的主体，承担着农产品生产尤其是商品生产的功能，发挥对传统农户的示范效应①②③。因此，在家庭经营制度体系中需要着重培育的新型农业经营主体主要是专业大户和家庭农场。

专业大户是指那些种植规模明显大于当地传统农户的专业化农户，但各地区、各行业专业大户的标准差别比较大。楼栋和孔祥智对专业农户做出了较为明确的界定，指出专业农户是家庭劳动时间大部分用于农业中的某一产业，且收入占全部收入 80% 以上的纯农户④。专业大户属于专业农户，具备规模化种植的特征。然而在现有的专业大户中，有相当部分片面追求规模扩大，其集约化经营的水平还有待进一步提高。

家庭农场原指欧美国家大规模经营农户。党的十七届三中全会提出在有条件的地方可以发展家庭农场，此后家庭农场逐渐成为我国新型农业经营主体的一个重要类型。家庭农场是专业大户的升级版，在规模化、商品化、集约化程度及土地流转水平、管理水平等方面较专业大户而言更高。家庭农场的主要劳动力倾向于家庭成员，存在着小程度的雇佣关系，农业收入是家庭收入的主要来源。虽然家庭农场对农业的规模化经营有正向的推动作用，但是在一定的技术条件下，家庭经营的规模会因为对家庭劳动力的依赖而受到一定程度的限制。

3. 家庭农场经营土地密集型农业的优越性

专业大户和家庭农场都是家庭经营性质，相对于传统农户，专业大户和家庭农场具备更强的经济实力、融资能力和科技水平，更高的劳动产出率、商品率和专业化程度，其收入水平可能与从事其他产业的劳动者相当，具有现代农业的特性。

尽管家庭农场与专业大户在不少地方存在着相似性，但对于土地密集型农产品的经营来说，家庭农场比专业大户更具优势。原因有以下几点：一是家庭农场的平均规模比专业大户大。适度规模经营是提高土地密集型农产品竞争力的重要途径，虽然家庭农场与专业大户都实行了适度规模经营，但由于我国的家庭农场是在专业大户的基础上发展起来的，因此理论上家庭农场比专业大户更具有规模经济的优势。二是家庭农户的组织管理比专业大户更正规，更利于推进适度规模经营。相比于专业大户，家庭农场门槛高、准入制度严格，界定标准严格高于专业大户，在土地流转等与扩大规模经营密切相关的问题上，家庭农场的处理要比专业大户更规范。在土地连片经营和土地用途限制方面，家庭农场也比专业农户有更加严格的要求。

4. 我国家庭农场、专业大户的发展现状

我国早在 20 世纪 90 年代就已经出现了一批专业大户。近 10 多年来，随着土地流转规模的不断扩大和政策支持，专业大户大量增加。在浙江、上海、吉林等地方，在当地政府推动下形成了一大批家庭农场⑤。到 2016 年年底，各类家庭农场数量达 87.7 万个（经农业部门认定的有 41.4 万个），每个种植业家庭农场平均经营的土地面积约 11 公顷。目前，全国各级农业部门认定的家庭农场 48.5 万户，平均经营规模 175 亩左右，年均纯收入 25 万元，劳均纯收入近 8 万元。家庭农场和专业大户的数量及劳均纯收入不断增加。

---

①⑤张照新，赵海．新型农业经营主体的困境摆脱及其体制机制创新［J］．改革，2013（02）：78-87.

②赵海．新型农业经营体系的涵义及其构建［J］．中国乡村发现，2013（01）：41-46.

③发展方式转变视阈下农业经营主体多元化发展研究－《学术论文联合比对库》．

④陈叶军．孔祥智：四化同步　推进农业现代化［J］．中国合作经济，2013（02）：23-25.

（二）合作经营

1. 合作经营的优势

虽然家庭经营可以最小负面性地解决农业生产中受自然因素影响和监督与劳动计量困难等问题，但并非能解决农业经营中的所有问题。众多家庭经营者在面临市场时的谈判势力十分弱小，承担的自然风险和市场风险很大。于是，合作经营就成为农业家庭经营者规避风险、降低交易成本、实现规模经营的重要方式。同时，通过建立专业合作经济组织，农户可以通过联合与合作获得一家一户无法实现的收益，最大限度地降低市场交易成本、规避市场风险、建立农业品牌、获得规模经济①。

2. 合作经营的主体：农民专业合作社

目前我国合作经营的主体主要是农民专业合作社，一些地方通过积极探索，发展形成的联耕联种、农业共营制等体现为村落协同的农业经营，在一定程度上也是合作经营的表现形式，可以通过与社会化服务的相互配合，进行规模化生产，推进农业适度经营。

农民专业合作社是众多小规模家庭经营主体联合而成的经营组织，在提升我国农业组织化水平、实现规模经营方面具有优势②。农民专业合作社主要有两大作用：第一是可以降低单个家庭经营农户的经营风险。由于众多家庭经营者经营分散、市场谈判实力弱小，通过专业合作社这些分散的农户可以弥补自身的不足，增强抵御各类风险的能力。第二是可以联合农业经营者提升农业标准化生产，延长农产品价值链，实现农民增收。随着消费者对农产品品牌化、高附加值化、高品质化等属性的需求增长，合作社可以通过联合众多生产者统一生产标准、统一布局产品品种、统一采购种子、化肥和农药等农资，从源头上提高农产品的标准化程度；通过共同出资，使农业产业进一步向第二、第三产业延伸，加强农产品产后商品化处理设施、设备建设，拓展农业增值空间；借助本地特殊自然、人文属性，打造区域农产品品牌，形成更强的农产品竞争优势。

然而，农民专业合作经济组织的建立、运行和维护需要花费一定的成本，这些成本主要包括，农户之间寻求合作的谈判成本和合作组织建立后维持组织高效运行必须支付的组织协调成本。只有当合作的收益大于合作组织的制度创新成本时，农户才会选择合作。

3. 农民专业合作社与土地密集型农业

根据上文所述，尽管相较于传统农户，家庭农场具有更大的生产规模和更强的生产专业性，但依旧需要面临较大的自然风险和市场风险。此外，虽然家庭农场拥有适度的经营规模，可以相应降低生产环节的成本，但规模化程度也没达到将各种所需的社会服务内部化的程度。农民专业合作社的成立有利于缓解零散农户的风险，节约农户在农业生产经营中的成本。

然而，对于土地密集型农业的生产经营来说，起主要作用的农业经营主体依然是家庭农场。原因有以下几点：一是家庭农场和农民专业合作社在农业经营中的分工领域不同，家庭农场的生产选择使其成为农业发展的主体。家庭农场直接从事土地密集型农产品的生产工作，其生产选择为巩固农业基础和确保粮食安全提供了重要支撑；而农民专业合作社主要发挥的是协调、服务的作用，是家庭农场的服务主体，在农资购买、农产品加工、销售、运输、储藏以及信息、技术支持等环节为农户提供支持，衔接农户与市场。二是农业生产的特征决定了农民专业合作社进入粮食生产领域的困难性。农民专业合作社虽然可以通过提供资金、信息、技术等方面的服务增强农户的风险防范能力，但无法解决农业生产具有生产监督和计量方面的困难，再加上自身非营利性的特征及集体行动的困难，合作一进入农业的生产领域便告失败①。因此，土地密集型农业经营主体的培育应当重视农民专业合作社在生产经营过程发挥的协调、辅助作用，着重提高其对家庭农场的服务水平，从而推动家庭农场更好地开展适度规模经营。

4. 我国农民专业合作社的发展现状

近年来，在农民需求和政府的积极推动下，农业合作社蓬勃发展。特别是《农民专业合作社法》实施以来，农民专业合作社数量急剧增加，合作领域也不断拓宽，出现土地股份合作、联合社、资金互助合作、加工合作等多种合作形式，成为组织农户生产、加工，对接龙头企业，开展市场营销的有效载体。到 2014 年底，全国农民专业合作社已经达到 137 万之多②~④。目前，我国依法注册登记的农民合作社有 204.4 万家，实有入社农户超过 1 亿户，占全国农户总数的 48.1%，合作社为每个成员平均分配盈余 1600 多元⑤。

(三) 企业经营

1. 企业经营的优势

家庭经营在从事农业生产活动方面具有天然的优势，合作经营则在联合农户对接市场方面存在优势，企业经营则具有资本与技术优势⑥。企业经营为农业生产带来先进的技术、理念和大量资金，是家庭经营、合作经营的有益补充，能够促进农业专业化分工，推进农业生产先进技术和经营理念创新的运用。

2. 企业经营的主体：农业龙头企业

目前我国企业经营主体的核心是农业龙头企业。农业龙头企业是一个比喻性的称呼，即把农业产业化经营组织比作一个组织体系，在其中起到带领作用的农产品加工企业就是这个组织体系的龙头，因此称为龙头企业⑦~⑨。一般来说，农业龙头企业通常指那些依托再加工、销售环节形成的优势，通过订单合同、合作等方式带动农户加入企业或以与企业合作的方式进入市场，实行产加销、贸工农一体化的农产品加工或流通企业。国内农业龙头企业在农村改革和农业产业化的实践中逐渐发展起来⑩，是现代农业发展的产物，始终与现代农业紧密联系在一起，在适应多变的市场环境和应对激烈的国际竞争方面具有较大的优势。作为

①杜志雄，王新志. 中国农业基本经营制度变革的理论思考 [J]. 理论探讨，2013 (04)：72-75.

②中国农村财经研究会课题组，王树勤，申学锋. 新型农业生产经营主体发展现状分析 [J]. 当代农村财经，2014 (09)：26-30.

③⑩张照新，赵海. 新型农业经营主体的困境摆脱及其体制机制创新 [J]. 改革，2013 (02)：78-87.

④蒋同明. 新型城镇化背景下我国农业组织创新研究 [J]. 经济体制改革，2014 (01)：68-71.

⑤刘华彬. 评选百强社 目的是立标杆明方向——访中国农村合作经济管理学会理事长毕美家 [J]. 中国农民合作社，2019 (02)：12-14.

⑥周应恒. 新型农业经营体系：制度与路径 [J]. 人民论坛·学术前沿，2016 (18)：74-85+95.

⑦郑瑞强，翁贞林. 农业龙头企业支持政策分野与企农关系治理研究 [J]. 地方治理研究，2017 (02)：71-80.

⑧徐雪高，张照新. 农业龙头企业社会责任：概念界定、履行动因与政策建议 [J]. 经济体制改革，2013 (06)：63-67.

⑨俞礼亮. 基于钻石模型的保定市农业产业化龙头企业竞争战略研究 [D]. 河北农业大学，2012.

产业化经营的中坚力量，农业龙头企业具有独特而重要的作用，是产业化经营的先导力量。

3. 农业龙头企业与土地密集型农产品的生产经营

对于粮棉油等大宗农产品的生产经营来说，农业龙头企业是其加工和流通领域的基本主体，通过其物质资本、社会资本和人力资本的优势，农业龙头企业可以为其生产经营提供社会化服务，引入农业技术、管理技术以及专业人才，带动土地密集型农产品的生产经营向更加现代化的方向发展。但即使具有诸多优势，农业龙头企业并不能代替家庭农场成为土地密集型农产品生产经营的主体。

分析其原因主要有：①农业生产经营的特性决定了家庭经营是农业生产的主要方式。由于农业经营存在季节性，资源配置效率下降，生产监督成本高，绩效评价难等特征，农业龙头产业更适合进入农业的产前与产后，在农业产业中承担农产品加工和市场营销任务。②来自龙头企业的工商资本下乡时，往往会造成一系列比较严重的负面影响。工商资本进入种植业领域往往占用巨量土地，进行企业化大规模经营，导致生产经营越过适度规模经营的临界点，从而大大降低土地生产率。③有些工商资本会擅自改变土地用途使流转土地呈现"非农化""非粮化"倾向。家庭农场则基本以种养业为主，在粮棉油等传统农业领域保有相当高的比例，是确保农业基础稳定的重要支撑力量。

4. 我国农业龙头企业的发展状况

20世纪90年代中期以来，农业产业化经营成为创新农业经营体制的重要方式，大批农业龙头企业涌现。截至2016年底，农业龙头企业数已达13.03万家，销售收入约为9.73万亿元，固定资产约为4.23万亿元，比规模以上工业企业主营业务收入增速高1%。销售收入1亿元以上的农业龙头企业数量同比增长了4.54%。目前，全国各类农业产业化龙头企业13万家，年销售收入9.7万亿元，年销售收入超过100亿元的大型龙头企业达到70多家。此外，农业龙头企业在促进农业经济发展、保障农产品有效供给、提供社会化服务方面的作用日益突出。据统计，我国农业龙头企业所提供农产品及加工制品占农产品市场供应量的1/3，占主要城市"菜篮子"产品供给2/3以上[①~④]，有效保障了市场供应。

三、培育土地密集型新型农业经营主体的现实困境

（一）经营主体运营不规范，各主体间发展不平衡

一些农民专业合作社内部制度不健全，民主管理机制不完善，运作管理随意性大[⑤]。例如，新型农业经营主体的财务制度还有很大的提升空间。根据2017年我国经济网对新型农业经营主体的调查结果，在所调查的5191个样本中设有专职会计的经营主体样本个数仅为1399，占比30.61%，未设置专职会计的经营主体样本个数为3172，占比69.39%。根据

①⑤张照新，赵海.新型农业经营主体的困境摆脱及其体制机制创新［J］.改革，2013（02）：78-87.
②将同明.新型城镇化背景下我国农业组织创新研究［J］.经济体制改革，2014（01）：68-71.
③中国农村财经研究会课题组，王树勤，申学锋.新型农业生产经营主体发展现状分析［J］.当代农村财经，2014（09）：26-30.
④陈华彬.乡村振兴视阈下农业产业化联合体研究——产生机理、运营机制和实证分析［J］.重庆理工大学学报（社会科学版），2019，33（03）：36-45.

2007 年《中华人民共和国农民专业合作社法》规定，农民专业合作社应当为每个成员设立成员账户，目前设置成员资金账户的合作社为 47.17%，成员账户的设立还需进一步推进。从股权结构来看，新型农业经营主体对产权的总体设置也还有继续提升的空间①。从调研结果看，一方面，管理人员的薪酬与股权仍然存在较大的增长空间。龙头企业公司高管的薪酬显著低于全行业平均水平，高管的持股比例低于 25%，股权激励机制没有发挥相应的作用；另一方面，大部分龙头企业存在股东数量少，股权制衡低的问题，股权制衡绩效存在很大的进步空间。

各农业经营主体间发展存在不平衡。龙头企业和合作社成员"精英化"特质突出，高中及以上学历人数占比分别为 25.27% 和 25.22%，而家庭农场和专业大户仅为 7.7% 和 5.88%。在总资产、流动资产与固定资产方面，各类新型农业经营主体整体呈现增长趋势，但不同主体间仍显示较大差异。

（二）登记注册、统计监测等制度缺失，土地管理制度不完善

现阶段与新型农业经营主体相关的制度存在缺位，尤其是统计制度和土地管理制度亟须改善，限制了新型农业经营主体的发展。目前各级政府对于部分新型农业经营主体的界定标准、登记办法等未有明晰的规定，导致各地新型农业经营主体出现了提交的材料、组织形式不一致等问题。国内尚没有部门和机构开发相应的信息统计系统，有关新型农业经营主体的数据大部分依靠调研取得，缺乏对其发展精确的统计监测和跟踪②③。

现存的土地管理制度主要存在以下问题：一是土地流转制度不完善导致土地流转不规范。农户之间自发的土地流转多为口头协议，土地流转管理和服务组织未充分发挥管理和协调的作用，致使土地纠纷多发。二是土地承包经营权的具体制度安排不清晰。目前，农村土地流转形式中转包和出租占多数，政府虽然鼓励土地承包经营权入股，但未做出清晰的制度安排且又对土地用途强调管制，在农村金融保险体系不完善的情况下，农民权益无法得到保障。三是农业用地相关制度滞后于需求。在农业生产性建设用地方面，由于政策落实面临较大困难，许多规模经营主体的生产性建设用地需求无法满足。在农村集体建设用地方面，尽管国家承认其非农用地的性质，但却不允许直接进入土地市场流转④⑤，致使农业经营主体不能利用土地使用权进行抵押，限制了其融资能力。

（三）资金土地受限，农村金融保险发展滞后

现阶段我国新型农业经营主体一方面缺乏资金，另一方面难以通过正规金融获得信贷支持，面临资金约束和融资困难的双重困境。2004 年以来，虽然在"以工补农、以城带乡"和"多予、少取、放活"等基本方针的指导下，我国财政支农资金快速增长，但是对新型经营主体缺乏有效的支持政策。

①新型农业经营主体发展指数调查（四期）报告发布 [J]．营销界（农资与市场），2017（16）：61-63.
②复合型现代农业经营体系的内涵变迁及其构建策略 _ 农合农合 - 网络（http：//blog.sina.com）.
③黄迈，董志勇．复合型现代农业经营体系的内涵变迁及其构建策略 [J]．改革，2014（01）：43-50.
④张照新，赵海．新型农业经营主体的困境摆脱及其体制机制创新 [J]．改革，2013（02）：78-87.
⑤中国农村财经研究会课题组，王树勤，申学锋．新型农业生产经营主体发展现状分析 [J]．当代农村财经，2014（09）：26-30.

进一步在资金上制约我国新型农业经营主体发展的是，目前我国农村金融保险体系的融资水平还比较低。农村融资的现实情况是，大多数专业大户、家庭农场、合作社和中小型农业企业由于缺乏有效的担保抵押物，加上申请手续繁杂、隐性交易费用高等问题，很难从正规金融获得信贷支持，而小额信贷等扶持性贷款规模又较小，远不能满足其资金需求，严重限制了其发展壮大。与此同时，农业保险也存在发展缓慢、覆盖面有限等问题[1][2]，无法有效为农业经营主体规避风险。目前中央财政给予保费补贴的险种仅覆盖 15 个主要农产品，新型农业经营主体急需的特色优势产品保险、价格收益保险等险种较少，三大粮食作物的平均保额仅为生产成本的 40% 左右，总体保障水平偏低。农民参保意愿不强，无法有效分散农业经营面临的自然风险冲击[3][4]。

（四）支农政策脱节，扶持政策落实效率不高

近年来国家和各级政府加大了对农业的支持力度，出台了不少支农政策，推动了新型农业经营主体的成长，但同时也存在一些问题。一是存在国家扶持新型农业经营主体发展相关款项落实不到位、对新型农业经营主体乱收费、国家相关耕种补贴款项错配等问题。二是各项支农政策之间缺乏整合性和衔接性，部分扶持政策与实际工作需求不匹配。造成这些问题一方面是由于一些地方政府在落实政策时与中央脱节，落实效率不高，甚至有些地方政府在政策的落实上表现出极大的随意性，从而限制了新型农业经营主体的发展；另一方面是因为"三农"相关配套政策还不完善，导致具有现实意义的新政策无法发挥真实效用。

（五）后继人才欠缺，农业社会化服务滞后

人力资本是新型农业经营发展主体核心，农业社会化服务是辅助新型农业经营主体发展的关键要素，但是现阶段我国农村仍存在农村职业人才欠缺及社会化服务相对滞后的问题，限制了新型农业经营主体的进一步发展。由于缺乏对农村职业技术教育和农民科技培训的激励、监督和保障机制，对于有意愿从事新型农业经营的群体来说，农业技术培训的投入远不能满足其实际需求，对于新型农业经营主体的子女来说，现有的人才激励、保障机制不足以使他们留在农村，整体上农村创业和就业的环境还不乐观。

公共服务机构、服务公司及社会化服务组织等理应成为农业社会化服务的依托力量，从而更好地服务新型农业经营主体，但目前仍然存在服务水平不高、机制不活等问题。黄迈和董志勇认为现阶段我国农业社会化服务虽然已经基本覆盖农业生产的各个环节，但仍然存在体系不健全、组织职能分工不明晰、投入支持投入不足、监管力度不强等问题。农业社会化服务的滞后加大了更好更快培育新型农业经营主体的难度[5]。

---

①张照新，赵海．新型农业经营主体的困境摆脱及其体制机制创新［J］．改革，2013（02）：78-87.

②⑤中国农村财经研究会课题组，王树勤，申学锋．新型农业生产经营主体发展现状分析［J］．当代农村财经，2014（09）：26-30.

③复合型现代农业经营体系的内涵变迁及其构建策略 ＿ 农合农合－网络（http：//blog.sina.com）.

④黄迈，董志勇．复合型现代农业经营体系的内涵变迁及其构建策略［J］．改革，2014（01）：43-50.

第三节 土地密集型农业的经营组织模式创新

一、土地密集型农业经营组织模式发展分析

(一) 经营组织模式创新的必要性

因为棉粮油等土地密集型农业的生产经营对土地的依赖性大,易受自然因素影响制约以及普遍存在监督和计量方面的困难,家庭经营在土地密集型农业的生产经营方面具有无可取代的优势,现阶段农业新型经营主体的培育仍会以家庭经营为主,而合作经营和企业经营对家庭经营发挥辅助和服务的作用。家庭农场和专业大户与原来的小规模农户相比,农业生产的专业化、集约化水平更高,组织管理水平也有很大的提升。但是,大部分家庭农场与专业大户面临缺乏完整的法人治理结构、融资困难、农业机械化程度低、运用现代农业科技能力弱以及适应市场能力差等现实问题。这就使得家庭经营需要有合作社以及龙头企业等具有完备的社会化服务能力的经营组织进行配合,从而进一步提高农业产业化组织水平。农民专业合作社能够为农户提供产前、产中和产后服务,在一定程度上可以缓解或消除小规模农户参与市场的困境,将分散的小规模农户组织起来进入农产品供应链以应对现代市场所要求的各种产品标准和交易特征[1],可以帮助农户提高市场谈判地位,解决单家独户办不了、办不好、办起来不划算等问题[2][3]。而龙头企业能够为农业生产带来先进的技术、先进的理念、大量的资金等,同时能够为农户提供稳定的粮食销售渠道,在一定程度上也可以弥补家庭经营所遇到的困难。

因此,发展和创新多种形式的农业经营主体合作组织模式,使得各主体能够灵活组织合作,充分发挥自身优势并弥补自身的不足,才能使得农业生产更加专业化、集约化和现代化,实现农业产业化生产。有效的经营组织模式创新,能够把分散的家庭经营组织起来,从而进一步提高农业经营的组织化和社会化程度,在加强信息收集与传递、普及生产技术、提供社会服务、组织引导农业从业者按照市场需求进行生产和销售等方面能够发挥重要作用,是实现"小农户"与"大市场"对接的桥梁和纽带[4][5]。

(二) 经营组织模式的发展方向

自 20 世纪 90 年代以来,我国出现了许多不同形式的农业产业化经营组织模式,其发展

---

[1]黄祖辉,梁巧. 小农户参与大市场的集体行动——以浙江省箬横西瓜合作社为例的分析 [J]. 农业经济问题,2007 (09):66-71.

[2]本刊评论员. 发挥新型经营主体优势 加快现代农业建设步伐 [J]. 江苏农村经济,2014 (05):1.

[3]周应恒. 新型农业经营体系:制度与路径 [J]. 人民论坛·学术前沿,2016 (18):74-85及95.

[4]复合型现代农业经营体系的内涵变迁及其构建策略 _ 农合农合 - 网络 (http://blog.sina.com).

[5]黄迈,董志勇. 复合型现代农业经营体系的内涵变迁及其构建策略 [J]. 改革,2014 (01):43-50.

过程中集中体现为降低交易成本和提升规模收益。可以从纵、横两个维度对这些经营组织模式进行分析。从纵向维度来看，农业产业化经营组织就是要在纵向发展的基础上，通过商品契约和要素契约形成各类经营主体之间的分工协作，从而在降低交易费用的同时，提高整个产业链上的资源配置效率。从横向来看，随着技术进步，专业化分工后经营主体通过扩大经营规模可以提高生产效率，降低粮食生产成本并获得规模收益。上述农业产业化经营组织形式的纵向创新过程和横向创新过程往往并不是独立发展的，而是互相影响、相辅相成的，各类经营主体之间有效的利益联结能够促进规模优势的发挥，而生产规模的扩大反过来又促进了产业化经营组织的稳定发展，从而降低了交易费用①②。具有适度经营规模的家庭农场和专业大户是当前和未来很长一段时间内农业生产经营主体的发展方向，随着农户经营规模的扩大，市场需要更加专业的社会化服务组织来提供服务。因而，发展现代农业经营组织创新模式必不可少③④。

从组织方式上看，目前我国土地密集型农业经营组织模式，主要有"合作社+农户""龙头企业+农户""龙头企业+合作社+农户"三种形式，也即横向联合、纵向延伸、纵横一体三大类⑤~⑦。需要说明的是，随着我国新型农业经营主体的培育，越来越多的农户已发展为家庭农场和专业大户。因此，这里农业经营组织模式中提及的农户主要是指规模经营的专业大户和家庭农场。下文主要对比分析这三种经营组织模式的发育机制和现存问题机制，并以此提出各种经营组织模式的改进空间。

二、土地密集型农业经营组织模式

（一）合作社+农户（横向联合）

1. 发育机制

"合作社+农户"这一组织模式，主要是指以特定的农民专业合作社为中心，将周围农业生产模式相同或相近的一些家庭农场或专业大户进行有效联结，通过共同分享市场信息资源，统筹使用农业机械，并且在农业生产的产前、产中、产后等各个环节为家庭经营者统一提供包括资金、农业技术、化肥农药、销售渠道等要素在内的各种类型的农业社会化服务。这种模式通过农民专业合作社为中心集聚一定数量的家庭经营者，这样做不仅使得粮食生产可以凭借规模效应降低家庭经营者的生产成本，并且农民专业合作社作为家庭经营者的自我组织，还可以带领各个家庭经营者共同进入市场。这样一来，势单力薄的农户通过抱团的形式，可以有效提高单个家庭农场经营者在市场上的谈判地位，极大降低了单个家庭农场的交易成本。此外，从耕作者的视角看，合作组织的优越性是很明显的，主要是因为它能使耕作

①农业产业化经营组织形式及其创新路径_ 农合农合－网络（http：//blog.sina.com）.
②④蔡海龙．农业产业化经营组织形式及其创新路径［J］．中国农村经济，2013（11）：4-11.
③农业产业化经营组织形式及其创新路径_ 农合农合－网络（http：//blog.sina.com）.
⑤复合型现代农业经营体系的内涵变迁及其构建策略_ 农合农合－网络（http：//blog.sina.com）.
⑥黄迈，董志勇．复合型现代农业经营体系的内涵变迁及其构建策略［J］．改革，2014（01）：43-50.
⑦中国农村财经研究会课题组，王树勤，申学锋．新型农业生产经营主体发展现状分析［J］．当代农村财经，2014（09）：26-30.

者获得来自加工和销售利润的一部分，而不是只看着它完全流入龙头企业或中介商之手。

2. 存在的问题

目前，许多农民专业合作社受到资金、技术、制度等相关条件的限制，而且合作社自身经营也存在诸如管理能力较弱、组织架构不够合理等因素的制约，其只能为家庭经营者提供简单的农业技术指导、市场信息以及产品销售等基本功能，在生产过程中为家庭经营者提供综合性服务从而实现农户经济效益有效增加的能力还有待进一步提高。此外，农民专业合作社的生产加工能力与龙头企业相比远远达不到相应的生产规模和标准，"合作社+农户"这一经营模式的产业链增值能力还相对较差。因此，"合作社+农户"这种模式更适合于综合实力较强的农民专业合作社，而对于那些经营实力较弱的合作社来说，这种模式并非是一种好的选择，家庭经营者与其联合发展仅能从中受到有限的扶持。

3. 经营组织模式创新——"家庭农场+合作社+自身加工企业"模式

总体来看，现阶段我国农业合作社发展还处于相对初级阶段，许多合作社运营规模小，内部管理问题突出，大部分合作社仅能胜任初级农产品的简单加工和销售，这不但使合作社难以获得加工环节的利益，也制约了其产品营销服务能力。从发达国家合作社发展经验来看，从田间地头到餐桌的一体化服务受到了很大的推崇，这可以强化合作社对粮食产品的加工能力。因此，要想对"农民专业合作社+农户"这一经营组织模式进行创新，或可以学习西方发达国家的经验，推进"家庭农场+合作社+自身加工企业"模式。在合作社实力较弱时，可以采用北美新一代合作社的做法，按交货权确定缴纳股金的数额，或者采用身份股及投资股两种方式，向社会筹集资金，并由政府根据投资额提供一定比例的政策支持；合作社拥有了足够的资金，才能有能力提高自身的生产加工能力，使合作社更加积极地参与到产品加工服务中来，拓展新的服务领域，从而进一步提高家庭农场、专业大户这些农户的收入水平，形成一种良性运行机制①②。这一模式的优势在于通过股份投资方式使合作社能够不仅从社员中筹集资金，还可以像公司一样从社会筹集相应的资金，最终使合作社资金实力雄厚，对粮食产品可以进一步深加工，提高粮食的附加值并最终使农产品加工、流通获得的收入能够进入农户手中，提高农户的生产收入。

（二）公司+农户（纵向联合）

1. 发育机制

由于企业经营能够为农业带来先进的技术、先进的管理以及大量的资金等，龙头企业成为推进我国农业产业化经营的重要主体③。随着我国农业产业化进程的发展，"公司+农户"生产经营模式是我国现阶段农业发展过程中非常普遍存在的经营组织模式。该经营组织模式，具有准垂直一体化组织、短期性的不完全契约博弈、双方地位悬殊、资本雇佣劳动的特征，并可在一定程度上缓解了"小农户"与"大市场"之间的矛盾。在这一模式中，农户主要负责农产品的生产，其他在农业生产中所需的各种服务由企业来负责。为了保证农户生产的顺利进行以及产品的质量符合市场需求，企业一般会为农户提供相应的技术指导和服

①赵维清，边志瑾．浙江省家庭农场经营模式与社会化服务机制创新分析［J］．农业经济，2012（07）：37-39.
②浙江省家庭农场经营模式与社会化服务机制创新分析_图文 - 互联网文档资（http：//wenku.baidu.c）.
③周应恒．新型农业经营体系：制度与路径［J］．人民论坛·学术前沿，2016（18）：74-85+95.

务。目前这种经营模式已经被进一步拓展为"公司+基地+农户"模式。具体来说就是,由农业龙头企业提供一定的资金技术,并建立专门的农业产业化生产基地,统一产品质量,从而实现粮食生产的规模化,提高粮食生产稳定性。由农业龙头企业负责产前种苗的培育,产中的技术指导,最后按照合同协议价回购加盟农户的农产品[1]。这种模式一般以技术先进、资金雄厚的农业公司为主导,利用基地将分散的农户集中起来,既能发挥家庭经营的灵活性,也能充分利用企业的资金、技术和管理优势,从而实现企业与农户的双赢[2]。此外,由于这一模式一般都采用订单模式,从而在一定程度上降低了农户直面市场的风险。

2. 存在的问题

"公司+农户"经营模式中,公司与农户建立了契约关系,签订了相应的合同,但是,某些情况下这种契约模式不能对当事人构成有效约束。具体表现为:第一,参与双方地位不平等。由于农业龙头企业在资金、组织、信息等方面与农户相比占有绝对优势,这使得处在弱势地位的农户容易受到压迫,从而使得农户生产积极性不高,不利于我国粮食生产的稳定性[3]。第二,市场价格与合同执行价格存在较大偏差时,契约双方都很可能出现违约倾向,最终影响双方的长期合作关系的稳定性。因为在这种模式中,公司与农户之间只是松散的合作关系,利益联结机制不紧密。第三,在龙头企业与农户合作模式中,单个农业龙头企业面临着数量庞大、水平参差不齐的小农户,其管理和监督的成本非常巨大,农产品质量控制上也不容易把握,导致最终产品质量的不稳定,对龙头企业的发展也具有不利影响[4]。

3. 组织模式创新——股份合作制组织模式

由于"公司+农户"经营模式中,企业与农户的利益联结机制松散,容易出现双方违约现象,难以维持长期的合作关系,这就需要在农户与企业之间建立一种紧密的利益联结机制。而紧密型的合作联结和股权联结,特别是以股权为联结,使得龙头企业与农户相互拥有、共兴共荣,形成牢固的利益共同体,实现互利共赢、共同发展[5]。正因如此,中央政策文件亦明确指出:"鼓励龙头企业与农户建立紧密型利益联结机制","坚持机制创新,大力发展龙头企业联结农民专业合作社,带动农户的组织模式,与农户建立紧密型利益联结机制"[6][7]。具体来说,股份合作制组织模式是通过股份合作的方式,即公司提供生产资料、资金和技术等,农户提供劳动力、土地,双方以股份为纽带,形成"利益共享,风险共担"的合作机制的组织模式。股份合作制组织模式相对于"公司+农户"以及"公司+基地+农户"两种模式来说,有以下几个基本特征:第一,农业龙头企业不再是单独控股而是由农户以入股的形式共同成为公司的股东。农户在参与过程中可以享受更多的利益,因为农户不仅能够从粮食生产中获取劳动报酬,还能从入股企业中获取企业的分红报酬。第二,农户成为龙头企业的股东以后,其目标与企业相一致,而且农户还能享受分红,这就大大降低了农户的违约行为和企业对农民的不平等剥削,从而使这一创新模式组织能够更加公平有效地运

①④邹坦永. 农业产业化经营组织模式评析与优化设计 [J]. 商业时代, 2014 (02):119-120.

②赵维清, 边志瑾. 浙江省家庭农场经营模式与社会化服务机制创新分析 [J]. 农业经济, 2012 (07):37-39.

③邹坦永. 农业产业化经营组织模式评析与优化设计 [J]. 商业时代, 2014 (02):119-120.

⑤朱满德, 江东坡, 邹文涛. 贵州省龙头企业与农户利益联结机制探究 [J]. 江苏农业科学, 2013, 41 (09):413-415.

⑥中共中央关于推进农村改革发展若干重大问题的决定 (辅导读本) 编写组. 中共中央关于推进农村改革发展若干重大问题的决定 (辅导读本) [M]. 北京:人民出版社, 2008.

⑦国务院办公厅. 国务院关于支持农业产业化龙头企业发展的意见 [EB /OL] (2012-03-08) [2013-05-30] http://www.gov.cn/zwgk/2012 -03/08/content_ 2086230.htm.

行，增强了组织运行的稳定性。第三，该模式还可以促进规模化作业。农户成为股东后，也会强烈建议企业实行大规模机械化作业，改变从前分散经营状态下落后的生产条件，从而实现粮食生产的规模经济。而在实现规模化的同时，也有利于实现生产的专业化，提高农业生产的效率，使农户与企业共同受益，使得股份制合作关系更加稳固①②。

（三）企业+合作社+农户（纵横一体）

1. 发育机制

"企业+合作社+农户"模式，是目前农业经营组织模式中相对理想的模式。其中，合作社是为适应专业化分工而组建的组织，合作社的成立有三种方式：依托龙头企业建立、农民自发组织、来自第三方中间组织。合作社的主要任务就是连接产业链中的上游、下游，通过与企业合作，使加入合作社的农户与企业建立较为紧密的利益联结机制，将交易成本内部化，进而降低交易成本。同时，这一模式将原来分散的农户集中起来，进一步扩大生产规模，实现规模收益，提高了农业生产的专业化和标准化水平，并保证了粮食生产的质量③，使得其组织所生产的粮食更具有竞争力。使获得的收益能够在组织内部得到更好的分配。目前"农户+合作社+龙头企业"这种模式普遍存在，在专业合作社实力较弱、缺乏加工能力的情况下，可以采取这一组织模式，将分散的农户有效组织起来，构建产加销一体化的产业组织体系，实现多赢的效果④⑤。总的来说，该模式有以下三个优势：第一，该模式有利于实现规模效益，因而提高了资源利用率，并且由于该模式组织规模较大，所以市场谈判地位也有很大提升。此外，还有利于建立稳定的销售渠道。第二，由于该模式中的合作社是通过利益联结机制较为紧密的契约关系而组建，所以，参与者之间的关系较为稳定，有利于产业化的长期发展。第三，该模式在利益分配上相对公平，参与者都能按自己的贡献获得相应的报酬与收益，从而实现一定程度上的公平分配。

2. 存在的问题

虽然"公司+合作社+农户"生产经营模式是目前我国农业生产经营中最为完善的组织模式，但是，这种模式也存在着明显的弊端。该模式中最大的弊端就是合作组织对参与者的约束能力不足。即使参与者的一方出现了违约现象，对其能够实施的惩罚也是有限的，所以构不成强有效的约束。再者，该模式中企业仍旧处于强势地位，农户很难在谈判和利益分配中获得和企业相等的地位，所以组织中的合作社可能会成为企业用来剥削农户的工具。其次，这一模式还会由于信息不对称导致各参与主体都存在着利益博弈关系，而企业能够凭借自身拥有的信息、技术和资金实力，占据着主导地位，进而在这一模式中一直处于主导地位，处于博弈中的优势地位；而农户由于自身获取信息能力有限则相应的一直处于被动地位，这就使得企业与农户之间依旧是不对等关系，相应地，也就使得存在利益分配不平等。再次，就风险承担的程度而言，农户也面临着比企业承担更多风险的窘境。由于企业拥有先进的技术、管理经验以及充足的资金，其在信息获取和市场分析方面也极具优势。因此，企

---

①汪艳涛，高强，金炜博. 新型农业经营主体产业化的运作模式［J］. 重庆社会科学，2015（05）：27-33.

②汪艳涛. 农户分化背景下新型农业经营主体培育机制研究［D］. 中国海洋大学，2015.

③邹坦永. 农业产业化经营组织模式评析与优化设计［J］. 商业时代，2014（02）：119-120.

④浙江省家庭农场经营模式与社会化服务机制创新分析_ 图文 - 互联网文档资（http：//wenku. baidu. c）.

⑤赵维清，边志瑾. 浙江省家庭农场经营模式与社会化服务机制创新分析［J］. 农业经济，2012（07）：37-39.

业能够对未来的市场信息进行科学的预测，从而在与农户签订合约时，就会制定相关条款将风险更多地转向农户，农户签约的结果会是被动地接受公司制定的交易价格。虽然合作社作为中介组织可以起到一定的稳定协调作用，但是这一模式中的合作组织很多是依托企业成立，也存在着为自身利益牟利的意图，在交易过程中其目标往往也是追求自身利益最大化，在交易过程中并不能真正做到为农户争取更多的利益。在这一博弈过程中，农户不仅要承担与龙头企业合作的义务和风险，还要承担合作社经营不善带来的风险，同样增加了利益的损失[1][2]。

3. 经营模式创新——"农户+合作社+合作社参股龙头企业"模式

目前，这一模式中的合作社主要是以农户自发组织发展起来的，许多家庭农场以农民专业合作社为依托，与龙头企业采取订单形式以建立利益联结机制。合作社虽然帮助农户提高了其市场谈判地位，但这种单纯以订单农业的形式与龙头企业建立起来的合作关系无法保障利益联结机制的稳定性。此外，合作社也不能合理享受到龙头企业在加工和流通领域中的利益。这种经营组织模式的运行机制安排，会影响到家庭经营者的利益。根据许多发达国家农业合作社发展形势来看，在当今经济全球化及一体化的大背景下，要求合作社进行真正的变革以满足时代要求。合作社开始与企业资本相互参股，共同组建股份制企业，以增强市场竞争力。所以，这一模式的经营组织创新，需要考虑家庭农场、农民专业合作社及龙头企业三者的利益[3]~[5]。因此，从参与各方的长远利益考虑，应该让合作社参股龙头企业，使家庭经营者能够分享来加工及流通环节的利益，从而使"家庭农场+合作社+龙头企业"模式向"家庭农场+合作社+合作社参股龙头企业"模式转变。

三、农业经营组织模式的比较

农业经营组织模式的选择应根据当地资源禀赋、生产规模、农业劳动生产率水平、农产品的生产经营特点进行相应的调整。上述三种经营组织模式的组合在不同生产条件下各有优劣。随着农业产业链条的延伸，整合模式中各经营主体间的合作程度也将不断提高。在农业产业化发展初期，出现的"公司+农户""合作社+农户"等模式，这些模式很好地解决了"小农户"与"大市场"问题，为农户面向市场提供了极大的便利，同时带动农民收入得到了很大的提高。但随着市场环境的变化，各基本整合模式中经营主体的合作关系并不稳定，存在机会选择和动态环境的问题，在"公司+农户"经营组织模式中，公司与散户的谈判成本较高，企业与农户很容易出现合同违约现象，契约或合同执行比较困难。在"合作社+农户"模式中，由于合作社受制于资金的不足，难以有效扩大生产经营规模，合作社的生产加工能力弱，农产品销售渠道也较窄，存在销路不畅问题。可能的解决途径或是加入新的经营主体，形成"公司+合作社+农户"新的经营组织模式。在这一模式下，由企业与合作社

①汪艳涛.农户分化背景下新型农业经营主体培育机制研究［D］.中国海洋大学，2015.
②汪艳涛，高强，金炜博.新型农业经营主体产业化的运作模式［J］.重庆社会科学，2015（05）：27-33.
③浙江省家庭农场经营模式与社会化服务机制创新分析_图文-互联网文档（http://wenku.baidu.c）.
④赵维清，边志瑾.浙江省家庭农场经营模式与社会化服务机制创新分析［J］.农业经济，2012（07）：37-39.
⑤杨晗，赵平飞.现代农业发展进程中农地使用制度的创新研究——以四川省成都市为例［J］.农村经济，2015（06）：39-43.

进行交易，一方面可以有效降低企业与农户直接进行交易的成本，同时弥补合作社的生产加工能力相对较弱的不足；另一方面也有利于合作社对农产品质量的监督与控制，保证农产品的销路，提高农户的交易地位，有利于改善经营性农业社会化服务机构为合作社提供农资、技术等服务的质量。因此，"公司+合作社+农户"经营模式能够很好地弥补前两种生产模式中存在的不足，将成为我国农业产业化发展中重要的农业生产经营模式[1]~[5]。

上述三种经营组织模式中，除"合作社+农户"模式中存在合作社生产加工能力弱等不足之处以外，其他两种经营组织模式共同之处就在于企业与农户之间没有形成紧密的利益联结机制。新型农业经营主体运行模式稳定的关键在于各经营主体能够形成利益共同体，在分享合作剩余上能够达成一致。既不能片面强调涉农企业对农户实行利益保护，因为这在一定程度上将削弱涉农企业的市场竞争力；也不能片面强调涉农企业自身的利益，否则将不利于契约的稳定性。如果整个模式中合作各方没有形成"风险共担、利益共享"的机制，一旦遇到农产品市场价格波动，则受害方往往不承担义务，易造成双方利益冲突。因此，目前各经营组织模式的发展方向可以由原来简单的合作关系向更加紧密的利益联结模式发展——股份制合作经营这一紧密的利益联结模式，才能使各主体在农业农产品生产的产业链上形成利益共同体，最终才能形成更加长久稳定的关系。而"公司+农户"模式也可以引入股份制经营模式，提高合作社的经营组织能力，使合作社能够承担起龙头企业的生产加工等产后职能。

从我国目前的具体国情出发，我国农业产业化经营组织模式的优化应重点发展"公司+合作社+农户"模式。这种模式的优越性在于能很好地克服原有组织模式的缺陷，降低龙头企业与农户之间的交易费用，克服因双方利益不一致所产生的矛盾，增强农民在与龙头企业合作过程中的谈判能力，更好地保护农民利益从而调动农民参与农业产业化经营的积极性[6][7]。

第四节　土地密集型农业的适度规模及规模化路径

一、适度规模经营的现实意义与内涵

（一）适度规模经营的现实意义

土地密集型农业的经营规模问题是农业经济学研究领域一个持续受到关注的话题，也是

---

①李明贤，樊英. 新型农业经营主体的功能定位及整合研究 [J]. 湖南财政经济学院学报，2014，30（03）：113-121.
②汪艳涛. 农户分化背景下新型农业经营主体培育机制研究 [D]. 中国海洋大学，2015.
③杨晓宁. 黑龙江省新型农业经营模式研究 [D]. 哈尔滨工业大学，2016.
④汪艳涛，高强，金炜博. 新型农业经营主体产业化的运作模式 [J]. 重庆社会科学，2015（05）：27-33.
⑤樊英. 职业农民培育问题研究 [D]. 湖南农业大学，2014.
⑥陈军，隋欣. 农业产业化经营组织模式分析 [J]. 职业圈，2007（07）：16-18.
⑦戴贤君. 湘西州果业产业化经营组织模式研究 [D]. 吉首大学，2013.

对于当前我国具有重要现实政策含义的问题。1987 年，中共中央首次在文件中明确提出要采取不同形式推进农业适度规模经营，在此之后，中央连续在"一号文件"中多次提到发展适度规模经营的必要性，可见我国政府对于发展农业适度规模经营的重视程度。由于土地的适度规模经营重点针对粮食等土地集约型作物，因此，发展土地密集型农业适度规模被认为对于保障我国的粮食安全至关重要。从主要发达国家实现农业现代化的发展经验来看，土地经营规模在农业现代化的进程中不断调整变化，且其平均规模通常随着经济发展水平的提高而扩大。然而，土地密集型农业生产的生产特点和资源条件决定了经营规模并不是越大越好，必须适度。农业经营规模需要与城镇化进程和农村劳动力转移规模相适应，与农业科技进步和生产手段改进程度相适应，还必须与农业经营组织和农业社会化服务水平相适应。之所以强调"适度"，就是为了避免出现土地规模的盲目扩张①~⑥。

在国际化时代的农业竞争加剧的大背景下，我国学术界和农业政策相关制定部门对于发展农业适度规模经营已经形成了相对一致的共识：我国土地密集型农业的经营规模过小，通过施行适度规模经营是提高该类农产品国际竞争力的必然路径。对于农业适度规模经营的界定也有相对一致的看法。农业适度规模经营是指以提升农业生产效率和经济效益为目标，在既定的社会、经济和技术条件下，强调对土地、劳动力、资金、设备、技术等生产要素的优化配置和产前、产中、产后诸环节合理组织的同时，通过适当扩大生产经营规模，从而取得最佳综合效益的农业生产经营和组织形式，其核心是实现各种生产要素的协同效应，使其发挥各自最大的生产潜力⑦~⑫。因此，当前的问题并不是探讨我国土地密集型农业是否存在规模经济，是否需要发展适度规模经营，而是在于清晰把握我国土地密集型农业适度规模经营的内涵，进而探寻适合发展我国土地密集型农业适度规模经营的政策选择。

（二）适度规模经营的内涵

正确理解土地密集型农业适度规模经营的内涵，需要从以下三个方面进行把握：

（1）农业适度规模经营是一个区间性概念。其"适度"所修饰的是"规模"，也就是说，适度规模经营强调的不是对"规模"的一味追求，重点是对"度"的把握，从而以最小的成本收获最高的经济效益。另一方面，农业适度规模经营需要因时因地制宜。农业适度规模是由各种条件共同决定的，不同地区的资源禀赋、区域产业发展、生产结构以及农业基

①赵颖文，吕火明，刘宗敏.关于推进我国农业适度规模经营的几点思考［J］.农业现代化研究，2017，38（06）：938-945.

②发展农业适度规模经营既要积极又要稳妥_ 保定市农业局 – 网络（http：//blog.sina.com）.

③发展农业适度规模经营既要积极又要稳妥_ 姚传奇_ 平阴玫瑰产业化 – 网络（http：//blog.sina.com）.

④周应恒.发展农业适度规模经营既要积极又要稳妥［N］.农民日报，2014-10-24（001）.

⑤周应恒，严斌剑.发展农业适度规模经营既要积极又要稳妥［J］.农村经营管理，2014（11）：16-17.

⑥张晓恒.农户经营规模与水稻生产成本研究［D］.南京农业大学，2017.

⑦蒋和平.农业适度规模经营多种形式实现路径探讨［J］.农村工作通讯，2013（03）：56-59.

⑧蒋和平，蒋辉.农业适度规模经营的实现路径研究［J］.农业经济与管理，2014（01）：5-11.

⑨袁小慧，华彦玲，王凯.江苏省农户水稻适度规模经营模式创新研究［J］.江苏农业学报，2014，30（03）：645-653.

⑩蒋和平.正确把握农业适度规模经营［J］.中国畜牧业，2015（20）：34.

⑪段颖惠.河南省新型城镇化与农业适度规模经营关系研究［J］.安徽农学通报，2016，22（08）：1-3.

⑫宋小亮，张立中.什么是农业适度规模经营——兼论与土地适度规模经营的关系［J］.理论月刊，2016（03）：156-161.

础各有不同。因此，农业适度规模不可能存在一个普适的标准，需要根据各地实际情况和特定阶段来探寻适度的经营规模。

（2）农业适度规模是一个动态性概念。适度规模由各种条件共同决定，受政府目标取向、社会经济发展水平、自然条件等多种因素影响。随着全球化的发展，政府目标取向又受到国内外政治与经济环境的影响；社会经济发展水平也处于不断发展进步的动态之中；自然环境所带来的不可抗力更是导致变动的因素之一。因此，农业适度规模不是一成不变的，是发展变化着的，具有动态性的特征。也就是说，不存在普适的适度规模和统一的形式，农业适度规模经营需要根据各地实际情况和特定历史阶段来估算出一个适度的规模，做到因时因地制宜。

（3）农业适度规模经营具有多样性的特征。除了经营主体多样，经营环节与实现方式也多种多样。一般而言，农业的规模经营往往仅被认为是土地的集中经营。然而，对农业适度规模经营的理解应该立足一个更广阔的视角，从产前、产中以及产后多个环节都进行规模化经营。例如，农业生产资料的规模供给、农业生产技术的统一服务、农产品的统一销售等，不能仅局限于土地的规模经营。同时，在选择规模化实现方式的时候还可以注意与其他产业的融合，从而取得最佳效益的农业适度规模经营。

二、农地适度规模经营的实证研究：江苏稻谷的案例[①]

（一）研究对象与数据说明

下文利用江苏省稻谷成本收益调查的微观农户数据试图回答以下三个问题：第一，随着我国稻谷适度规模经营主体数量的增长，适度规模农户单位产品成本相对于小规模农户是否发生变化？第二，随着经营规模的扩大，农户生产成本结构呈现什么样的变化特征？第三，我国粮食生产成本较高是否与要素过度投入有关？哪些要素存在过度投入现象？剖析以上问题有助于为政府部门发展土地密集型农业适度规模经营提供参考[②③]。

文中将使用江苏省稻谷成本收益调查的微观农户数据进行实证分析。江苏省是仅次于湖南、黑龙江和江西的第四大稻谷种植区，2014 年稻谷产量为 1912 万吨，占全国总产量的9.3%。江苏是我国最发达的地区之一，在村级、乡镇一级、县级、市级以及省级都有接受过良好培训的调查人员，数据质量较高。

2014 年江苏省在所辖 13 个地级市共调研了 339 个稻谷种植户，平均规模 24 亩，其中最小规模为 1 亩，最大规模为 530 亩，总调研面积 8136 亩。本节将样本农户的经营规模划分为 6 个区间。从农户数量来看，78.5% 的农户种植规模在 10 亩以下，种植规模在 50 亩以上的农户数量占 10.3%。从经营面积来看，10 亩以下农户的经营面积仅占样本调研总面积的13.1%，而经营规模在 50 亩以上农户的经营面积占样本调研总面积的 78.2%（见表 4.4）。

---

①本节内容根据课题组成员张晓恒、周应恒和严斌剑已发表于《农业经济问题》2017 年第 2 期的研究成果"农地经营规模与稻谷生产成本：江苏案例"一文精简而成，详细内容可参见原文。

②张晓恒，周应恒，严斌剑. 农地经营规模与稻谷生产成本：江苏案例 [J]. 农业经济问题，2017，38（02）：48-55+2.

③张晓恒. 农户经营规模与水稻生产成本研究 [D]. 南京农业大学，2017.

表 4.4　样本农户稻谷种植规模分布

规模区间	10 亩以下	10~30 亩	30~50 亩	50~100 亩	100~200 亩	200 亩以上
样本数量（个）	266	33	5	7	18	10
数量占比（%）	78.5	9.7	1.5	2.1	5.3	2.9
平均规模（亩）	4.0	15.7	40.24	80	147.3	315.1
面积占比（%）	13.1	6.4	2.5	6.9	32.6	38.7

（二）经营规模与生产成本结构[①~④]

李首涵直接利用官方农本核算数据分析发现粮食生产的比较效益高于绝大部分工业部门，他们认为主要是农本核算数据中家庭用工价格被低估造成的。从三大主粮 2009~2013 年的数据来看，家庭用工的核算工价低于雇工工价 41.1%，他们使用当地农业雇工市场实际发生的工价进行矫正。本研究中样本数据同样存在这样的问题，家庭用工平均工价为 42.9 元/天，而雇工平均工价为 86.2 元/天，雇工工价是家庭用工工价的两倍。由于小规模农户稻谷生产主要以家庭用工为主，较低的家庭用工工价将严重低估小规模农户的成本。本研究比较了官方公布的自营地折租和流转地租金，发现亩均流转地租金比自营地折租高 63.3%，当然交易成本的提高能够解释部分。本研究采取李首涵等的做法，将家庭用工工价以当地雇工工价进行矫正，将自营地租金以流转地租金进行矫正，进而重新计算单位稻谷生产的各项成本，如表 4.5 所示。

表 4.5　基于土地和劳动市场价格的不同规模农户稻谷单位成本

	10 亩以下	10~30 亩	30~50 亩	50~100 亩	100~200 亩	200 亩以上
物质与服务费用	0.957	0.899	1.015	1.077	1.052	1.157
化肥费	0.273	0.296	0.258	0.258	0.243	0.269
农药费	0.173	0.147	0.203	0.230	0.187	0.245
机械费	0.298	0.254	0.316	0.347	0.359	0.366
灌溉费	0.089	0.083	0.086	0.085	0.087	0.089
其他直接费用	0.073	0.072	0.065	0.064	0.070	0.072
间接费用	0.050	0.046	0.087	0.094	0.106	0.117
人工成本	0.901	0.812	0.595	0.466	0.357	0.376
家庭用工	0.891	0.780	0.468	0.301	0.163	0.148
雇工	0.010	0.032	0.127	0.164	0.194	0.228
土地成本	0.541	0.505	0.589	0.616	0.652	0.669
总成本	2.399	2.216	2.199	2.159	2.061	2.202
单产	585.850	599.540	597.970	602.270	578.880	561.190

①张晓恒，周应恒，严斌剑．农地经营规模与稻谷生产成本：江苏案例［J］．农业经济问题，2017，38（02）：48-55+2.

②张晓恒．农户经营规模与水稻生产成本研究［D］．南京农业大学，2017.

③张晓恒，刘余．规模化经营降低农业生产成本了吗？——基于前沿成本和效率损失成本的视角［J］．农林经济管理学报，2018，17（05）：520-527.

④张晓恒，周应恒．农户经营规模与效率水平不匹配对水稻生产成本的影响［J］．中国农村经济，2019（02）：81-97.

	10 亩以下	10~30 亩	30~50 亩	50~100 亩	100~200 亩	200 亩以上
销售价格	2.969	2.934	3.172	3.251	3.251	3.298
每亩净利润	333.935	430.470	581.825	657.679	688.867	615.064

注：单位：成本与费用：元/公斤；单产：公斤/亩；销售价格：元/公斤；每亩净利润：元/亩。

    家庭用工和自营地租金经矫正以后，稻谷单位总成本随着规模的扩大呈现下降趋势。但是，当规模超过 200 亩时单位成本再次上升，并且与 30~50 亩区间的农户成本相当。单位稻谷总成本与种植规模呈现出"U"形关系。随着规模的变化，单位稻谷生产的人工成本和土地成本变化趋势并没有改变，但是，人工成本下降趋势更加明显，10 亩以下区间的农户人工成本由 0.463 元/公斤上升到 0.901 元/公斤，大约增加了 1 倍，这是因为小规模农户主要以家庭用工为主，而家庭用工工价大约是雇工工价的一半。10~30 亩以及 30~50 亩的农户的人工成本大约也增加了一倍。相对于 10 亩以下区间的农户，100 亩以上区间农户的人工成本大约下降了 60.4%，并且当经营规模超过 100 亩时，单位稻谷的雇工成本超过家庭用工成本。随着规模的扩大，单位稻谷的土地成本呈现上升趋势，但单位成本值维持在 0.505~0.669 元/公斤，变动幅度明显降低。不同规模间土地成本的差异是各规模区间流转地租金相对于平均流转地租金的差异，随着规模的扩大，流转土地的租金提高，这可能是因为大规模经营者需要与更多的小农户谈判，交易成本提高。这与国外的情况正好相反，Ellis 认为在大部分国家，大规模土地拥有者或者经营者的土地成本低于小规模农户[1]。本节的样本数据显示，当农户经营规模超过 100 亩时，稻谷单产将呈现下降趋势，这与对巴西和印度的研究结论相一致，但土地成本不降反升，这将显著影响农户的经营利润。

（三）要素边际产出价值与要素价格

    我国农业生产面临人多地少的资源禀赋约束，农户通过密集使用人工、化肥、农药等其他要素来克服土地资源稀缺的限制。过高的成本可能与不合理配置相关要素从而导致过量使用某些要素有关。相关研究表明，我国化肥使用量大约是世界平均水平的 4 倍，并且使用效率不足 1/3。那么，对于化肥、农药、机械、人工和土地等投入要素，哪些要素存在过量投入问题呢？要素的边际产品价值与要素价格的比值是衡量要素是否过量使用的一种简单方式。当某要素的边际产品价值高于要素价格时，我们认为该要素不存在过量投入，反之则过量投入。要素的边际产品价值可以通过生产函数计算，生产函数形式如下式：

$$\ln Y_i = \beta_0 + \beta_1 \ln fert_i + \beta_2 \ln machi_i + \beta_3 \ln land_i + \beta_4 \ln labor_i + \mu_i$$

    Y_i 为第 i 个农户稻谷产出水平；$fert_i$，$machi_i$，$land_i$ 和 $labor_i$ 分别为第 i 个农户化肥、机械、土地和人工要素投入数量。生产函数中并没有包含农药这个要素，一方面是因为农药使用种类繁多，统计过程中并没有统计农药的使用量；另一方面是因为农药只有在病虫害存在时才能发挥作用，与化肥、劳动等要素作用机制不同，使用相同的形式可能造成结果的偏误。文中使用机械费用与柴油价格之比作为机械的投入量。

---

[1] Ellis Frank. Peasant Economics: Farm Households and Agrarian Development. New York, NY, USA, Cambridge University Press, 1993.

表 4.6 稻谷生产函数回归结果

变量	全部样本	50 亩以下	50 亩以上
化肥	0.069*** (0.019)	0.074*** (0.019)	−0.011 (0.067)
土地	0.854*** (0.028)	0.867*** (0.030)	0.786*** (0.110)
劳动	0.012** (0.006)	0.004** (0.002)	0.041* (0.024)
机械	0.067*** (0.013)	0.064*** (0.013)	0.130** (0.057)
常数项	5.970*** (0.100)	5.964*** (0.105)	6.221*** (0.327)
Wald chi（2）	98126.29***	31412.62***	1340.70***
样本量	339	304	35

注：＊＊＊、＊＊、＊分别表示在1%、5%和10%置信水平上显著。括号中的为标准误。

表 4.6 汇报了生产函数的回归结果。为了尽可能比较不同规模之间的差异，我们在对全部样本进行回归的基础上，将样本农户分为规模小于 50 亩和规模大于等于 50 亩两个组，进而分别回归。分组的标准主要根据单位稻谷人工成本是否超过 0.5 元/公斤。表 4.7 汇报了各要素边际产品产值及价格。从全部样本数据回归结果来看，化肥、人工和机械等要素的边际产品产值均低于要素的购买价格，表明稻谷生产过程中化肥、人工和机械均存在过度使用现象。已有文献对我国粮食生产中化肥和人工过度使用现象进行了大量分析，研究结论进一步表明随着规模的扩大人工要素的边际产品价值逐渐接近人工成本，人工要素过度使用问题有所缓解，但化肥过度使用问题并没有出现缓解迹象。与此同时，有趣的是对于规模小于 50 亩的农户，机械也存在过度使用的现象，我们认为这里的过度使用可能是因为受到小规模农户地块较小且不规则的限制，农户在购买机械服务时需要支付更高的价格。土地要素单位产品价值远远高于土地价格，表明在其他要素投入量不变的情况下，土地要素投入数量的增加可以获得额外的收益，这也为我国鼓励适度规模经营提供了现实依据。

表 4.7 各生产要素边际产品价值及要素价格

	变量	全部样本	50 亩以下	50 亩及以上
边际产品价值	化肥	3.709	3.892	−0.700
	土地	1502.513	1512.846	1487.589
	人工	19.881	6.980	77.597
	机械	5.860	5.687	10.227
要素价格	化肥	4.651	4.658	4.588
	土地	319.105	314.011	366.027
	人工	85.939	84.133	102.572
	机械	7.96	7.96	7.96

注：边际产品价值和要素价格单位为：元/单位，化肥的单位是：元/公斤；土地的单位是：元/亩；人工的单位是：元/工日；机械的单位是：元/升。

（四）实证研究的启示

为了应对我国粮食生产缺乏竞争力的问题，中央政府通过多种措施鼓励有条件的地区扩大粮食经营规模，并且取得了显著成效，适度规模经营主体数量迅速增加。根据生产理论，农户粮食生产的平均成本将随着规模的扩大呈现"U形"或者"L形"变化趋势。本节使用江苏省稻谷种植户微观数据对以上假说进行验证。研究结果显示，一方面，由于官方数据低估了家庭用工工价和自营地租金，随着规模的扩大，稻谷种植户平均单位成本并未下降。但是，经过市场雇工工价和流转地租金矫正以后，稻谷平均单位成本与规模之间呈现"U形"关系，即随着规模的扩大，农户的单位稻谷成本呈现下降趋势，但当规模超过200亩时成本开始上升。另一方面，研究表明我国稻谷生产成本较高与农户不合理使用投入要素有关，进一步比较了化肥、机械、土地和人工等要素边际产品价值与要素购买价格的关系，结果表明化肥和人工两种要素存在过度投入现象；土地要素的投入量却与之相反，土地要素单位产品价值远远高于土地价格。这表明在其他要素投入量不变的情况下，土地要素投入数量的增加可以获得额外的收益，江苏稻谷种植户的微观数据为我国鼓励适度规模经营提供了现实依据①②。

三、适度规模经营的实现路径

（一）多形式多途径实现农业适度规模经营

农业适度规模经营的实现路径是多种多样的，不同地区、不同阶段、不同资源禀赋、不同生产经营性质所对应的最佳实现路径均可不同。伴随着工业化、城镇化、信息化和农业现代化的迅速发展，我国农村剩余劳动力大量转移，务农人员不断减少，这为推进土地流转、实现适度规模经营提供了千载难逢的时机。一方面，在经济欠发达地区，可以通过互换并地的方式解决承包地细碎化问题，并借助经济发展的成果，逐步实现适度规模经营；另一方面，在条件允许的地区，探索土地转包、出租、转让及入股的方式，厘清土地所有权、承包权和经营权在土地流转过程中的权利关系和实现形式，大力推进农业现代化进程。发展适度规模经营不仅仅指实现土地的适度规模，还需要培育与之相适应的经营主体。现阶段，仍要坚持家庭经营为基础，积极鼓励合作经营、联合经营等多种形式的经营主体共同发展，大力支持社会化服务组织发展，构建以家庭经营为基础、合作与联合为纽带、社会化服务为支撑的立体式复合型现代农业经营体系。对新型职业农民的培训将有助于解决"谁来种地，如何种地"的问题③~⑤，《关于引导农村土地经营权有序流转发展农业适度规模经营的意见》也对此做了强调说明。

（二）须顾及小规模农户经营可持续问题

从主要发达国家实现农业现代化的发展经验来看，土地经营规模在农业现代化的进程中不断调整变化，且其平均规模通常随着经济发展水平的提高而扩大。同时，农业的生产特点决定了家庭是农业经营的基本形式。无论是以大中规模农场为主体的欧美国家，还是以小规

①张晓恒，周应恒，严斌剑.农地经营规模与稻谷生产成本：江苏案例［J］.农业经济问题，2017，38（02）：48-55+2.
②张晓恒.农户经营规模与水稻生产成本研究［D］.南京农业大学，2017.
③周应恒.发展农业适度规模经营既要积极又要稳妥［N］.农民日报，2014-10-24（001）.
④周应恒.发展农业规模经营要适度［N］.粮油市场报，2014-10-25（A01）.
⑤论新形势下我国农业适度规模经营的发展－互联网文档资源（http：//www.360doc.co）.

模农户为主体的东亚国家和地区，都呈现出以家庭农场为主体、多种规模经营形式共同发展的特点。符合世界农业发展的一般规律，我国农业经营也将呈现出规模农户与传统承包农户长期并存的态势。按照农业部给出的标准，将适度的土地规模界定为相当于当地户均承包土地面积 10~15 倍，符合现阶段我国国情和农情。现阶段，我国不可能短时间内实现所有农户的土地规模扩张，只可能是部分具有经营能力的农户实现土地的规模经营，而多数农户仍是小规模经营。我们不可能在没有解决农民离农出路的情况下就简单地强制流转农民的土地。在考虑推进适度经营规模的同时，必须考虑细小土地规模农户经营可持续性的问题①②。

（三）加强适度规模经营配套支持力度

适度规模经营的顺利实现离不开硬件和软件条件的支撑。一方面，由于农业基础设施具有公共品属性，且一般投入资金较大，农户投资意愿不足。因此，应该根据各地的实际情况，支农资金向农业基础设施建设倾斜，为发展适度规模经营奠定基础。另一方面，还需要有相应的制度设计予以配合，比如促进农业劳动力转移、农民工市民化的体制机制创新。因为流转土地进行规模经营，往往意味着要有大量农民从农业行业中转移出去，甚至是从农村转移出去，即"产业转移"和"身份转变"，而完成转移后农民的就业、生活等问题如何解决，是否真正实现市民化，将影响到适度规模经营的稳定性③。

第五节　构建土地密集型农业新型经营体系的路径

一、从分散经营农户向组织化经营主体转变

（一）推动发展专业大户和家庭农场

专业大户和家庭农场是家庭经营的主体，在土地密集型产品的适度规模经营方面对传统农户有着示范引领的作用，是发展现代农业的基础力量。要推动现代农业建设，进一步提高我国土地密集型农产品的国际竞争力，应当坚持以家庭经营为基础，以专业大户和家庭农场为重点，着力提高家庭经营的集约化水平④。

目前，我国家庭农场依然承受着过高的土地流转费用的压力，生产经营受到基础设施建设滞后的影响，农村金融保险体系不能有效满足家庭农场规避风险的需求。基于家庭农场发展现状，培育家庭农场应当做到以下几点：一是应当及时公布当地家庭农场的标准，让农户有清晰的努力目标；二是各级政府应当在土地流转方面给予农户协调和支持，让有意愿建立家庭农户的农户能够不受土地限制的困扰；三是应当尽可能地完善与家庭农场生产经营相配

①周应恒.发展农业适度规模经营既要积极又要稳妥［N］.农民日报，2014-10-24（001）.
②论新形势下我国农业适度规模经营的发展－互联网文档资源（http://www.360doc.co）.
③周应恒.发展农业规模经营要适度［N］.粮油市场报，2014-10-25（A01）.
④孙中华.大力培育新型农业经营主体　夯实建设现代农业的微观基础［J］.农村经营管理，2012（01）：1.

套的公共服务，如配套的基础设施建设、农业技术指导等；四是应当及时对发展中的家庭农场给予资金支持，考虑到家庭农场面临的成本压力，资金和优惠政策对家庭农场的发展将起到重要的推动作用。

一些专业大户在土地流转过程中存在合同不规范、方式不科学等问题，导致专业大户流转的土地期限普遍较短，较难实现土地连片经营，极大地限制了土地密集型农产品经营规模的扩大。因此，培育具有示范效应的专业大户，应当首先重视土地流转，政府应当在耕地租赁转包政策方面制定更加细致的条例，进一步规范专业大户在土地流转方面的合同行为。同时，政府应当在选择农业项目、农产品营销和经营管理方面给予专业大户以资金和培训支持，使专业大户的优势得到充分的发挥。

（二）鼓励发展农民合作社和龙头企业

农民专业合作社作为合作经营的主体，主要为家庭经营的农户提供社会化服务，是开展农业专业化、标准化、规模化生产的有效组织载体。农业龙头企业则是农产品加工和流通领域的基本主体，是土地密集型农产品生产经营分工过程中先进技术和经营理念创新的来源。在土地密集型农业经营主体的培育过程中，农民专业合作社和农业龙头企业对于家庭农场向更高水平的发展有重要的辅助和推动作用。

目前，农民专业合作社虽然在相关政策的推动下蓬勃发展，但在机制运营和内部管理还存在着不少问题。主要体现在其质量的提升跟不上数量的增长，质量与数量的脱节极大地影响了农民专业合作社职能的发挥。培育农民专业合作社，应当兼顾合作社服务的数量和质量，从农产品品牌建设和农产品市场营销方面入手，提升合作社的吸引力和凝聚力；应当完善合作社的民主机制，科学设置权力机构、管理机构、监督机构以及日常运营管理机构，使合作社维持有序、健康的发展；应当完善利益分配机制，设置成员账户，使每个社员和合作社负责人能获得合理的收益；应当提高合作社管理水平，主要是要通过培训提高合作社主要负责人的管理水平。

农业龙头企业虽然在土地密集型农产品产业化经营方面发挥着关键作用，但是其主体内部依然存在股权薪酬分配不合理等问题。在实践中一些龙头企业会以大规模、工厂化的方式实施农地经营，引起土地生产率降低以及流转土地"非农化"等问题。培育农业龙头企业，政府应当在给予项目资金支持、信贷税收优惠的同时，加强对农业企业租赁承包土地的准入和监管，禁止农业企业争夺农户耕地的生产经营权，严格限制其擅自改变土地用途的行为。

（三）加快建设农村人才队伍

无论是发展专业大户、家庭农场还是农民合作社，都需要有技术、有管理能力的农民担当领头人和骨干，这样土地密集型农业经营主体才能迸发出创造与活力。然而，目前农村实用人才占农村劳动力比重依然偏低，拥有高中及以上学历的农业从业人员比例较低，生产经营人才欠缺。同时，绝大多数农业经营主体的子女不愿接班从事农业，农业经营后继人才缺乏。人才的制约严重影响了土地密集型农业经营主体的培育与其继续发展。

解决农村人才欠缺的问题，应该从两个方面着手：一是要加强内部从业人员的培训，使之向新型职业农业农民转变。可以通过制订中长期培养规划，为不同类型的农民确定不同的培训内容，加大资金支持和财政补贴，扩大覆盖范围，提高补助标准。推进培训的过程中，尤其是要将促进新型农业主体带头人的成长放在突出位置。针对专业大户、家庭农场主、科技示范户①②、农民专业合作社负责任等农村能人，应当通过资金支持、市场指导、创业培训等措施着力培养，使其能更好地发挥示范带头作用，带动其他成员增产增收。二是要注重外部人才的引进。通过制定优惠政策，吸引大中专毕业生、专业技术人员等投身农业发展事业。目前我国各新型农业经营主体间人才分布不均，家庭农场和专业大户的培育亟须人才输入，应当通过政策引导，吸引具有创新精神及较强专业知识的大中专毕业生及专业技术人员参与到家庭农场和专业大户的生产经营中去。

二、从小规模经营向适度规模经营转变

（一）促进农村土地适度集中

根据美国、欧盟、日本等发达国家的发展经验以及我国目前专业大户、合作组织和龙头企业迅速发展的趋势，土地密集型农业发展适度规模经营符合发展规律以及现实需要。另外，现阶段由于小规模农业经济效益不高，大量农村劳动力选择向城市转移以获取更高的收入，导致土地流转意愿强烈，农村劳动力不足，这些也为发展农业适度规模经营提供了便利条件。然而，虽然目前农村土地规模化经营发展态势良好，但与土地承包经营权以及土地流转等制度等不完善问题仍制约着土地规模化发展，为促进农村土地适度集中发展仍有许多具体工作。首先，尽快完成土地承包经营权确权登记颁证，在法律上赋予农民有保障的土地承包经营权，消除其顾虑，也为土地规范流转奠定基础。同时，要对农村承包地明晰所有权、稳定承包权、放活经营权，实行"三权分置"的新型农业用地制度③。其次，要完善土地流转市场，政府要进行土地流转制度创新，促进土地流转的快速、有效进行，倡导土地向农业资本集中，实现集约经营和规模经营。最后，鼓励承包经营权向专业大户、家庭农场、农民合作社等流转，通过技术、资本等优势充分提高农业生产率，进而提高农业盈利能力和市场竞争力④。

（二）培育规模化经营主体

规模化新型农业经营主体的培育是构建新型农业经营体系的关键，是对原有农业经营主体的发展和补充完善。一方面，专业大户、家庭农场、土地股份合作组织等生产组织化程度较高的生产经营主体应当受到大力支持。然而，不同地区的资源禀赋、区域产业发展、生产结构以及农业基础存有差异，在推动培育规模化经营主体的方式方法上应综合考虑不同地区的实际情况，按区域适时调整农业政策上的扶持，积极探索符合各区域实际情况的规模化经营主体。另一方面，规模化农业经营主体的培育需要专业化服务体系作为支撑。例如，农业科技推广体系、农机专业化服务体系、植保专业服务体系、农业信贷和保险体系以及农产品

①城乡一体化发展的主要障碍及实现路径 - 网络（https：//www.xzbu.com）.
②刘卫红. 城乡一体化发展的主要障碍及实现路径［J］. 中国集体经济，2015（22）：5-8.
③刘卫红. 构建新型农业经营体系：框架和路径［J］. 改革与战略，2015，031（010）：87-92.
④何一鸣. 权利管制、租金耗散与农业绩效——人民公社的经验分析及对未来变革的启示［J］. 农业技术经济，2019（02）：10-22.

流通体系等。通过构建专业化服务体系，实现为农业生产产中、产后各环节提供专业化规模化服务，进而实现农业规模化经营、提高经济效益的目标。

（三）协调各类农业经营主体协同发展

现阶段我国新型农业经营主体主要包括家庭农场、专业大户、农业专业合作社、龙头企业与农业社会化服务组织等①。各类经营主体在现代农业中具有不同的功能和定位：家庭农场和专业大户作为规模化经营的家庭主体，承担着农产品生产商品化的功能；合作经营则在联合农户对接市场方面存在优势；农业产业化龙头企业则具有资本与技术优势。构建新型农业经营体系必须首先着眼于新型农业经营主体的培育以及主体间关系的协调。需要只有发展和创新多种形式的农业经营主体合作组织模式，使得各主体能够灵活组织合作，充分发挥自身优势并弥补自身的不足，才能使得农业生产更加专业化、集约化和现代化，实现农业产业化生产。农业经营组织能够把分散的农户组织起来，从而进一步提高了农业经营的组织化和社会化程度，在加强信息收集与传递、普及生产技术、提供社会服务、组织引导农民按照市场需求进行生产和销售等方面能够发挥重要作用，是实现"小农户"与"大市场"对接的桥梁和纽带②。

三、从政策支持向建立长效机制转变

（一）深化农村土地制度改革

2014年国务院出台了《关于全面深化农村改革加快推进农业现代化的若干意见》《关于引导农村土地经营权有序流转发展农业适度规模经营的意见》等一系列文件，对新一轮农村改革进行全面部署，由此拉开了新一轮农村改革的大幕。2004年至今，中央一号文件已经连续12次锁定"三农"，凸显出"三农"问题在我国重中之重的地位③。意见指出积极建立农业可持续发展长效机制，应当促进生态友好型农业发展，保护耕地、节约水土资源，严格落实环境保护制度。守住耕地红线的基础上探索更高效的经营方式，深化农村土地改革制度首先应完善农村土地承包政策，稳定农村土地承包关系并保持长久不变，赋予农民对承包地占有、使用、收益、流转及承包经营权抵押、担保权能。农村土地所有权、经营权、承包权分离的三权分置是农村土地制度的重大创新，为推进土地流转创造了坚实的基础，而农村土地合理健康的流转是转变农业发展方式、实现城乡一体化协调发展④⑤，特别是构建土地密集型农业新型经营体系的前提和基础。而目前最紧迫的工作是健全土地承包经营权登记制度，加快推进土地承包经营权确权登记颁证工作，令农民在寻求更高的非农收益期间能够放心将家中的土地转租给新型经营主体，既保障了农民利益不受损失，同时有利于土地尽快实现规模化经营，有助于土地密集型农业新型经营主体的建设，从而加快步伐迈向农业现代化。

---

①周应恒. 新型农业经营体系：制度与路径 [J]. 人民论坛·学术前沿, 2016 (18)：74-85+95.
②高守国. 考选领导干部案例分析题 [J]. 领导文萃, 2014 (23)：107-110.
③王宪章. 深化农村土地改革，大力推进土地有序流转 [N]. 黑龙江日报, 2015-02-17 (012).
④李俊琳. 城乡一体化进程中农村土地流转问题研究 [D]. 沈阳师范大学, 2016.
⑤宋洪远. 中国农村改革40年：回顾与思考 [J]. 中国农业文摘—农业工程, 2019, 31 (01)：3-11.

（二）健全农业金融服务体系

近年来，尽管政府以及社会各界对发展农村中小型金融保险机构达成共识，但是由于农村发展本身条件制约，监管这类中小型金融机构难度大，恐出现系统性风险，因此准入门槛拔高导致当前农村金融保险行业的发展滞后于农村对其现实需求。刘卫红认为农村金融发展滞缓的现状已经在一定程度上成为农业发展的瓶颈。众多分散的小规模农户和小企业缺乏传统意义上的抵押品，农村信贷市场信息不充分[1][2]，农村金融机构经营风险受此影响而拔高。

健全完善农业金融服务体系应该积极应用政策力量引导当前农村金融体系向多元化发展，新体系不仅包括政策性银行、商业性银行，也包括村镇银行、农村资金互助社、小额贷款组织等民间非银行机构，还包括农村保险、担保、征信、农产品期货等配套金融体系。世界各国金融都对农业进行政策性倾斜，不仅体现在低息贷款，更多体现在农业保险领域，我国也应加大农业保险支持力度。提高中央、省级财政对主要粮食作物保险的保费补贴比例，逐步减少或取消产粮大县县级保费补贴，不断提高稻谷、小麦、玉米三大粮食品种保险的覆盖面和风险保障水平。农户向保险公司投保后，不仅农户能获得政府的保费补贴，保险公司也可以从政府获得费用补贴和优惠政策，保险公司又可以向再保险公司进行分保，以分摊风险，再保险公司又可以从政府获得补贴和优惠，这种网络型的农业保险组织体系，大大提高了抗风险能力[3]~[5]。张红宇指出加大金融保险支持力度及支持范围，规范规模经营主体的准入标准和条件，推广各类法人规模经营主体，提高金融支持规模经营的可行性。创新贷款担保抵押方式，规模经营主体的应收账款和农副产品的订单、保单、仓单等权利，以及大型机械设备、林权、水域滩涂使用权、房屋、厂房、汽车等财产均可探索抵（质）押的方式。增加对规模经营主体的直接补贴，在现有补贴种类基础上，新增补贴向规模经营倾斜，或是增加专门针对规模经营的补贴种类，直接补贴规模经营主体[6]~[8]。

（三）加强农业公共监管力度

近年来，大力培育新型农业经营主体期间出现了不少名目繁多的主体或组织，如家庭农场、股份合作农场、股份合作社、土地股份合作社、合作社的联合社等，其中不少是新型农业主体或组织制度的创新，但也有不少是农业主体和组织制度的异化。黄祖辉、傅琳琳指出农业经济主体和组织被异化的现象在计划经济时期就曾出现，例如，把农业生产合作社演变为统一产权、统一经营、统一分配、低效率的村集体经济组织，把农民举办的信用合作社演变为非合作的商业银行，把农民举办的供销合作社演变为准国有性质的供销企业，以上组织尽管仍为名义上的"合作社"，但其实质内涵早已受当时的意识形态影响而发生异化。现阶段农业经营主体被异化的原因则要归结于政府相关福利政策导向性强而公共监管力度不够，

①刘卫红．城乡一体化发展的体制机制创新［J］．改革与战略，2015，31（06）：139-143.
②刘卫红．城乡一体化发展的主要障碍及实现路径［J］．中国集体经济，2015（22）：5-8.
③刘卫红．构建新型农业经营体系：框架和路径［J］．改革与战略，2015，031（010）：87-92.
④熊志刚．结构变迁与我国农业保险财政补贴政策研究［D］．中央财经大学，2018.
⑤宋洪远．中国农村改革40年：回顾与思考［J］．中国农业文摘—农业工程，2019，31（01）：3-11.
⑥张红宇．农业适度规模经营与粮食生产［J］．人民论坛，2011（10）：38-39.
⑦张红宇．现代农业与适度规模经营［J］．农村经济，2012（05）：3-6.
⑧王云，崔玉芝，赵淑琴．关于结合土地流转发展稻田养蟹的实践与思考［J］．渔业致富指南，2013（12）：14-17.

不足以对异化现象做到及时识别和有效的控制。譬如，政府在构建新型农业经营体系过程中，出台了不少鼓励和支持农民专业合作社、家庭农场发展的政策，甚至将地方新型经营主体发展情况纳入政绩考核目标。为获得支持或完成上级考核任务，各种类型的合作社、家庭农场以及股份合作社便应运而生，但如果深入考察，新兴的农业组织异化现象十分严重[1][2]：大部分家庭农场以雇工经营为主，而不是家庭的自我经营；大部分股份合作社，实际上并不存在合作制的元素。面对这种异化现象，相关公共监管薄弱甚至是缺失使得有关政府部门不予以科学甄别，依然对其进行奖励、补贴与宣传。

新型经营主体异化现象应得到足够的重视，并及时予以纠正，否则新型农业经营体系的建构将误入歧途，加剧农业组织制度的异化，扭曲经营主体的行为，导致政府农业政策的失效。加强公共监管力度旨在提高政府对多种类型农业组织制度的认知度和甄别力，要及时识别并防止主体与组织制度的异化，着力克服对农业发展考核的形式主义和官僚主义，增强政府农业支持政策及其导向的科学性和精准性，制定农业产业组织法，修改和完善农民专业合作社法，规范农业合作社与家庭农场的发展。

---

①黄祖辉，傅琳琳. 新型农业经营体系的内涵与建构［J］. 学术月刊，2015，47（07）：50-56.
②浙江大学中国农村发展研究院（CARD）课题组. 加快构建中国特色现代农业经营体系（下）——基于浙江省的实践与思考［J］. 浙江经济，2017（02）：32-34.

第五章　果蔬等园艺类劳动密集型
农业新型经营体系构建

第一节　园艺劳动密集型农业经营体系的
需求、内涵与特点

基于农业经济学、发展经济学理论，在我国劳动力密集型农业发展正面临的"五化"（农村空心化、务农老龄化、要素非农化、农民兼业化、农业副业化）、"双高"（高成本、高风险）、"双紧"（资源环境约束趋紧、青壮年劳动力紧缺）的新情势[①]，结合我国劳动力密集型农业的基本特征和组织属性，讨论我国农业新型经营体系构建过程中，劳动力密集型农业经营体系的需求、内涵与特点。

一、新型农业经营体系中劳动密集型农业发展背景

新型农业经营体系是相对于传统小规模分散经营而言的，是对传统农业经营方式的创新和发展。我国传统农业经营体系的运行[②]，以"小而全""小而散"的农户家庭经营为主体，农业发展上存在着农业创新能力、抗风险能力和可持续发展能力难以提高，甚至农业经营粗放化和欠组织化，以及农业专业化分工、社会化协作发展缓慢等问题。在一定程度上会制约农业土地产出率、资源利用率和劳动生产率的提高，加剧农民兼业化、农业经营副业化和农业劳动力老弱化的问题。因此，加快培育新型农业经营主体，构建新型农业经营体系，已经成为现代农业推进农业供给侧结构性改革的核心。

我国是一个人口众多的农业国，近年以来，随着国民经济的发展和科学技术的进步，社会生产力得到了较大提高，中国农业的资金、技术集约经营也随之发展，但基于农业人口大国的基本国情，劳动密集型农业仍旧占据主流，尤其以果蔬等园艺类农产品为主的劳动密集型农业，构建其新型经营体系成为当务之急。发展劳动密集型的园艺小农业，目的在于求质量，要增值。在西方国家普遍实行现代化大农业的情况下，我国积极发展精耕细作的园艺型绿色农业，可以赢得比较优势，进而赢得竞争优势。

同时，加快果蔬等园艺类劳动密集型农业生产，是实现农业可持续发展的必由之路。资

---

① 李铜山，刘清娟. 新型农业经营体系研究评述 [J]. 中州学刊，2013（03）：48-54.
② 赵海. 新型农业经营体系的涵义及其构建 [J]. 中国乡村发现，2013（01）：41-46.

源与环境问题是可持续发展的核心问题，从人均的角度来看我国是一个资源短缺国家，因此，必须彻底改变靠拼资源来促发展的模式，而加快劳动密集型农业发展，可以更加合理地利用各种农业资源，实现我国农业资源的优化配置，保证自然资源永续利用。因而它与我国可持续发展战略的要求是完全一致的，可持续发展就是要处理好人口资源环境与生态平衡之间的关系，而劳动密集型农产品的生产由于需要的劳动投入较多，因而为我国农村大量的过剩劳动力找到了出路，避免了劳动力资源的闲置。同时劳动密集型农业由于对土地资源需求较少，这就在很大程度上缓解了我国土地资源短缺的压力，避免了对土地的掠夺式经营，加之劳动密集型农产品的生产离不开先进的科学技术的运用，而且与绿色产品的生产和现代生态农业相联系，这就必然会对我国农业生态环境建设产生积极的影响。另外，劳动密集型农产品的生产，也有利于改变我国农业生产中的粗放经营模式，实施对自然资源的综合开发与利用，发展具有较高产业层次与技术水平的深度加工产品，提高我国农业产业的经济素质①。

二、我国劳动密集型农业经营发展现状与新趋势

（一）劳动密集型农业经营发展现状

改革开放以来，我国城镇化迅速发展，城镇化率年均增长约1%。乡村人口尤其是青壮年劳动力以年均1000多万的规模大幅"逃离式"地离开农村，相继进入周边城镇工作、定居，2016年我国农民工总量已达2.82亿人，致使乡村地区空心化、务农老龄化、要素非农化、农业兼业化、农业副业化等问题日益突出，对以劳动密集型农业为主的园艺类产品的经营发展产生了重大影响。

园地是农用地的二级分类，包括果园、茶园等，2015年中国园地1445.5万公顷，占农用地的2.23%，实现产值10119.5亿元，占种植业总产值的18.47%，发展水果、坚果、茶等高价值经济作物对增加种植者收入、丰富农产品种类、满足消费需求、出口创汇有重要意义。

随着城镇化进程的加快，大量农村青壮年劳动力不断向城市中转移，农村留守人口的老龄化与低龄化现象严重，在人口年龄结构方面呈现出"空心化"。

农村经济在这种情况下发展得更加缓慢。同时，在人口、产业、服务、设施等方面，都不同程度地出现了"空心"现象，经济方面的"空心化"更是限制农村发展的核心因素。对果蔬园艺类劳动密集型农业而言，农村空心化不仅造成了人口数量上的减少，也带来了生产要素的缺失与生产效率的降低。由于国家发放的补贴是以耕地面积为依据的，而实际种植面积则不予考虑，所以，对于一部分农民来说，一边打工一边拿补贴更经济，从而导致农村的很多耕地抛荒。另外，农村"空心化"造成除外出打工人员的耕地无人承包，这也是导致耕地抛荒现象的主要原因，劳动密集型农业中所需的基础生产资料也进一步被分散、闲置。

农业经营主体在农业规模化生产时需要配套建设相应的生产设施及加工厂房，一些农业

①彭洁.缓解我国农业生态压力的重要途径——试论加快我国劳动密集型农产品的生产［J］.生态经济，2006（04）：113-115.

经营主体无法获得建设库房、晒场、育苗和加工用房等建设用地指标，或者用地指标申请得不到及时批复，于是擅自改变土地用途，"非农化"用地现象加剧。高素质的农村青壮年不断离乡进城就业，造成劳动密集型农业的劳动力严重失衡流动，劳动力要素缺失这一发展态势事实上是在从根本上损伤现代农业的发展根基。同时，缺乏资金要素也严重阻碍了劳动密集型农业发展，金融抑制的矛盾依然尖锐，农民获得金融服务仍然十分困难。几乎所有农村金融机构都是存贷差，农村稀缺资金仍然大规模外部流失。

土地、劳动力、资金等基本生产要素持续大规模由乡到城单向流动，农业生产要素高速非农化，粗放的土地城市化虽有所遏制，但矛盾仍然突出，耕地大规模减少的矛盾不仅表现在数量上，同时表现在质量上，高速工业化、城市化推进中所吞噬的主要是最肥沃的良田沃土，对园艺类劳动密集型农业的现实生产能力的损害极为严重。

同时，农村青壮年劳动力选择外出务工，使得原本缺乏劳动力的果蔬园艺类农业雪上加霜，导致留守农村仅有的劳动力逐步表现为务农老龄化特征，有地无人耕、良田被撂荒成为务农老龄化的普遍现象。有观点认为，务农老龄化对土地利用效率存在显著影响，刘洪彬等测算发现，年龄与农户耕地利用程度、耕地投入强度呈负相关，即年龄越大，对耕地利用的负向影响越大[①]；杨志海等也认为，务农劳动力年龄越高、健康状况越差，耕地利用效率越低[②]。据《中国农业展望报告（2015—2024）》[③]，果农老龄化及劳动力短缺是未来10年中国水果生产面临的突出问题，主要原因是果蔬园艺生产的劳动密集度较高、品种更新周期长、果园改造难度大、农艺复杂及机械化速度慢，对劳动力投入的数量、质量要求较高。

一般观念认为劳动密集型农业的专业化经营与兼业化趋势是相矛盾的，普遍认为兼业化会对劳动密集型农业的发展产生不利影响。农业的专业化一般比较侧重于关注农场经营项目的专一化、规模化，譬如，以谷物、蔬菜、水果、园艺作物或其他农作物种植以及水产养殖等经营项目为主的对象。重庆涪陵区全区农业家庭23.8万户，其中近7万户是兼业农户，"农忙时种地，农闲时打工"，农民兼职其他手工业或者进城务工，兼业化现象时有发生，造成了一部分农村劳动力的流失，从而影响到园艺类劳动密集型农业专业化的投入，生产用工不足，生产效率较低。

伴随农村青壮劳动力大量外流，老年人和妇女逐渐成为农业生产经营的主要劳动力，同时，劳动力兼业现象在农村地区也日趋普遍。因此，劳动力老龄化、兼业化和女性化除了带来用工成本大幅上涨的直观感受，也使得从事劳动密集型农业的主力逐步转变为妇女和老人。

另外，受农业比较效益的影响，由于城市非农就业机会的增加，农民不再以农业生产为主，而是以非农就业为主，当前农业逐步从家庭主业变成家庭副业，每年种田获得纯收入远低于进城打工的收入，最根本的原因在于种田效益差、收入低。继而原有的农业产业经营逐步粗放化，尤其影响到需要大量人力、时间与技术输出的果蔬园艺类劳动密集型农业。

①刘洪彬，王秋兵，边振兴.农户土地利用行为特征及影响因素研究——基于沈阳市苏家屯区238户农户的调查研究 [J].中国人口·资源与环境，2012（10）：111-117.

②杨志海，李鹏，王雅鹏.农村劳动力老龄化对农户耕地利用效率的影响 [J].地域研究与开发，2015（5）：167-171.

③农业部市场预警专家委员会.中国农业展望报告：2015-2024 [M].北京：中国农业科学技术出版社，2015：82-92.

（二）发展劳动密集型农业的新趋势

当前农产品市场的主要矛盾转向供给侧，农产品供求状况的变化，对发展果蔬园艺类劳动密集型农业生产提出了更高的要求，既要保障园艺产品总量基本平衡，也要应对结构性紧缺，还要保障质量安全，增加优势园艺产品的出口。我国园艺产业 30 年来取得长足进步，园艺产业产值约为种植业总产值的 45%，江苏、山东等地已达到 70%。但与这些要求相比，劳动密集型农业生产发展的制约因素增多、难度加大，呈现出与以前大不相同的阶段性特征趋势[①]，面临资源环境要素趋紧、青壮年劳力紧缺、生产高成本和高风险的"双紧双高"压力。

受国内外多种因素的影响，一方面，园艺产品等劳动密集型农业的高成本生产来自生产资料价格持续高位运行，农村空心化和务农老龄化使得人工费用、土地流转费用呈上升态势。另一方面，园艺产品等劳动密集型农业为了获得更好的人力资源及生产技术，其农业生产布局日益向优质产区集中，园艺产品跨区域流通量增大、运距拉长，物流成本呈增长态势，农业生产经营成本步入上升通道。

和传统分散经营农户相比，发展新型劳动密集型农业生产经营活动明显具有高成本、高投入的特点。在外部条件尚未成熟、自我管理经验不足的背景下，一些专业大户时刻处于高风险运行状态，其间"掉链子"亏损的并不鲜见。

近年来，全球范围内极端天气事件增多，干旱、洪涝、风雹等自然灾害频发，动植物病害呈加重发展态势，需要精耕细作的园艺产品等劳动密集型农业所承担的自然风险加大。同时，随着农业与国民经济关联加强和对外开放扩大，影响我国园艺产品市场供求和价格的因素增多，除去国内农业生产情况，还有国际上农业丰歉、能源价格变动、投机资本炒作、货币汇率波动，以园艺产品为代表的劳动密集型农业的市场风险加大[②]。

从目前来看，我国园艺产品出口贸易持续增长。尽管 2004 年以后我国农产品进出口贸易逆差扩大到 100 多亿美元，但是园艺产业每年顺差可达 70 亿美元到 80 亿美元。我国园艺产业规模扩大，集约化程度也大幅度提高。以山东寿光为代表，北纬 38 度附近各地都在大量反季节生产园艺产品，品种类型多样化趋势明显，现在很多果蔬已经一年四季都能买到。但是，相对于发达国家在园艺产业方面依托技术和资本出口创汇，我国目前基本停留在利用廉价劳动力和挖掘资源挣钱的水平，园艺产业需要进一步发展，应该往高端走，增加附加值，使产品销售价格中文化价值的比例逐步增大，而不仅仅是扩大种植面积、扩大产业、增加人力投入。

除此之外，随着工业化、城镇化推进，耕地减少、农业用水紧缺等问题也制约着园艺产品等劳动密集型农业发展。园艺产业在一定程度上还是需要依靠优质的资源禀赋，环境约束条件长期存在并日益增强。同时，农村青壮年农业劳动力紧缺，在一些城镇化较快的地方，结构性短缺问题已经凸显，农村人口向城镇流动趋势已成为常态。

出现这种趋势，很大程度上是因为我国正处于由传统农业加速向农业现代化转型的阶段，由于城乡分割等多种原因，导致农业农村相对滞后，市场已是大市场、流通已是大流

---

①回良玉．坚持不懈做好"三农"这篇大文章［J］．求是，2013．

②王芳．发展现代农业　推进经营体制创新——访农业部农村经济研究中心主任宋洪远［J］．经济，2013（2）：178-180．

通，但农业生产还是小农分散生产，农村经营组织还是小规模状态，市场一有风吹草动，农产品首先受到冲击。

园艺产品等劳动密集型农业面对"双高"，只有通过采用集约、精准精确的现代农业耕作方式，提高科技支撑程度，在保证充分劳动力的前提下，增加园艺产品的附加值，才能有效化解；面对"双紧"，只有创新生产经营组织化模式，提高社会化服务程度，通过适度规模经营才能针对性地解决[①]。

因此，构建新型农业经营体系，大力培育专业大户、家庭农场、专业合作社等新型农业经营主体，发展多种形式的农业规模经营和社会化服务，有利于有效解决这些问题和新挑战，保障农业健康发展[②]。

三、果蔬园艺等劳动密集型农业经营体系需求、内涵、特点

（一）果蔬园艺等劳动密集型农业经营体系发展需求

发展劳动密集型农业是我国国情的客观要求，是我国经济发展不可逾越的阶段。目前，我国农村仍旧有较多的剩余劳动力，但素质较低，而资金、技术等要素相对稀缺，这是我国的基本国情，也是发展劳动密集型农业经营体系的重点需求。农村剩余劳动力对社会不仅不能产生效益，相反却参与社会收益的分配，这是造成农业劳动生产率低、农民收入难以增加的根本原因。国际经验表明，凡是人口众多、土地和资本稀缺的国家和地区，其产业结构都要经历由资源和劳动密集型向资本和技术密集型演进的过程。日本、韩国、新加坡、泰国、中国台湾、中国香港等国家和地区在工业化发展初期都是依靠劳动密集型产业起步和崛起的。我们应当借鉴周边国家的成功经验，立足于"劳动力成本低"这一基本国情和比较优势，根据我国农村人多地少、劳动力过剩的实际，来吸收资本、引进技术、换取其他资源。发展劳动密集型农业有助于增加单位面积的产值与效益，能够为大量的农村剩余劳动力找到出路，也是解决部分劳动力过多的有效途径之一。

同时，发展劳动密集型农业，尤其适合人多地少的农村，关键是要选好生产品种，在一定规模经营范围内，必须是随着劳动力投入越多而不断增加产量和增加效益的生产品种，其产量与效益将随着劳动力的投入增加而增加，如种蔬菜等园艺产品，使劳动力得到充分利用，提高农业生产率和农业经济效益。所以发展劳动密集型农业即使家庭承包面积较小，也能够获得一定程度上的效益提高和收入增加。

（二）果蔬园艺等劳动密集型农业经营体系发展内涵、特点

劳动密集型农产品的规模经营主要取决于劳动和资本的匹配关系。随着传统农区劳动力的转移，当前土地流转速度和规模正呈现"双加速"局面，新型农业经营主体不断涌现，生产分工日益精细化。

近年来，专业大户、合作社、农业企业等新型经营主体发展加快，以农民专业合作社为

①竹翁.现代农业的开山者［J］.农民科技培训，2013（03）：52-52.
②崔光尚.山东省济宁市农业保险投保率的影响因素分析——以汶上县为例［J］.时代金融，2019（02）：26-30.

例，重庆涪陵区全区每年新增 30~50 家。现代果蔬园艺产业的经营主体逐渐向家庭农场、专业合作社等多种形式转变。对于果蔬园艺等劳动密集型农产品的经营体系发展，应重视家庭经营、合作经营和公司经营的有效结合，重视劳动激励与约束的制度安排。构建以家庭经营为核心，合作经营和企业经营相互支撑的农业经营体系，适度规模经营以面对国际化竞争，同时以小农户经营为特色，不断提高果蔬园艺产品的附加值，提升组织化程度与社会化服务水平。

劳动密集型农业特点是依靠提高生产要素的质量和利用效率，来实现经济增长。作为劳动密集型园艺类农产品，主要包括各类水果、观赏类树木及蔬菜等，从劳动投入来看，需要更多的劳动力参与，也更需要精耕细作化的辛劳付出。从资源消耗来看，果蔬园艺类劳动密集型农产品资源消耗总体上要比粮油棉等土地密集型农产品要少，尤其是运用现代农业科学技术，采取集约经营方式进行生产，无须占用更多的耕地，也比较符合我国的农业资源的总体状况。从比较效益来看，果蔬园艺类劳动密集型农产品的效益明显高于土地密集型农产品在农产品总体中的效益，对实现农民增收发挥了重要作用。从发展前景来看，果蔬园艺类劳动密集型农产品出口前景更广阔[1]。我国人均占有土地资源率较低，在国际上土地密集型的农产品不具备竞争的自然禀赋优势。而劳动力资源相对丰富，除干果、鲜果及坚果失去比较优势外，其他类别的果蔬园艺类农产品一直保持了比较优势。

第二节　劳动密集型农业新型经营主体的培育

新型农业经营主体是新型农业经营体系构建的最核心部分，是整个体系实现目标的载体。新型经营主体的经营方式主要有家庭经营，包括小农户、专业大户、家庭农场；合作经营，包括专业合作社、土地股份合作社等；公司制经营，包括龙头企业、专业服务公司。在构建新型农业经营体系过程中，各新型经营主体发挥作用不同，因而在培育新型农业经营主体的关键任务也就不同。通过各种新型农业经营主体的异同分析、优劣势比较、演变趋势及发展前景展望等[2]，探讨园艺产品培育新型农业经营主体的关键任务，各类新型农业经营主体在哪些方面可以创新发展，需要采取哪些有效举措等。

新型农业经营主体是新型农业经营体系构建的最核心部分，是整个体系实现目标的载体[3]。新型经营主体主要包括在家庭经营模式下的小农户、专业大户、家庭农场；合作经营模式下的专业合作社、土地股份合作社等；公司制经营模式下的龙头企业、专业服务公司等三种类型。由于当前乃至今后很长一段时间，分散的小规模经营模式仍是我国农业经营的主要模式。而目前农业生产面临的劳动力价格上涨及季节性招工难的问题使得果蔬等劳动密集型园艺产品的规模化生产存在很大的困难。

---

①彭洁.缓解我国农业生态压力的重要途径——试论加快我国劳动密集型农产品的生产［J］.生态经济，2006（04）：113-115.

②李铜山，刘清娟.新型农业经营体系研究评述［J］.中州学刊，2013（03）：48-54.

③文华成，杨新元.新型农业经营体系构建：框架、机制与路径［J］.农村经济，2013（10）：28-32.

一、合作经营与农产品类型的关系

合作社和龙头企业等新型农业经营主体在园艺等劳动密集型农业经营体系中受到广泛重视。乔颖丽和岳玉平从农户与规模经营组织双向层面分析农业规模经营组织与农户土地流转的供求决策准则，用以解释不同农业规模经营组织存在的原因，并通过案例分析方法，解释了"马铃薯圈"生产中为何经营主体多为公司及合伙制组织，以及农户土地流转的原因[①]。李明贤和樊英以浏阳市三家典型的蔬菜类农民专业合作社为例，从共性和特性两个角度对其经营模式进行了比较，分析了不同经营模式下农民专业合作社在探索发展现代农业的道路上所产生的社会经济效果，由于各模式的经营特色及所处环境的影响，其效果存在较大的差异性[②]。黄祖辉和梁巧以浙江省箬横西瓜合作社为例，详细分析了合作社的发展原因与现状，并对合作社社员和非合作社社员的生产成本和收益进行了比较分析，指出成立合作社是实现小农户对接大市场的有效途径[③]。

2007 年颁布的《农民专业合作经济组织法》为我国农民专业合作组织（以下简称合作组织）的形成和发展创造良好的政策环境，经过不断探索和实践，我国的合作组织迅猛发展起来，不仅表现在组织数量上的快速增长，还表现在社员数量及出资额的逐年攀升，这一现象引起了不少学者的关注。学者们通过考察发现：现实中的合作组织往往仅有"合作组织"的名称且在工商部门注册过，以套取国家政策补贴为目的，并未为社员提供服务或未提供实质性服务，很难找到真正的合作组织。但也有学者认为现实中也不乏通过向社员提供生产资料购买、产品销售、技术支持或市场信息等服务，对社员融入经济市场化的生产和发展方面发挥着积极作用的合作组织。这些合作组织往往由农村能人或专业大户带领，在经营不善时通常将生产结构转向了"非粮"生产，即转向了蔬菜、水果等劳动密集型农产品。还有一些学者通过大样本调查进一步发现：蔬菜、水果及特色作物播种面积比例越高的村庄，有合作组织的比例也越高，其中经营水果、蔬菜等特色农作物的合作组织占比 80.4%，远高于经营粮食作物的 10.8% 和棉花等一般经济作物的 9.0%，并且从事果蔬等劳动密集农产品种植的社员通过合作组织购买农资、销售农产品的比例明显高于粮食等土地密集型农作物的社员[④][⑤]。可见，我国是否存在为社员提供实质性服务的合作组织与合作组织经营的产品类型相关，而合作组织经营不同类型产品的绩效也存在显著差异。那么，不同农产品的经营是否要求不同的组织形式？而合作组织是否更适合果蔬等劳动密集型农产品的经营？经营不同类型的农产品与合作组织的形成和发展之间有什么关系？其背后的逻辑是什么？

---

①乔颖丽，岳玉平. 土地流转中农业规模经营组织类型的经济分析——基于农户与规模经营组织双向层面的分析 [J]. 农业经济问题，2012，000（004）：55-61.

②李明贤，樊英. 新型农业经营主体的功能定位及整合研究 [J]. 湖南财政经济学院学报，2014，30（03）：113-121.

③浦徐进，吴林海. 农户合作经济组织的增收效应分析：一个新的委托—代理视角 [J]. 软科学，2010，24（012）：93-96.

④黄祖辉，徐旭初，冯冠胜. 农民专业合作组织发展的影响因素分析——对浙江省农民专业合作组织发展现状的探讨 [J]. 我国农村经济，2002（03）：13-21.

⑤邓衡山，徐志刚，黄季焜，宋一青. 组织化潜在利润对农民专业合作组织形成发展的影响 [J]. 经济学（季刊），2011，10（04）：1515-1532.

合作组织的形成和发展虽然离不开外部支持，但是当外部支持不能与农户需求相一致时，最终也会导致失败。因此，大多数学者强调内在动力是组织形成和发展的重要条件，即农户的合作行为及其人力资本以及成员之间的信任关系是合作组织形成和发展的重要原因[1]。还有的学者提出只有当合作的收益大于合作组织运行的成本时，农户才会选择通过合作组织进入市场，"潜在利润"是组织形成和发展的源动力[2]，组织经营的产品类型对组织功能的发挥影响最大[3]，合作组织经营果蔬等特色农作物能获取较高的"潜在利润"，具备较高的效率，因此，产品特性因素是合作组织的形成和发展的原初条件[4]。

综上所述，现有的研究虽然意识到了合作组织经营产品类型的不同对合作组织的形成和发展具有重要作用，但是却忽略了农业组织的形成与发展除了与农业自身特性相容以外，还要与不同农作物交易环境相容，而忽略由不同作物资源禀赋差异决定的不同交易特征对合作组织形成和发展的影响，所得的结论往往有失偏颇且存在一定的局限。鉴于此，将以交易成本理论为基础，以关系交换理论为补充，借鉴威廉姆森的比较制度法，通过对经营不同类型农作物和经营同一类型农作物的合作组织的案例比较，进一步回答合作组织形成和发展中所应具备的必要条件以充分了解现实中为什么存在大多数合作组织以经营果蔬等农作物为主以及同是经营果蔬类农作物为什么有的合作组织成功了，而有的却失败了或者说成了学者们所说的"假合作组织"，以弥补现有研究的不足。

二、交易成本、交易属性与合作组织的形成

在经济史上出现过的大部分交换，都是与小规模生产以及地方性交易相联系的人际关系化的交换，这种交换双方之间的信息相对透明，交易费用较低。当交换的规模与范围扩大后，非人际化的交换便演化而来，在这种非人际化交换中，由于交换双方的信息不对称，用于交易的资源逐渐扩大，使得交易是有成本的。罗纳德·科斯在《社会成本问题》中清楚地阐述：只有在不存在交易费用的情况下，新古典范式所暗含的配置结果才有可能达到[5]。科斯及后续研究者虽然证明了交易费用的存在，但未试图清楚地界定到底是交易的哪种属性，才使得交易费用如此之高。而诺斯指出对于非人际化的交换双方而言，一项交换的价值乃是各种属性的价值在商品或劳务内的加总[6]，衡量这些属性的价值需要耗费资源，对被转让之权利的界定与衡量还需要耗费额外的资源，辨明每一交换单位的各种属性之层次高低所需的信息成本是高昂的，因此信息的高昂成本是交易费用的关键[7]。

交易成本经济学则认为，经济组织将促成交易成本的节约。但为什么有些交易要按这种

①张娜，王晶晶．农户参与专业合作经济组织行为的影响因素分析 [J]．统计与决策，2010（05）：88-90．

②郭红东，蒋文华．影响农户参与专业合作经济组织行为的因素分析——基于对浙江省农户的实证研究 [J]．我国农村经济，2004（05）：10-16+30．

③黄季焜，邓衡山，徐志刚．我国农民专业合作经济组织的服务功能及其影响因素 [J]．管理世界，2010（05）：75-81．

④黄祖辉，徐旭初，冯冠胜．农民专业合作组织发展的影响因素分析——对浙江省农民专业合作组织发展现状的探讨 [J]．我国农村经济，2002（03）：13-21．

⑤刘敬东．制度经济学理论框架下的制播分离研究 [D]．上海交通大学，2010．

⑥诺斯．制度、制度变迁与经济绩效 [M]．格致出版社，2005．

⑦林睿．我国物业管理服务收费难问题的对策和建议 [D]．华中师范大学，2012．

方式来组织，而其他交易则要按那种方式来组织？这就需要区分交易的属性。而区分各种交易的主要标志是资产专用性、不确定性及交易发生的频率，其中按资产的专用性程度不同将交易分为非专用、混合（中等专用性）和特定（高等专用性）交易三种类型，按照交易频率不同将交易分为一次性交易、偶尔发生的交易和重复发生的交易，根据交易费用最小化的原则，对于资产专用性程度较高、交易频率较高（重复发生的交易）以及不确定性较高的交易主要依靠统一治理，通过科层完成；对于资产专用性低、交易频率低以及不确定性低的交易，适合通过市场来完成；处于两者之间的对应于第三方处理和双方治理①，这里的第三方治理和双方治理包含一个较为复杂的异质性治理机制（如单边治理、双边治理等内容）的集合，而本节主要是指通过合作组织进行治理的方式。结合本研究的需要，借鉴威廉姆森的比较制度法来综合考虑为什么现实中大多数的合作组织多经营果蔬等农作物。由于当前农产品市场存在的产能过剩、结构失调以及农村市场经济的快速发展，农产品销售成为现阶段农业经营中的重要议题，因此本书将以合作组织提供的销售服务为例展开分析②。

对于粮食等土地密集型农产品，一般是一年两季或三季，成熟之后需一次性收获，并且由于仓储设施和流动性约束等制约，农户一般选择在收获时集中售卖，一次售完，很少分多次售卖③，市场交易频率低。其次，由于政府政策的支持，如粮食作物的最低保护价、棉花等经济作物的目标价格政策，再加上土地密集型农产品的销售市场、渠道相对比较清晰和稳定，农户进行市场交易时面临的不确定性较小。对于果蔬等劳动密集型农产品，一般是一年两季、三季或多季（取决于其种植品种的选择），农作物成熟后需多次收获，每天或隔几天就要销售，交易频率较高；果蔬等农产品市场价格完全由市场决定，市场风险较大，农户在每一次市场交易时面临的不确定性大。

结合理论分析可以认为：根据经营不同类型农产品的合作组织的资产专用性程度的不同④，将其分为高等专用性资产的合作组织、中等专用性资产的合作组织和非专用性资产的组织。当经营果蔬等劳动密集型农产品的合作组织和经营粮食等土地密集型农产品的合作组织都具备高等专用性资产时，皆适合通过一体化完成交易，但由于农业生产的特殊性无法形成完全向工业品生产那样的一体化，一般是"农业企业+合作组织"共同完成交易。当经营果蔬等劳动密集型农产品的合作组织和经营粮食等土地密集型农产品的合作组织都具备中等专用性资产时，对于交易频率高、不确定性大的果蔬等劳动密集型农产品更倾向于通过组织完成销售，而交易频率低、不确定性小的粮食等土地密集型农产品倾向于通过组织或市场完成交易。当经营果蔬等劳动密集型农产品的合作组织和经营粮食等土地密集型农产品的合作组织都具有非专用性资产时，对于交易频率高、不确定性大的劳动密集型农产品倾向于通过组织或市场完成交易，而交易频率低、不确定性小的土地密集型农产品则会通过市场交易。

①奥利弗·E.威廉姆森.资本主义经济制度——论企业签约与市场签约［M］.商务印书馆，2002.

②聂辉华.交易费用经济学：过去、现在和未来——兼评威廉姆森《资本主义经济制度》［J］.管理世界，2004（12）：146-153.

③柳海燕，白军飞，仇焕广，等.仓储条件和流动性约束对农户粮食销售行为的影响——基于一个两期销售农户决策模型的研究［J］.管理世界，2011（11）：66-75+187.

④根据威廉姆森的观点，资产的专用性又分为五类，主要是地点专用性、有形资产用途的专用性、以边干边学形式的有形资产的专用性、奉献性资产的专用性（为特定客户的紧急需求而进行的投资）、品牌资产的专用性。基于现实的考察发现：有的合作组织有专门的贮藏场地（冷藏室）和设备（烘干机），并注册了商标，但是有的合作组织仅有一些较简单的处理设备，如包装工具等，且同质。

表 5.1　交易属性与合作组织的形成

	经营果蔬等的合作组织 （高交易频率、高市场不确定性）	经营粮食等的合作组织 （低交易频率、低市场不确定性）
高等资产专用性 的合作组织	纵向一体化 （农业企业+合作组织）	纵向一体化 （农业企业+合作组织）
中等资产专用性 的合作组织	组织	组织或市场
非资产专用性 的合作组织	组织或市场	市场

三、交易关系及其治理与合作组织的发展

有关在何种条件下合作得以维持的研究可谓是汗牛充栋，博弈论通过实验告诉我们只有当个体间重复交易、相互了解且交易的团体规模较小时，我们通常能在其中观察到合作行为[1]，当博弈不是重复进行的（或有终局存在），或者缺乏其他参与人的信息并且参与者人数众多时，合作将难以维持。那么，博弈论告诉我们合作成功与否不仅与参与主体的合作频次、非对称信息有关，还与合作团体的规模有关。而 Russell Hardin 进一步提出集体行动的困难不仅与团体的规模、非对称性有关，还与成本收益的比值有关。Michael Taylor 则强调成员之间共同的信仰和规范，相互之间互惠行为是合作成功的基础。而马格利斯则认为团体或自利性偏好的选择是合作与不合作的权衡依据。诺曼·斯科菲尔德对合作的根本性理论问题总结为合作是个人通过何种方式来获知他人的偏好和可能的行动，具体来说是在一个给定的环境中，一个当事人至少需要掌握多少有关其他当事人的想法以及需求的信息，才能形成对他人整体的概念，并能够利用这种知识与他人沟通[2]。鉴于非人际化的交换市场上，交换双方是以利益最大化为目标的一次性交换关系，以前没有发生过，将来也不会再发生，交换中除了"一手交钱一手交货"的钱货两清之外，再无其他内容[3]，因此，对于交易双方而言，获知对方行为信息的多少或者说合作双方之间建立什么样的关系成为其合作持续与否的关键。

在交易成本理论中，为了促进交易的履行和发展而设计的一系列机制称为交易关系的治理机制，主要包含契约治理、关系治理等。契约本身就意味着某项具体达成的交易，以及假定在数量、质量和期限都已明确说明的情况下由价格与专用性资产及其保护所构成的交换条款，通过订立复杂的契约不仅可以增加交易双方的互动行为，从而了解对方过去交易的经历、未来交易的期望等信息，还可以约束双方的机会主义行为。但是这些能使人们在非人际化交换中获取收益的复杂契约，往往具有非完全性、非标准化和投资专用性强的特征，治理的交易成本高，必须伴随着某种形式的第三方实施，否则也是难以维持合作。Macneil 则指出每项交易都嵌入在复杂的社会关系中，而"关系"是行动主

①张跃. 利益共同体与中国近代茶叶对外贸易衰落——基于上海茶叶市场的考察［J］. 中国经济史研究，2014（04）：75-88+128.

②王岩. 职业体育联盟的经济分析［D］. 上海体育学院，2010.

③梁守砚. 农产品交易关系治理机制［D］. 东北财经大学，2011.

体之间基于长期博弈形成的自我协调与实施机制，无须第三方干预[1]。关系可以对契约的不完备性做出调整，可见，除契约外，交易双方也依赖关系治理。亲密程度反映了交易双方合作解决冲突的程度，而互助、合作、承诺、联盟、关系规范、权力等指标的衡量是关系缔约在操作层面上实现"亲密关系"的一种途径。高度承诺的关系意味着愿意建立交易关系，并且愿意为保持和发展这种关系做出牺牲，因此，可信的承诺不仅能切实减少无效率的违约，而且能够鼓励交易双方为高生产性、高风险的财产进行投资，从而逐渐形成交易双方的行为规范，进而建立交易双方的信任关系。

我国的合作组织不是孤立的市场主体，而是嵌入在改革开放后的农业经营制度的转型中、农村社会的阶层分化中、乡土文化向现代文化转型中的"环境适应性组织"，表面上是以产业为纽带、跨地域的大共同体合作，其实是以基于传统亲缘（也包括当前文化中的类亲缘的关系，如朋友、同学、同乡）的小共同体内部的合作。合作组织中的社员大多来自同一村镇，与村里的农村能人、专业大户一起合作运营合作组织。合作双方虽然面临一定的环境参数，如制度、资本以及技术等约束，但村镇内部蕴含着丰富的诸如行为规范、信任和网络等社会资本。因此，合作组织通过订立商品契约[2]来约束双方的投机行为并通过商品契约对要素契约的反向治理来进一步稳固合作关系的契约治理机制的作用有限，以一定的行为规范和社会信任等社会关系为基础建立的关系治理更符合合作组织持续发展的条件。

四、交易环境、资产专用性水平及交易关系——基于不同农产品种类的案例分析

（一）案例背景及数据来源

本研究的案例分别以南京市某乡镇两个村的蔬菜和粮食流通为背景，以经营粮食的合作组织 W 和经营蔬菜的合作组织 L 和 S 为研究对象。该乡镇一村是水稻、青莓、水产等特色农业生产基地，并在政府的支持下自发兴建了时令蔬菜大棚集中区，该村有 2/3 的农户专门从事粮食生产，1/3 的农户从事蔬菜种植，粮食、蔬菜的生产及销售由农户自主完成，该村有一个粮食合作组织 W，一个蔬菜合作组织 S，还有 5~6 个购销大户，若干个外地收购商，卖方和买方均处于竞争相对充分的环境。二村的农户主要种植蔬菜，蔬菜种植品种和销售方式可自主选择，当地有 7~8 个农村经纪人专门从事蔬菜的收购，其中规模最大的农村经纪人牵头成立了 L 合作组织。上述三类合作组织的交易环境代表了当前我国合作组织存在的不同形态，因此，通过比较案例研究得出的结论更具有一般性。为了研究数据的全面、可靠性，本书除了通过互联网、政府文件等二手数据来源收集相关信息以外[3]，还对样本合作组织的负责人、社员及周边农户以及相关政府人员进行了深度访谈。

---

①崔宝玉，刘丽珍. 交易类型与农民专业合作社治理机制［J］. 中国农村观察，2017（04）：17-31.

②商品契约是社员与合作组织之间就有关产品与服务的交易所达成的协议，例如，社员通过合作组织购买农资、销售农产品以及农技、农艺服务和培训等事项，是社员获取合作组织盈余分配的基础。

③张闯，夏春玉，梁守砚. 关系交换、治理机制与交易绩效：基于蔬菜流通渠道的比较案例研究［J］. 管理世界，2009（08）：124-140+156+188.

（二）案例 1：W 合作组织与社员的偶尔性交易及交易关系的形成

1. 交易环境及合作组织的资产专用性水平

南京市某 W 合作组织由本地种粮大户王某牵头成立，王某原是村里的仲裁调解员，后因土地调整问题与村民发生纠纷，辞去职务，从其他村民那流转了 60 多亩地专门从事粮食生产，并于 2013 年联合 11 名农户成立合作组织 W，王某带领 11 名社员一起购买化肥、种子和社会化服务，节约了不少生产成本。同时，W 合作组织还提供统一销售服务并注册了商标，但社员可自由选择与合作组织或外来收购商合作销售，王某结识多位外地粮食收购商，每到收获季节主动联系收购商前来收购粮食，并从中收取每公斤 5 分钱回扣。通常情况下，王某带领外地收购商去社员家里收购粮食，待社员与收购商议价合适后，会一次性将粮食售出，若是社员对交易价格比较满意，会主动留下收购商与吴某在家里用餐，而收购商若是对交易价格和粮食品质比较满意会在用餐时表达继续收购的意愿，并留下联系方式。若社员对交易价格不满意，交易就会终止，并将粮食储存在家里的粮窖，W 合作组织没专门储存粮食的场所，但是有一片较大的晾晒场地和一台使用多年的烘干机，主要是在粮食收获季遇到雨水天气为社员提供粮食烘干服务，但一般要收费，通常社员的收费标准低于非社员。

2. 交易关系的形成及市场价格机制

由王某联系的外地收购商通常是上门收购，会在收购前向王某了解一些本地本季的粮食生产情况，如是否受到自然灾害、虫害及其他灾害情况，哪家社员或农户生产的粮食品质较高、哪家农户着急卖粮等信息，收购时在王某的带领下通过与社员的交谈进一步了解相关消息。而社员对收购商的情况一般不清楚，最多知道是哪里来的。通常情况下，社员与收购商的粮食交易价格由收购商给出，而交易是否达成取决于收购商给出的价格与本地市场价格或其他农户已达成交易价格的高低，若是交易价格低于本地市场价格或其他农户的销售价格，那么社员与收购商的交易关系终止，若是高于（包含等于）本地市场价格或其他农户的销售价格，社员与收购商的交易关系很容易就建立了，并且社员会通过提供餐食等方式试探收购商继续合作的意愿，而收购商会通过留下联系方式或预付一定的定金做出愿意合作的回应，收购商付出的定金对社员来说是一个可信的承诺，这个可信的承诺对于维持交易关系具有重要的作用，但下次合作能否完成依然取决于交易价格，根据调查显示：社员对外地收购商联合压价行为表示不满、不公平，因此，即使收购商做出了口头协议并给出了一个可信的承诺，当社员对收购商下次给出的交易条件不满意或更有吸引力的交易条件出现时，交易关系也会终止。

W 合作组织与社员的交易关系其实是社员与外地收购商之间的交易关系，合作组织仅仅是为社员搭建了一个平台，并不直接参与与社员的交易，因此，这种交易关系一开始就是按照市场交易的机制来运转，交易价格是整个交易过程中交易关系维持的关键，而自身利益最大化是交易双方进入或退出交易的基本原则。相较于整个交易市场而言，收购商与社员的交易量较小，且在当地竞争相对充分的环境下，交易双方均是市场价格的接受者，因此，交易关系能否建立取决于交易价格能否让双方满意。这种围绕市场价格的交易机制对社员而言存在一定的风险主要是收购商和社员之间因信息不对称带来的市场风险，根据理性经济人假设，收购商一般都有隐瞒真实市场价格信息以获取更高收益的动机，相较于收购商，社员获取市场价格信息的途径和资源都相对有限，主要是根据其他农户已达成的交易价格为判断依据，因此，只要收购商保留其认为合理的利益空间给出的价格就容易达成交易，而交易价格与市场价格之间的差距就形成了收购商之间的利润空间。通过上述分析可知，W合作组织不仅没有保障社员联合销售的价格，也无法降低社员与收购商交易中的市场风险，社员的市场交易成本较高。

（三）案例2：合作组织与社员的长期持续性交易关系与关系治理机制①

1. 交易环境及资产专用性水平

与案例1相同，该地从事蔬菜种植的大多数农户生产规模小，生产和销售皆自主决定。但是与案例1中农户常与外地收购商交易不同的是菜农主要和本地农村经纪人发生交易。该地有5~6个本地农村经纪人，还有若干个外地收购商，其中一个最大的本地农村经纪人D在本村生活了50多年，从未与村民发生纠纷，从事蔬菜种植和销售30多年，积累了通过看、摸、闻准确识别蔬菜品质的能力，并与本地批发市场、南京市批发市场及江苏各市批发市场、武汉、上海等地的批发市场等多家批发市场有稳定的合作关系。为了带动更多农户凭借本地种植和销售优势致富，于2009年成立S合作组织，发展社员200多户，培育专门从事蔬菜销售的经纪人20余位，社员主要通过合作组织销售蔬菜，与S合作组织的日交易量淡季为5万~6万斤，旺季时达到10万~12万斤，年交易量在3000万~4000万斤，占本地该类蔬菜销售量的80%。

蔬菜收购点固定在合作组织的办公处，每日社员将收好的蔬菜在收购时间运到该地称重，S合作组织理事长吴某每天向与其合作的七大农产品批发市场询价，根据每日该七大批发市场的平均价格，再根据社员提供的蔬菜的色泽、形状等给其蔬菜分级定价。对于社员与合作组织的交售量，合作组织不做限制，特别是在蔬菜滞销的时候，合作组织依然对社员的蔬菜敞开收购。在整个交易的过程中S与社员之间没有任何书面协议，但经过8年的重复交易，形成了双方默认的行为规范，如什么时候交售蔬菜，交售多少，需要什么样的处理，定价多少等②。

2. 交易关系的形成与关系治理

案例2中社员分散生产，统一销售的经营方式与案例1相同，但不同的是案例2中合作组织在统一销售过程中与社员直接交易，通过长期的合作建立了较为稳定的交易关系。案例1与案例2中的卖方市场和买方市场均是竞争相对充分的市场，但案例2中社员更依赖合作组织销售，并且S合作组织对当地蔬菜收购价格具有一定的影响，在菜品定价方面享有一定的垄断地位，在与社员的交易中占有明显有利的地位。通常情况下，依据理性经济人假设，S以其有利的垄断定价权利优势完全可以压低收购价来获取利益，但其非但没有使用这个优势而是采取市场价格接受策略，还向社员免费提供市场价格信息和技术指导服务，如对社员提供的菜品分级定价时，告知其菜品不佳的原因并提供解决方案。S合作组织没有正式的契约规定社员的每日交售量，同时也不强制社员与合作组织交易，社员可自由选择向出价更高的收购者销售蔬菜。蔬菜价格波动大，销售风险不确定业已成为这个行业交易双方的共识，根据本书的考察发现，以芦蒿价格为例，价格波动区间在1~10元/斤，但无论价格高低，

①②张闯，夏春玉，梁守砚．关系交换、治理机制与交易绩效：基于蔬菜流通渠道的比较案例研究［J］．管理世界，2009（08）：124-140+156+188.

由于蔬菜的保鲜期短，到了成熟期必须上市，若是成熟的蔬菜不及时上市，菜农只能倒掉或亏本销售，伴随蔬菜价格波动常常带来销售的不稳定性，尤其是滞销问题也常困扰着社员。这个时候 S 合作组织会不限量收购社员的蔬菜，虽然是以较低的市场价格，但是不至于让社员"血本无归"。在这样的市场行情中，S 合作组织也无利可图，甚至收来的蔬菜因不能销售而倒掉，但是却帮助社员解决了滞销的问题。正是由于合作组织的上述行为，使其在没有契约约束的条件下保持了与社员在交易中的紧密关系。

案例 1 与案例 2 中社员与合作组织的交易关系虽然都有市场价格机制的作用，但案例 2 中更多的是关系治理机制，是根植于我国农村的乡土关系在发挥主要作用。农村经纪人吴某虽不是本地人，但由其牵头成立的 S 合作组织却根植于乡土社会中，这种天然的乡土社会关系将合作组织与社员的交易置于一种相对案例 1 更人际化的交换中，相对透明的信息环境节约了双方的交易成本，提高了交易绩效。但这并不意味着案例 2 中的交易关系就可以省去交易关系从试探建立、重复交易到维持稳定关系的过程。在没有正式契约的约束下，社员与合作组织的交易关系从口头协议开始，在没有惩罚机制的情况下，以自身利益最大化的交易个体必然会为了个人短期利益出现违约问题，如当社员对 S 合作组织的定价不满意时就会终止本次交易，取消与 S 的合作关系，但当该社员寻求其他买家时并没有发现有比 S 给出的更合适的价格，于是最终该社员还是会选择与合作组织合作销售，因此，在社员与合作组织交易关系建立之初仍以市场价格机制为主导，价格的合理与否是交易关系形成的基础，而 S 合作组织没有滥用优势的市场地位任意压低市场价格的行为，在社员中逐渐建立起了良好的声誉，这种良好的声誉机制在乡土社会的传播有利于其与社员进入重复交易的阶段。在社员与 S 合作组织的多次交易中，难免出现行情好时和行情低迷时，对于行情好时，S 合作组织不限制社员与其合作，社员可自由选择价高的收购者，在行情低迷时，S 合作组织不限量低价收购社员的蔬菜，不至于让社员的菜烂在地里，因此，在多次重复交易后，社员与 S 合作组织形成了一些双方默认的行为规范，双方以此行为规范为交易准则，约束彼此的机会主义行为，一旦违反行为规范损失也是巨大的，这就成为一种无形的惩罚机制，是一个可信的威胁。对于社员来说，随意违约行为可以获得短期利益，但是在行情不好时却无力承担市场风险，面临巨大的经济损失，同时，失信于 S 合作组织的行为是乡土社会的行为规范所不允许的，其还面临着信用损失。对于 S 合作组织而言，若是任意行使其垄断地位压低交易价格，做出"利己损人"的非乡土社会规范所允许的行为时，也会面临巨大的经济损失和非经济损失。合作组织与各大批发市场保持稳定的客户关系，对市场的交易规模有依赖，其利润主要来自销售的规模经济，而不是单纯的利差，因此，大量和稳定的货源需要其与社员保持稳定的交易关系，否则也将面临巨大的损失。因此，为了维持稳定的交易关系，其有必要做出一些利他行为（如向社员免费提供市场信息和技术指导服务等）来逐渐建立与社员的信任关系，在双方建立了一定程度的信任之后，交易关系的持续稳定与升级表现为情感和实际投入，一旦人际之间发展起来了在心理与情感上的亲密认同，其就会产生对于交易关系经济投入的正向反馈，促使双方对交易关系进行更多的投入，如合作组织为了更好地销售蔬菜，注册了商标，投资 20 万元建设了冷藏室以及向一些社员提供的无息贷款等。在社员与合作组织的共同努力下，合作关系不断升级，最终形成一种持续而稳定的交易关系，通过访谈了解到有 2/3 的社员与合作组织保持了 8 年的合作关系。

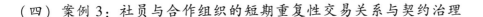

（四）案例 3：社员与合作组织的短期重复性交易关系与契约治理

L 合作组织与案例 2 不同，是由外地蔬菜种植户林某牵头成立，但与案例 2 相同的是林某也从蔬菜种植和销售几十年，具备一定的蔬菜经营经验，其经营的蔬菜除了销往本地批发市场还销往北京、上海等地的农产品批发市场，并且该合作组织在本地批发市场、上海和北京的农产品批发市场有固定摊位。L 合作组织社员发展社员 79 名，种植面积达 700 多亩，其中 200 亩土地承包给 16 户本地农户组织经营，其他 500 亩由本地 63 名农户入股自主经营。L 合作组织主要经营娃娃菜、菜心和金兰三种蔬菜，通过与承包社员签订蔬菜生产和销售合同，规定蔬菜种植品种、化肥农药的施用量、蔬菜交售标准、最低交售量及违约惩罚条款等。承包社员必须按照合同相求施肥撒药，合同规定了蔬菜收购价格为 0.3 元/斤或 1700 元/月的保底工资。同时，L 合作组织与入股社员签订土地入股协议书，并允诺年底按交易量分红，但对其生产和销售不做规定，入股社员可自由选择生产和销售方式。L 合作组织牵头人较少与社员接触，主要是雇用 2 名代理人负责管理社员的生产和销售活动。合作组织成立的第一年，社员与合作组织的日交易量达 10000 斤左右，其中有 6000 斤来自承包社员，4000 斤来自入股社员，但是合作组织对入股社员允诺的年底分红却一直没有兑现。第二年由于台风影响，周边多数地区菜棚受灾，多种蔬菜的市场价格迅速上涨，承包社员开始偷偷将蔬菜卖给出价更高的收购商，有时与 L 的交易量都达不到最低交售量，而入股社员与合作组织的交易量就更少了，对于上述社员的违约行为，合作组织会终止与其合作关系，并没收承包土地，入股社员不享受分红。因此，社员与合作组织的交易关系根据蔬菜的市场价格变化而变化，其中合作最短的社员为半年，最长的达 10 年，一般情况下 2~3 年。

案例 3 中交易关系建立之初与案例 2 中一开始就建立在一定的人际关系上不同，案例 3 中的合作组织是由外来人牵头成立的，与社员从来没有接触过，是通过正式的契约开始发展交易关系的，通过生产和销售合同规定了交易双方的权利和义务以及交易的条件，合作组织向社员免费提供农资和技术指导，社员对于蔬菜生产仅需投入劳动力，生产风险小；再者即使遇到自然灾害，蔬菜产量减少，社员依然可以获得每月 1700 元的保底工资，若是获得丰产还可以获得每斤 0.3 元的销售收入，销售风险小，因此，在关系建立之初，契约很好地约束了交易双方的行为，使得交易按照合同的方向发展。但是这种契约关系一旦存在外部冲击就表现出不稳定性，就像案例 3 中的社员为了追求短期利益，在蔬菜价格上涨时的投机行为打破了原本契约机制的均衡，虽然与合作组织还存在一定的交易量，但大部分的蔬菜销售已经随行就市，存在严重的违约行为，因此，合作组织不得不与其解约并没收其承包土地，与入股农户的分红也成为一纸空谈，原本较为完善的契约治理机制随着双方违约行为的出现，使其交易关系逐渐向市场机制转变，社员与合作组织的交易关系仅是短期重复而非长期持续的。那么，对于镶嵌于乡土社会关系中的合作组织而言，契约治理的弊端便凸显出来，缺乏关系规范和情感认同的交易契约不仅交易成本很高，而且也无法避免履约过程中的机会主义行为，从而也无法持续地提高交易绩效。

（五）案例比较分析——土地密集型农产品 vs 劳动密集型农产品

1. 交易属性与合作组织的形成

表 5.2 是基于案例 1 和案例 2 合作组织经营产品特性不同而产生的交易属性、交易绩效

差异的比较案例分析。案例1中的合作组织主要经营小麦、水稻和玉米等土地密集型产品，该类产品具有以下特性：首先，保质期较长，耐储藏；其次，市场价格相对透明，再加上国家粮食最低收购价的保护，市场销售风险较小；最后，粮食成熟后一次性收获，市场交易量大。因此，社员与合作组织的交易是一年2~3次的偶尔性交易，并且合作组织为社员提供统一销售服务带来的规模经济不足以支撑其投资建设专门的粮食储藏室、专有的粮食销售渠道等，如W合作组织的专用性资产主要是社员自家简易储藏设施、烘干机以及牵头人凭借人力资本与外地收购商建立的合作关系，因此，这类合作组织的资产专用性水平较低。较低的资产专用性水平使得社员与收购商的交易围绕着市场价格运转，而合作组织仅是提供销售信息的一个平台，并未与社员发生实质性的交易关系，并且在社员与收购商的交易关系中也未发挥保障社员销售价格、降低风险和减少交易成本的作用。因此，仅是提供粮食销售服务，而没有向更高的专用性资产延伸（如粮食深加工、建立专有的销售渠道等）的合作组织与社员之间是一种间接交易关系，合作组织并未给社员提供实质性服务，只是徒有虚名而已。

而案例2中合作组织主要经营蔬菜等劳动密集型产品，该类产品相对于粮食类产品保鲜期短、不易储存；市场价格波动大，且没有政府的价格保护政策；生长周期短，成熟期长，成熟后需反复采摘，采摘完需立刻出售，交易频次高，交易量少；农户自主销售到市场上的机会成本、交易成本以及边际成本较高。为此，S合作组织统一注册商标，投资建设了2个蔬菜冷藏室，还配备了专门的运输车辆和销售人员，与本地批发市场以及江苏各省市批发市场和武汉、上海等地的批发市场建立了较为稳定的客户关系，具备较高的资产专用性水平。S合作组织每日将200多户社员的蔬菜集中收购，将农户与市场的非人际化交易转变为社员与合作组织的人际化交易，节约了交易成本；S合作组织统一安排车辆和销售人员大规模销售蔬菜，不仅节约了销售的单位边际成本，还实现了销售的规模经济；在滞销时，通过大量收购社员的蔬菜，凭借其在本地80%的市场份额，不仅对于拉回当地低迷的市场价格具备一定的调节作用，还保障了社员的利益少受侵害。S合作组织在与社员的蔬菜交易中不仅投资建设了一些包含仓储设施、销售的专有渠道、产品商标等专用性资产，还在保障社员利益、降低社员市场风险方面发挥了积极的作用。

因此，对于市场交易频率低、不确定性小的粮食类农产品通过合作组织销售获得的规模效益远低于其增加的成本，合作组织只有投入更高的专用性资产才能获取销售粮食类农产品销售溢价，才能保障社员的收益和合作组织的顺利运行，否则经营粮食类的合作组织将是案例1中所分析的那样仅仅是有合作组织的称呼，与社员之间并没有发生实质性的交易。而对于市场交易频率高、不确定性大的果蔬类农产品，由于农户的单次交易量小且交易频率高联合起来销售获取的规模效益较显著，因此，合作组织经营此类农产品不但可以获得联合销售溢价，还可以在交易规模达到一定程度后调节本地市场的供应能力，保障社员的利益。案例1中粮食类农产品和案例2中果蔬类农产品都是农户分散生产，合作组织统一销售的经营方式，但经营果蔬类农产品的合作组织生存空间和对社员的带动作用更加明显，绩效更高，这就解释了现实中为什么经营果蔬类农产品合作组织要多于经营粮食类农产品，但是不是经营果蔬类农产品的合作组织都能经营得好需要进一步说明。

表 5.2　案例 1 和案例 2 比较分析

指标		案例 1（粮食）	案例 2（蔬菜）
交易属性	不确定性 （市场价格波动情况）	小	大
	年交易频次	偶尔的交易	重复交易
	人力资本专用性 （稳定的客户资源等）	弱	强
	有形资产专用性 （仓储设施、商标注册、 运输车辆、销售人员等）	无	中
交易绩效	交易成本	较高	较低
	社员获得的销售价格 （反映收入的指标）	低于当地市场价	高于当地市场价
	风险降低程度	几乎没降低风险	一定程度上降低了社员风险

2. 交易关系及其治理与合作组织的发展

案例 2 与案例 3 中的合作组织同样是经营蔬菜，但是交易绩效却存在明显差异，而社员与合作组织交易关系的治理方式是其差异的主要原因。案例 2 中 S 合作组织与社员之间的交易一开始就建立在一定的人际关系上，相对透明的信息环境节约了交易成本，但 S 合作组织与社员交易关系建立之初仍以市场价格机制为主导，价格的合理与否是交易关系形成的基础。S 合作组织在与社员的交易中没有滥用优势的市场地位任意压低价格，还以高于市场价格 3%~6% 的交易价格收购社员的蔬菜，使社员的销售利益得到满足。交易双方利益的满足有利于交易关系进入试探重复交易阶段。在社员与 S 合作组织的多次重复交易中，合作组织一些经济的和非经济的实质性投入将农户的市场交易行为转变为与合作组织的人际化交易关系，如在蔬菜滞销时，S 合作组织不限量低价收购社员的蔬菜，不至于社员的菜烂在地里，在社员中建立了良好的声誉。在多次重复交易中，形成了一些默认的行为规范，双方以此行为规范为交易准则，约束彼此的机会主义行为，建立起了良好的人际关系，使得交易双方彼此依赖又相互信任，不仅提高了交易绩效，还具有一定的稳定性。而案例 3 中正式契约的出现虽然促成了交易关系的建立，但是在没有关系规范的约束下，契约的不完备性便凸显出来，交易双方均会表现出一定的机会主义行为，使得交易关系短暂而非持续，交易绩效不能获得持续提升。因此，对于同样是经营果蔬类农产品的合作组织而言，其经营绩效不仅取决于合作组织经营产品类型决定的交易属性，还与合作组织与社员建立的交易关系及其治理机制相关，而社员与合作组织在多次重复性交易中形成的关系规范和情感认同以及由此建立的社会信任关系是其交易关系长期持续的重要原因。

表 5.3　案例 2 和案例 3 比较分析

	案例 2	案例 3
交易关系建立之初	市场价格机制	契约和市场价格机制
重复交易	声誉机制、行为规范	市场价格机制
长期持续性交易	人际间的信任关系	—

（六）果蔬等园艺类劳动密集型农业合作经营的启示

本研究以交易成本理论分析范式为主，结合关系交换理论，利用威廉姆森的比较制度法探讨现实中为什么合作组织多选择经营果蔬等劳动密集型农产品，且同是经营果蔬类农产品的合作组织有的经营得好，有的经营得不好的问题。在建立基本理论框架的基础上，以南京市周边的三个合作组织为典型案例来考察交易属性、交易关系对合作组织形成和发展的影响。研究结论表明：首先，市场不确定性大、交易频率高且单次交易量少的果蔬类农产品相较于市场不确定性小、市场交易频次低且单次交易量大的粮食类农产品更适合通过合作组织进行销售，而这类合作组织往往也具备较高的资产专用性水平，交易绩效较高；其次，社员与合作组织交易关系的建立通常以市场价格为主，正式契约的订立能够提高交易绩效，但不以关系规范为基础的契约治理具有非持续性，对于根植于我国乡土社会的合作组织而言，人际间的社会关系以及由此形成的行为规范和社会信任是其交易关系建立、重复和稳定的重要原因。可见，不同类型经营产品的交易属性是合作组织形成的重要基础，而合作组织的持续发展有赖于其与社员形成的交易关系。

第三节　劳动密集型农业的经营组织模式创新

一、经营组织模式创新的背景及意义

建立各类农业经营主体协同发展的组织模式，是构建新型农业经营体系的重要内容。创新组织模式，关键要把握两点。一是提高小农户的组织化程度，增强话语权[1]。二是完善利益联结关系，推广"规模生产基地＋专业合作社"（特别是营销类的合作社）的组织带动模式。从组织模式来看，无论是小农户的联合抑或是"规模生产基地＋专业合作社"的组织模式，其关键并非生产环节的突破，而是在流通环节缩短了供应链的长度。流通主体是蔬菜供应链体系的重要一环，认为随着城市化、工业化进程的不断推进，消费需求的高质量化及流通渠道的不断变革，我国蔬菜生产表现出向主产地集中的趋势[2]；蔬菜产地的集中又促进了蔬菜生产的专业化与规模化，推动蔬菜流通向广域化、多元化方向发展[3]。而蔬菜产区和销区分离、跨区流通也造成了蔬菜批发价格的高企，蔬菜流通体系的不健全导致我国蔬菜流通成本居高不下，信息渠道不畅和信息的放大作用加剧了蔬菜价格波动。寇荣和谭向勇分析了蔬菜批发主体的技术效率及其相关影响因素，研究结果表明：流动资金和经营人数对蔬菜批发主体产出的增加有积极作用；改善蔬菜批发主体的社会资本、人力资本和经营行为，可以在一定程度上提高蔬菜批发主体的技术效率，从而提高蔬菜批发主体的产出[4]。

---

[1]赵海．新型农业经营体系的涵义及其构建［J］．中国乡村发现，2013（01）：41-46.
[2]周应恒，卢凌霄，耿献辉．中国蔬菜产地变动与广域流通的展开［J］．中国流通经济，2007（05）：10-13.
[3]刘建国．山西省大同市蔬菜物流战略分析［D］．华北电力大学（北京），2010.
[4]寇荣，谭向勇．蔬菜批发主体技术效率分析——基于北京市场的调查［J］．中国农村观察，2008（02）：2-12+81.

近年来，在我国不同类型的缩短供应链的举措激增，如农—超市对接，从田头直接销售到餐厅和食堂，订单农业，以及社区农业等。短供应链的市场份额约占 2015 年我国农产品销售总额的 30%①。短供应链可以通过维持当地就业并在当地保留较高的附加价值份额，从而实现许多地方经济效益。

近年来城市化进程的加快和居民收入的增长使得我国消费者对食品质量和安全的关注度逐渐提升。这就使得中间商较少的短供应链形式应运而生（Wang et al.，2014a）。农户和消费者之间关系的重新联系可以缩短供应链，并可以保证所销售农产品的来源。此外，供应链缩短有助于促进农户和消费者之间的互动，从而让消费者参与和监督生产过程并将任何问题追溯到生产者。在这种背景下，短供应链农户如何生产高质量的产品呢？短供应链是否推动技术创新和效率提高，从而实现农业质量驱动型发展的转变？

为了生产高质量的农产品，参与短供应链的农户必须升级生产方法，而不是依赖于大量使用农业投入品。在过去 40 年中，为了克服土地资源短缺的限制，我国使用了约占世界上 1/3 的化学投入品，从而在占世界 8% 的农地上成功地养活了其人口。化肥和农药使用量从 1990 年的 2590 万吨和 70 万吨增加到 2016 年的 5980 万吨和 170 万吨，年增长率分别为 3.3% 和 3.4%。高强度的化学投入应用导致了相当大的环境污染和农药残留。因此，投入少、质量优、环境好是我国农业生产转型的目标。为了确保提供零增长甚至更少化学品投入的高质量农产品，短供应链只能依赖于技术创新和效率提升。

本研究的目的是研究在劳动密集型农业新的组织模式之下，供应链的缩短如何影响农户技术变革和技术效率。有研究证明参与超市渠道对技术变革和技术效率有积极影响。但也有研究指出，由于特定投入的使用受限，有机农户在技术方面的生产力较低。由于消费者对食品质量和安全的关注，短供应链农户必须大大减少化学品投入的使用，因此，可能会限制生产力。另外，参与短供应链的农户将更新其技术，例如改良品种以防御病虫害。因此，短供应链对农户技术的影响尚不清楚。如果短供应链缺农户不升级其技术，其技术效率可能低于传统供应链农户。如果短供应链农户升级其技术，技术变革也可能导致短期内技术效率降低，因为农户需要适应新技术，然后由于学习效应，技术效率可能在中期上升。

为了衡量参与供应链对农户技术效率的影响，有必要考虑到短供应链农户和传统供应链农户可能采用不同的技术。因此，本研究将使用 Battese 等和 O'Donnell 等开发的共同前沿（Metafrontier）生产函数计算与农户采用的不同技术相当的技术效率。

此外，还需要控制自选择偏差，以评估短供应链对技术变革和技术效率的影响。短供应链农户可能具有一些特定的特征，这些特征也可能与技术升级和技术效率提高相关。不幸的是，与参与决策，技术升级和技术效率相关的一些特征是不可观察的。例如，参与短供应链的农户通常是新进入者，擅长寻找新技术。如果这些不可观察的特征与参与决策和技术升级以及技术效率相关，则 OLS 回归可能导致估计不一致。Heckman 选择模型，工具变量方法和 PSM 模型被广泛用于纠正自选择偏差。本研究将距上海的距离视为工具变量，以估计短供应链参与对农户技术升级和技术效率的影响。上海是世界上人口最多的城市，与江苏省接壤。在靠近上海的县，农户更有可能参与短供应链，以满足消费者对食品质量的更高要求。到上海的距离可能会影响短供应链的参与，但与影响农户技术升级和技术效率的不可观察的

①资料来源：人民日报，http：//cpc.people.com.cn/GB/64093/64387/13396631.html.

·127·

特征无关。此外，可以假设距离对于单个农户来说是外生的。

本研究从两个方面对已有文献做出了贡献。首先，我们使用农户层面的面板数据来评估短供应链对农户技术升级和技术效率的影响。面板数据可以反映技术变革和技术效率的动态趋势。此外，采用共同前沿生产函数来计算可比技术效率。基于这些结果，将回答在新型组织模式之下，参与短供应链的农户如何确保以较少的投入提供高质量的产品。其次，本研究使用工具变量来解决内生性的问题。

二、研究方法及数据

（一）研究方法

由于短供应链农户和传统供应链农户可能采用不同的技术，本书采用共同前沿生产函数来计算可比技术效率。此外，为了准确估计供应链对农户技术变革和技术效率的影响，我们将与上海的距离视为解决可能的自选择偏差的工具变量。

1. Metafrontier 生产函数

与传统供应链中的农户相比，参与短供应链的农户可能采用不同的生产技术和投入组合。因此，参与短供应链的农户和传统供应链的农户可能会有不同的生产前沿，使用单一生产前沿可能会对估计结果产生偏差。Battese 等和 O'Donnell 等开发了一个共同前沿生产函数来估计可比的技术效率。Huang 等指出他们的估计方法不能提供有意义的统计解释，并开发了随机前沿回归方法。在本节中，我们采用随机前沿回归技术来估计共同前沿生产函数，并研究短供应链如何影响农户的技术效率。

在估算共同前沿生产函数之前，我们首先分别估算了传统和短供应链农户的单独生产前沿。

$$\ln Y_{it} = \sum_{k=1}^{4} \alpha_k \ln x_{itk} + \frac{1}{2} \sum_{k=1}^{4} \sum_{m=1}^{4} \alpha_{km} \ln x_{itk} \ln x_{itm} + \beta_t \times t + \sum_{k=1}^{4} \beta_{kt} \ln x_{itk} \times t + \beta_{tt} \times t^2 + \varepsilon_{it} - u_{it}$$

$$(5-1)$$

其中 Y_{it} 表示短供应链（传统供应链）中的第 i 个农户 t 年的产量。x_{it} 表示投入向量，$k=1$，2，3，4 分别代表种子，劳动力，肥料和资本。t 是时间趋势，捕捉可能的技术变革。技术变革通过等式（5-1）中依时间的对数导数来衡量。参数向量 α 和 β 估计与投入相关。误差项 ε_{it} 服从独立同分布，为 $N(0, \sigma^2)$，u_{it} 指技术无效率，并且独立同分布为 $N^+(u, \sigma_u^2)$。

使用等式（5-1）中的估计参数，可以预测传统和短供应链农户的最佳产量 Y_{it}^*，Metafrontier 生产函数是一个平滑的包络，对应于传统和短供应链农户的生产前沿。因此，我们使用最优产量 Y_{it}^* 来估计共同边界生产函数。传统供应链和短供应链中所有农户的共同边界生产函数如下：

$$\ln Y_{it}^* = \sum_{k=1}^{4} \gamma_k \ln x_{itk} + \frac{1}{2} \sum_{k=1}^{4} \sum_{m=1}^{4} \gamma_{km} \ln x_{itk} \ln x_{itm} + \lambda_t \times t + \sum_{k=1}^{4} \lambda_{kt} \ln x_{itk} \times t + \lambda_{tt} \times t^2 + \varepsilon_{it} - u_{it}^M$$

$$(5-2)$$

所有符号具有与等式（5-1）中相同的含义。Huang 的研究表明，传统和短供应链农户的可比技术效率可以计算如下：

$$TE_{it}^* = (1-u_{it}) \times (1-u_{it}^M) \qquad (5-3)$$

其中 $1-u_{it}^M$ 定义为相当于 Huang 定义的共同边界的生产技术差距。可比的技术效率特别考虑了传统供应链和短供应链之间生产技术的潜在差异。

2. 工具变量

为了评估短供应链参与对农户技术变化和技术效率的影响，考虑自选择，我们将到上海的距离视为工具变量，并使用以下回归形式：

$$Tech_{it} = a + \gamma Chain_{it} + \beta_1 X_{it} + \beta_2 Region + \beta_3 t + e_{it} \qquad (5-4)$$

因变量是 i 农户 t 年度的技术变化或技术效率。$Chain_{it}$ 是关注的核心变量，如果农户 i 参与年度短供应链，则等于 1，否则为 0。由于一些不可观察的变量可能与关键变量和技术变化以及技术效率相关，因此以控制变量为条件的误差项的均值不等于零。因此，变量 $Chain_{it}$ 可能是内生变量。X_{it} 是控制变量的向量。此外，我们还控制了本节中的区域间的固定效应和时间趋势。

使用两阶段最小二乘工具变量方法估计等式（5-4）。在第二阶段，距上海的距离被用作短供应链参与的工具，控制运营商的年龄和教育水平，农户规模，投入的数量或价格，以及区域固定效应和时间趋势。第一阶段通过工具变量和及对变量的控制解释了参与短供应链的变化，具体如下：

$$Chain_{it} = \alpha + \lambda Urban + \alpha_1 X_{it} + \alpha_2 Region + \alpha_3 t + \mu_{it} \qquad (5-5)$$

我们在 2011~2016 年收集的数据是不平衡的，因此我们通过控制区域固定效应和时间趋势将其视为横截面数据。

（二）数据来源及描述性统计

我国是世界上最大的蔬菜生产国，占世界蔬菜产量的 59%，2016 年占收获面积的 51%。蔬菜产业作为我国的比较优势产业之一，在国民经济中发挥着重要作用。据估计，有 1.5 亿人从事蔬菜生产、加工和销售。在过去 30 年中，我国的蔬菜生产经历了巨大的变化。2013 年蔬菜平均施肥量为每公顷 43 公斤，与粮食相比约为两倍。此外，蔬菜中的农药残留已成为我国食品安全和公共卫生严重的问题，因而产生短供应链以解决这种困境。

黄瓜产量占 2016 年我国蔬菜总产量的 36%。本节采用江苏省物价局 2011~2016 年收集的黄瓜农户微观数据。江苏省位于我国东部，是农业和非农业最发达的地区之一。为了使样本具有代表性，采用了三阶段分层抽样来确定样本县，乡镇和个体农户。此外，村、乡、县和省级的许多训练有素的调查小组成员记录了每种商品的投入和产出信息，以保证数据质量。我们进一步收集了相关信息，说明农户是否将产品直接销售给超市，餐馆和食堂，采摘业务和社区支持农业。

2011~2016 年共调查了 346 名黄瓜农户。在我们的样本中，大多数短供应链的农户将黄瓜直接出售给公立机构的集体餐饮，如学校或医院食堂。超市和社区家庭也是短供应链的农户的重要渠道。有 105 名农户参与短链供给。值得强调的是，参与短供应链的农户也可能通过传统供应链出售少量黄瓜。

我们使用投入价格指数来平减种子成本和农药成本。表5.4描述了短供应链和传统供应链之间所选变量的平均值和差异。种子、肥料、农药、劳动力和农户规模的使用存在很大差异。首先，短供应链的农户种子成本明显较高。观察到的种子成本差异可能反映了质量的差异。一方面，短供应链的农户以较高的价格从正规公司购买种子。由于在受控条件下的清洁、处理和储存，这些种子具有更高的发芽率。另一方面，短供应链的农户可能会以更高的价格购买改良种子来防御病虫害[1]。其次，值得注意的是，短供应链的农户施用的肥料和农药要少得多。再次，短供应链农户的劳动力投入较少。最后，短供应链土地规模平均比传统供应链大约三倍（5.26亩对1.91亩）。

平均而言，短供应链的农户每亩产量显著降低。减少化肥和农药的投入可能会导致供应链中的产量降低。然而，短供应链与传统供应链之间的收益率差异可能会受到自选择偏差的影响，而且不是短供应链的真正影响。

表5.4　两个渠道的投入产出比较

	传统供应链	短供应链	差值
土地规模（亩）	1.91（0.12）	5.26（1.20）	-3.34***（0.86）
种子（元/亩）	220.00（11.95）	260.85（19.89）	-40.85**（21.99）
施肥量（千克/亩）	53.56（2.18）	35.35（2.65）	18.22***（3.62）
农药（元/亩）	235.49（10.74）	130.45（7.55）	105.05***（16.32）
劳动力（日/亩）	54.79（1.77）	37.91（1.98）	16.88***（2.87）
产量（千克/亩）	5383.58（154.90）	3701.06（135.82）	1682.52***（239.70）
观测值	241	105	

注：＊＊＊1%显著水平，＊＊5%显著水平，＊10%显著水平，通过t检验来确定两种渠道投入产出的差异。

三、传统供应链和新型组织模式（短链）的比较

简要的统计表明，短供应链农户大大减少了化肥和农药的使用，以满足消费者对食品质量和安全的高要求。在这种背景下，短供应链农户如何解决化学品投入减少对生产率的负面影响。短供应链农户是否更新技术或提高技术效率以抵消负面影响。研究短供应链对技术变革和技术效率的影响将回答短供应链能否促进我国农业向质量发展的转变。

本节使用共同前沿生产函数来计算可比较的技术效率，考虑使用常规和短供应链的农户之间可能不同的生产技术。基于方程（5-1），本研究首先估算了短供应链农户和传统供应链农户的不同边界。表5.5中的列（1）和列（2）报告了两个独立生产函数的估计结果。在投入中，线性时间趋势、肥料的二次项、劳动力、资本、时间以及种子、肥料和劳动力的相互作用项对短供应链农户的黄瓜产量具有统计学上的显著影响。对于传统的供应链农户、种子、肥料、种子、肥料和劳动力的二次项以及大多数交互项都对黄瓜产量有显著的线性影响。因此，单独前沿生产函数中的微分参数估计值揭示了传统和短供应链农户采用的不同生产技术。

---

①据我们所知，一些短供应链的农户直接购买采用嫁接技术防治病虫害的黄瓜幼苗。

表 5.5　独立前沿及共同前沿估计结果

参数	传统供应链 （1）	短供应链 （2）	共同前沿 （3）
seed	5.477*** （0.947）	2.052 （1.722）	5.353*** （0.898）
fertilizer	−5.343*** （1.694）	0.277 （0.944）	−1.465 （1.117）
labor	0.503 （1.353）	−1.362 （1.156）	0.736 （0.656）
capital	−3.626 （2.552）	−5.550 （3.689）	−6.259** （2.946）
time	−0.481 （0.453）	−1.681* （0.922）	0.486*** （0.142）
Seed square	−0.320* （0.175）	−0.097 （0.161）	−0.190*** （0.046）
Fertilizer square	−0.567*** （0.164）	0.190** （0.076）	−0.071 （0.053）
Labor square	−0.566** （0.270）	−0.338* （0.198）	−0.219** （0.096）
Capital square	0.289 （0.504）	0.705* （0.400）	1.280*** （0.434）
Time square	0.016 （0.017）	0.085*** （0.023）	0.037*** （0.012）
Seed × fertilizer	−0.204* （0.111）	0.268*** （0.053）	0.069 （0.065）
Seed × labor	0.375*** （0.091）	−0.242*** （0.079）	0.133*** （0.043）
Seed × capital	−0.572*** （0.177）	−0.201 （0.225）	−0.654*** （0.145）
Seed × time	−0.010 （0.026）	0.004 （0.022）	−0.022** （0.009）
Fertilizer × labor	0.247** （0.114）	−0.037 （0.108）	0.121* （0.064）
Fertilizer × capital	1.037*** （0.288）	−0.327** （0.130）	0.121 （0.154）
Fertilizer × time	−0.066* （0.039）	0.080*** （0.030）	−0.016 （0.031）
Labor × capital	−0.089 （0.220）	0.586*** （0.199）	−0.096 （0.103）
Labor × time	−0.026 （0.031）	−0.036 （0.044）	0.033 （0.026）
Capital × time	0.120 （0.078）	0.164 （0.131）	−0.067** （0.027）
Constant	18.405** （9.225）	26.815 （18.378）	19.195* （10.748）
Observations	241	105	346

注：*** 1% 显著水平，** 5% 显著水平，* 10% 显著水平。

表 5.6 中报告了两个独立生产前沿的技术效率。传统和短供应链生产边界的平均技术效率为 0.90 和 0.83，这意味着两种类型的供应链可达到产量的约 10% 和 17% 已经损失。遗憾的是，作为一般规则，对一个生产前沿测量的技术效率无法与相对于另一个生产前沿的技术效率进行比较，这需要计算可比较的技术效率。

基于单独前沿的生产函数的估计参数，可以估计共同前沿生产函数以包围这两个生产边界。由于单独的前沿生产函数被指定为等式（5-3）的形式，因此共同前沿也使用相同的规范。共同前沿估计可用于计算传统供应链与短供应链之间的可比技术效率，并且也在表（5.5）中示出。种子、资本和时间趋势的线性项，大多数二次项和及种子和其他投入的交互项对最佳产量有显著影响。

表 5.6 中报告了可比较的技术效率的描述性统计特征。可比技术效率相对于考虑到两个供应链之间的技术差距的所有农户的包络生产前沿。平均而言，短供应链农户的可比技术效率明显低于传统供应链农户。如前所述，可比技术效率可能受到自选择偏差的影响，必须采用工具变量来精确估计短供应链对其的实际影响。

表5.6 两种渠道生产技术及技术效率的描述性统计分析

	平均值	标准差	最小值	最大值
传统渠道				
技术效率	0.90	0.03	0.69	0.95
共同技术差距	0.87	0.10	0.51	0.98
可比技术效率	0.79	0.10	0.46	0.92
安全蔬菜渠道				
技术效率	0.83	0.13	0.17	0.97
共同技术差距	0.73	0.17	0.25	0.98
可比技术效率	0.61	0.19	0.10	0.91
可比技术效率的差异	0.18***	0.02		

注：***1%显著水平，**5%显著水平，*10%显著水平。

生产函数的一阶条件的值可以解释为每单位投入的产出弹性。产出弹性是对产出潜在增加的测量，给定禀赋的投入增加1%。我们使用独立前沿的估计参数来计算相对于技术变化的时间趋势的产出弹性。

表5.7列出了两个渠道之间每单位投入的产出弹性计算结果。结果表明，短供应链农户的技术变化平均值低于传统供应链农户。此外，2011～2013年期间短供应链农户出现了负面技术变化。一种可能的解释是，短供应链可能找不到适当的技术来抵消早期化学品投入减少的影响。然而，短期供应链农户近年来发生了更大的技术变革，传统的供应链农户在2015年陷入困境。注意到传统的供应链农户自2014年以来保持了高度的技术变革，并且可能从溢出效应中受益来自短供应链的农户。

表5.7 两种渠道中关于各投入要素的产出弹性

年份	技术变革		可比技术效率		肥料	
	传统	短期供应链	传统	短期供应链	传统	短期供应链
2011	0.028	-0.186	0.73	0.62	0.157	-0.015
2012	0.048	-0.122	0.79	0.75	0.127	-0.148
2013	0.070	-0.013	0.78	0.62	0.020	0.016
2014	0.097	0.027	0.79	0.54	0.037	0.041
2015	0.110	0.127	0.80	0.53	0.006	0.077
2016	0.111	0.248	0.81	0.70	-0.264	0.325
Mean value	0.083	-0.003	0.79	0.62	-0.000	0.0165

当我们将可比技术效率的结果与技术变革结合起来时，可以得出一些有趣的结论。虽然短供应链农户在早期阶段的技术效率较低，但差距较小。但是，在采用适当的技术后，可比技术效率大幅下降。一种可能的解释是农户必须适应新技术，这导致可比技术效率的迅速下降。然而，由于学习效应，两年后相当的技术效率显著提高。因此，我们认为，从长远来看，短供应链农户的可比技术效率将高于传统供应链农户，短供应链可实现向农业质量驱动的转变。

我们还计算了肥料的产出弹性①。在过去的几十年中，肥料的大量使用有助于我国农业的显著增长。平均而言，短期供应链农户的肥料产出弹性为正，而传统供应链农户产出弹性为零。这表明，化肥投入增加 1% 可能导致短供应链农户产量增加 0.017%，但传统供应链农户则相反。表 5.7 还显示，短期供应链农户的肥料产出弹性呈增加趋势，传统供应链农户呈现下降趋势。因此，结果表明，采用传统供应链的农户可能更多地过度使用肥料，而短供应链农户则以更加可持续的方式使用化肥。

然而，正如我们之前讨论的那样，短供应链农户和传统供应链农户之间的技术变化和可比技术效率的差异可能会受到自选择偏差的影响。本节使用距上海的距离作为工具变量来解决自选择偏差。表 5.8 列出了短供应链参与对可比技术效率的影响。

表 5.8　短供应链对可比技术效率的影响

因变量	供应链参与	可比技术效率	
	普通最小二乘（第一阶段） （1）	普通最小二乘 （2）	工具变量第二阶段 （3）
Distance to Shanghai	−0.001 *** (0.00)		
Chain participation		−0.146 *** (0.03)	−0.292 *** (0.05)
Junior school	0.068 (0.07)	0.036 (0.03)	0.063 ** (0.03)
Senior school	−0.021 (0.07)	0.000 (0.03)	0.006 (0.03)
College or above	0.296 *** (0.10)	−0.036 (0.05)	0.028 (0.05)
Age	0.000 *** (0.00)	−0.000 *** (0.00)	−0.000 *** (0.00)
Farm size	0.015 *** (0.00)	0.003 ** (0.00)	0.005 *** (0.00)
Seed cost	−0.000 (0.00)	0.000 * (0.00)	0.000 ** (0.00)
Quantity of labor	0.000 (0.00)	−0.001 (0.00)	−0.001 (0.00)
Time trend	−0.013 (0.01)	−0.003 (0.00)	−0.004 (0.01)
Quantity of fertilizer	−0.001 (0.00)	0.000 (0.00)	−0.000 (0.00)
Region fixed effects	Yes	Yes	Yes
_ cons	0.468 *** (0.09)	0.737 *** (0.04)	0.802 *** (0.05)
N	303	303	303

①我们不计算农药的产出弹性，因为我们没有农药数量的数据。此外，农药不同于肥料，必须使用折损函数（Lichtenberg & Zilberman，1986），这超出了我们的研究范围。

因变量	供应链参与	可比技术效率	
	普通最小二乘（第一阶段） （1）	普通最小二乘 （2）	工具变量第二阶段 （3）
R^2	0.415	0.374	0.256
Endogeneity			0.005
Under identification			0.000
Weak IV			42.909[a]

注：*、**、*** 表示 10%、5% 及 1%水平显著，括号内为标准误；a：在最大工具变量为 15%时，Stock-Yogo 弱 ID 检验临界值为 8.96。

第 1 列显示了到上海的距离与短供应链参与之间的第一阶段估计关系。控制一组变量后，在 1%显著性水平，距上海的距离会对短供应链参与产生负面影响。显著的关系表明该工具变量不存在弱工具变量的问题。解释变量解释了参与短供应链的 41.5%的变异。第 2 列报告了核心变量和其他控制变量的可比技术效率的普通最小二乘（OLS）回归。参与短供应链会对可比技术效率产生重大负面影响。

由于自选择偏差，OLS 结果可能不一致。回归的内生性检验表明，短供应链参与不能被视为外生的。进一步的检验中原假设被拒绝，这意味着排除了工具变量与内生变量相关的可能性。虽然排除了工具变量和内生变量之间的相关性，但是当工具变量较弱时，估计结果可能表现不佳。检验工具变量联合显著性的 Kleibergen-Paap rk Wald F 统计量的值为 42.909。外生的工具变量的 Stock-Yogo 临界值在 10%水平为 16.38，在 15%水平为 8.96。结果表明，距上海的距离不是一个弱工具变量。回归只有一个工具变量，因此它是精确识别的。与 OLS 结果相比，工具变量第二阶段结果表明，短供应链农户的可比技术效率确实较低。

表 5.9 报告了短供应链参与如何影响技术变革。参与短供应链的外生性零假设被拒绝。因此，我们主要关注工具变量估计的结果。表 5.9 中的第 3 列表明，短供应链对技术变革没有显著影响。但是，第 4 列显示工具变量的估计参数值为 0.056，当我们仅使用 2013~2016 年的样本时，它在 10%显著性水平上具有统计显著性。结果表明，短供应链农户可能需要足够的时间来寻找合适的技术，并且从长远来看它们具有更高的技术变革。

表 5.9　短供应链对技术进步的影响

	供应链参与	技术进步		
	普通最小二乘 （第一阶段） （1）	普通最小二乘 （2）	工具变量第二阶段[a] （3）	工具变量第二阶段[b] （4）
Distance to Shanghai	-0.001*** （0.00）			
Chain participation		-0.067*** （0.01）	-0.015 （0.03）	0.056* （0.03）
Junior school	0.060 （0.07）	0.003 （0.01）	0.004 （0.01）	0.014 （0.01）
Senior school	-0.054 （0.08）	0.008 （0.01）	0.013 （0.02）	0.025 （0.02）

续表

	供应链参与		技术进步	
	普通最小二乘 (第一阶段)	普通最小二乘	工具变量第二阶段[a]	工具变量第二阶段[b]
	(1)	(2)	(3)	(4)
College or above	0.363 ***	0.015	−0.009	0.025
	(0.09)	(0.04)	(0.03)	(0.03)
Age	0.000 ***	0.000 ***	0.000 ***	0.000
	(0.00)	(0.00)	(0.00)	(0.00)
Farm size	0.014 ***	−0.000	−0.001	−0.000
	(0.00)	(0.00)	(0.00)	(0.00)
Seed cost	0.000 **	−0.000	−0.000	0.000 *
	(0.00)	(0.00)	(0.00)	(0.00)
Quantity of labor	−0.002 *	0.000	0.000	0.000 **
	(0.00)	(0.00)	(0.00)	(0.00)
Time trend	−0.014	0.036 ***	0.037 ***	0.033 ***
	(0.01)	(0.00)	(0.00)	(0.00)
quantity of fertilizer	−0.002 *	0.000	0.000	0.000
	(0.00)	(0.00)	(0.00)	(0.00)
Region fixed effects	Yes	Yes	Yes	Yes
_ cons	0.722 ***	−0.069 ***	−0.103 ***	−0.129 ***
	(0.10)	(0.03)	(0.03)	(0.04)
N	303	303	303	217
R^2	0.311	0.484	0.439	0.065
Endogeneity			0.025	0.001
Under identification			0.000	0.000
Weak IV			42.909[c]	28.453[c]

注：* 、** 、*** 表示10%、5%及1%水平显著，括号内为标准误；a：调研时间为2011~2016年；b：调研时间为2013~2016年；c：在最大工具变量为15%时，Stock-Yogo弱ID检验临界值为8.96。

在解决自选择偏差后，表5.8和表5.9中的回归有助于提供以下证据。首先，短供应链农户似乎经历了从前三年的负向技术变革到后来的正向技术变革的转变，并且已经赶上了传统的供应链农户。其次，技术变革可能导致可比技术效率的短期下降，因为农户必须适应新技术。从长远来看，由于学习效果，可比技术效率可能会显著提高。因此，短供应链可以实现向质量驱动型农业发展的转变，有助于推动我国农业供给侧改革。

四、劳动密集型农业经营组织模式创新的启示

针对近年来出现的许多新型的农业组织模式，研究将一些新的市场渠道，如农—超对接，从田头直接销售到餐馆和食堂，订单农业，社区农业等定义为短供应链。在短供应链下生产者和消费者之间的重新联结可以响应消费者对食品质量和安全性的需求，因为在短供应链的条件下，消费者可以明确地知道食品的产地、来源等生产信息，甚至可以追踪到农产品生产、流通的任何信息。在这种情况下，为了确保提供零增长甚至更少化学品投入等消费端

诉求的高质量农产品，短供应链可能只能依赖于技术进步和效率提升。那短供应链是如何影响农户技术变革和技术效率的呢？短供应链农户能否实现我国农业质量驱动型发展的转变？

基于农户层面的面板数据，本研究利用共同前沿生产函数和工具变量法来研究短供应链参与对技术变迁和技术效率的影响，并考虑自选择偏差。实证结果表明，短供应链农户似乎经历了从前三年负向技术变化到后来正向技术变革的转变，并赶上了传统的供应链农户。此外，技术变革可能导致可比技术效率的短期下降，因为农户需要时间去适应新技术。从长远来看，由于学习效应，参与短供应链的农户的可比技术效率可能会显著提高。因此，短供应链可以实现向质量驱动型农业发展的转变，有助于推动我国供给侧改革。

从结果中可以得出一些政策启示。包括：加强研究机构与生产者之间的合作，促进科技成果转化。例如，政策可以鼓励技术创新，如扩大创新产地营养管理技术，并将最佳农艺管理实践与蔬菜品种相匹配。此外，还应加强配套信息服务系统，为短供应链农户提供更多的培训项目。

第四节　劳动密集型农业的特色经营及附加值提升

劳动力成本的上升与分散以及较低的组织化程度是劳动力密集型农业新型经营体系构建的约束条件，加快发展高附加值特色化经营模式，全面提高组织化程度和劳动生产率，是劳动力密集型农业发展方式的现实选择。特色化经营模式与组织方式存在明显的地区差异和产品差异。将综合考虑不同农产品生产特点与技术约束等多方面因素，研究劳动力密集型农业的特色经营模式和附加值提升路径。

劳动力成本的上升与分散以及较低的组织化程度是劳动力密集型农业新型经营体系构建的约束条件。高贵如对以农户为起点的几种农村市场形态进行了考察，认为现阶段以家庭为单位的农村生产组织形式虽然可以在家庭内部减少对劳动力的监督成本，但是农户家庭之间缺乏合作关系，从而增加了农户与市场、农户与企业之间进行交易的交易费用。屈小博、霍学喜从农户的经营规模入手考察了不同经营规模的农户所面临的市场信息成本、谈判成本以及执行成本，认为信息成本对无论何种经营规模的农户都有较大的影响；而谈判成本对中小农户影响较大；执行成本则对经营规模较大的农户影响较小。何坪华在其对农户经营市场的交易成本研究论文中认为首先交易成本过高造成农户无法有效地参与市场竞争，使得农户无法在交易过程中获得应有的生产剩余。同时何坪华还认为造成交易成本高的原因主要有农户交易规模较小、市场信息传导失灵或者信息在农户与收购商之间不对称、交易秩序的混乱和投机主义等多个方面。蔡秀玲认为由于户均土地面积的制约使得增加单个农户经营规模难以实现[①]。因此，加快发展高附加值特色化经营模式，全面提高组织化程度和劳动生产率，是劳动力密集型农业发展方式的现实选择。

综上所述，果蔬等园艺类劳动密集型农产品生产需要大量的劳动投入，随着劳动力成本的上升，扩大规模反而不符合经济规律，其适度规模相对较小，适合走小规模特色品牌经营

---

① 罗列．农户经营高附加值农产品的交易成本障碍分析［D］．西北农林科技大学，2012.

的路线。他们的发展趋势应当是生产高附加值的特色精品农产品，依靠质量参与市场竞争。农民合作组织可以与产业资本或者商业资本融合，通过一体化的连接使得分散独立经营的小农户融入到现代产业组织体系中去，通过整合品牌资源提高市场竞争力。而供应链的缩短优化则可以使农产品损耗大大降低，提升品质，增加农产品附加值。

一、农业生产的横向一体化——农民合作组织

农民合作组织作为我国新型农业经营主体的重要组成部分，业已成为推进农业现代化的核心力量之一，本研究对于完善我国合作组织的功能定位具有一定的启发：首先，对于水果、蔬菜等劳动密集型农产品适合我国小规模农户分散生产，合作组织统一销售的经营方式，因为农业生产特点和农业机械技术的限制无法实现生产环节的规模化经营，但是却可以通过联合、合作的组织形式，挖掘产后可能的增值空间，打造特色化营销品牌，实现销售的规模效益。因此，政府应引导从事水果、蔬菜等劳动密集型农产品的小规模经营农户联合组建农民合作组织，选举有企业家精神、与农户关系良好的负责人，带领小农户提高市场谈判地位，保障社员权益。其次，从事粮食等土地密集型农产品的小规模农户的规模经营途径关键在于生产环节的联合、合作，社会化服务设施的不断完善更有利于其规模经济的提高，鉴于粮食等作物的产品特性及交易属性，销售环节的规模经济不显著，因此，政府应不断完善社会化服务体系，引导该类作物的小规模农户加强生产环节的合作。最后，培育良好的乡土文化，培养有文化、有能力、有责任心的合作组织牵头人，加强合作组织的基础设施建设，为合作组织的顺利运行和持续发展创造良好的外部环境。

（一）合作经营

横向一体化是处于产业链同一环节或同一层次的经营主体之间的合作行为。虽然处于产业链同一环节的经营主体之间会存在竞争的关系，但是他们也有合作或共谋的可能。通过合作，产业链上同一环节的经营主体可以共同解决经营过程中遇到的共同问题、获取市场优势以及更为重要的节约交易过程中的交易成本[①]。

劳动密集型农产品生产者的横向一体化无疑会同企业的横向一体化合作一样为农产品供给方在市场上提供更多的话语权。通过合作，供应方能够在产品的价格上有能力与企业（采购方）进行讨价还价。其次，供应方的横向一体化合作可以帮助供应方降低其产品生产原材料的采购成本，这一点同企业（采购方）的合作类同。而更为重要的是生产者的组织化能够有效地降低产品流通过程中的交易成本，从而使得企业有可能直接从通过合作组织起来的供应方手中购买产品。

（二）合作社经营的农产品附加值提升路径

通过合作社合作经营可以增强合作主体在市场中的协商能力。具体到农业生产中，分散的中小农户的横向一体化合作在农户进行生产的三个阶段能够帮助农户获得更多的协商能力。产前阶段，通过农户之间的联合可以统一购买相关的生产资料降低农户购买生产资料的

---

①罗列．农户经营高附加值农产品的交易成本障碍分析［D］．西北农林科技大学，2012.

成本，或对生产中所需要使用的设施、工具进行协调提高农业生产设施和工具的使用效率，进而降低农户的生产成本。产中阶段，农户可以统一获得相关技术服务，提高技术服务效率和降低农户获得技术服务的门槛。产后阶段，合作的农户统一出售农产品可以提高农户与产品收购商和企业议价的能力，提高农产品出售价格。

而更为重要的是农户之间的协作还可以帮助农户和企业降低农产品交易过程中所面临的交易成本。首先，农户统一购买相关的生产资料不仅可以帮助农户提高与生产资料供应商议价的能力从而降低生产资料的购买价格，同时统一购买生产资料可以从以下两个方面降低农户购买生产资料的交易成本。第一，农户不再需要亲自去农资市场上寻找相关生产资料，减少了农户寻找交易对象的成本；第二，农户不再需要亲自去市场购买生产资料，从而减少了农户购买生产资料的路费和运输费用。其次，农户统一获得技术服务可以减少或免去农户寻找适宜的技术服务所需要支付的费用，从而降低农户进入高附加值农产品生产的门槛。最后，农户统一销售农产品一方面可以帮助农产品采购企业减少寻找农户的次数降低寻找交易对象的成本；另一方面由于农户统一种植可以保证农产品在同一时间集体上市销售，使得农产品采购企业集中购买，减少运输次数从而降低采购过程中的运输费用①。

此外，通过合作社的统一技术指导和投入品等的规范，可以在一定程度上提高农产品的质量，形成产品口碑，进而成立农产品品牌。通过品牌化策略，传递有效的农产品质量信息以及质量保证，增加农产品的市场势力，实现农产品的优质优价，体现农产品的附加价值。

二、供应链优化——以订单农业为例

2017 年 10 月，国务院办公厅印发《关于积极推进供应链创新与应用的指导意见》，其中鼓励创建现代化农业供应链体系，推进农村一二三产业融合发展。而近期商务部等 8 部门出台的《关于开展供应链创新与应用试点的通知》，也提出要打造联结农户、新型农业经营主体、农产品加工流通企业和最终消费者的紧密型农产品供应链。可以说，这几年，从中央到各地方政府都将农产品供应链建设放到了很高位置。那么，为何国家政策文件会多次将农产品供应链纳入其中？农产品供应链的创新优化对于国计民生又会产生怎样的重要影响呢？

供应链转型升级使得对农产品品质的保障能力大大增强。近几年国家大力提倡"产地冷链最初一公里"和"销地冷链最后一公里"的体系建设，田间地头冷库、产地冷链加工中心等设施日益完善，这使得越来越多的生鲜农产品享受到预冷、加工、冷链运输、冷库仓储、冷链配送等"待遇"，农产品损耗大大降低，品质明显提升，附加值不断放大。农户通过错季销售应对滞销能力有所加强，"菜贱伤农"的情况逐步减少，利农成果显著。

以前果蔬等农产品采摘之后要经过收购商（大菜贩子）、运输商、一级批发商、二级批发商、社区小贩等多个环节，使得农产品被层层剥皮加价，最终导致"菜贵伤民"。而通过不断创新，传统的农产品供应链冗长流程得到重构和优化，农业合作社和农户在大平台的订单整合下，实现集约化、标准化、品牌化生产以及从产地到终端的两点直线流通，极大缩短流通环节，农产品价格得以稳定，消费者买菜的渠道日趋丰富。

订单农业，是指农户在农业生产经营过程中，按照与农产品购买者签订的契约组织安排

---

① 罗列．农户经营高附加值农产品的交易成本障碍分析［D］．西北农林科技大学，2012.

生产的一种农业产销模式，通常也可称为契约农业。订单农业其实是农产品加工、销售企业的一种后向一体化行为，通过与农户的合作企业和农户可以获得多方面的利益[①]。

（一）企业层面

国外学者对农产品加工企业获得农产品的途径进行了研究，一部分学者认为农产品加工企业可以通过农产品交易市场采购、从中间商购买、通过非正式购买合约购买、自行种植或养殖、通过契约农业项目从农户直接购买等途径购买农产品原材料。另一些学者提出了更易于区分的购买途径：①通过农产品批发市场购买；②通过与大农场主签订大宗购买合约购买；③通过经营自有的种植园或养殖场获得农产品；④通过实施订单农业项目获得农产品。首先，从农产品批发市场购买农产品只适合购买对质量没有严格要求的农产品，这些农产品往往是传统的口粮作物或油料作物，如小麦、大米、玉米、大豆等。同时通过这两个渠道购买农产品不能保证稳定的供给数量及供给的时间，且价格会随着供给和需求的变动而波动。因此，对于对原材料有特殊要求的高附加值农产品加工企业来说通过农产品交易市场和中间商购买农产品难以满足加工中的质量、数量和时间的要求，同时还面临着市场价格波动的风险。其次，由于家庭联产承包责任制的实施我国农户的户均耕地面积都较小，农产品加工企业很难通过与生产规模较大的农户签署大宗购销合同的方式获得农产品，尤其植物产品。最后，一些国家的土地政策本身也限制了土地的规模经营。例如，我国现行的以家庭联产承包责任制为核心的农用土地使用政策使得土地被细小地划分给农户使用，这使得企业在获得大块土地经营种植园或养殖场时不仅需要当地土地管理部门的许可还需要与农户或农户集体进行协商，增加了企业购买或租用土地的成本和难度。另外，即便企业不会面临土地政策和土地使用环境方面的障碍，企业购买或租用大块土地也需要大量的资金，通过与农户合作实施订单农业可以帮助企业减少在土地使用方面所需要的资金，从而减少企业的资金使用成本，降低企业获得稳定农产品的资金障碍。同时，经营自有农场需要雇用劳动力，对劳动力的劳动还需要进行监督，这也增加了自营种植园或养殖场的成本。

（二）订单农业提升农产品附加值的路径

一般来说，订单农业项目都是由农产品加工企业发起的，企业在项目实施之前会对农产品市场进行调查分析以选择一个有利可图的农产品。企业较之农户有更多、更有效的获取市场信息的渠道，同时对信息的分析能力和对市场的判断能力要明显高于农户。因此，由企业选择并发起种植或养殖的高附加值农产品大多数能够迎合市场的需求。因此，参与订单农业项目是农户切入市场的一个便捷有效的途径。同时，企业在选定品种之后，会在适宜种植或者养殖的区域进行项目推广。这样就保证了品种在推广区域内的技术可行性。另外，国外契约农业实践当中，企业通常会为农户预先提供一些生产资料，如种苗、农药、化肥等，或是提供一些非正式的贷款服务。这些预先提供的生产资料和贷款都在一定程度上降低了农户参与高附加值农产品生产的资金门槛。

订单农业中企业通常承担着为农户提供技术服务的义务，因此能够解决农户面对新品种没有技术来源的问题。通过企业的技术服务，农户能够进行科学的生产，收获的农产品也能

①罗列. 农户经营高附加值农产品的交易成本障碍分析［D］. 西北农林科技大学，2012.

达到较高的品质和产量。另外在订单农业中，企业为了获得满足需求的农产品，会为农户提供市场上难以购买到的特殊生产资料，如低残留的农药、化肥等。在国外的实践中，通常这些特殊生产资料企业都会按照种植或养殖进程送货上门，并可以在收购农产品时从收购款中扣除生产资料的成本，这些都不仅为农户解决了获取特殊生产资料渠道的问题，还解决了农户的运输和资金匮乏的问题①。

在国外契约农业实践中，农产品加工企业通常会在产品成熟后对农产品进行到达村落甚至是到达田间地头的采收。这样的采购、运输模式要比传统的由小贩收购或是农民自行运输到市场的模式更高效、及时，尽量地避免了农产品因为腐烂及水分蒸发产生的损失。同时，由于企业直接收购农户产品，农户不用再考虑农产品的销路，更不用为了待价而售而储藏农产品，因此不用在加工和储藏设施上进行投资。

可以看出订单农业实现农产品附加值提升的路径关键在于流通环节的减少以及市场风险的降低，从而大大节约了劳动密集型农产品经营的成本，而且使得农产品的生产与市场需求对接起来。除了订单农业之外，近年来在我国出现的新型的农业经营模式，如农超对接、田头和餐桌的对接及社区农业等这种新型的短链模式，亦有着相同的作用，这类新的模式将生产者和消费者重新连接起来，从生产者层面，可以生产符合市场需求的高质量农产品；而消费者则可以了解所消费的农产品的生产和流通环节的详细情况。

第五节　构建劳动密集型农业新型经营体系的路径

着力在生产经营服务、合作化经营等方面，研究促进劳动力密集型农业新型经营体系构建的策略和实现路径。力求在组织创新、制度创新、管理创新等方面有新突破。

一、构建劳动密集型农业新型经营体系的路径

农业经营具有季节性、周期性以及对自然环境高度的依赖性等特征，无法像工业部门那样进行标准化的生产，这是农业经营的制度约束。因此，构建新型农业经营体系必须坚持家庭经营。同时，由于科技水平的发展、经营制度的不断创新以及农产品贸易自由化进程的推进，必然导致现代农业发展呈现规模两极分化、经营主体专业化的趋势。

根据职能和属性差异可以将其归纳为家庭经营、合作经营以及企业经营这三种经营制度体系。传统农户、家庭农场和专业大户是家庭经营的具体表现形式，其在克服农业计量难题和监督成本方面具有天然的优势。农民专业合作社是众多小规模家庭经营主体联合而成的经营组织，在提升我国农业组织化水平、实现规模经营方面具有优势，是合作经营的主要形式，联耕联种、农业共营制体现为村落协同的农业经营，在一定程度上也是合作经营的表现形式。

龙头企业是企业经营的主要形式，是解决我国农业发展过程中技术相对落后、管理经验匮乏以及资金不足等问题的中坚力量。这些多样化的主体与功能属性各异的经营形式在不同

---

①罗列．农户经营高附加值农产品的交易成本障碍分析［D］．西北农林科技大学，2012.

时间、空间以及具体农业产业中的关联关系各不相同，组合方式也复杂多样，从而形成多样化的经营体系样式。

具有我国特色的新型农业经营体系图谱应该以家庭经营为核心，合作经营和企业经营相互支撑，面向国际竞争的适度规模经营与面向附加值提升的小农户特色经营相得益彰，组织化程度与社会化服务水平明显提升①。

（一）小规模农户+合作社

小规模农户经营种类繁多，商品化处理水平低，缺乏与市场谈判的能力以及营销技能，附加价值未得到有效开发。通过联合、合作的组织形式，挖掘农产品附加值，避免同质化竞争是小规模农户的出路。农民专业合作社作为新型农业经营主体的重要组成部分，目前已经成为推进我国农业现代化的核心力量之一。合作经营可以帮助小农户提高市场谈判地位，解决单家独户办不了、办不好、办起来不划算的问题；从制度经济学的视角来看，"合作社+农户"的组织模式具有完全垂直一体化、组织利益高度一致性、均衡的博弈关系、劳动雇佣资本的特征。

合作经营是农业分化发展过程中提升小规模农户农业组织化水平的重要手段。虽然家庭经营能够解决农业生产中监督与劳动计量的问题，是最有效的农业生产形式，但是它并不能解决农业经营中的全部问题。众多家庭经营者在面临市场时的谈判势力是十分弱小的，承担的自然风险和市场风险都很大，因此合作经营就成为农业家庭经营者规避风险、降低交易成本、实现规模经营的重要方式。弱小的农户经营主体通过合作可以提升农业经营的组织化、规模化水平，并获得分工和规模经济利益。只要农业生产最基本的特点（生产的生物性、地域的分散性以及规模的不均匀性）存在，农民之间就有合作的必然性。在目前分散经营的制度下，一家一户的小生产方式难以应对自然风险的冲击并且难以适应千变万化的大市场，蔬菜、水果等产品价格波动剧烈，"蒜你狠""姜你军"等现象越发频繁，农产品滞销现象时有发生。这不仅对广大的小农户产生冲击，对消费者的选择也产生了巨大影响。当农户意识到，只有通过合作才能解决他们在农产品生产和销售过程中所遇到的问题时，他们就产生了联合起来建立专业合作经济组织的制度创新需求，期望通过农户之间的联合和合作，获得一家一户所不能获得的收益（例如降低市场交易成本、获得规模经济及规避市场风险等）。与此同时，农民专业合作经济组织的建立、运行和维护需要花费一定的成本，这些成本主要包括农户之间寻求合作的谈判成本和合作组织建立后维持组织高效运行必须支付的组织协调成本。只有当合作的收益大于合作组织的制度创新成本时，农户才会选择合作。

此外，随着消费者对农产品品牌化、高附加值化、高品质化等属性的需求增长，合作社可以联合众多生产者统一生产标准、统一布局产品品种、统一采购种子、化肥和农药等农资，从源头上提高农产品的标准化程度；通过共同出资，使农业产业进一步向第二、第三产业延伸，加强农产品产后商品化处理设施、设备建设，拓展农业增值空间；借助本地特殊自然、人文属性，打造区域农产品品牌，形成更强的农产品竞争优势。因此，合作经营也是联合农业经营者挖掘农产品附加价值、打造区域品牌、增加农民收入的重要经营组织形式②。

---

①②周应恒.新型农业经营体系：制度与路径［J］.人民论坛·学术前沿，2016（18）：74-85.

（二）规模生产基地+合作社

企业经营是农业专业化分工过程中先进技术与经营理念创新的源泉。企业经营为农业带来的是先进的技术、先进的理念、大量的资金等，农业龙头企业是企业经营的主体和核心。

我国的农业龙头企业源于农村改革和农业产业化的实践，它们在适应多变的市场环境和应对激烈的国际竞争方面具有较大的优势。在不断完善与广大农户的利益联结机制的基础上，农业龙头企业作为产业化经营的先导力量将扮演独特而重要的角色。但是，企业型农业经营难以克服农业经营的季节性，从而造成资源配置效率下降的局面，还面临着农业生产过程中监督成本高、绩效评价难的问题。同时，面对农业经营过程中的自然风险和市场风险，企业经营比农户经营更加脆弱。最近几年来，关于工商资本进入农业方面的讨论不断升温。工商资本往往源自于龙头企业，从理论上讲，由于农业生产的特殊性，企业经营不能代替家庭经营成为农业生产的主要方式，它更适合进入农业的产前与产后环节，由此带动农户，而不是代替农户经营。发达国家农业产业的企业经营经验显示，工商资本主要进入农产品加工业、种子种苗业、农业科技服务业、农产品流通业等农业产前和产后环节，促进农业经营向第二、第三产业融合发展。工商企业长时间、大面积租赁农户承包地，可能会挤占农民就业空间，不利于提高土地生产率，可能导致非粮化、非农化倾向（农业部经管司、经管总站，2013）。陈锡文同样指出，公司企业进入农业，实施雇工经营，除了在可以实施严格规范劳动管理的大棚园艺产业和畜禽养殖产业获得成功外，在粮棉油等大田作物经营过程中鲜见成功。企业经营是要解决农民办不了的事，而不是与农民争利，如果企业经营过分追逐利益而忽视农业生产的特性，那必然无法长久经营。因此，在构建新型农业经营体系的过程中应该注意这些问题。

通过延长产业链条，挖掘产前、产中和产后的可能增值空间，是园艺作物发展的重要方向。重点建设产品产后商品化处理设施，打造特色化营销品牌，同时，有条件的地区和产品可以设立直销网点，将流通、零售环节的利润内生化，提高以农户为主体的合作社的整体盈利水平。而且，该类产品在产地集聚形成生产基地后，还有助于形成范围经济。以上这些途径都可以帮助吸纳更多劳动力，解决劳动力过剩的问题。因此，针对劳动密集型作物，应该通过发展"规模生产基地+合作社"的组织形式，着重提高产品附加价值，实现范围经济。培养既懂农业经营还擅长农业管理的人才是关键，加强适应性机械技术的研发是保障。

二、政策保障

（一）完善新型职业农民培训体系，提升"新农人"经营管理能力

构建新型农业经营体系，应该注重"人"的培养，通过职业资格培训，提高营农准入门槛，使从事农业经营成为有尊严且体面的职业。根据现代农业发展的内涵与趋势，构建多层次、全过程的培训体系，尤其是重点培养能够经营农家乐、农业休闲观光的人才。此外，在市场决定资源配置的背景下，政策对农业的扭曲将逐渐降低，需要培养具有风险管理能力

的经营性人才①。

（二）加速推进劳动密集型农产品的生产集中化、块状化以及流通规模化

由于果蔬等园艺类农产品生产具有季节性、集散性、区域性以及冷鲜贮藏性等天然特征，因此，为了加快这些农产品流通渠道模式升级，政府部门应当通过一系列有力的政策措施，引导高附加值农产品产业不断块状化发展，积极向优势区域集中，为农产品流通的集中化提供可能，从而提高流通效率。同时，也应引导农业合作社、农产品批发市场等运营主体不断集聚发展，形成良好的规模效应，并发挥空间溢出效应。

（三）引导生产和流通合作组织向集团化、专业化发展

我国劳动密集型农产品的种植单位或组织存在规模普遍偏小的问题，而且农产品流通组织规模也存在同样的特征，这种"小农户"和"大市场"的衔接过程中存在诸多矛盾，对高附加值农产品的流通带来较大困难。为此，应引导小规模的农产品生产组织以及流通组织通过合作经营、兼并重组等方式，不断提高经营主体规模，形成大型农产品经营集团，增强市场竞争力。扩大自身规模的同时，也要积极培育专业化的农产品流通和营销组织，全面提升流通服务水准，为构建完善的高附加值农产品流通体系带来更大支撑。

（四）加快流通渠道向短链化、一体化发展

由于农产品专业合作社、农产品专业协会等组织在果蔬等园艺类农产品流通过程中发挥着极其重要的服务补给作用，所以政府部门应进一步鼓励有条件的地区建设具有多种特殊功能的农产品专业合作社、专业协会等，其中特殊功能包括农产品技术服务、病虫防治、农业经营资本供应、农产品销售等。通过一类组织提供多种功能服务，促进高附加值农产品流通渠道向短链化发展。同时，政府应强化对龙头企业的扶持，通过构建高附加值农产品龙头企业引领的一体化流通渠道，降低流通过程中的耗费，提高流通效率的经营者收入水平。

（五）鼓励园艺类农产品市场管理与配套服务信息化

随着我国信息化建设的不断推进，未来信息技术在高附加值农产品的流通过程中必将扮演重要角色。所以现阶段就应加强高附加值农产品流通渠道的现代化建设，积极完善现代信息服务体系。应不断提高基本流通服务和公共营销服务基础设施的信息化水平，特别是在相关市场信息的收集、处理、发布、共享等方面加强建设，为此类农产品的生产经营活动提供多元信息支撑，以农产品流通的信息化促进产业化②。

（六）加强品牌建设和品牌保护

在加强品牌建设方面，应注重发挥农产品特色，增强品牌意识，加强品牌建设，扩大农产品知名度，以进一步提高农产品附加值，不断拓展市场占有率。在加强品牌保护方面，政府应完善农业品牌和商标保护方面的相关法规，营造良好的保护农产品品牌的法制环境；通

---

①周应恒.新型农业经营体系：制度与路径［J］.人民论坛·学术前沿，2016（18）：74-85.

②胡钰.高附加值农产品流通渠道模式特征、关键瓶颈及未来导向［J］.商业经济研究，2016（09）：130-131.

过整顿和规范市场经济秩序，完善农产品加工企业信用体系，建立健全执法联动机制等有效措施，打击各类农产品品牌的侵权行为，创造公平的市场竞争环境。另外，政府还应制定相应的奖励制度，对品牌建设方面表现突出的企业加以奖励。例如，对评为著名商标、名牌产品、出口名牌的农产品加工企业，对获得无公害食品、绿色食品和有机食品认证的农产品加工企业，都应给予相应奖励①。

---

①尤月．提升农产品加工企业产品及服务附加值的策略研究［J］．经济纵横，2010（05）：80-83.

第六章　畜禽等资本密集型农业新型经营体系构建

改革开放 40 年来，我国农业发展取得了巨大成就，也形成了我国农业独特的制度安排和经营体系。然而，随着城镇化和工业化进程，我国的农业发展面临新的挑战：第一，农业经营主体的稳定性和持续性受到挑战，具体而言，随着大量青壮年劳动力离开农村进城务工，农村空心化、农民兼业化、老龄化现象不断加剧；第二，农业经营方式无法适应市场变化，改革期间对农业发展发挥了不可替代作用的家庭联产承包责任制造成了我国农业小规模分散经营的特色，导致农民无法适应市场竞争；第三，农业经营体系社会化和专业化严重不足，现有的经营体系导致单个农户受到市场范围、交易成本等因素限制，难以提高农业专业化水平，无法适应现代农业社会化、专业化的发展要求。这些冲突迫切要求构建新型农业经营体系来保持我国的农业生产和市场竞争力。当前文献对农业经营体系的研究主要集中在粮油等土地密集型的大田作物，对资本密集型的作物如畜禽养殖业研究较少。然而，资本密集型的农业明显不同于大田作物，它对土地的依赖性较小，其发展主要受资本和技术的约束。因此，本研究将深入分析我国畜禽养殖业农业经营体系发展历史、现状以及特色；同时，结合国外经典案例，归纳总结欧洲、美国以及日本等国家的畜禽养殖业形成原因及其经营体系的特色；然后分别以生猪、奶牛、肉鸡养殖为例，从实证角度比较不同经营主体的生产效率，分析新型农业经营体系的优势；在此基础上，以国内经典案例为例，详细剖析我国畜禽养殖业等资本密集型产业的主要做法以及存在的问题；最后，从主体培育、经营方式创新、社会化服务提供等方面为构建新型农业经营体系提出建议。

第一节　畜禽产业国内外经营体系变化

本节旨在介绍畜禽等资本密集型农业经营体系的需求、内涵与特点。通过相关概念的界定以及通过梳理我国资本密集型农业尤其是畜禽养殖业经营体系的发展历史与现状，结合国外经典案例，归纳总结欧洲、美国以及日本等国家的畜禽养殖业形成原因及其经营体系的特色，以此来总结该产业经营体系的特点。

一、相关概念界定

（一）畜禽产业化经营

畜禽产业化经营就是畜牧业生产经营从单纯的生产领域扩展到加工与流通领域，使畜牧业诸环节即产前、产中、产后结为一个完整的产业系统,其核心是畜产品实行生产经营一条龙的体制,共同利益是其基础,也是发展畜禽产业化经营的根本动力。所以产业化各经营主体是否结成利益共同体,是衡量某种经营是否实现产业化的基本条件。与产业化经营相对立的另一种形式是生产、流通的完全分离,由专门从事流通的经销商根据市场需求提出订货,生产企业和农户按照流通部门的订货组织生产,这是应生产和流通的专业化、技术化要求日益发展而形成的社会分工。畜禽产业化经营的特征是四化,为专业化饲养体化经营、企业化管理、社会化服务,使畜牧业形成自我积累、自我发展、自我调节的良性循环。

(二) 畜禽养殖行业的特点

由于行业的发展定位和影响因素的不同,因此任何一种行业的发展都具有其自身的特点。而就畜禽养殖而言,其产业的发展与其他产业相比也具有自己的特殊性,目前畜禽养殖产业发展特点主要有以下四个方面:第一,畜禽养殖方式由传统农户散养向集中养殖转变,养殖规模逐渐壮大。第二,畜禽养殖布局由农村一家一户的布局逐渐向城市周边聚集。第三,由于科技的进步,各种快速育肥技术的发展,使畜禽动物的生长速度加快。第四,畜禽养殖产业是社会生活中必不可缺的产业,且随着人类物质生活的需求和社会生活水平的提高,需要养殖产业的发展和壮大。从以上四个特点可以看出,由于畜禽养殖产业是社会生活中必不可缺的产业,且人类社会生活水平的提高,需要养殖产业的发展和壮大,而养殖规模逐渐增大[①]。

二、我国畜禽养殖业发展历程及成就

(一) 发展历程

畜禽养殖业是农业的重要组成部分。1978 年以前,受计划经济和粮食短缺的影响,畜禽养殖业仅作为家庭副业,发展长期停滞不前,产值仅占农业总产值的 15% 左右。改革开放以后,畜禽养殖业规模迅速扩大,产业素质稳步提高,产品供应日益丰富,产业地位持续上升[②]。发展历程大体可划分为四个阶段:

1. 缓解城乡居民 "吃肉难" 问题阶段 (1978~1984 年)

1978 年以前,在 "以粮为纲" 政策的大背景下,畜禽产品产量低,人均肉类占有量不足 9.0 千克/年。改革开放后,畜禽养殖业经营体制开始转变,形成 "国营、集体、个体" 等各种经济成分共同推动发展的格局,生产快速增长。为后期全面发展奠定了基础 (王济民, 2015)[③]。根据我国农业统计年鉴和我国畜牧业统计年鉴 1978~1984 年的数据可以得出,1984 年, 全国肉类总产量达到 1540.6 万吨,约为 1978 年的 1.8 倍,年均增长 10.3%;生猪出栏 22047.1 万头,比 1978 年增长 36.9%;猪肉产量 1444.7 万吨,占肉类总产量的 90% 以上;人均肉类占有量达到 14.9 千克/年,与 1978 年相比,增加了 5.9 千克/年 (见表 6.1)。

---

①王星. 区域畜禽养殖产业可持续发展研究 [D]. 重庆大学, 2008.

②石有龙. 中国畜牧业发展现状与趋势 [J]. 兽医导刊, 2018 (11): 7-10.

③王祖力, 辛翔飞, 王明利, 王济民. 产业转型升级亟须政府加大生猪标准化规模养殖扶持力度 [J]. 中国畜牧杂志, 2011, 47 (12): 13-17.

城乡居民"吃肉难"问题得到缓解。

表 6.1　1978~1984 年全国肉类总产量及生猪存出栏量

年份	肉类总产量 （万吨）	猪肉产量 （万吨）	生猪年末存栏头数 （万头）	生猪出栏头数 （万头）	人均肉类占有量 （千克/年）
1978	856.3	—	30128.5	16109.5	9.0
1980	1205.4	1134.1	30543.1	19860.7	12.3
1984	1540.6	1444.7	30679.2	22047.1	14.9

资料来源：《我国农业统计年鉴》《我国畜牧业统计年鉴》。

2. 满足城乡居民"菜篮子"产品需求阶段（1985~1996 年）

以畜禽产品经营体制和价格双放开为特征，畜禽养殖业步入了市场经济轨道[①]，经营体制实现根本转变，经营者积极性得到充分调动，生产潜力得到极大的释放，畜禽产品产量持续增长，关系国计民生的肉、蛋、奶产品长期短缺的局面得到根本扭转。从 1985~1996 年国家统计局的我国畜产品产量数据可以看出，其间，1985 年我国禽蛋产量达到 534.7 万吨，1990 年肉类产量达到 2857.0 万吨，分别于当年跃居世界第一位。1996 年我国肉类总产量达到 4584.0 万吨，是 1985 年的 2.4 倍，年均增长率达到 8.2%；畜牧业总产值 6015.5 亿元，占农业总产值的 26.9%，比 1985 年提高了 5 个百分点[②]。人均肉类、禽蛋、奶类占有量分别由 1985 年的 18.3 千克/年、5.1 千克/年、2.8 千克/年提高为 1996 年的 37.5 千克/年、16.1 千克/年、6.0 千克/年，在一定程度上满足了城乡居民多元化的畜产品需求。

表 6.2　1985~1996 年我国畜产品产量

单位：万吨

指标	肉类产量	猪肉产量	牛肉产量	羊肉产量	牛奶产量	禽肉产量	禽蛋产量
1985 年	1926.5	1654.7	46.7	59.3	249.9	160.2	534.7
1986 年	2112.4	1796.0	58.9	62.2	289.9	—	555.0
1987 年	2215.5	1834.9	79.2	71.9	330.1	—	590.2
1988 年	2479.5	2017.6	95.8	80.2	366.0	—	695.5
1989 年	2628.5	2122.8	107.2	96.2	381.3	—	719.8
1990 年	2857.0	2281.1	125.6	106.8	415.7	322.9	794.6
1991 年	3144.4	2452.3	153.5	118.2	464.6	—	922.0
1992 年	3430.7	2635.3	180.3	125.0	503.1	—	1019.9
1993 年	3841.5	2854.4	233.6	137.3	498.6	—	1179.8
1994 年	4499.3	3204.8	327.0	160.9	528.8	—	1479.0
1995 年	5260.1	3648.4	415.4	201.5	576.4	934.7	1676.7
1996 年	4584.0	3158.0	355.7	181.0	629.4	832.7	1965.2

资料来源：国家统计局。

3. 产业结构调整优化阶段（1997~2006 年）

1997 年，畜禽养殖业从以数量增长为主逐步向提高质量、优化结构和增加效益为主转

[①] 王祖力，辛翔飞，王明利，王济民. 产业转型升级亟需政府加大生猪标准化规模养殖扶持力度 [J]. 中国畜牧杂志，2011，47（12）：13-17.

[②] 我国畜牧业改革发展的 30 年 [J]. 我国禽业导刊，2009，26（01）：22-25.

变，进入产业结构调整发展阶段①。从 1997 年到 2006 年我国农业统计年鉴和我国畜牧业统计年鉴的有关全国畜产品产量以及全国肉类总产量及结构的数据来看，2006 年奶类产量达到 3309.5 万吨，首次进入世界前三名，人均奶类占有量达 25.2 千克/年。1997～2006 年，奶类总产量和人均占有量年均增长率分别为 24.0%、22.8%；肉类总产量年均增长率保持在 3.35%，其中猪肉、禽肉增速保持在 3%～5%，牛肉、羊肉增速保持在 5%～7%，猪、牛、羊、禽肉占肉类比例由 1997 年的 68.26%、8.37%、4.04% 和 18.57% 分别调整为 2006 年的 65.60%、8.14%、5.13% 和 19.23%。肉、蛋、奶产量比例由 1997 年的 67.14%、24.18% 和 8.68% 调整为 2006 年的 55.32%、18.91% 和 25.77%。畜禽养殖业逐步向优势区域集中，产业整合速度加快，更加注重质量安全和可持续发展。

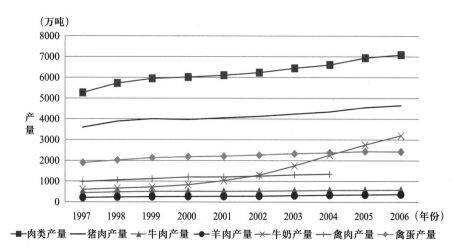

图 6.1 1997～2006 年全国畜产品产量

表 6.3 1997～2006 年全国肉类总产量及结构

年份	肉类总产量（万吨）	猪肉占比（%）	牛肉占比（%）	羊肉占比（%）	禽肉占比（%）
1997	5268.8	68.26	8.37	4.04	18.57
1998	5723.8	67.85	8.38	4.10	18.45
1999	5949.0	67.33	8.50	4.22	18.75
2000	6013.9	65.95	8.53	4.39	19.81
2001	6105.8	66.36	8.33	4.45	19.26
2002	6234.3	66.14	8.37	4.55	19.20
2003	6443.3	65.78	8.42	4.79	19.23
2004	6608.7	65.69	8.48	5.04	19.03
2005	6938.9	65.65	8.19	5.05	19.37
2006	7089.0	65.60	8.14	5.13	19.23

资料来源：《我国农业统计年鉴》《我国畜牧业统计年鉴》。

---

① 王祖力，辛翔飞，王明利，王济民. 产业转型升级亟需政府加大生猪标准化规模养殖扶持力度 [J]. 中国畜牧杂志，2011，47（12）：13-17.

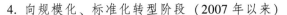

4. 向规模化、标准化转型阶段（2007 年以来）

2007 年以来，以发展现代畜牧业、促进畜禽养殖业增长方式转变为目标，国家积极探索建立保障畜禽养殖业持续稳定健康发展的长效机制，加大了支持力度，加强了宏观调控[①]。特别地，在国家扶持现代农业产业发展政策出台后，相当一部分私营企业、个体老板、返乡农民工将经商利润投资到畜禽规模养殖业，纷纷兴建规模养殖场，这部分投资额较大，而且资金主要投向畜禽良种繁育体系或高度集约化、标准化的规模畜禽养殖，有力拉动了规模养殖场快速发展，畜牧产业融资逐步扩大。工商资本的进入对我国传统畜禽养殖业形成了冲击，我国畜禽养殖业逐步由小规模传统养殖方式向现代畜牧业转型，大大提升了畜禽养殖业的标准化、规模化和产业化水平，提高了畜禽养殖业的综合经济效益。

（二）发展成就

30 多年来，我国畜禽养殖业发展成效显著，发展方向已由单纯追求数量向数量、质量和效益并重转变，发展方式已由传统养殖方式向现代养殖方式转变[②]。总结近 30 年来的成效，主要体现在以下几个方面。

1. 扭转了畜禽产品长期短缺的局面，保障了市场有效供给

根据 1980~2015 年国家统计局关于全国主要畜产品产量的数据来看，2015 年，全国肉、蛋、奶、羊毛和羊绒产品产量分别为 8625.0 万吨、2999.2 万吨、3754.7 万吨、74.3 万吨和 19247.2 吨，分别是 1980 年的 7.16 倍、11.69 倍、27.47 倍、3.97 倍和 4.81 倍。同时，1980~2015 年，在粮食产量年均增长 2.0%、人口持续增长的情况下，肉、蛋、奶产量的年递增率分别达到了 6.5%、8.2% 和 11.7%，为保障国家粮食安全、维护市场供需平衡做出了重要贡献。

表 6.4　1980~2015 年全国主要畜产品产量

单位：万吨

年份	肉类总产量	猪肉	牛肉	羊肉	禽肉	禽蛋	奶类	羊毛	羊绒（吨）
1980	1205.4	1134.1	26.9	44.4	—	256.6	136.7	18.7	4005.0
1985	1926.5	1654.7	46.7	59.3	160.2	534.7	289.4	18.8	2988.0
1990	2857.0	2281.1	125.6	106.8	322.9	794.6	475.1	25.6	5751.0
1995	5260.1	2853.5	298.5	152.0	724.3	1676.7	672.8	30.7	8482.0
2000	6013.9	4031.4	532.8	274.0	1191.1	2182.0	919.1	32.6	11057.0
2005	6038.9	4555.5	568.1	350.1	1344.2	2438.1	2864.8	43.0	15435.0
2010	7925.8	5071.2	653.1	398.9	1656.1	2762.7	3748.0	42.9	18518.0
2011	7965.1	5060.4	647.5	393.5	—	2811.4	3657.9	69.0	17989.1
2012	8387.2	5342.7	662.3	401.0	—	2861.2	3743.6	70.2	18021.2
2013	8535.0	5493.0	673.2	408.1	—	2876.1	3531.4	72.2	18113.8
2014	8706.7	5671.4	689.2	428.2	—	2893.9	3724.6	72.7	19277.9
2015	8625.0	5486.6	700.1	440.8	—	2999.2	3754.7	74.3	19247.2

资料来源：国家统计局。

---

①王祖力，辛翔飞，王明利，王济民. 产业转型升级亟需政府加大生猪标准化规模养殖扶持力度 [J]. 中国畜牧杂志，2011，47（12）：13-17.

②赖媛媛. 我国畜牧业物流体系构建研究 [D]. 中国海洋大学，2015.

2. 改善了国民膳食结构，提升了城乡居民营养水平和身体素质

随着畜禽养殖业的快速发展，我国人均畜禽产品消费量不断增加，居民食物消费结构明显改变。我们利用我国疾病预防控制中心营养与食品安全所 2004 年、2006 年、2009 年和 2011 年我国健康与营养调查（CHNS）中连续 3 天 24 小时食物记录数据和"称重"法记录的家庭油盐消费量数据，根据《我国食物成分表（第二版）》，按照食物代码匹配 CHNS 数据中的食物消费数据，计算 20~59 岁我国成年居民谷薯类、蔬菜类、蛋类、水产品、畜禽肉类、奶及奶制品类食物的实际消费量，并与"我国居民平衡膳食宝塔"推荐摄入量比较。

图 6.2 是我国居民历年平均食物消费情况（柱状图）以及推荐摄入标准（虚线）。从 2004 年到 2011 年，居民对蛋类、水产品和奶及奶制品类食物的平均消费量不断增加，但依然低于推荐的最低摄入量；谷薯类食物消费逐年下降，逐步接近推荐摄入标准；蔬菜类食物消费也逐步下降，2011 年低于推荐摄入区间的最低值；肉禽类食物的消费呈上升趋势，摄入超量情况逐年加重。

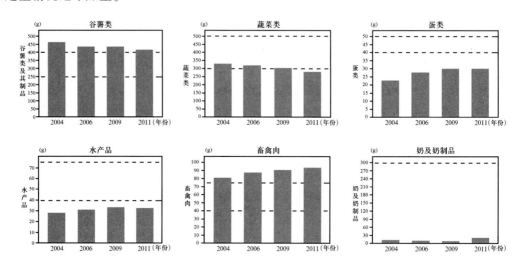

图 6.2 2004~2011 年居民对不同食物的消费量

注：水平虚线代表推荐摄入水平。最上方的虚线代表最大值，最下方的虚线代表最低值。奶及奶制品、盐的推荐摄入标准只设定了一个水平。

3. 带动了相关产业发展，促进了农民增收

从畜牧业产值占农业总产值的比重来看，当前畜禽养殖业已由家庭副业发展成农业农村经济的支柱产业，成为农民增收的重要途径。2010 年农民家庭经营现金收入中养殖业约占 30%，在养殖业产值比重较高的市、县，占 50% 以上。养殖业的发展还带动了良种繁育、饲料加工、兽药生产、养殖设施建设和产品加厂、储运物流等相关产业的发展，不仅形成了产品生产、加工、储运和销售等完整的产业链，还创造了大量就业机会，为国民经济健康发展做出了贡献。

4. 率先实行了市场化改革，引领了农业产业制度变迁

在我国农业农村经济体制改革中，畜禽养殖业最早从计划经济体制的束缚中解放出来，率先步入市场化发展的轨道。与此同时，畜禽养殖业产业化进程也不断加快。20 世纪 80 年

代初，全国第一个牧工商联合企业的出现，标志着畜禽养殖业产业化经营已经起步[①]，到80年代末，全国已有牧工商企业1.1万个。当前，畜禽养殖业产业化组织已占全国农业产业化组织的50%以上，各类龙头企业、农民专业合作经济组织、农村经纪人等迅速成长起来，在畜牧业发展中的作用和影响越来越大，带动了全国农业产业化发展[②]。

（三）基本经验

1. 市场化改革是畜禽养殖业发展的强大动力

肉、蛋、奶等"菜篮子"产品是最早实行市场化改革的农产品，市场、价格和经营渠道的放开，充分发挥了市场机制在资源配置中的基础作用，使生产要素按市场经济规律流动和组合，为养殖业发展创造了良好的体制环境，极大地调动和发挥了养殖业生产、加工、流通各环节的积极性和创造性，促进了畜禽养殖业生产和流通的快速发展。

2. 科技进步是畜禽养殖业发展的基本支撑

畜禽养殖科学技术的不断创新，科技成果的转化应用，良种良法的普及推广，在畜禽养殖业发展中起到了非常关键的作用。尤其是疫病防控技术、饲料饲养技术和良种繁育技术的研究、开发与推广应用，大大推动了畜禽养殖业的快速发展。"十一五"期间，科技进步对畜禽养殖业发展的贡献率达到55%，成为我国畜禽养殖业发展的有力支撑。

3. 法制建设是畜禽养殖业发展的有力保障

30多年来，我国颁布实施了《中华人民共和国畜牧法》《中华人民共和国动物防疫法》《中华人民共和国草原法》《中华人民共和国农产品质量安全法》等一系列法律法规[③]，对于规范畜禽养殖业生产经营行为，保障肉、蛋、奶产品质量安全，促进畜禽养殖业持续健康发展，维护公共卫生和保护生态环境发挥了重要作用[④]。

4. 社会资本进入是畜禽规模养殖业的发展趋势

在国家扶持现代农业产业发展政策出台后，大量社会资本进入畜禽规模养殖业，这些工商资本主要投向畜禽良种繁育体系或高度集约化、标准化的规模畜禽养殖，其养殖企业多为示范性的龙头企业[⑤]，有力地拉动了规模养殖场快速发展，畜牧产业融资逐步扩大。工商资本的进入对我国传统畜禽养殖业形成了冲击，我国畜禽养殖业逐步由小规模传统养殖方式向现代畜牧业转型，大大提升了畜禽养殖业的标准化、规模化和产业化水平，提高了畜禽养殖业的综合经济效益。

三、国外畜禽养殖业发展的经验

本节将对国外典型畜牧业发展模式及做法进行解读，围绕世界草地资源的分布区域，形

①袁拥政，吕飞艳，王芳，等．猪博论坛：建立猪业绿色发展新坐标［J］．中国畜牧业，2018（09）：20-27.
②王祖力，辛翔飞，王明利，王济民．产业转型升级亟需政府加大生猪标准化规模养殖扶持力度［J］．中国畜牧杂志，2011，47（12）：13-17.
③季春芳，佘君．科学范式、基本硬核与世界视野——论新中国成立初期毛泽东治国理政理论与实践的三重意义［J］．广西社会科学，2019（03）：59-64.
④冉娟，刘春芳．甘肃省张掖市现代畜牧业发展战略研究［J］．中国食物与营养，2015，21（08）：23-27.
⑤苏灿坤．如何正确引导社会资本进入畜禽规模养殖业［J］．当代畜牧，2012（09）：50-51.

成了几个较大的畜牧带：以美国为代表的美洲畜牧带，以丹麦为代表的欧洲畜牧带，以日本为代表的亚洲畜牧带以及以澳大利亚为代表的大洋洲畜牧带。由于各国自然条件和经济体制的差别，畜牧业发展模式也各具特色①。

（一）典型国家分析

1. 美国畜禽养殖模式

美国的气候和资源条件非常适宜发展畜牧业，牛肉、奶制品约占畜产品总量的70%，牛肉年出口额高达32亿美元，是美国重要的出口畜产品。美国人均土地面积居世界前列，劳动力成本高昂，这就决定了美国畜牧业必须走规模化、机械化的发展道路，依靠雄厚的资金和技术实力，形成工厂化的畜牧生产线。

家庭农场是美国畜牧业的基本生产单位，饲养规模较大，品种也比较单一，往往只饲养一种或两三种牲畜。围绕家庭农场专业化的生产特点，美国畜牧业产前、产中、产后各环节也体现出很强的专业性，各个畜禽品种都有专门的服务商，社会分工非常精细。同时，美国畜牧业的组织化程度也很高，尽管家庭农场比较分散，但经过畜禽公司的统一组织，美国畜牧业形成了由上游的畜牧养殖业、中游的屠宰加工业和下游的零售业、餐饮业组成的纵向产业链。美国奉行自由市场经济原则，畜牧业完全按市场规律经营，政府基本不干预，因此畜禽公司就充当了连接农场与市场、生产与销售的中介。由于农业机械的大规模运用，美国畜牧业中初级产品的比例持续降低，深加工产品的比重上升，畜产品的附加值大大增加。以鸡肉为例，在20世纪70年代，整鸡是最常见的销售方式，随着大众消费习惯的转变，将整鸡分割出售更加普遍。这正是专业化的畜禽公司捕捉到市场的变化，并将这些信息传递给生产者和加工者，从而促进了美国畜产品的多样化。美国畜产品在国际市场上具有较高的竞争力，除了工厂化模式带来的成本优势外，产品品质高也是重要的因素。美国的食品安全监管体系非常严格，在食品安全立法中，畜牧业养殖者、生产者、加工销售者都必须确保产品质量，畜禽公司则要受到来自政府和公司内部的双重质量监督。对畜产品质量的控制首先从饲料质量管理开始，对饲料的抗生素含量等有严格的规定，从源头上杜绝畜产品受到污染。

2. 丹麦畜禽养殖模式

丹麦人均肉类占有量排名世界第一，猪肉、奶酪、黄油、牧草种子的出口量居世界首位，猪肉出口量约占世界贸易量的18%。畜牧业是丹麦的支柱产业，畜产品出口额达到农产品出口总额的78%。丹麦的气候适合饲料作物的生长，劳动力资源处于基本均衡的状态，因此丹麦畜牧业主要采取适度规模化的农牧结合的模式。丹麦牧场约占农田面积的20%，实行农牧轮作制，部分草场种植牧草，或与大麦等饲料作物混合种植，部分草场则用于放牧。这样既实现了土地效益的最大化，也解决了畜牧业的饲料问题。

丹麦非常重视环境保护，强调土地的可持续生产力，因此，对单位土地上放牧的牲畜数量有严格的限制。按照规定，一个农场最多只能负担500个动物单位（1个动物单位相当于1头牛或3头种猪），当农场的牲畜数量达到250个动物单位时，就需要对农场环境进行评估，符合条件才能继续扩大生产。丹麦大力推行无公害饲料，减少饲料中的磷元素含量，而且牲畜粪便不能随意排入水中，必须经过发酵处理，转化为农田肥料。这样既减少了畜牧业

---

①王杰. 国外畜牧业发展特点与中国畜牧业发展模式的选择 [J]. 世界农业，2012（10）：32–35.

对环境的污染，又为农业生产提供了有机肥，形成了良性循环的畜牧业发展模式。丹麦畜牧业组织化、产业化程度高，得益于丹麦高度发达的合作社机制，通过合作社出口的农产品约占农产品出口额的75%。丹麦的合作社基本都以公司的形式建立，会员自愿加入，加入后必须将90%的畜牧产品交给合作社销售，合作社根据会员上交的产品数量给予股份，股份不能自由转让，会员退出前必须交还股份，从而保持合作社经营的稳定性。合作社实行决策权与经营权的分离，由会员投票选举的董事会拥有决策权，董事会选择专业人员负责合作社的经营事务，从而避免董事会权力过大损害会员的利益。合作社的主要职责是为会员提供产前、产中、产后的一条龙服务，产前，合作社提供种子、饲料、肥料等生产物资；产中，合作社开展技术指导，帮助解决生产难题；产后，合作社统一收购和销售产品，及时提供市场信息。合作社作为丹麦农民的联合体，是丹麦农民利益的代表者，通过提案、集会等方式向政府反映农民的诉求，维护农民的合法利益[①]。

3. 日本畜禽养殖模式

与西方发达国家不同，虽然日本的工业化水平也很高，但由于国土面积狭小，资源匮乏，日本只能发展以家庭农场经营为主，加大资金投入和提高科技含量的集约化畜牧业。日本主要的畜禽品种为猪、鸡、鸭等占地少、资源消耗少的小型品种，牛、羊等大型畜禽品种发展缓慢。而且日本畜牧业所需的饲料全部依赖进口，绝大部分土地都用于种植粮食作物，很少用来种植饲料作物。

日本充分利用工业化的成果，加强农业基础设施建设，科研投入在世界上处于领先，利用现代生物技术进行品种选育和改良，培育出一批适宜于规模化养殖的畜禽品种。大型农场基本实现了自动化管理，运用计算机技术完成饲料供应、温度调节、环境控制等工作，减少了手工劳动，大大降低了人力成本，畜牧业养殖规模不断扩大。尽管从事畜牧业的农业人口不多，但日本非常重视对农民素质的培养，从而保证了畜牧业从业者具有较高的知识水平和专业技能，能够较快地掌握先进技术。日本有专门的农业学校，强调理论和实践相结合的教育理念，授课老师都是有着丰富生产经验的技术员和农场工人，学生在进行必要的理论学习后，都必须到农场从事一线的生产工作。日本还定期对农民进行培训，通过资金补贴鼓励农民接受再教育，加快了知识更新和技术升级的进程。

4. 澳大利亚畜禽养殖模式

澳大利亚是世界上人均草地面积最大的国家，畜牧业发展水平高，牧场面积占世界牧场总面积的12.4%，羊毛、牛肉、奶制品是主要的出口畜产品。澳大利亚是典型的草原畜牧业，以天然草地为基础，主要采取围栏放牧的方式，根据草地的承载力调整放牧强度，在发展畜牧业的同时保持生态平衡。澳大利亚畜牧业产区比较分散，牛肉主产区集中在北部热带草原，包括新南威尔士州、昆士兰州、维多利亚州；奶业分布在降水丰富的沿海地区，其中维多利亚州的牛奶产量最高；新南威尔士州是最大的羊毛产区，虽然近年来羊饲养量有所下降，但仍居各州之首。

澳大利亚畜牧业的高度发展，不仅得益于国内优越的自然条件，与政府的支持也密不可分。澳大利亚90%的土地为政府所有，为鼓励畜牧业发展，政府以很低的价格出租土地给农民，并提供房屋、围栏、供水等基础设施。由于畜牧业生产周期较长，政府一般与农民签

---

①王杰. 国外畜牧业发展特点与中国畜牧业发展模式的选择［J］. 世界农业，2012（10）：32-35.

订长期的租地合同，既保证了畜牧生产的连续性，也避免了过度开发对草地资源的破坏。此外，政府还对畜牧业实施补贴政策：对畜产品实行最低收购价；征收专门的消费税建立畜牧业专项基金，帮助农民扩大养殖规模；对出口畜产品给予价格补贴，以提高澳大利亚畜产品在国际市场的竞争力。产业协会在澳大利亚畜牧业发展中发挥了重要的作用，肉类家畜协会、奶业协会、禽蛋有限公司等是其中较为突出的代表。产业协会发展畜禽养殖者为会员，通过统一收购、定价、储藏、加工、运输、销售，帮助分散的养殖者凝聚成强大的市场力量，避免了养殖者内部的恶性竞争，同时有效地提高了澳大利亚畜牧业的规模化、市场化水平。产业协会还致力于畜禽技术的研发，依靠政府拨款和税收，每年的研发资金高达上亿美元。研究领域覆盖遗传育种、动物福利、产品品质管理、可持续加工、环境污染控制等，在提高畜产品质量、促进良种选育、保护生态环境方面做出了突出的贡献[①]。

（二）国际经验的总结

1. 国外畜禽养殖业发展模式

通过对几个较大畜牧带发展模式梳理，我们发现以上四个国家分别代表着四种不同的发展模式，具体而言：

规模化畜牧业发展模式。规模化畜牧业发展模式是指以大规模生产、大量机械设备投入为特征的畜牧业发展模式。土地资源丰富而劳动力缺乏、资金和技术实力雄厚的国家一般采用规模化畜牧业发展模式，如美国和加拿大。

适度规模化畜牧业发展模式。适度规模畜牧业发展模式是指规模适度、种植业和畜牧业协调发展的畜牧业发展模式，大多数欧洲国家都采用此种畜牧业发展模式，如法国、德国、荷兰和丹麦。这些欧洲国家经济较发达、人口规模适度、劳动力相对不足，适宜于采取适度规模化的畜牧业发展模式。

集约经营化畜牧业发展模式。集约经营化畜牧业发展模式是指建立在畜牧资源较少、土地资源相对贫瘠的情况下，通过采取资源节约、资本技术密集的方式生产出高附加值畜产品的畜牧业发展模式。其中日本是最典型的代表，韩国也采取此种畜牧业发展模式。这些国家和地区的共同特点是劳动力资源丰富、土地资源贫瘠、经济与科技水平较高、畜牧业资源相对贫乏，适用于发展集约化、小规模的畜牧业经营[②]。

现代草场畜牧业发展模式。现代草场畜牧业发展模式是指以草场为中心，采取以围栏放牧为主、极少采用补饲的养殖形式，资源、生态与生产协调发展的畜牧业发展模式。以大洋洲的澳大利亚、新西兰，以及南美洲的阿根廷、乌拉圭等国家为典型代表。这些国家和地区具备丰富的畜牧业资源，自然草场或人工草场资源丰富、牧场辽阔、气候温和、雨量充沛，适宜牛、羊等草食畜禽生长。

2. 国外畜禽养殖业发展主要做法

（1）推进畜牧业的规模化发展。畜牧业规模化与效益化并行，是欧美国家的主要做法。美国畜牧农场规模越来越大，并且工业化程度逐步增强，生产成本逐步下降。特别是养猪

---

①王杰. 国外畜牧业发展特点与中国畜牧业发展模式的选择 [J]. 世界农业，2012（10）：32-35.

②汤洋，李翠霞. 国外典型畜牧业发展模式解读及黑龙江省畜牧业发展模式选择与对策建议 [J]. 管理现代化，2013（03）：41-43.

业，专业农场的数量不断减少，但平均规模却日益扩大。对养猪专业农场进行大量投资，报酬率很高，足以抵消成本上涨的费用。美国每个奶牛养殖户一般养奶牛 100 头以上；全国有 42000 个肉牛育肥场，其中 200 个最大的肉牛育肥场，集中了美国肉牛总数的 50%。美国养鸡场平均饲养鸡数已超过 10 万只，规模 100 万只以上的养鸡场约 70% 采用一体化经营。

（2）提高畜牧业发展的组织化程度。畜牧业发展的组织化程度是一个国家畜牧业发达状况的重要标志。提高畜牧业的组织化程度，就是要发挥现代市场组织功能，以实现畜牧业生产与大市场的有效对接。国外农业合作经济组织、各类农业协会发达，将农民有效地组织起来，有利于畜牧业生产技术的普及和提高，同时也提高了畜牧业管理能力和管理水平。

（3）大力强化畜产品质量安全。畜牧业发达的国家通常都有专门的质量安全管理体系保障产品安全。在畜产品质量安全方面，美国已建立了包括养殖、加工、运输、贮存诸环节在内的全过程控制的畜产品质量安全控制体系。以生猪生产为例，早在 1989 年，美国国家猪肉生产者委员会制定了猪肉质量保障（PQA）体系。目前，90% 的生产者、占年屠宰量 85% 的生猪均已加入 PQA 体系。

（4）不断优化畜禽产品结构。近年来，发达国家国内畜禽产品结构不断优化。在肉类中，牛肉、羊肉的比例呈现下降局面，禽肉所占比例出现快速上涨；发达国家奶类产量所占比例近年来出现快速下降，但仍在各国畜禽产品产量中占据绝对优势，基本维持在 70% 左右比例；各国蛋类比重维持在 1%～3% 水平，相比于肉类与奶类产品，比重极小①。

（5）对生产者实行补贴制度。采取对畜牧生产者进行直接补贴的政策，已经成为国外发达国家发展畜牧业的通行做法。为了调动生产者从事畜禽养殖业的积极性，保护和促进本国畜禽产业的发展，许多国家都逐步建立了对生产者实行补贴的制度，以不同方式向生产者提供补贴。欧盟国家也对畜牧业采取直接补贴政策，主要集中在奶牛和肉牛上，丹麦每头奶牛或小母牛补贴 200 欧元，对肉牛补贴 150～300 欧元，肉牛屠宰补贴 50～80 欧元，其他动物屠宰补贴 39 欧元。澳大利亚政府采取直接价格补贴和间接价格补贴两种形式，实施畜产品补贴，直接价格补贴率一般 2%～6%，间接价格补贴一般为 4%～30%，通过向消费者征税（如 2000 年 7 月 1 日实施的 GST，即消费税）建立产业基金来补贴出口商，大大增加了澳大利亚畜产品的国际竞争力②。

（6）高度重视畜禽养殖科技进步。畜牧业先进生产技术的研究与推广是发展畜牧业的强大动力。就育种而言，根据美国和英国等畜牧业发达国家和联合国粮农组织预测，21 世纪全球商品化生产的畜禽品种都将通过分子育种技术进行选育，而品种对整个畜牧业的贡献率超过 50%。目前，国外大型育种公司已经在使用分子标记辅助选择技术开展动物遗传改良，加大研究投入力度，研发具有独立知没产权的基因应用于育种实践，这已成为当前发达国家动物育种工作的主流方向。

（7）关注环境保护和动物福利。环境保护方面，为防止环境污染，发达国家实行了严

---

①汤洋，李翠霞. 国外典型畜牧业发展模式解读及黑龙江省畜牧业发展模式选择与对策建议［J］. 管理现代化，2013（03）：41-43.

②王济民. 国外畜牧业发展模式及启示［J］. 中国家禽，2012，34（01）：2-6.

格的污染控制措施。美国《清洁水法案》规定，将工厂化养殖与工业和城市设施一样视为点源性污染，排放必须达到国家污染减排系统许可要求，鼓励通过农牧结合化解畜牧业环境污染，养殖场的动物粪便通过输送管道归还农田或直接干燥固化成有机肥归还农田。欧盟主要采取农牧结合的方法解决畜牧业污染，明确规定养殖场的养殖规模必须与养殖场所拥有的土地规模配套。国际社会特别是欧盟在动物福利方面，有一套严格的规定，如规定生产者要在饲料和水的数量及质量上满足动物需求，使动物免受饥渴之苦；为动物提供舒适的生活环境，消除动物的痛苦、伤害与疾病的威胁等[①]。

3. 国外畜牧业发展模式的主要启示

（1）必须坚持因地制宜、分类指导的方针。从世界各国畜禽养殖业发展历程来看，由于资源、技术、经济发展水平和发展阶段的不同，呈现出不同的发展模式：土地资源丰富、劳动力相对短缺的美国，采取了大规模机械化的发展道路[②]；人多地少的日本和韩国，采取了资金和技术密集的集约化发展道路；经济发展水平较高、人口和资源相对稳定的欧洲国家，普遍采用适度规模农牧结合的发展道路；草地资源丰富的澳大利亚和新西兰，采取围栏放牧，资源、生产和生态协调的现代草原畜牧业发展道路。我国地域广阔，不同地区自然条件差异较大。就目前而言，国际畜禽养殖业不同发展模式在我国均有存在，其发展经验对我国不同地区畜禽养殖业发展均有借鉴意义。因此，我国畜牧业发展要采取因地制宜、分类指导的方针，要在充分依靠科技和政策扶持的基础上，尽快走出一条适合我国国情的现代畜禽养殖业可持续发展道路。

（2）必须高度重视产业化组织模式创新。产业化是畜牧业发展的必然趋势。受经济、政治和历史等因素的影响，美国形成了"公司+规模化农场"，农场和企业之间采取合同制进行利益联结的产业化模式；欧洲在经历几百年的发展后形成了"农户+专业合作社+专业合作社企业"，农户和企业利益共享、风险共担的产业化模式；日本则采取了"一农户—农协（综合性合作社）工公司"，重点通过农协保护农民利益的模式。这些产业化模式都对这些国家的畜牧业可持续发展起到了巨大的推动作用。目前，我国畜牧业产业化模式主要以"公司—农户"为主，但利益联结机制仍然不协调。加快畜牧业产业组织模式创新，进一步密切产加销环节的利益机制，或为我国畜牧业发展必须解决的问题。

（3）必须在结构调整中统筹考虑生产效率和消费习惯。从过去40年世界畜牧业发展历程看，肉、蛋、奶产量比重中，肉类比重整体呈上升趋势，蛋类比重保持低位，奶类比重有所下降；肉类中，禽肉比重明显上升，猪肉比重相对稳定，牛肉比重有所减少。由此可以看出，肉料比相对较高的产品比重不断提升，畜牧业生产结构变化的过程本质上是畜牧业不断高效化的过程。

①王济民. 国外畜牧业发展模式及启示 [J]. 中国家禽，2012，34（01）：2-6.

②王祖力，辛翔飞，王明利，王济民. 产业转型升级亟需政府加大生猪标准化规模养殖扶持力度 [J]. 中国畜牧杂志，2011，47（12）：13-17.

第二节　畜禽等资本密集型农业经营体系与经营模式的比较

畜禽养殖业是资本密集型农业中最重要的产业，本节以畜禽养殖业为例，分析资本密集型农业如何构建新型农业经营体系，其中生猪、奶牛、肉鸡等产业一直是我国畜牧业的支柱产业。改革开放以来，随着我国经济发展，我国生猪产量和居民猪肉消费量大幅增长；奶业的发展不但可以带动种植业和畜牧业的结构转变，提高农民收入，还可以推动第二、第三产业的快速发展，奶牛养殖位于奶业产业链前端，其生产经营情况对奶业发展至关重要；经过近30年的发展，我国肉鸡产业占畜牧业和农业总产值的比重不断提高，已成为农业与农村经济中的支柱型产业。为了比较分析畜禽等资本密集型农业经营体系与经营模式的差异，本章选取生猪、奶牛、肉鸡三种典型的畜牧业养殖产业进行讨论。

一、畜禽等资本密集型农业经营主体与经营模式的差异比较

（一）生猪产业经营主体与经营组织模式的差异比较

生猪产业一直是我国畜牧业的支柱产业。2015年，我国畜牧业产值2.98万亿元，占农林牧渔总产值10.71万亿元的27.8%。生猪产值1.2万亿元，占畜牧业产值的43.2%。改革开放以来，随着我国经济发展，我国生猪产量和居民猪肉消费量大幅增长。

我国生猪产业的发展，经历了从计划经济向市场经济的转变，从传统单户饲养向规模化、企业化、现代化养殖转变。伴随着迅猛增长的猪肉需求，我国生猪产业的经营方式已由传统的庭院式散养转变为农户规模化养殖和企业商业化养殖。我国农业年鉴显示，在改革开放初期的1980年，生猪的家庭小规模散养产量一度高达生猪总产量的91%，而至2009年，此份额下降至38.67%。与此同时，农户规模化养殖和企业商业化养殖的份额从1980年的不到9%增长至2009年的61.33%。

1. 我国生猪产业经营体系主体的差异比较

我国生猪产业在经历了"大跃进"和"文化大革命"时期的低谷之后，在改革开放初期得到复苏。1978年，党的十一届三中全会调整了国家的经济建设方针和政策，家庭联产承包责任制开始实行，我国生猪产业告别了计划经济时代集体生产的经营模式，向市场经济下生产经营自主的新模式迈进。1979年中央颁布了《中共中央关于加快农业发展若干问题的决定》，明确改变生产力和生产关系是这一时期的主要工作任务。对于畜牧业而言，这一决定要求生产经营体制实事求是地做出调整，放开饲养猪禽。这一时期的生猪产业组织体系可以描述为："放开饲养，国家派购，人民限购"。在饲养环节，养殖主体开始多元化，集体养殖、国有企业养殖、个体养殖并存，这种经营模式下农户有了生产经营自主权，因此，其生猪养殖积极性大大提高。但在销售环节，这一时期生猪产品交易市场没有放开，生猪由国家统一收购、定点供应，人民凭票购买。1984年生猪出栏22047.1万头，比1978年增长36.85%，猪肉总产量与人均占有量均有大幅上升。

在前一时期（复苏发展期），生猪产业实现了"放开饲养"，但并没有实现"放开经营"，在调整发展期，猪产品交易市场也得到了放开。1985年1月，中央政府发布《关于进一步活跃农村经济的十项政策》，决定取消生猪派养派购，实现自由上市、自由交易、随行就市、按质论价，并取消多数畜产品的统一定价。从此城镇居民到商店购买猪肉不再要限购的附加票证，肉票成为历史。畜产品流通体制的改革，初步打破了由国有商业独家经营的局面；城乡集贸市场的兴起活跃了城乡肉禽交易市场。此后，农业产业化经营开始兴起，推动了生猪产业组织的形成和发展，出现了生猪产销一体化及生猪产业化经营的模式，许多养猪资源丰富的地区积极培育各种类型的龙头企业，相继涌现出了"猪肉加工企业＋养猪户""生猪专业批发市场＋养猪户"等多种形式的组织模式。在饲养环节，养殖主体按照规模可分为三类：散饲养型农户、专业养猪户和大中型生猪企业，政府鼓励民间饲养私营企业的兴起和发展；在加工环节，加工主体有猪肉加工企业和屠宰户；在销售环节，猪肉可在农贸市场自由交易，居民凭钱购买。生猪产业组织的自由发展和养殖主体的多样化极大地提高了生猪存栏量和出栏率，缓解了猪肉不平衡的情况。但由于生猪产业链条短、链节关系协调性差、各环节质量一致性程度低，在木桶原理的作用下，未能满足广大消费者对猪肉质量和产品差异化的需求。

针对生猪税费大量流失、私屠滥宰带来的注水肉、病死猪肉大量进入市场，环境污染严重等问题，国务院于1997年12月制定了以"定点屠宰、集中检疫、同一纳税、分散经营"为核心内容的《生猪屠宰管理条例》，定点屠宰厂应运而生，该条例的出台目的是解决在利润逐渐摊薄的情况下，由于信息不对称存在从养殖到屠宰各环节仍有不断涌入行业的，以及手工屠宰经常出现经销商拖欠屠宰户欠款等问题。这一阶段国家为加大对"菜篮子"工程的支持力度，还建立了一批生猪养殖基地县。1998年我国生猪养殖在经历了近20年来的最大幅度的价格波动后，总体进行进入"供求大体平衡、丰年有余"阶段，但此阶段存在的突出矛盾是猪肉卫生质量安全状况不达标，差异化需求得不到满足。为了化解这些矛盾，许多猪肉加工贸易龙头企业将供应链管理思想引入生猪产业组织的建设中，通过与饲料、种猪、兽药、饲养、销售等上下游主体建立长期合作关系，推行猪肉标准化生产、生产全程质量控制等措施，从而促进生猪产业组织转型升级，保证猪肉的质量和差异化供给，提高消费者满意度。但由于受多种因素的制约，在这一阶段大多数猪肉供应链的各节点企业业务流程未能得到优化，猪肉生产成本还比较高，生产对市场的敏感性相对比较差，组织运行效率还不够高，部分养殖大户或饲料大户为建立"公司＋农户"的组织模式是为了推销种猪和饲料，但生猪产业的产业链开始延长，产业组织体系在这一阶段开始成型。

2007年上半年养猪业发生重大变化，这主要是由于2006年生猪饲养量减少，生猪疫病的影响，猪肉供应量减少，导致猪肉价格迅猛上涨，饲料原料价格上涨，引起市场恐慌。为解决这一问题，2007年国务院连续发布了4个关于畜牧业的文件，其中有一个文件直接针对生猪产业，即2007年7月30日《国务院关于促进生猪发展稳定市场供应的意见》（国发〔2017〕22号）。该文件试图通过扶持养猪生产，稳定市场供应，补助特困人群，其补助包括母猪补贴100元/头，专项扶持种猪资金25亿元，生猪调出大县奖励21亿元等。同时，第一次对生猪生产和猪肉供应实行问责制，业绩纳入地方政府主要领导责任制考核。2007年7月1日，《中华人民共和国农民专业合作社法》开始实施，标志着生猪合作社作为一种新型经营主体逐渐兴起，养殖主体更为多样化成为这一时期的重要特点之一，而超市、网络销售的兴起，也使生猪销售的销售网络更为健全。随着政府扶持力度的加大、养殖规范性的提高、主体经营理念的转换、技术和经济条件的进步、龙头企业的壮大、产业环境的改善，全面实施猪肉供应链管理和猪肉更高标准的条件将基本成熟。一些龙头企业在政府、中介机构的支持与配合下，整合上下游节点企业的资源、开展资产重组和业务流程再造，同时通过建立健全信息技术、生产计划与控制、产品标准与质量控制、库存管理与控制、采购与物流管理、节点企业绩效评价与激励机制等支撑与保障体系，为猪肉产品更高标准的实施提供强有力的组织保障，猪肉产业的市场结构得到改善、市场行为得到优化、市场绩效和国际竞争力得到提升。另外，生猪产业是资本密集型产业，随着近几年商业资本的流入，我国生猪产业的规模化程度不断提高。

2. 我国生猪产业经营组织模式的差异比较

由上述内容可知，改革开放以来，我国生猪产业经历了由集体饲养向放开饲养、由国家派购向放开经营、由产业链条过短向产业组织体系逐渐完善、由庭院式散养向规模化养殖的变迁。如今，生猪产业的主要发展趋势是：区域性养猪逐步形成；更加注重环境保护和治理；规模化、标准化、规范化；生态化、资源化、农场化；互联网、物联网、信息化；多种发展模式并存；产业链快速发展。其中，规模化、区域化已成为生猪养殖经营模式转型时期的主要特点。

规模经营是现代农业的重要标志，也是培育新型农业经营主体的必要条件。然而，受土地制度等诸多因素制约，我国种植业规模化经营长期停留在低水平阶段。相比之下，我国以生猪为代表的养殖业规模化从 20 世纪 90 年代中后期开始起步，并于 2007 年以后加速发展。

尽管散养是我国长期以来的生猪养殖方式，但散养的缺点是显而易见的：第一，饲养条件相对较差，畜禽疫病防治、科学养殖方面的知识相对欠缺，不利于疫病的防治；第二，不利于工业饲料的推广，猪只的生产性能难易最大程度发挥，饲料转化率低；第三，容易导致食品安全事件的发生，比如，部分养殖户受利益驱使，添加"瘦肉精"等违禁药物；第四，千家万户分散饲养加大了技术服务和监督管理的难度，其中存在的安全隐患难以及时发现，一旦发生问题，特别是传染性疫病，很容易扩散，造成大范围的影响。

相比于传统的散养模式而言，规模化养殖有以下优点：第一，有利于疾病的防、控、治，提高生猪产业的生产效率；第二，综合养殖效益相对较好；第三，能够长期、较稳定地为社会提供相对安全的畜禽产品，有利于食品安全的监控且稳定；第四，较大程度发挥猪只生长性能，提高我国畜禽产品的质量，有利于扩大我国畜禽产品出口；第五，促进饲料工业产品推广，带动相关产业的发展。因此，规模化是生猪产业发展的必然趋势。

就生猪产业而言，规模化养殖的老标准是生猪年出栏 50 头以上，而新标准为年出栏 500 头以上。从图 6.3 可以看出，2007 年，我国生猪产业规模化迅速发展，规模化养殖场由 2006 年的 67061 个激增至 124641 个，增长率为 85.86%。2007 年以后，规模化养殖场数量仍在增加，但增加幅度逐渐减小，近几年规模化生猪养殖场数量保持在相对稳定水平，2015 年数量为 264580 个。

2007 年以来，我国生猪产业进入规模化发展阶段。表 6.5 列出了我国规模化生猪养殖场（500 头以上）每年生猪出栏量占全国生猪总出栏量的比重。规模化生猪出栏占比由 2007 年的 22%增长至 2015 年的 44%，表明我国生猪产业进入发展新阶段以来规模化程度在不断提高。

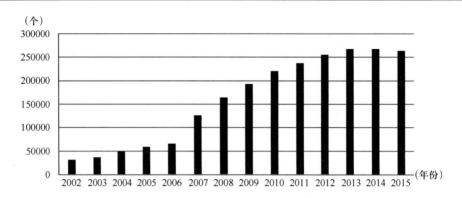

图 6.3　2002~2015 规模化生猪养殖场（户）数

数据来源：我国畜牧业年鉴。

表 6.5　2007 年以来规模化养殖场（500 头以上）生猪出栏占比

年份	规模化生猪出栏占比
2007	22%
2008	27%
2009	32%
2010	35%
2011	36%
2015	44%

数据来源：《中国畜牧业年鉴》。

　　表 6.6 和表 6.7 列出了 2001~2015 年我国不同规模的生猪养殖场的数量和比上一年的增长幅度。我们假定生猪存栏量在 50~99 头的养殖场为小规模养殖场；100~499 头的养殖场为中等规模养殖场；500 头以上的养殖场为大规模养殖场。从表中我们看到，小规模养殖场数量在 2001~2006 年间由 703777 个增长至 1581697 个，增长速度较快，年均增长率为 17.58%，2006~2012 年间由 1581697 个增长至 1726108 个，增长速度减缓，年均增长率为 1.47%，2012 年以后小规模养殖场数量开始减少，2015 年为 1479624 个。中等规模养殖场在 2001~2008 年间增长速度较快，年均增长率为 18.47%，2008~2013 年增长速度减缓，年均增长率为 5.47%，2013 年以后中等规模养殖场数量有所减少，2015 年为 758834 个。

表 6.6　2001~2015 我国不同规模生猪养殖场（户）数量

单位：个

年份	小规模	中等规模	大规模			
	50~99 头	100~499 头	500~2999 头	3000~9999 头	10000~49999 头	50000 头以上
2001	703777	193450	22956	2798	747	16
2002	790307	212909	27495	3242	862	28
2003	851429	249016	33844	3388	911	30
2004	1056793	328811	46175	4162	1048	44
2005	1382874	391434	54780	5094	1221	39
2006	1581697	458184	60054	5690	1317	——
2007	1577645	542014	113784	9004	1803	50
2008	1623484	633791	148686	12916	2432	69

续表

年份	小规模	中等规模	大规模			
	50~99 头	100~499 头	500~2999 头	3000~9999 头	10000~49999 头	50000 头以上
2009	1653865	689739	175798	15459	3083	96
2010	1685279	742772	199051	17636	3558	121
2011	1724703	782338	215216	18488	3937	162
2012	1726108	817834	231271	19735	4364	187
2013	1619877	827262	241021	20492	4567	202
2014	1571123	810448	241679	20976	4526	226
2015	1479624	758834	239246	20685	4388	261

数据来源:《中国畜牧业年鉴》。

表 6.7 2002~2015 我国不同规模生猪养殖场（户）数量增长幅度

年份	小规模	中等规模	大规模			
	50~99 头	100~499 头	500~2999 头	3000~9999 头	10000~49999 头	50000 头及以上
2002	12.30%	10.06%	19.77%	15.87%	15.39%	75.00%
2003	7.73%	16.96%	23.09%	4.50%	5.68%	7.14%
2004	24.12%	32.04%	36.43%	22.85%	15.04%	46.67%
2005	30.86%	19.05%	18.64%	22.39%	16.51%	−11.36%
2006	14.38%	17.05%	9.63%	11.70%	7.86%	—
2007	−0.26%	18.30%	89.47%	58.24%	36.90%	—
2008	2.91%	16.93%	30.67%	43.45%	34.89%	38.00%
2009	1.87%	8.83%	18.23%	19.69%	26.77%	39.13%
2010	1.90%	7.69%	13.23%	14.08%	15.41%	26.04%
2011	2.34%	5.33%	8.12%	4.83%	10.65%	33.88%
2012	0.08%	4.54%	7.46%	6.74%	10.85%	15.43%
2013	−6.15%	1.15%	4.22%	3.84%	4.65%	8.02%
2014	−3.01%	−2.03%	0.27%	2.36%	−0.90%	11.88%
2015	−5.82%	−6.37%	−1.01%	−1.39%	−3.05%	15.49%

数据来源:《中国畜牧业年鉴》。

对于大规模养殖场，我们又进行了进一步的分类，细分为 500~2999 头、3000~9999 头、10000~49999 头和 50000 头及以上。我们发现这四种大规模养殖场的数量变化有一个统一的趋势：在 2001~2006 年间数量平稳增加，在 2006~2007 年时大幅上升，500~2999 头、3000~9999 头、10000~49999 头的养殖场的数量 2007 年比 2006 年分别增加了 89.47%、58.24%、36.90%。2007 年以后，大规模养殖场的数量依然随时间而递增，但递增幅度在减小；500~2999 头和 3000~9999 头的养殖场数量在 2010 年以后增幅减小至低于 10%，数量保持相对稳定；10000~49999 头的养殖场在 2013 年以后增幅减小至低于 10%，数量保持相对稳定；而 50000 头及以上的养殖场数量始终呈快速上升趋势，2015 年的数量比 2014 年增长了 15.49%。

生猪产业是资本密集型产业，商业资本的流入是我国生猪产业规模化的主要推动力。商业资本流入初期，小规模养殖场和中等规模养殖场迅速发展；随着资本的继续流入，小规模养殖场由于风险大、机会成本高、难抵行业周期洗牌等因素逐渐退出市场，而中等规模养殖场或同小规模养殖场一起退出市场，或利用商业资金扩大养殖规模，向大规模养殖场发展；

在商业资本流入的后期，越来越多的大规模养殖场开始建立，加上从中等规模扩大养殖规模转型而来的养殖场，大规模养殖场的数量不断增加，且近几年来规模越大的养殖场数量增长的势头越迅猛，规模化养殖已经成为我国生猪产业的主要经营模式。

（二）奶牛产业经营主体与经营组织模式的差异比较

奶业是畜牧业的重要部分，奶业产业链涉及一二三产业，第一产业涵盖了种植业和畜牧业，第二产业涉及饲料和牛奶的加工，第三产业覆盖了包括包装、运输、销售等。奶业的发展不但可以带动种植业和畜牧业的结构转变，提高农民收入，还可以推动第二、第三产业的快速发展，对国民经济的提高具有重要意义。近20年来我国奶业呈现快速发展的态势，牛奶产量不断上升，2015年已成为全球第三大原奶生产国，仅次于印度和美国[1]。奶牛养殖位于奶业产业链前端，其生产经营情况对奶业发展至关重要。

1. 我国奶牛产业经营体系主体的差异比较

新中国成立初期，受各种因素影响，奶牛饲养主要集中在城市，条件简陋，管理粗放，饲养水平较低。饲草料的供给以自给自足、自由贸易市场购置、划拨饲料地或配给饲料粮等途径为主。三年国民经济恢复时期，国家积极引导鼓励个体经营；1953年起实施社会主义改造，通过建立互助组、合作社、公私合营和兴建国营奶牛场等，私营向集体、国营转变，集体、国营的比重逐步上升，但整个阶段的奶牛饲养仍以私营为主。奶牛饲养头数从1949年的12万头增加到1978年的48万头，鲜奶总量由1949年的21.7万吨增至1978年的97.1万吨，年均增长速度分别是0.49%和5.3%。

1979年，改革开放为奶牛养殖业带来了活力。这一时期是改革开放初期，市场经济逐渐推进，社会发展方式逐渐适应的过程。在这一时期，奶业发展出现了多元化发展，集体和个人等经营主体进入人们的视野，打破了以往仅以国有农场为主体的生产模式。在没有计划的约束下，市场经济牵引着奶业快速发展，多种经营主体生产发展潜力得到充分发挥，奶业生产增长取得长足的进步。奶牛存栏量、牛奶总产量年度增长分别达到14%和12%。

1993~2000年，市场经济进入一个周期性调整阶段，在经济周期调整的大背景下，奶业发展也相应出现发展相对平缓，但总体仍有所增长，只是增长速度较前一个时期有所减弱。从内部各部门利益的协调情况来看，这一阶段的调整主要是奶业发展利润下降所致。由于饲料市场逐步开放，玉米等销售价格出现了较大活力，而生鲜乳销售的价格还未能全面放开，导致奶业生产遭受成本上升、收入不变甚至下降的情况，相对而言奶业生产步伐放慢。2000年，我国奶牛存栏、牛奶产量分别达到了488.7万头和827.4万吨。

2000年以后，我国经济进入高速发展阶段，也更加重视奶业发展。从生产监管看，我国加大了奶站、生鲜乳和乳制品的质量安全监管，实现了监测区域、指标的全覆盖。从科学研究和示范推广看，"十五"后，奶业列为优先发展产业，实施重大专项、"973"专项、产业体系、科技入户等，基础研究和科技示范取得重大突破。从发展方式看，进入21世纪，奶牛养殖加快了转型升级，重点推进了规模化、集约化、标准化和一体化建设。最终，这些都为奶牛饲养转型和实现现代化奶业创造了条件和保障。到2013年，我国奶牛存栏量已经达到1440万头，一跃成为世界第三大牛奶生产国。

---

①班洪赟，周德，田旭. 中国奶业发展情况分析：与世界主要奶业国家的比较 [J]. 世界农业，2017（03）：11-17.

2. 我国奶牛产业经营组织模式的差异比较

据全国规模化养殖统计情况看，我国奶业正经历着一个新的变化，小规模养殖户逐渐退出，规模养殖场户开始增加，并逐渐成为生产的重要部分，如表6.8所示。预计这种规模标准化养殖是未来现代奶业的发展方向。

表6.8　2002~2012年奶牛规模化水平比重情况

单位:%

养殖规模	2002年	2003年	2004年	2005年	2006年	2007年	2008年	2009年	2010年	2011年	2012年
年存栏1~4头	44.79	46.68	47.05	45.64	42.76	39.73	32.42	28.11	26.42	23.99	22.54
年存栏5头以上	55.21	53.32	52.95	54.36	57.24	60.27	67.58	71.89	73.58	76.01	77.46
年存栏20头以上	25.89	27.37	25.24	27.73	28.84	26.09	36.05	42.58	46.49	51.12	55.68
年存栏100头以上	11.90	12.49	11.22	11.16	13.13	16.35	19.54	26.82	30.63	32.87	37.25
年存栏200头以上	8.32	8.82	7.74	7.91	9.33	12.11	15.51	22.86	26.52	28.38	32.27
年存栏500头以上	5.47	5.55	4.90	4.76	5.60	7.45	10.05	16.04	19.43	20.79	25.02
年存栏1000头以上	2.92	2.73	2.72	2.34	3.04	3.92	5.54	8.31	10.45	12.06	15.39

数据来源:《中国畜牧业统计》。

纵观我国奶业10年来的发展，从产量来看，规模奶牛单位产量明显高于散养奶牛，且规模越大，单位产量越高。以2014年为例，散养奶牛单位产量为5237.65千克，规模奶牛的单位产量达到5931千克，大规模养殖的奶牛单产甚至达到6784千克。不仅如此，规模养殖越大的奶牛由于科学的养殖技术和统一的质量标准，牛奶价格也相对较高。总体而言，规模化养殖的奶牛在单位产值上与散养奶牛相比具有明显优势。图6.4表明每头奶牛的单位产值与养殖规模呈正相关。由此可见，规模越大，平均产值越高，也证明规模化是未来奶牛养殖的趋势。

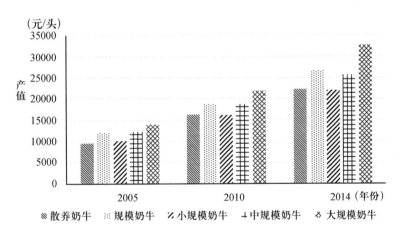

图6.4　2004~2014年不同规模年平均单位产值

数据来源:《全国农产品成本收益汇编》(2004~2014年)。

尽管规模化养殖具有明显优势，但我国的规模化仍然存在较多阻碍。第一，散养奶牛依赖传统的高劳动投入养殖模式，产量低，产品单一，主要售于周围居民，与地区市场存在稳定的供应关系；第二，扩大奶牛养殖规模需要庞大的投入，小规模养殖户无法承担先期投入，难以实现规模扩张；第三，规模养殖总的产值虽然较高，但单位奶牛利润率较低，小规模养殖户缺乏扩张动力；第四，规模养殖与传统散养模式差异明显，对资本和服务的要求非常高，传统散养户缺乏相应的养殖技术。规模扩大的同时，每头牛的单位成本投入随之增加，规模化仍然很难实现①。

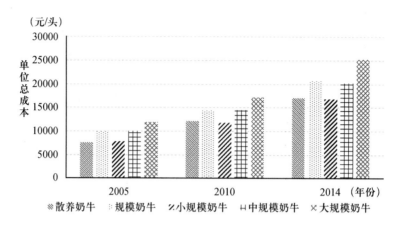

图 6.5　2004～2014 年单位平均总成本

数据来源：《全国农产品成本收益汇编》（2004～2014 年）。

（三）肉鸡产业经营主体与经营组织模式的差异比较

我国于 2001 年正式成为世界畜产第一大国，2014 年我国家禽总饲养量约占世界的 30%，2015 年鸡肉产量占世界鸡肉总产量的 14%，2017 年进一步提高至 18% 左右，是仅次于美国的世界第二大肉鸡生产国。在我国肉类总消费中，猪肉占据主导地位，但鸡肉所占的比重正逐年提高，增长速度远超其他肉类，显示出强劲的增长势头。

不断扩大的鸡肉消费市场带动了我国肉鸡养殖产业的快速发展，当前肉鸡产业已成为我国畜牧业的重要组成部分。改革开放以前，肉鸡养殖业仅仅是家庭副业，普遍以家庭散养为主，尚不能称为一个独立的产业；改革开放后，在没有国家经济补贴的情况下，我国肉鸡产业凭借自身具有的高效率、低成本优势稳定立足，随着大量商业资本的不断进入，肉鸡产业化逐渐兴起，经营企业逐步改制，这使得肉鸡产业持续高速增长，成为我国畜牧业中市场化、产业化程度最高的行业。从 20 世纪 80 年代起步到 90 年代的大规模高速度兴起，再到当代肉鸡产业规模的不断发展壮大，经过 30 多年的持续发展，肉鸡产业已成为我国农业和农村经济中的支柱产业，取得了令人瞩目的成就②。

随着居民对鸡肉消费需求的增长，肉鸡养殖产业不断发展，为适应市场需求、提高生产效率，生产方式也发生了极大的转变，规模化、区域化、标准化成为肉鸡养殖业转型过程中的重要特征。规模化养殖已成为肉鸡生产方式转型中最为显著的特征，而规模化程度的提高也大大提升了产业的生产效率，从各主要国家发展经验来看，规模化是肉鸡产业发展的必然趋势。图 6.6 显示了我国肉鸡养殖的规模化情况，可以看出，我国肉鸡规模化养殖（年出栏 1 万只及以上）比重在不断上升，2002 年约为 37.08%，2008 年增长至 59.37%，2014 年又

①班洪赟，周德，田旭．中国奶业发展情况分析：与世界主要奶业国家的比较 ［J］．世界农业，2017（03）：11-17.
②辛翔飞，张瑞荣，王济民．我国肉鸡产业发展趋势及 "十二五" 展望 ［J］．农业展望，2011，7（03）：35-38.

进一步增长至 73.30%，相比 2002 年增长超过 36 个百分点，当前我国肉鸡规模化养殖已达到较高水平。

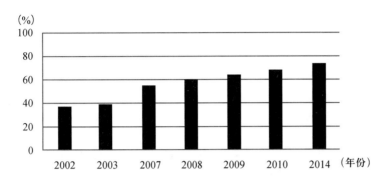

图 6.6　部分年份肉鸡年出栏 1 万只及以上规模养殖比重情况

注：数据来自《中国畜牧业年鉴》。

从我国不同规模肉鸡养殖场（户）的变化情况也可以看出，小规模养殖户的数量在过去十几年大幅下降，尤其是 1000~2000 羽规模的养殖户数量下降迅速，2002~2014 年间下降了 58.73%；而 2000~10000 羽规模的养殖户数量在 2007 年之前呈现出增长的趋势，2007 年之后则出现了较快的下降，2008~2014 年间也下降了约 33.45%。中规模养殖场数量总体呈现出先升后降的趋势，直到 2011 年中规模养殖场仍呈现出良好的增长势头，2012 年开始转为下降趋势。大规模养殖场数量自 2000 年以来均在不断增加，从小到大四种细分规模养殖场数量在 2000~2014 年间分别增长了 580.03%、819.02%、821.21% 和 596.30%，增长速度较快（见表 6.9）。

不同养殖场（户）的数量变化深刻反映了我国肉鸡养殖业规模化转型的过程，大量商业资本的进入是推动肉鸡养殖业规模化转型的重要原因，在资本进入初期，中等规模养殖场得到快速发展，对小规模养殖场户形成了一定的冲击和替代，其中劳动力转移主要为大量农村劳动力外出务工也造成了大量自给自足的庭院式养殖逐渐退出市场，在资本进入后期，通过一定程度资金、技术等的积累，中规模养殖场具备进一步发展的条件，逐渐向大规模养殖场转型，加之较多的商业资本直接推动大规模养殖场的不断建立，使得大规模生产逐渐发展起来，所占比重也越来越高，大规模养殖也将成为我国肉鸡规模饲养的主要模式。

表 6.9　我国肉鸡不同规模养殖场（户）数

| 年份 | 小规模 | 中规模 | | 大规模 | | | |
	1~1999 羽	2000~9999 羽	10000~49999 羽	50000~99999 羽	100000 羽~499999 羽	500000~999999 羽	1000000 羽及以上
2000	—	307360	44786	3115	752	99	81
2001	—	314259	50408	3161	821	102	68
2002	52487583	327836	62956	4232	1317	110	81
2003	51459670	349304	71851	4494	1267	125	85
2004	—	338597	85340	5752	1514	116	85
2005	—	361823	96267	6198	1538	154	86
2006	—	358412	103124	8356	1602	188	—

年份	小规模	中规模		大规模			
	1~1999 羽	2000~ 9999 羽	10000~ 49999 羽	50000~ 99999 羽	100000 羽~ 499999 羽	500000~ 999999 羽	1000000 羽及以上
2007	28613036	388233	131087	10204	2161	192	128
2008	27127006	358688	136833	12405	2623	344	147
2009	26609204	348327	155017	14802	3531	369	202
2010	24834318	330819	157022	17024	4843	499	252
2011	25079193	335422	159237	19274	5605	701	309
2012	24387555	298571	152900	19731	6362	897	372
2013	23172092	280290	140772	20061	6644	911	449
2014	21644679	258379	132780	21183	6911	912	564

注：数据来自《中国畜牧业年鉴》。

肉鸡养殖产业在规模化、区域化、标准化方面发生了深刻的转型，传统的庭院式散养模式逐步被商业规模化养殖取代，肉鸡养殖业也转变为资本与技术密集型产业，生产效率得到了极大的提升①。

肉鸡产业的发展以及生产方式的转型需要相应的高效经营模式来配合才能达到产业发展的平衡与协调，我国肉鸡产业的发展与生产方式的转型极大地推动了产业化经营模式的创新。近年来，新型经营模式成为肉鸡养殖业发展中的亮点，新型经营模式在全国各地的运用和创新为肉鸡产业未来的发展之路进行了有意义的探索，在新型经营模式下，公司和农户双方通过契约合作的方式可以有效规避市场风险、降低交易成本、提高双方的经济效益。

对当前出现的肉鸡产业新型经营模式进行总结，大体可以划分为"公司+农户""合作社+农户""公司+合作社+农户""公司+养殖基地""公司+养殖基地+农户"五种类型②。"公司+农户"经营模式即公司和养殖户签订订单合同，养殖户负责投资建场、生产与管理，公司则按合同约定回收养殖户生产的肉鸡，而公司也可能提供雏鸡、饲料的供应以及技术服务等，以带动养殖户从事专业生产。这种经营模式一般以农业龙头企业为主导，企业在此过程中发挥了积极的引领作用，在一定程度上解决了分散农户进入大市场的问题，有利于增加农民收入，提高农民养殖积极性。但"公司+农户"的经营模式也存在一些问题，由于公司和农户的关系较为松散，各自以自身利益为重，企业相对农户往往占据市场优势地位，没有形成"利益共享、风险共担"的激励约束机制，导致这种订单农业的违约率发生率较高，很大程度上损害了农户的参与积极性，同时企业在对生产质量进行控制方面也存在一定的困难。

"合作社+农户"的经营方式通常是由农户自发组织或政府引导成立的，农户进行联合生产有利于增强市场力量、提高市场地位、扩大市场影响，在进入市场时以组织的形式获得更高的谈判交易地位，进而争取更多的经济利益，合作社作为农户自身利益的代言人会充分保障农户的权益。"公司+合作社+农户"的经营方式引入了合作社作为第三方机构，其中的合作社等组织起到了重要的纽带作用，它的介入改变了公司和农户之间的治理结构，有助于

①祝丽琴，钞贺森，田旭.生产方式转型背景下中国肉鸡产业链价格传导研究 [J].价格月刊，2017 (10)：31-36.
②辛翔飞，张瑞荣，王济民.我国肉鸡产业发展趋势及"十二五"展望 [J].农业展望，2011，7 (03)：35-38.

壮大农户群体的力量，使之有能力与公司的不平等抗衡，同时合作社自身提供的一些基础设施、技术服务等也给企业带来了方便，并作为第三方在有效监督农户行为、保证生产质量方面发挥作用，大大提升了公司和农户合作的绩效，降低了两者合作的交易成本。

"公司+养殖基地"的经营模式完全由企业进行主导控制，是企业为实现纵向一体化所进行的尝试，通过将生产、加工和销售进行一体化，企业可以完全把控产业链运行与质量，有效抵御外部市场与经营的风险，避免不稳定契约可能带来的纠纷与问题。"公司+养殖基地+农户"是企业通过养殖基地与农户联结起来，通过支付工资将自由农户固化为企业生产所需的专业劳动力，即有利于企业实现对生产的控制又有利于促进农民就业、增加农民收入。产业化经营是我国现代肉鸡养殖业发展的必经之路，而肉鸡产业的发展与转型为产业化经营之路打下了坚实的基础，有力地推动了产业化经营模式的创新与应用。未来农业的竞争实际是产业链的竞争，尽可能低成本地整合和控制产业链是相关经营主体谋求发展的内在逻辑，这也决定了肉鸡养殖产业化经营模式演变的基本方向。

目前，我国肉鸡产业规模化已达到较高的水平，规模化养殖比重提升速度将进一步放缓，肉鸡产业区域化布局和产业转移调整也将缓慢推进，但规模化养殖的内部结构仍有较大的调整空间，中规模养殖场数量将进一步下降，大规模养殖场所占比重有较大的提高空间。需要说明的是，虽然我国肉鸡养殖规模化水平、区域集中程度已处于较高水平，但我国肉鸡产业集中度（肉鸡产业中排名前列的生产商所占的产量或销售量份额）仍处于较低水平，远低于美国，其肉鸡产业集中度超过70%（前十大肉鸡企业产量合计占全国产量的比重超过70%）。可见，我国肉鸡产业在市场集中度上仍大有可为，随着规模化、区域化与标准化的推进，将可能出现更多超大型的肉鸡企业，推动肉鸡产业集中度的不断提升。

肉鸡产业化经营模式在我国已得到初步发展，并结合实际情况进行了一定的创新，但采取产业化经营模式的养殖者仍占少数，相比欧美等发达国家甚至肉鸡产业规模较大的发展我国家巴西仍存在一定的差距。产业化经营是我国肉鸡产业发展的发展方向，进行产业化经营不仅可以提高肉鸡产业的效率，而且因生产者、经营者的共同利益关系加强了双方的合作，更有利于实现生产、加工与流通的良性循环，我国肉鸡产业也将在产业化经营上不断完善、进步与创新①。

二、畜禽产业经营主体和经营模式生产效率的实证分析

随着畜禽产业的发展和现代化养殖技术的普及，多种经营主体和养殖模式开始表现出不同的活力，对农业生产的影响首先表现在生产效率的不同。为探究不同别的经营主体和经营模式的生产效率，本节通过实证模型对生产效率的影响因素进行定量分析。

（一）研究方法

为进一步探究养殖规模对技术效率的影响，本节以奶牛养殖和生猪养殖为例，从实证角度来分析养殖规模和技术效率之间的关系及影响机制。随机前沿生产函数是一种广泛应用于技术效率研究的实证方法，相对于非参数的 DEA 等方法，它可以有效区分技术非效率与误

①辛翔飞，张瑞荣，王济民．我国肉鸡产业发展趋势及"十二五"展望［J］．农业展望，2011，7（03）：35-38.

差项。本节同样使用超越对数随机前沿生产函数来分析奶牛养殖业和生猪养殖业的技术效率及其影响因素。随机前沿生产函数最早由 Ainger 等和 Meeusen 等于 1977 年分别提出,常用的模型如下:

$$Y_i = f(x_i, \beta) \exp(v_i) \exp(-u_i) \tag{6-1}$$

其中,Y_i 表示第 i 个样本的产出,x_i 表示第 i 个样本的投入矩阵。误差项由两部分组成:第一部分 v_i 为经典的随机误差项,服从正态分布 $N(0, \sigma_v^2)$;第二部分 u_i 表示技术非效率,服从 $N(m_i, \sigma_u^2)$ 的截断正态分布。

由于误差项与古典假定不一致,因而不能用最小二乘法来估计有关参数。在实证分析中,可以首先估计出总的误差项,然后通过联合分布以及边缘分布估计出非效率项的概率密度函数,进而通过条件期望求出技术效率[1]。技术效率计算公式为:

$$TE_i = Y_i/f(x_i, \beta) \exp(v_i) = \exp(-u_i) \tag{6-2}$$

需要说明的是,TE 取值在 0~1 之间。当越接近 0 时,TE 越接近 1,则该点的技术效率越高,反之则越低。

影响奶牛养殖技术效率的因素有很多,可以分为自身因素与环境因素,其中环境因素又包括自然环境、经济和社会环境等。本节中效率函数为:

$$u_i = z_i m_i + w_i \tag{6-3}$$

其中,u_i 为技术非效率,z_i 为待估参数,m_i 表示影响技术非效率的因素。

(二) 奶牛养殖模式对生产效率的影响研究

经营主体的规模大小影响着其饲养方式,进而影响生产效率。从小规模的家庭式人工散养,到中规模较为统一的养殖小区和牧场,再到大规模现代化科学养殖场,不同养殖模式面临着不同的生产效率。本节采用随机前沿生产函数模型就奶牛养殖模式对生产效率的影响进行实证分析,试图发展影响奶牛养殖业生产效率的因素及影响机制,进而为高效率的奶牛养殖提供借鉴。

1. 模型设定

在确定生产函数形式时,由于事先并不知道各种生产投入要素之间的替代弹性情况为了尽可能降低模型的设定误差,本节采用形式相对灵活的超越对数生产函数,这是一种易估计和包容性很强的变弹性生产函数,能够较好地研究生产函数中各投入要素的相互影响,且超越对数的随机前沿生产函数避免了柯布道格拉斯生产函数对于技术进步中性与规模报酬不变的假设。模型设定如下:

$$\ln(Y) = \beta_0 + \beta_1 \ln(labor) + \beta_2 \ln(land) + \beta_3 \ln(number) + \frac{1}{2}\beta_{11} \ln(labor) \ln(labor)$$

$$+ \frac{1}{2}\beta_{22} \ln(land) \ln(land) + \frac{1}{2}\beta_{33} \ln(number) \ln(number) + \beta_{12} \ln(labor) \ln(land)$$

①班洪赟,王善高,班洪婷,田旭. 世界奶业生产技术效率及其对中国的启示 [J]. 农林经济管理学报,2018,17 (03):334-342.

$$+\beta_{13}\ln(labor)\ln(number)+\beta_{23}\ln(land)\ln(number)+v_i-u_i \qquad (6-4)$$

式中，Y 表示奶牛场牛奶产量，$labor$ 表示奶牛场的劳动力投入，$land$ 表示奶牛场面积，$number$ 表示奶牛场奶牛数量，β 为各投入要素的待估系数，v_i 和 u_i 分别表示随机误差项和技术非效率项。

在解释技术效率影响因素方面，影响奶牛养殖技术效率的因素有很多，包括自然环境因素、社会经济环境因素及奶牛自身因素等，考虑到本节研究的主要目的及数据的可获得性，本节选择了奶牛规模及二次项、奶牛品种（是否是荷斯坦牛）、奶牛初次产仔（泌乳）月龄、样本所在国家 2014 年人均国民总收入水平（千国际元），以及样本所在国家 2014 年牛奶总产量（百万吨 ECM）作为效率方程的自变量。

需要说明的是，为探究养殖规模对技术效率的影响，本节沿用《全国农产品成本收益资料汇编》中对规模的界定，定义养殖规模≤10 头为散养，10<养殖规模≤50 头为小规模，50<养殖规模≤500 头为中规模，500 头≤养殖规模为大规模[①]。

2. 数据来源及说明

本节所用数据来自国际牧场联盟 IFCN 于 2015 年发布的世界奶业报告 Dairy Report 2015，数据包括 2014 年全球 100 个国家或地区奶业相关的宏观数据以及部分国家奶牛场层面的微观数据。宏观数据包括各国的牛奶产量、牧场结构和价格等变量，微观数据涵盖从 55 个国家中选取的 170 个代表性农场数据，涉及奶牛场的投入、饲养和产出等情况，2014 年人均国民总收入（GNI）来自 FAO。在数据处理过程中剔除存在缺失值的数据，最后有效样本共 158 个。

相关变量的描述性统计汇报在表 6.10 中。总体来看，不同奶牛场的规模、投入以及单产均存在较大差异，而样本国的经济发展水平与奶业发展水平也存在明显差异。

表 6.10　变量描述性统计

变量	单位名称	均值	标准差	最小值	最大值
奶牛数量	头	262.12	575.35	1	5000
土地投入	公顷	249.16	623.07	1	4270
劳动力投入	劳动单位	20.90	63.31	0.46	651
单产	千克	6481.88	2780.05	584	11784
牛奶产量	千克	2193.95	5896.40	2	53986
替换率	%	0.27	0.09	0.05	0.52
首次产乳月龄	月	27.85	3.71	22	42
平均人均国民总收入	现价国际元	25660.25	18533.40	1140	68530
本国牛奶总产量	百万吨 ECM	16.05	27.92	0.05	157.42

注：a. 1 劳动单位=2100 小时；b. ECM：将奶牛和水牛牛奶折合为含 4.0%的乳脂以及 3.3%的乳蛋白的能量校正奶。

[①] 班洪赞，王善高，班洪婷，田旭. 世界奶业生产技术效率及其对中国的启示 [J]. 农林经济管理学报，2018，17（03）：334-342.

3. 实证结果

（1）生产函数估计。鉴于模型中随机扰动项不服从经典假设，故本节利用极大似然估计方法估计参数，并对函数形式进行检验，检验结果显示所有二次项与交叉项联合显著，故超对数生产函数无法简化为柯布道格拉斯生产函数。表 6.11 汇报了生产函数的估计结果，其中 lambda 显著大于 0，表明的确存在明显的非效率项，随机前沿生产函数优于确定前沿生产函数。

表 6.11　随机前沿函数估计结果

变量	系数	P	变量	系数	P
ln（劳动力）	−0.3***	0.002	ln（土地）×ln（土地）	0.01	0.610
ln（土地）	0.12*	0.075	ln（奶牛数量）×ln（奶牛数量）	−0.11***	0.003
ln（奶牛数量）	1.81***	0.000	Usigma	−5.7***	0.002
ln（劳动力）×ln（土地）	0.05*	0.033	Vsigma	−2.26***	0.000
ln（劳动力）×ln（奶牛数量）	0.00	0.890	sigma_u	0.06	0.290
ln（土地）×ln（奶牛数量）	−0.05**	0.014	sigma_v	0.32***	0.000
ln（劳动力）×ln（劳动力）	0.07**	0.027	lambda	0.18***	0.003

注：***、**、*表示估计结果在 0.01、0.05、0.1 的显著性水平上显著。

（2）全球奶牛养殖业的效率值。依据表 6.12 的估计结果，利用公式（6-2）计算了全球奶牛养殖业总体的技术效率值。结果显示，当前，全球奶牛养殖业总体的技术效率水平均值为 0.81，说明如果能够排除技术无效率的影响，奶牛养殖户仍有 19% 的技术效率提升空间。技术效率最高地区分别是北美洲、欧洲和大洋洲等发达地区。北美洲地域辽阔，奶牛养殖的规模化程度高，养殖技术先进、管理科学规范，故技术效率高达 0.95；欧洲和大洋洲有丰富的牧草资源，奶业发展历史悠久，养殖模式和配套政策也更为先进和灵活，比如荷兰、新西兰等以家庭农场模式发展先进养殖业，澳大利亚 80% 奶牛为草地放牧。而非洲和南美洲技术效率最低。非洲大部分地区采用的依然是传统的养殖模式，先进技术难以普及；而南美洲缺乏优质牧草和适宜奶牛生活的环境。已有研究发现，奶牛对生活的温度有较高的要求，当温度过高时，奶牛的进食量明显减小，泌乳量降低，影响技术效率。亚洲奶牛养殖的技术效率处于中等水平，但是仍低于世界平均技术效率。

表 6.12　技术效率估计结果

地区	样本量	均值	标准差	最小值	最大值
非洲	32	0.67	0.31	0.13	1.00
亚洲	32	0.75	0.24	0.21	1.00
欧洲	57	0.92	0.21	0.20	1.00
北美洲	14	0.96	0.10	0.70	1.00
大洋洲	4	0.95	0.10	0.81	1.00
南美洲	19	0.68	0.20	0.31	0.99
全部样本	158	0.81	0.25	0.13	1.00

我国奶牛养殖的平均技术效率为 0.73（见表 6.13），略低于亚洲平均效率水平，且远达

不到世界平均水平。6个代表性养殖场中，规模较小的养殖场技术效率水平较高，而大规模养殖场反而技术效率水平较低。说明当前我国的大规模养殖场的生产方式与管理不够完善，各投入要素未能实现良好组合搭配，无法实现规模化养殖带来的效益。

表 6.13　我国养殖场情况分析

农场代码	奶牛数量（头）	劳动力（劳动单位）	土地（公顷）	技术效率
CN-14HJ	14	2.89	6	0.99
CN-160N	160	21.73	67	0.78
CN-210N	210	29	7	0.74
CN-340BE	340	45.47	4	0.61
CN-520HJ	520	40.58	9	0.63
CN-1689N	1689	125.71	222	0.66
平均	488.83	44.23	52.50	0.73

由于不同规模的养殖户生产的牛奶一般面向不同的消费市场，比如小规模散养奶牛的主要消费人群是周边居民，而大规模奶牛场的奶牛则多供应于全国市场或者牛奶厂进一步加工，且本书样本来自全球范围，地理跨度巨大，奶牛养殖所面临的生产、消费环境差别巨大，因此本书进一步根据规模汇报了投入—产出弹性（结果见表 6.14）。需要注意的是，超越对数生产函数计算出来的各投入要素的产出弹性是投入要素的函数，故文章汇报了各变量均值点的产出弹性。总体而言，劳动力、土地和奶牛数量的产出弹性均为正值，说明增加这三种投入要素均会提高产量。但散养户（奶牛数量≤10）与小规模化（10<奶牛数量≤50）的劳动产出弹性均为负值，说明在小规模饲养环境下存在劳动力过量投入的问题，增加劳动力的投入并不能带来产出的增加。这种结果可能源于两个因素：①不同规模的养殖户采用不同的生产技术，故面临不同的生产函数，但受样本所限，只能假设所有养殖户面临同样的生产函数。②小规模养殖户的劳动投入被高估。此外，家庭散养与小规模奶牛养殖户土地和奶牛数量的产出弹性均为正值，且奶牛数量产出弹性远高于中规模与大规模养殖户。这说明提高小规模户产出的最有效途径是扩大规模。同时，家庭散养与小规模户的规模弹性均大于1，即存在明显的规模经济。与之不同，中规模（50<奶牛数量≤100）与大规模（500<奶牛数量）奶牛养殖户三种投入要素的产出弹性均为正数，但规模弹性仅为 0.74 和 0.64。这说明在当前的生产技术及经济环境下，增加任一生产要素的投入都将促进牛奶的产出，但已经存在明显的规模不经济，即中规模与大规模养殖户不应继续扩大规模①。

表 6.14　不同规模的产出弹性

规模	奶牛数量	劳动力	土地	奶牛数量	规模弹性
总体	—	0.11	0.06	0.74	0.92
散养	奶牛数量≤10	-0.18	0.10	1.48	1.40
小规模	10<奶牛数量≤50	-0.01	0.07	1.00	1.06
中规模	50<奶牛数量≤500	0.17	0.05	0.53	0.74
大规模	奶牛数量>500	0.54	0.07	0.04	0.64

①班洪赞，王善高，班洪婷，田旭. 世界奶业生产技术效率及其对中国的启示 [J]. 农林经济管理学报，2018，17 (03)：334-342.

（3）技术效率提升途径研究。表 6.15 汇报了技术非效率方程的估计结果。结果显示，养殖规模、奶牛品种、首次产乳月龄、本国人均国民总收入、本国的牛奶总产量都对技术效率有显著的影响。其中：①奶牛数量（对数）二次项系数为负，说明奶牛数量与生产效率呈 U 形关系，即技术效率随着奶牛数量的增加呈现先降低后增加的趋势。当养殖规模较小（散养）时，通过精细护理可以充分利用各种投入要素，故而技术效率较高；随着奶牛数量的增加，高劳动投入的养殖模式不断向规模化自动化的养殖模式转变，在转变过程中，传统与现代奶牛养殖方式的混合使用造成了管理的混乱，影响了技术效率。随着规模进一步扩大，现代自动化的养殖方式完全取代传统家庭养殖方式，规模化养殖的模式更加成熟，管理趋于完善，饲养方式更加科学，规模效益得以更大程度发挥，故技术效率不断提高。②饲养荷斯坦牛的养殖户生产效率显著高于饲养其他品种奶牛的养殖户。饲养荷斯坦牛的养殖户，平均技术效率为 0.85，而饲养其他奶牛品种的养殖户技术效率只有 0.65。荷斯坦牛为优秀品种，其产奶量、牛奶的质量等相较于其他品种皆有明显优势，这说明改进奶牛品种有利于技术效率的提高。③首次产乳月龄对技术效率有负向的影响，奶牛存栏的补充周期较长，首次泌乳月龄越大，对效率造成的损失越严重。由于奶牛生命及泌乳期有限，故初次泌乳月龄大的奶牛一生的泌乳期短于初次泌乳月龄小的奶牛，其产奶量也将更少。④本国人均纯收入对奶牛养殖的技术效率具有正向影响，原因可能是收入高的国家对奶制品的需求较高，从而促进了本国奶业的发展，提高了技术效率。这一结论从全年牛奶总产量的系数中也得到了验证，即牛奶生产大国的技术效率更高。

表 6.15 效率函数估计结果

技术非效率	系数	标准误	z	P 值
ln（数量）	0.75	0.14	5.37	0.00
ln（数量）×ln（数量）	-0.06	0.02	-3.39	0.00
荷斯坦牛	-0.77	0.11	-6.69	0.00
月龄	0.06	0.01	4.51	0.00
人均国民纯收入	-0.04	0.01	-6.07	0.00
国家牛奶总产量	-0.01	0.00	-2.05	0.04
常数项	-2.03	0.56	-3.60	0.00

注：方程的因变量为技术非效率，因此正系数代表对技术效率有负向影响。

效率方程显示养殖规模与技术效率呈现 U 形关系，为了进一步探讨规模与效率之间的关系，文章按照养殖规模分类计算了平均技术效率。具体结果汇报在图 6.7 中。图 6.7 左侧柱状图显示，100 头及以下规模的奶牛养殖户，技术效率可以达到 0.84；当奶牛规模超过 100 头，技术效率随着规模扩大呈现下降趋势。当规模处于 500～1000 头范围时，技术效率仅为 0.66，说明存在严重的效率损失；而当奶牛数量大于 1000 时，技术效率较高，并高于总体的技术效率水平。图 6.7 右侧描绘了技术效率和养殖场奶牛数量（对数）的关系变化趋势。拟合线显示，当规模较小时（小于 50 头），技术效率较为平稳；一旦规模超过 50 头，技术效率随着规模扩大先急速下降；当规模超过 500 头左右时，技术效率开始快速提升。

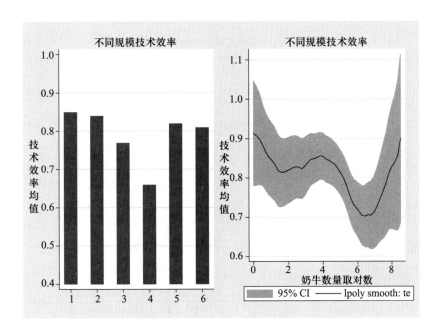

图6.7 技术效率与奶牛数量关系

注：图6.7左侧柱状图中，1、2、3、4、5分别表示奶牛数量的区间为（0，10]；（10，100]；（100，500]；（500，1000]；（1000，+∞]，而6表示所有样本平均[1]。

当前我国奶牛养殖业面临严峻的国际竞争，规模化专业化的呼声日益高涨。结合本书的研究以及当前我国奶牛养殖业的现状，因地制宜发展多种养殖模式才能在激烈的竞争中生存。对于奶牛数量低于50头的小规模家庭养殖，采用传统的高劳动投入、精细化管理模式可以充分利用各投入要素，从而实现较高的技术效率，其市场定位应该继续瞄准零散的产地市场，填补大企业难以企及的地方市场，避免与国际奶业巨头直接竞争。而奶牛数量超过1000头的大规模专业化养殖场应积极引进商业资本，提高财力以采用现代化的饲养模式，不断提高其生产的标准化、自动化程度以及食品安全水平，并积极引进或者培育新型奶牛品种，通过差异化的产品以及一定的垄断地位占领更广泛的市场，从而实现较高的技术效率与经济效益。

（4）不同养殖方式投入产出比较分析。为进一步验证实证分析的结论，本节对《全国农产品成本收益资料汇编2015》的数据进行了整理（见表6.16）。结果显示，不同的养殖规模在饲养方式上存在明显不同。第一，小规模养殖户劳动投入远高于大规模养殖户，尤其是自用工投入，而大规模户更多依赖于雇工。第二，大规模养殖户饲料投入更多，其中，青粗饲料投入远高于散养户。粗纤维在很大程度上会影响奶牛的产奶量，饲料的合理搭配可以使奶牛的泌乳性得到充分发挥。第三，规模越大，单位奶牛的土地成本越大。散养奶牛的主要饲养场所为农户自家或房前屋后，奶牛活动场所有限，大规模专业化的养殖场为了利于奶牛的生长与产奶，对单位面积奶牛数量要较为严格的要求。饲养方式的差异造成不同规模奶

①班洪赟，王善高，班洪婷，田旭．世界奶业生产技术效率及其对中国的启示［J］．农林经济管理学报，2018，17（03）：334-342.

牛养殖的产量存在明显。总体而言，规模越大，单位奶牛主产品产量越高①。

表 6.16　不同规模生产投入及产出

投入产出	单位	平均	散养奶牛	规模奶牛			
				平均	小规模奶牛	中规模奶牛	大规模奶牛
主产品产量	千克	5584.34	5237.65	5931.03	5292.97	5715.85	6784.27
总成本	元	18967.36	17147.34	20787.08	16853.33	20235.46	25272.05
生产成本	元	18914.62	17113.00	20715.95	16807.21	20152.95	25187.29
物质与服务费用	元	15642.59	13452.64	17832.47	13753.39	17220.99	22523.01
人工成本	元	3272.03	3660.36	2883.48	3053.82	2931.96	2664.28
家庭用工折价	元	2226.42	3556.10	896.52	2356.02	309.50	23.66
雇工费用	元	1045.61	104.26	1986.96	697.80	2622.46	2640.62
家庭用工天数	日	29.93	47.80	12.05	31.67	4.16	0.32
雇工天数	日	11.06	1.12	21.00	6.73	29.19	27.09
土地成本	元	52.74	34.34	71.13	46.12	82.51	84.76
精饲料费	元	8931.38	8609.08	9253.68	8349.84	8975.57	10435.63
青粗饲料费	元	3560.01	2530.67	4589.34	2800.59	4537.46	6429.97
精饲料/青粗饲料	—	2.51	3.40	2.02	2.98	1.98	1.62

注：a. 养殖规模≤10头为散养，10<养殖规模≤50头为小规模，50<养殖规模≤500头为中规模，500头≤养殖规模为大规模；b. 以上投入产出均以每头牛为单位计算。

（三）生猪养殖模式对生产效率的影响研究

造成我国生猪产业低效率的原因主要有以下两点：第一，劳动投入量偏高。我国农产品成本收益汇编的数据显示，2004年，在我国，小型养殖场和规模化养殖场的平均每人劳动投入量分别为11.06人工和3.55人工（1人工=8小时），然而在美国，同期平均每人劳动投入量仅为1小时（Key 和 McBride，2007）。第二，劳动成本和饲料价格的大幅上升。大型养殖场屠宰每头生猪的实际劳动成本在2000~2010年间翻了一番，饲料投入成本在2005~2010年间增长了46.8%。当前我国经营方式可能是造成我国生猪产业低效率的主要原因。

1. 模型设定

在实证模型中，我们遵循已有文献给出的建议，使用形式相对灵活、替代弹性可变的超越对数生产函数：

$$\ln Y_{it} = \beta_0 + \sum_j \beta_j \ln x_{jit} + \beta_t T + \frac{1}{2}\sum_j\sum_k \beta_{jk}\ln x_{jit}\ln x_{kit} + \frac{1}{2}\beta_{tt}T^2 + \sum_j \beta_{jt}T\ln x_{jit} - U_{it} + V_{it}$$

(6-5)

其中，i 代表某个观测值，在这里指某个农户；t 代表某一年的观测值；Y_{it} 为过去一年猪肉总产量；x_{jit} 代表三个主要投入变量，包括劳动、饲料和资本（如幼苗成本、固定资产

①班洪赟，王善高，班洪婷，田旭. 世界奶业生产技术效率及其对中国的启示［J］. 农林经济管理学报，2018，17（03）：334-342.

折旧、流行病预防及其他管理成本等）；T 是用于描述生产率变化趋势的时间变量；V_{it} 是满足经典假设的随机误差项；U_{it} 是随时间变化的非效率项，它满足以下条件：

$$U_{it} = h_{it} u_i^*$$
$$h_{it} = f(Z_{it}', \delta)$$
$$u_i^* \sim N^+(\tau, \sigma_U^2) \qquad (6-6)$$

Z_{it}' 包含了所有可能影响生产效率的因素，借鉴以往的文献，生产效率可归因于三个因素：农户特征、环境因素、管理因素（如是否规模化生产）。我们用性别、年龄、受教育程度、是否参加农业培训、健康状况来描述农户特征；用地区虚拟变量来描述环境因素和其他不可观测的地区性差异；用是否从事专门化生猪生产（通过询问农户"养猪是否是家庭收入的主要来源"来衡量）来作为管理因素的代理变量。

2. 数据来源及说明

我们采用农业部农村经济研究中心调查的全国农村固定观察点数据。该调查自 1986 年起每年进行一次，包含了从全国 31 个省、自治区、市抽取的 360 个村庄的 20000 多户农户信息。但由于问卷的变更和数据采集的不连续，我们只采用 2004 年（开始采用新问卷的年份）至 2010 年（已发布的最新数据）的数据，即采用最新问卷获得的数据。我们的研究主要关注生猪产业的生产效率，因此我们只选择和生猪生产有关的样本。最终，剔除异常值后，有效样本为 19809 个。

表 6.17 汇报了本研究中各个变量的定义和描述性分析结果。表 6.17 显示，农户生猪产量的均值为 567.92 千克。根据 2013 年我国农产品成本收益资料汇编的数据，每头生猪的重量约为 110 千克，因此每个农户平均生产 5 头生猪。这一数据表明，小规模散养依然是我国农村地区的主要生产方式，当然由于我们的数据是不包含商业化养殖户的，所以我们还不能妄下定论。劳动投入我们用花费在生猪生产上的人工来衡量，均值为 96.43 人工；资本投入指除饲料费用以外的其他资本费用，包括管理成本、猪仔成本、检疫费用、固定资产折旧和水电费等其他费用，均值为 1321.98 元；饲料投入指所有用于生猪生产的饲料，如精饲料、残饵、青贮饲料等，均值为 1978.79 千克。"饲养"是衡量是否规模化养殖的虚拟变量，取值为 1 表示家庭收入的主要来源为养猪收入，即规模化养殖，"饲养"的均值为 0.06，表示规模化养殖的农户占 6%。"规模"指生猪生产的数量，取值 1~5 表示规模逐渐扩大，取值为 1 表示自产自销（产量≤100 千克）；取值为 2 表示散养（100 千克<产量≤3000 千克）；取值为 3 表示小规模养殖（3000 千克<产量≤10000 千克）；取值为 4 表示中等规模养殖（10000 千克<产量≤100000 千克）；取值为 5 表示大规模养殖（100000 千克<产量≤1000000 千克）。

表 6.17　变量定义及描述性分析

变量	观测个数	均值	标准差	最小值	最大值	单位/定义
产量	19809	567.92	3111.00	51	250000	千克
劳动	19809	96.43	100.74	3	7206	人工
资本	19809	1321.98	7820.06	2	710000	元
饲料	19809	1978.79	10817.01	62	800000	千克
时间	19809	3.58	1.97	1	7	计数变量

变量	观测个数	均值	标准差	最小值	最大值	单位/定义
年龄	19809	51.19	10.48	19	89	户主年龄
受教育程度	19809	6.63	2.55	0	19	户主受正规教育的年限
性别	19809	0.96	0.19	0	1	户主的性别（1＝男；0＝女）
培训	19809	0.2	0.4	0	1	户主是否接受过农业培训（1＝是；0＝否）
健康状况	19809	1.79	0.92	1	5	户主自评的健康状况
饲养	19809	0.06	0.24	0	1	养猪是否为家庭收入的主要来源（1＝是；0＝否）
规模	19809	1.91	0.38	1	5	生产规模
东部	19809	0.2	0.4	0	1	地区虚拟变量
西部	19809	0.47	0.5	0	1	地区虚拟变量

3. 实证结果

（1）生产函数估计。由于随机前沿函数模型的随机扰动项不满足经典假设，因此我们采用极大似然估计法估计模型结果[①]。表 6.18 汇报了随机前沿生产函数的估计结果，模型总体的拟合效果由对数似然比检验（log-likelihood tests）给出。技术非效率函数中的变量占总变量的 87.5%，表明技术非效率对生猪生产的影响相当显著。

表 6.18　随机前沿生产函数实证结果

ln（产出）	系数	标准差	ln（产出）	系数	标准差
ln（劳动）	0.2295***	0.0593	0.5×（ln（资本））^{2}	0.1363***	0.0075
ln（资本）	0.2199***	0.0444	时间	-0.0546***	0.0122
ln（饲料）	0.0003	0.0475	时间×ln（劳动）	-0.0078**	0.0033
ln（劳动）×ln（资本）	0.0528***	0.0101	时间×ln（饲料）	0.0162***	0.0029
ln（劳动）×ln（饲料）	-0.0986***	0.0131	时间×ln（资本）	-0.0101***	0.0023
ln（资本）×ln（饲料）	-0.1384***	0.0074	0.5×时间^2	0.0063***	0.0015
0.5×（ln（劳动））^{2}	0.0951***	0.0188	常数	1.6746***	0.1452
0.5×（ln（饲料））^{2}	0.2522***	0.0126			

注：***、**、*分别表示在 1%、5%、10%的水平上显著。

我们发现模型中绝大多数变量的影响在统计上是显著的。为了更好地解释投入要素对生猪产出的内在影响，我们利用样本均值进一步计算了产出对每个收入要素的偏弹性，计算公式如下：

$$\varepsilon_{kt} = \frac{\partial \ln Y_{it}}{\partial \ln x_{kit}} = \beta_k + \sum_{j \neq k} \beta_{jk} \ln x_{jit} + \beta_{kk} \ln x_{kit} + \beta_{kt} T \qquad (6-7)$$

计算结果在表 6.19 中给出。三个投入要素劳动、资本、饲料的平均偏弹性分别为 0.11、0.42 和 0.40，说明劳动投入每增加 1%，产出增加 0.11%；资本投入每增加 1%，产出增加 0.42%；饲料投入每增加 1%，产出增加 0.40%。同时，我们还计算出了每年每个投入要素的偏弹性。结果显示，劳动的偏弹性在逐年递减，2009 年之后甚至出现负值，而资本的偏弹性总体上在提高，这表明在生猪生产过程中，劳动投入过量了。总体而言，资本和

---

①班洪赟，王善高，班洪婷，田旭. 世界奶业生产技术效率及其对中国的启示［J］. 农林经济管理学报，2018，17（03）：334-342.

饲料投入是生猪产量提高的主要因素，这正是因为我国生猪行业正由传统的劳动密集型经营方式向更为现代化的依靠资本和饲料投入的经营方式转型。

表 6.19　偏弹性和规模弹性

年份	劳动	资本	饲料	规模弹性
2004	0.2478	0.3648	0.4156	1.0281
2005	0.1866	0.3786	0.4235	0.9887
2006	0.1131	0.3549	0.4578	0.9258
2007	0.0871	0.4437	0.3735	0.9043
2008	0.0491	0.509	0.3242	0.8822
2009	−0.0293	0.4817	0.362	0.8143
2010	−0.0909	0.4768	0.3767	0.7626
总计	0.1068	0.4165	0.3985	0.9218

为了进一步了解生猪产业的规模收益，我们将产出对每个投入要素的偏弹性加总，得到规模弹性，在表 6.19 的最后一列中给出。结果表明，规模收益随时间而递减，2004 年，规模弹性略高于 1，但在 2004~2010 年间逐年递减，到 2010 年仅为 0.7626。下面两个可能的原因可以解释规模收益的递减：第一，由于调查方法的优化和生产经营方式的变化（从小规模散养向规模化养殖转变），被低估的非市场购买所得的投入要素（如自家劳动力、自家生产的饲料等）逐年递减，也就是说，早年间的规模弹性被高估了，因此规模弹性呈递减趋势；第二，近几年生猪养殖过程中生产要素的过量投入越来越严重，这可以由近几年激增的生猪生产成本看出。

（2）技术进步的估计。我们通过生产函数对时间求导来估计技术进步。可以表达为下式：

$$TC_{it} = \beta_t + \beta_{tt}T + \sum_j \beta_{jt}\ln x_{jit} \tag{6-8}$$

借鉴已有文献的做法，我们结合随机前沿生产函数和基于产出的 Malmquist 指数把全要素生产率（TFP）分解为技术进步（TC）、技术效率改变（EC）和规模效率改变（SC）[①]。在 t 时刻和 s 时刻之间的技术进步、技术效率改变和规模效率改变分别可以通过以下式子计算而得：

$$TC_i^{ts} = \beta_t + \beta_{tt}(T+S) + \frac{1}{2}\sum_j \beta_{jt}(\ln x_{jit} + \ln x_{jis}) \tag{6-9}$$

$$EC_i^{ts} = \frac{EC_i^t - EC_i^s}{EC_i^s} \tag{6-10}$$

$$SC_i^{ts} = \frac{1}{2}\sum_{k=1}^{3}\left[\frac{SE_t-1}{SE_t}\varepsilon_{kt} + \frac{SE_s-1}{SE_s}\varepsilon_{ks}\right]\ln\left(\frac{x_{kjt}}{x_{kjs}}\right) \tag{6-11}$$

[①]由于价格未知，这里我们无法计算出分配效率。

Kumbhakar 和 Lovell（2000）已经证明，全要素生产率的增长率为以上三者之和，即：

$$\Delta TFP_i^{ts} = TC_i^{ts} + EC_i^{ts} + SC_i^{ts} \qquad (6-12)$$

表6.20汇报了全要素生产率增长率和技术进步、技术效率改变、规模效率改变这三个组成部分。我们发现技术进步的数值总是负的，而技术效率改变和规模效率改变在2008年以后变为正值，说明效率的提高。然而，全要素生产率的增长率始终为负，在2004～2010年间，全要素生产率下降了20.6%，这主要归因于负的技术进步。技术效率和规模效率在此期间并没有提高。

表6.20　全要素生产率增长率及其组成部分

年份	SC	TC	EC	TFP
2004	未知	未知	未知	未知
2005	0.0007	-0.1919	0.0126	-0.1786
2006	0.005	-0.1860	0.0466	-0.1344
2007	-0.0179	-0.1760	-0.0818	-0.2757
2008	-0.0285	-0.1624	-0.0622	-0.2531
2009	0.0295	-0.1526	0.0785	-0.0447
2010	0.0168	-0.1477	0.0171	-0.1138
2004～2010	-0.0322	-0.1711	-0.0027	-0.2060

（3）技术效率。我们用条件期望法计算出了每个生猪养殖场的技术效率，因此我们可以观察到2004～2010年间不同地区生猪养殖场技术效率的不同，见图6.8。结果显示，东部地区的技术效率高于中部和西部地区，且东部地区与其他地区的技术效率差异始终保持在0.04左右。东、中、西部的平均技术效率分别为0.6202、0.5851和0.5832。同时，我们从图6.8可以看出，我国生猪产业的技术效率在不断波动，不能找出明显的变化趋势，这说明我国生猪产业的技术效率没有显著的提高。2004～2010年间生猪产业的平均技术效率为0.5914，仍有很高的提高空间。我们的估计结果远低于和前人的研究结果，造成这一差异的主要原因是这些学者使用的都是宏观数据，而本节的研究采用的是微观调研数据。

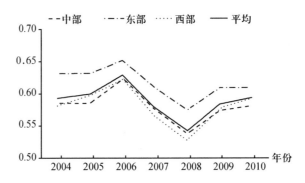

图6.8　技术效率在不同地区随时间的变化趋势

我们进一步计算了三个地区技术效率的分布范围，计算结果见表 6.21。我们发现 85% 的农户的技术效率得分在 0.7 以下，20.11% 的农户技术效率得分低于 0.5，这意味着我国生猪产业的技术效率仍有很大的提升空间。另外我们发现，我国东部地区的高技术效率养殖场所占比例更大，这与图 6.8 的结论相一致。

表 6.21　不同地区养殖场的技术效率分布范围

技术效率	东部	中部	西部	合计
<0.5	13.9	20.61	22.42	20.11
0.5~0.6	26.81	30.43	30.48	29.72
0.6~0.7	34.62	36.98	32.88	34.56
0.7~0.8	20.64	10.99	12.14	13.49
0.8~0.9	3.98	0.98	2.08	2.11
0.9~1	0.05	0	0	0.01

（4）技术效率的决定因素。为了进一步了解导致生猪技术效率变化的决定因素，我们估计了技术效率函数的结果，结果见表 6.22。需要注意的是，在技术效率模型中，被解释变量是尺度函数 $h(Z_{it}, \delta)$，在非效率函数中的参数可以表达为：$\delta = \partial \ln(Z_{it}, \delta)/\partial Z_{it}$。因此负的参数表示对技术效率的正影响。

我们发现，三个经典投入要素对技术效率的影响在统计上都是显著的，其中劳动和资本的系数为正，而饲料的系数为负。说明劳动和资本投入对技术效率有负向影响，而饲料投入对技术效率有正向影响。这一结论虽然令人惊讶但与前面提及的结论是一致的，也就是说，在生猪生产过程中劳动和资本已经投入过量，因而继续增加投入量会降低技术效率。

此外，户主特征会显著影响技术效率。年龄的系数为负，说明年龄对技术效率的影响为正，户主年龄越大，技术效率越高。这与我们的常识和预期是一致的，因为在农业生产中，年龄越大的户主经验越丰富。户主性别的系数为正，说明性别对技术效率的影响为负，女性比男性的技术效率更高。这是因为在我国农村地区，生猪养殖的工作通常是有女性来完成的。户主自评的健康状况系数为正，说明户主自评健康状况对技术效率的影响为负，自认为越健康的户主技术效率越低。可能的原因是，认为自己健康状况良好的人会从事其他非农工作，所以他们并不会全职从事生猪养殖工作。受教育程度对技术效率的影响是正向的，而接受农业培训对技术效率的影响却是负向的，这一点有待进一步探究。

我们发现规模化养殖场的技术效率更高。变量"饲养"的系数显著为负，对技术效率的影响显著为正，即养猪收入是家庭收入主要来源的农户技术效率更高，也就是说规模化养殖场的技术效率更高。

技术效率与地区因素有关，我国东部地区的技术效率要显著高于中部和西部地区，这与图 6.8 的结论相一致。而时间的影响不显著，也就是说技术效率没有明确的随时间变化的趋势。

表 6.22　技术效率函数实证结果

ln（效率）	系数	标准差	非效率	系数	标准差
ln（劳动）	0.3348***	0.0458	西部	0.0564***	0.0208
ln（资本）	0.2787***	0.0287	时间	0.0057	0.0135
ln（饲料）	−0.3155***	0.0439	τ	0.1659	0.0652

ln（效率）	系数	标准差	非效率	系数	标准差
年龄	-0.0018***	0.0007	Cu	-6.4186	0.5971
性别	0.1237***	0.0405	sigma_v_sqr	0.1125	0.0032
健康状况	0.0345***	0.01	sigma_u_sqr	0.7869	la
受教育程度	-0.0123***	0.0034	log-likelihood	-8023.6	la
培训	0.0399***	0.0147	Observations	19809	la
饲养	-0.2934***	0.0851	Wald chi	16746.83***	la
中部	0.1360***	0.037	la	la	la

注：表中 τ 表示 u^* 的期望，Cu 表示 u^* 的方差的对数；***、**、* 分别表示在 1%、5%、10% 的水平上显著。

第三节　畜禽等资本密集型农业的纵向一体化与利益联结

本节旨在介绍畜禽产业在饲养模式上的创新——纵向一体化发展模式。我们将首先描述畜禽产业在过去几十年中要素投入方式的转型，分析原有模式的不足，论证畜禽养殖向资本密集型产业发展的必要性。接着，本章会具体介绍纵向一体化的概念和创新之处，并通过案例指出纵向一体化利益分配模式。最后，本章将对畜禽养殖业纵向一体化下的价格传导进行实证分析。

改革开放以来，我国畜禽产业的发展经历了几个阶段：1978~1985 年的复苏发展期，这一阶段的主要目的是缓解城乡居民"吃肉难"问题；1985~1996 年的调整发展期，这一阶段旨在满足城乡居民"菜篮子"产品需求；1996~2007 年的达标发展期，这一阶段主要关注畜禽养殖业质量的提高、结构的优化及效益的增加；2007 年以来，我国畜禽产业进入现代化发展阶段，规模化、区域化、标准化发展是这一阶段的关键特征。随着产业链条的形成，现代畜禽养殖业的饲养模式又有了新的机制创新，纵向一体化成为又一重要发展模式。

一、畜禽养殖业向资本密集型农业转型

在早期，我国畜禽产业多以家庭散养为主，这种传统模式依赖密集的劳动投入，以稻草、废弃农作物和剩饭剩菜为主要饲料，技术水平和生产效率较为低下，属于劳动密集型和饲料密集型农业。而以美国和欧洲为代表的发达国家则发展资本密集型畜禽业。尽管目前规模化养殖正在逐渐取代传统的劳动密集型饲养模式，但我国畜禽产业与资本密集型的欧美模式相比，仍然存在很大的差距。

以生猪产业为例，对比中美两国的经营模式发现：尽管 2007 年以后，我国生猪产业进入规模化发展阶段，散养和小规模养殖场逐渐退出，大规模养殖场数量增加，但与美国相比，我国生猪养殖规模依然偏小。表 6.23 列出了 2012 年中美两国不同规模养殖场所占比重。从表中可以看出，我国养殖规模在 1~99 头的养殖场占最大比重，为 45%，且规模越大的养殖场所占比重越小；而美国则完全相反，养殖规模在 5000 头以上的养殖场所占比重最大，为 64%，且规模越小的养殖场所占比重越小，97% 的养殖场规模都在 1000 头以上。

表 6.23　2012 年中美不同规模养殖场所占比重

	1~99 头	100~999 头	1000~4999 头	5000 头以上
中国	45%	29%	15%	11%
美国	1%	2%	33%	64%

数据来源:《中国畜牧业年鉴》。

除饲养方式差异之外,中美两国在生猪投入成本方面也有显著的不同。

近年来,我国小规模养殖场的饲料转化系数已经达到 3.5 左右,这一系数已经可以与美国等发达国家的养殖场相媲美。然而,尽管饲料转化系数相近,但这并不表示我国生猪产业的生产效率能够和美国相提并论,因为为了取得同样的饲料转化系数,我国养殖户需要投入更多的劳动力。

图 6.9~图 6.11 描绘了 2000~2015 年间我国与美国生猪养殖场的要素投入情况。需要注意的是,在这里我国生猪养殖场是指我国规模化的生猪养殖场。从图 6.9 可以看出,我国规模化养殖场的饲料成本始终高于美国,且差距越拉越大;在 2006~2014 年间,每增重 100 磅的饲料成本从 21 美元上涨到 70 美元。美国的饲料成本呈波动增长趋势,且增长幅度较小,2006~2014 年间,每增重 100 磅的饲料成本从 17 美元增长至 40 美元。在 2015 年,中美两国的饲料成本均有所下降,但我国的饲料成本仍然比美国高 75%。

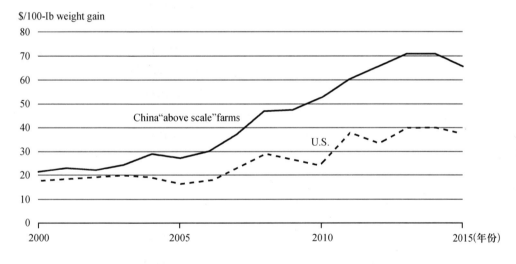

图 6.9　2000~2015 中美养殖场饲料成本:生猪每增重 100 磅所需的饲料投入 (美元)

数据来源:美国农业部报告。

从图 6.10 可以看出,在 2000~2006 年,我国规模化养殖场的种猪成本低于美国,而 2007 年和 2008 年,由于流行疾病,我国种猪供应急剧下降,因此种猪成本提高至高于美国的水平。此后,我国和美国在种猪成本上都不具有成本优势,因为两国种猪成本的变化趋势都很不稳定。2008 年我国规模化生猪养殖场每增重 100 磅的种猪成本上升至接近 35 美元,2010 年又下跌至接近 20 美元,2011 年由于另一种流行疾病导致种猪的高死亡率,种猪成本再次上升至 35 美元,至 2014 年又回落至 30 美元的水平,2015 年种猪成本有所上升,为 33 美元。美国养殖场的种猪成本在 2014 年激增至每 100 磅 45 美元,这是由美国猪流行病导致的,到了 2015 年,该流行病得到了控制,因而种猪成本又下降为每 100 磅 20 美元。

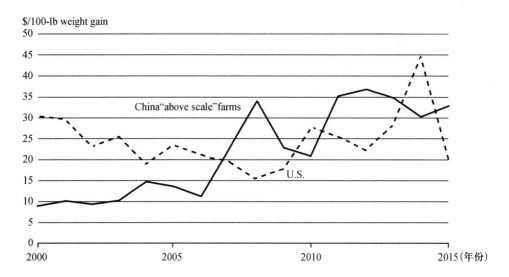

图 6.10 中美生猪养殖场种猪成本：生猪每增重 100 磅所需的种猪投入（美元）

数据来源：美国农业部报告。

从图 6.11 中可以看出，中美两国养殖场的劳动力成本在 2000~2003 年间基本一致，大约在每 100 磅 3~4 美元。2004 年以后，两国劳动力成本出现差异，并且差异越来越大。我国的劳动力成本开始上升，而美国的劳动力成本有所下降。在 2004~2015 年间，美国养殖场劳动力成本下降至每 100 磅 2~3 美元，这意味着美国劳动生产率的提高；而我国的劳动力成本则提高至每 100 磅 16 美元。而且这仅仅是我国规模化养殖场的劳动力成本，对于大量散养农户而言，劳动力成本会更高。这表明，我国生猪养殖场的劳动生产率非常低，而低劳动生产率很可能是导致我国生猪产业低效率的原因。

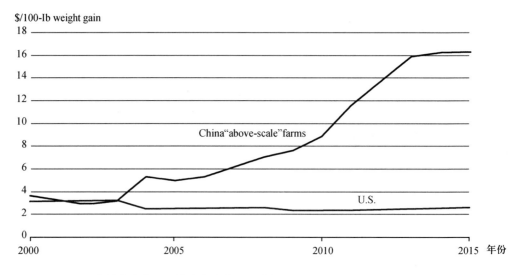

图 6.11 中美生猪养殖场劳动力成本：生猪每增重 100 磅所需的劳动力投入（美元）

数据来源：美国农业部报告。

表 6.24 列出了 2000~2015 年中美两国生猪产业上述三种投入要素在总投入中的平均份额。我们看到，对中美两国而言，饲料成本都是生猪产业的首要成本，在我国，饲料投入占

总投入的 57.20%，而在美国仅为 40.10%，美国的饲料成本远低于我国。种猪成本对两国而言都是总成本的第二大组成部分，我国的种猪投入份额为 28.20%，而美国稍高，为 35.70%。我国的劳动力成本份额为 7.80%，高于美国的 4.30%。我国其他要素投入的份额仅为 6.80%，而美国为 19.90%，远高于我国水平。这反映了美国生猪养殖场在设施、资本、设备等方面的投资比我国养殖场更大。

表 6.24　2000~2015 年中美生猪产业平均要素投入份额

	饲料	种猪	劳动力	其他
中国	57.20%	28.20%	7.80%	6.80%
美国	40.10%	35.70%	4.30%	19.90%

数据来源：美国农业部报告。

通过上述生猪产业的例子可见，新时期我国畜禽养殖业的发展需要提高规模化程度，增加资本投入份额，降低劳动力和饲料投入份额，需要逐渐由劳动力、饲料密集型转为资本密集型产业。

二、畜禽养殖业的产业化和纵向一体化

（一）纵向一体化的理论依据

在生产逐步向规模化转型的同时，产业化经营正成为我国畜禽养殖业发展的必由之路。大量商业资本的进入是推动我国畜禽产业化发展转型的重要原因，在资本进入初期，主要对散户以及小规模养殖户产生冲击和替代，使得中规模养殖场得以快速发展；随着农村劳动力的大量转移，在劳动资源稀缺的情况下，资本与技术将形成良好的替代，并为畜禽产业化的进一步发展奠定基础；在资本进入后期，通过一定程度的资金与技术的积累，使得中规模养殖场具备了向大规模进行转型发展的条件，大量商业资本推动形成的大型龙头企业对产业化发展起到了重要的引领作用。当前我国出现的畜禽产业化经营模式主要有三类："农户+市场""公司+农户"以及"公司+农场"，而"公司+合作社+农户"可以被归为"公司+农户"类别下，"公司+基地+农户"类似于"公司+农场"模式，只是更为松散一些。未来随着中小规模畜禽养殖场（户）的退出或向大规模畜禽养殖场的转变，大量商业企业的出现将进一步促进畜禽产业化经营的发展。

畜禽养殖业的产业化经营促进了纵向一体化。纵向一体化是指企业在现有业务的基础上，向现有业务的上游或下游发展，形成供产、产销或供产销一体化，以扩大现有业务范围的企业经营行为[1]。就畜禽产业而言，纵向一体化可以指公司将上游的饲料生产商、畜禽养殖户或下游的肉类加工厂和零售商一起纳入公司，使得畜禽供产、产销或供产销一体化。随着畜禽养殖规模化与产业化程度的不断提高促，养殖模式开始转变，传统的庭院式散养模式逐步被商业规模化养殖所取代，畜禽养殖产业由劳动密集型转变为资本与技术密集型产业。而这种转型则促进了畜禽上下游相关产业的融合，并使得产业链价格的联动更为紧密，从而

---

① 郑伊凡 . A 银行的电子银行业务发展战略研究［D］. 浙江工业大学，2018.

对畜禽产业纵向价格传导产生影响，促进畜禽产业链的整合。原因在于传统庭院式散养在饲养过程中主要喂食的是杂粮、自配饲料甚至是剩饭剩菜等，饲养周期也相应较长，而商业规模化养殖为提高效率、缩短养殖周期则主要依靠工业饲料，近年来工业饲料的普及率也在不断上升。

最早涉及纵向一体化理论研究的是由 Grossman 和 Hart、Hart 和 Morre 提出的不完全契约理论。他们指出，由于买卖双方（公司和农户）签订的合约具有不可避免的不完全性，价格是事后商定的，因此事前投资不足和市场效率损失的问题是必然存在的。如果将买卖双方一体化，这个问题就能得到解决。但此理论也指出，纵向一体化也可能产生成本，并不能总是降低交易费用。

许多学者在不完全契约理论的基础上进行了进一步的研究。聂辉华以此理论模型为基础，比较了单期和多期条件下"农户+市场""龙头企业+农户"和"龙头企业+农场"三种主要农业产业化模式的生产效率。"龙头企业+农场"模式是指龙头企业将生产、加工和销售一体化，雇用农民在企业租赁的农场或生产基地劳动，为农民工人支付工资的生产模式，体现了纵向一体化[1]。他们研究发现，当契约是多期的，并且价格波动比较大时，"龙头企业+农场"模式的生产效率最高。董晓波和常向阳在不完全契约理论框架下，从转换成本的角度切入探讨了企业和农户的一体化选择。他们发现，企业和农户的转换成本越高，越可能选择合约；随着转换成本增加，纵向一体化不一定优于合约，合约不必然向纵向一体化演化；企业和农户转换成本差距过大时，纵向一体化会使转换成本高的一方受益，却会使转换成本低的一方受损[2]。总之，纵向一体化产生的本质是"交易"。

（二）畜禽养殖业的纵向一体化和利益分配——以安仁温氏为例

畜禽养殖业的传统模式是"农户+市场"，即传统的家庭养殖，农户分散饲养，养什么、怎么养、养出来的产品销往哪、怎么销，完全是农户的个人行为，养殖规模小、随意性大，养殖的效益低；而如今较为普遍的"公司+农户"模式属于合约，这种一般意义上的"公司+农户"横向联合，由于公司处于强势地位，农户处于弱势地位，二者投入不对等、信息不对等，市场交易存在不确定性，往往出现公司盘剥农户利益或农户随意不履合约等现象，存在固有缺陷。本部分对安仁温氏畜牧公司饲养模式的研究，介绍一种公司与农户纵向一体化的饲养模式，这种模式相当于前文提到的"公司+农场"模式。

温氏公司采用委托饲养模式，将公司、农户两个相对独立、脱节的生产环节全部内化为纵向一体化的产业整合，实行有计划、有组织的养殖生产，实现相互依存、共同发展。养殖户只负责养殖生产的管理，公司既全程参与养殖户产前、产中和产后的经营过程，又为养殖户生产提供所需的产前、产中、产后服务。

在利益分配方面，温氏公司采取内部价格的结算方式，以稳定养殖户预期收益为目标，建立起相对合理的利益分配机制：公司与养殖户的内部结算价格并非市场价格，而是流程价格（即公司为养殖农户提供的种苗、疫苗、饲料、兽药以及产品回收价格是基于公司内部

---

①聂辉华．最优农业契约与中国农业产业化模式［J］．经济学（季刊），2013，12（01）：313-330.

②董晓波，常向阳．纵向一体化是市场与合约的必然演化形式吗——基于转换成本视角的实证检验［J］．统计与信息论坛，2018，33（02）：122-128.

计划确定的价格，与市场价格没有关系）。这种内部结算的价格机制，既有效隔离了养殖户和市场的投机交易，又极大地稳定了养殖户与公司的利益联结。

"温氏委托饲养模式下的现代家庭养殖，彻底改变了过去原料型、自给型、封闭型的传统家庭养殖方式，融入到了现代养殖企业主导下的纵向一体产业链条，实现了畜禽养殖各环节的社会化分工、规模化发展、标准化生产、协同化合作、一体化运行，真正形成了现代养殖企业与现代养殖家庭'风险共担，利益均沾'的产业聚合体，充分调动和发挥了各环节生产主体的积极性。"①

三、实证检验：纵向一体化下的价格传导——以肉鸡产业为例

本节用以分析的数据均来自公开的统计资料和数据库，来源可追溯。文章研究背景与生产方式转型及其影响机制分析部分所用数据来源包括《我国统计年鉴》（1985~2014）、《我国人口统计年鉴》（1985~2014）、《我国农业年鉴》（1985~2014）、《我国农村统计年鉴》（1985~2014）、《全国农产品成本收益资料汇编》（2004~2014）、《我国饲料工业年鉴》（2001~2014）、《我国饲料行业年鉴》（2001~2014）、《我国畜牧业年鉴》（2000~2015）以及国家统计局数据库（1985~2014）和FAOSTAT（1961~2013）；实证分析部分所用相关产品的市场价格数据来自《我国畜牧业年鉴》（2000~2015）。文中所用鸡肉价格均指白条鸡市场价格。本节实证分析所用价格数据为月度集贸市场价格数据（2000年1月~2015年12月），集贸市场价格数据指固定观察点农贸市场的销售价格，可以较为真实地反映产品的市场价格水平与波动，单位为元/公斤，各产品价格数据样本量均为192个。对于个别省份某些月份价格数据的缺失以及规模化程度指标部分年份数据的缺失，使用非缺失的相邻区间数据以不变的增长率进行计算填补。

（一）产业链价格波动描述性分析

图 6.12 显示了饲料、活鸡和白条鸡的市场价格波动趋势。总体来看，价格都呈现出波动上涨的趋势，三种产品市场价格波动趋势较为相近，尤其是活鸡与白条鸡的价格波动趋势基本一致，说明价格序列之间可能存在协整关系。其中，饲料价格从 2000 年 1 月的 1.89 元/公斤上升到 2015 年 12 月的 3.17 元/公斤，增长了 67.72%；而同期活鸡与白条鸡的价格分别从 9.78 元/公斤、10.63 元/公斤上升至 18.81 元/公斤、18.93 元/公斤，分别增长了 92.33% 和 78.08%，增长幅度均高于饲料。在此期间，饲料价格的最高点出现在 2014 年 9 月，最高达到 3.48 元/公斤，活鸡与白条鸡价格的最高点出现在 2015 年 2 月，最高为 19.21 元/公斤和 19.28 元/公斤，饲料价格的上涨是推动活鸡与白条鸡价格上涨的重要原因②。

从价格增长率的波动情况来看，处于上游的饲料价格的波动幅度基本在 -5% 与 5% 之间，而处于中下游的活鸡与白条鸡价格波动幅度基本在 -10% 与 10% 之间（仅有个别月份饲

①武深树，欧燎原，谷治军，李书庚. 推进现代养殖企业与现代养殖家庭的纵向一体化结合——基于安仁温氏委托饲养模式的个案研究 [J]. 中国猪业，2014，9（07）：19-23.
②祝丽琴，钞贺森，田旭. 生产方式转型背景下中国肉鸡产业链价格传导研究 [J]. 价格月刊，2017（10）：31-36.

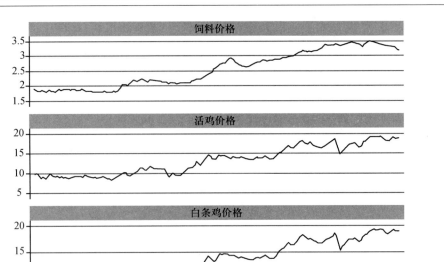

图 6.12 饲料、活鸡和白条鸡市场价格波动趋势

料价格的上涨超过 5% 和活鸡价格的下跌超过 10%），活鸡与白条鸡价格波动幅度显著大于饲料价格的波动幅度（见图 6.13）。这一定程度上反映了肉鸡生产方式转型在促进相关产业融合发展的同时，价格在产业链中的传导却呈现出波动放大的特征，产业链价格的联动使中下游环节经营主体的市场风险得到加强，即肉鸡养殖者可能面临较大的经营风险，而消费者的福利在白条鸡价格剧烈波动中也会受到较大影响，符合前文理论机制中的分析[1]。

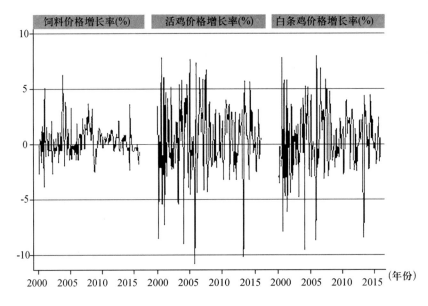

图 6.13 价格增长率波动情况

---

[1]祝丽琴，钞贺森，田旭.生产方式转型背景下中国肉鸡产业链价格传导研究［J］.价格月刊，2017（10）：31-36.

（二）规模化程度与纵向价格传导

价格序列的平稳性检验与处理如表 6.25 显示，原始价格序列（SL、HJ、JR）均为非平稳序列，而在一阶差分之后各统计量的绝对值均大于 5% 的临界值，即可以拒绝存在单位根的原假设，一阶差分之后变为平稳序列，ΔSL、ΔHJ、ΔJR 均为一阶单整（I（1））序列，它们之间可能存在一定的协整关系[①]。

表 6.25　饲料、活鸡与白条鸡价格序列平稳性检验

变量	DF-GLS 统计量	检验形式	5%临界值	是否平稳
SL	−1.346	(c, t, 1)	−2.938	非平稳
HJ	−2.598	(c, t, 1)	−2.938	非平稳
JR	−2.007	(c, t, 2)	−2.938	非平稳
ΔSL	−2.025	(c, 0, 3)	−1.950	平稳
ΔHJ	−7.358	(c, 0, 1)	−1.950	平稳
ΔJR	−3.634	(c, 0, 3)	−1.950	平稳

注：检验形式中 c 表示常数项，t 表示时间趋势项，若无常数项或时间趋势则为 0，最后一项为检验的最优滞后阶数，使用 SC 准则进行判断[②]。

由上文的影响机制分析可知，肉鸡产业的规模化、产业化转型促进了产业链价格的联动，对肉鸡产业链价格传导产生重要影响。为进一步检验转型是否对产业链的纵向价格传导产生了显著影响，首先对产业链各年的价格整合水平进行了测度，考虑到数据的可获取性，选取规模化程度指标作为转型的代表，构建了线性回归模型。模型估计结果如下括号中汇报了 t 值：

$$\ln Ts_t^c = 1.1208^* \, scal_2 + 2.1583^{***}$$

$$(2.04) \qquad (6.83) \qquad\qquad (6-13)$$

结果显示，规模化程度指标的系数在 10% 的水平上显著，说明规模化程度的变化会显著影响产业链的纵向价格整合水平，其影响方向为正，即规模化程度的提高将促进纵向价格整合水平的提高。由此，肉鸡产业转型对产业链价格传导的影响得以验证，肉鸡产业规模化程度的不断上升确实有助于纵向价格整合水平的提高，转型促进了产业链上下游相关产业的整合。

（三）纵向价格传导机制与特征

在实证检验生产方式转型与纵向价格传导之间影响机制的基础上，本书进一步展开对纵向价格传导机制、特征与问题的分析。表 6.26 为由饲料、活鸡和白条鸡价格序列组成的价格系统的协整秩检验结果，可在 5% 的显著性水平上拒绝不存在协整关系的原假设（协整秩 h = 0），但不拒绝最多存在 1 个协整关系的原假设（协整秩 h = 1），说明价格系统中最多存在一个协整关系，并把这种关系解释为价格序列之间长期稳定的均衡关系。

---

①祝丽琴，钞贺森，田旭. 生产方式转型背景下中国肉鸡产业链价格传导研究［J］. 价格月刊，2017（10）：31-36.

②钞贺森，祝丽琴. 中国猪肉与饲料市场价格传导机制与特征——基于非对称误差修正模型［J］. 湖北农业科学，2018，57（10）：110-115+121.

表 6.26 协整秩检验结果

协整秩（h）	特征值	协整秩迹检验		最大特征值检验	
		统计量	5%临界值	统计量	5%临界值
0	.	33.4358	29.68	21.3702	20.97
1	0.10638	12.0656*	15.41	11.2801*	14.07
2	0.05764	0.7855	3.76	0.7855	3.76
3	0.00413	—	—	—	—

注："*"表示所能接受的协整秩的个数；协整秩（h）表明协整系统最多存在的协整关系的个数，h=0 表示不存在协整关系。

价格序列组成的 I（1）系统存在协整关系，通过建立向量误差修正模型（VECM）进一步分析长期与短期内产业链纵向价格传导的机制与特征。模型估计结果如下（"*""* *""* * *"分别代表在 10%、5%、1%的水平上显著）：

$$JR_t = 1.0244^{***} HJ_t - 1.1767^* SL_t + 0.3061 \tag{6-14}$$

$$\begin{bmatrix} \Delta JR_t \\ \Delta HJ_t \\ \Delta SL_t \end{bmatrix} = \begin{bmatrix} 0.1432 & 0.1765 & -1.0576 \\ 0.5877^{***} & -0.0942 & -1.5570 \\ 0.0075 & -0.0059 & 0.2462^{***} \end{bmatrix} \begin{bmatrix} \Delta JR_{t-1} \\ \Delta HJ_{t-1} \\ \Delta SL_{t-1} \end{bmatrix} + \begin{bmatrix} -0.3919^{**} & 0.1773 & 1.9424 \\ -0.0323 & -0.0915 & 1.8110^* \\ 0.0111 & -0.0171 & 0.1159 \end{bmatrix}$$

$$\begin{bmatrix} \Delta JR_{t-2} \\ \Delta HJ_{t-2} \\ \Delta SL_{t-2} \end{bmatrix} + \begin{bmatrix} 0.0701 \\ 0.1909^{**} \\ -0.0116^* \end{bmatrix} vecrn_t + \begin{bmatrix} 0.0208 \\ -0.0072 \\ 0.0071^{**} \end{bmatrix} \tag{6-15}$$

其中式（6-14）为价格序列间长期均衡关系的估计结果，活鸡价格与饲料价格的系数分别在 1%与 10%的水平上显著，说明在长期内白条鸡价格与活鸡价格、饲料价格之间存在显著的影响关系[①]，进一步验证了由生产方式转型所导致的产业链价格的联动，而在价格联动之下肉鸡产业链在长期内实现了较好的整合。

式（6-15）为产业链短期协整关系估计结果，模型最优滞后期为两期，根据 FPE、AIC、HQIC 等信息准则进行判断，以白条鸡、活鸡、饲料为被解释变量的各分向量模型的参数联合显著性均达到了 1%的显著水平。本书进一步对模型的稳健性进行了检验，具体包括检验残差项是否存在自相关以及 VECM 系统是否稳定，结果显示残差项已不存在自相关，说明已充分考虑了滞后期的影响，且 VECM 系统是稳定的，进一步证明了模型设定的正确性。误差修正项的系数是否显著是纵向价格传导能否进行的关键，估计结果显示除白条鸡价格分向量的误差修正项系数不显著外，活鸡与饲料价格分向量的误差修正项系数分别在 5%与 10%的水平上显著，且所有误差修正项系数的绝对值之和在 0~1 之间，符合理论假设。

从 VECM 模型的估计结果来看，肉鸡产业链在短期内的纵向价格整合较为显著，产业链价格系统的波动具有显著的自我修正机制，即短期内当产业链价格波动偏离长期均衡时，价格会进行相应的调整以恢复均衡状态。但从误差修正项系数绝对值的大小来看，活鸡与白条鸡的价格调整速度显著高于饲料。此外，肉鸡产业链各环节滞后两期内的价格均存在显著的相互影响关系，说明价格的传导存在一定的滞后效应。在白条鸡价格（ΔJR）的方程中，

[①]祝丽琴，钞贺森，田旭.生产方式转型背景下中国肉鸡产业链价格传导研究［J］.价格月刊，2017（10）：31-36.

滞后两期的自身价格对当前白条鸡的价格具有显著的负向影响，而滞后两期的饲料价格对当前白条鸡的价格具有显著的正向影响，滞后一期的价格影响不显著；在活鸡价格（ΔHJ）的方程中，滞后一期的白条鸡价格具有显著的正向影响，滞后两期的饲料价格也显著正向的影响当前活鸡的价格；在饲料价格（ΔSL）的方程中，仅有滞后一期的自身价格的波动具有显著的正向影响。系数绝对值的大小代表了影响程度，在滞后两期内，饲料价格的波动对活鸡价格的影响程度大于对白条鸡价格的影响程度，说明产业链中相近环节之间的影响程度较高，饲料与活鸡环节相对较为接近，而随着价格传导距离的扩大，价格的相互影响作用也在减弱，进而导致相距较远的环节之间的关联程度下降，这与现实情况是相符的[①]。总体来看，生产方式的转型推动了肉鸡产业链纵向价格整合水平的提高，产业链各环节价格的波动在长期与短期内存在显著的相互影响关系，肉鸡产业链实现了较好的整合。

（四）纵向价格传导效率分析

运用脉冲响应函数进一步研究了纵向价格传导的效率，图 6.14 为价格序列之间的脉冲响应函数图，阴影区域表示 95% 的置信区间。从饲料价格为响应变量的图中可以看到（左侧三幅图），饲料价格对其自身一个标准差新息的变动保持有微弱的正向响应，对活鸡价格的变动没有显著的响应，而对白条鸡价格的变动同样较为微弱。从活鸡价格为响应变量的图中可知（中间三幅图），活鸡价格对其自身一个标准差新息的响应开始时表现为正向，但响应强度不断减弱，第 4 期之后响应基本变为不显著；活鸡价格对饲料价格变动的响应在前 5 期内均不显著，之后响应强度有逐渐增大的趋势，并在长期内表现为正向；活鸡价格对白条鸡价格变动的响应强度在第 1 期达到最大，随后不断减弱，并长期内稳定为正向响应。从白条鸡价格为响应变量的图中可知（右侧三幅图），白条鸡价格对其自身一个标准差新息的响

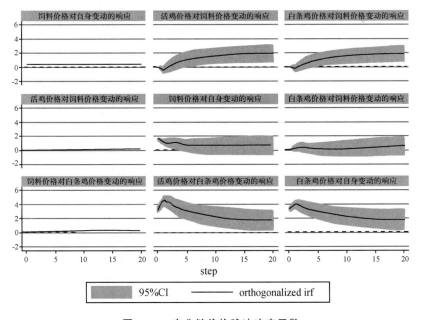

图 6.14　产业链价格脉冲响应函数

①祝丽琴，钞贺森，田旭．生产方式转型背景下中国肉鸡产业链价格传导研究［J］．价格月刊，2017（10）：31-36.

应为正向，并在第 1 期达到最大，之后呈现逐渐减弱的趋势，长期内有显著的正向响应；白条鸡价格对饲料价格波动的响应也存在一定的滞后，前 5 期内响应均不显著，之后有不断增强的趋势；而对活鸡价格变动的响应则不显著。

由以上分析可知，饲料价格的波动会显著影响到活鸡与白条鸡的市场价格，而活鸡与白条鸡价格的波动对饲料价格的影响则非常有限。在现实的肉鸡产业链中表现为，上游环节价格的波动可以较为顺利地传导到中下游环节，而中下游环节价格的波动很难传递到上游环节，即价格在产业链中的顺向传导效率较高，而逆向传导效率较低。可能的解释，一是相比于上游饲料环节，下游经营主体较为接近消费群体，获取市场信息量更多且获取速度更快，导致其对市场的反应速度更快，价格调整速度也相对较快；二是相比于上游饲料环节，下游经营主体往往具有局部的市场势力，如鸡肉零售商，超市、农贸市场摊位等，其数量远小于消费者的数量，具有一定的卖方垄断势力，而消费者为节省时间、交通成本或为了方便均会选择就近购买，这就使得鸡肉零售商在某一区域内具有一定的垄断势力，销售商对这种市场力量的利用，使其对价格具有一定的控制能力，出于利润最大化的动机会对上游环节价格的波动迅速做出反应，相应地改变销售价格，这两种原因导致了正向与逆向价格传导效率的不均衡。但下游经营主体也面临较大的市场风险，当遭受外部环境因素的冲击时，如禽流感疫病的暴发，中下游的市场参与主体将首先受到波及，其价格的剧烈波动对上游饲料环节的影响相对较弱，上游环节受到的影响较为滞后，从而呈现逆向价格传导效果不佳的现象。价格传导效率的不均衡不利于肉鸡相关产业的融合发展以及产业链合理的利润分配机制的形成，进而阻碍肉鸡产业的长期可持续发展[1]。

综上所述，本节通过对影响机制的实证检验，发现生产方式的规模化与产业化转型显著影响了产业链纵向价格传导，规模化程度的提高促进了产业链价格整合水平的提高；通过对纵向价格传导的进一步分析发现，产业链在长期与短期内均实现了较好的整合，各环节价格波动的相互影响显著，但相近环节价格影响程度较高，而相距较远环节关联程度下降；产业链纵向价格传导中也存在诸如价格传导的滞后性、传导效率不均衡等问题。

第四节　构建劳动资本密集型农业新型经营体系的路径

生猪产业一直是我国畜牧业的支柱产业，作为资本密集型产业，商业资本的流入是我国生猪产业规模化的主要推动力。近年来，大规模养殖场的数量增长势头迅猛，规模化养殖已经成为我国生猪产业的主要经营模式。由前文分析可知，生猪养殖业的平均技术效率仍有很大的提升空间，并且规模化生产的技术效率明显高于散养模式，故而未来规模化养殖将成为我国畜禽养殖业发展的目标。山羊养殖产业是在我国畜牧业的重要组成部分，其在规模化、区域化、标准化方面发生了深刻的转型，传统的散养模式逐渐被商业规模化养殖取代，山羊养殖产业也转变为资本与技术密集型产业，生产效率得到极大的提升。而温氏集团及湖北十堰市百万只山羊现代农业都是现代农业新型经营体系的典型代表，实现了畜禽养殖各环节的

①祝丽琴，钞贺森，田旭. 生产方式转型背景下中国肉鸡产业链价格传导研究［J］. 价格月刊，2017（10）：31-36.

社会化分工、规模化发展、标准化生产、协同化合作、一体化运作，真正形成了现代产业聚合体①。

因此，本节以温氏集团及湖北十堰市百万只山羊现代农业为切入点进行案例分析，着力在纵向一体化、利益联结等方面，研究促进资本密集型农业新型经营体系构建的策略和实现路径，力求在组织创新、制度创新、管理创新等方面有新突破。

一、温氏集团现代农业新型经营体系案例分析

(一) 案例背景

温氏集团的前身是广东省新兴县的一个农民股份合作养鸡场。1982年11月，新兴县勒竹人民公社（现勒竹镇）的一个集体养殖农场因连年亏损濒临倒闭，实行招标承包。温氏集团的创始人、1978年"右派"平反后从农村老家安排到县食品公司当养鸡技术员的温北英，停薪留职，到其子温鹏程承包的养猪农场落户。1983年6月，温北英从家乡的兄弟叔侄中联合6户，包括温北英自家共7户8人每人出资1000元，共集资8000元，与集体农场联营养鸡。不到半年，合股农户与集体农场因为诸多矛盾难以联营，不得不分道扬镳。1984年2月，以温北英为首的7户农户全面承包了这个集体农场，承包期限15年（后来延长到30年），承包金每年1.5万元，办起了勒竹养鸡农场。最初，7户农户以股带劳，同舟共济，艰苦经营，实行自繁、自育、自养、自销。随着生产发展，鸡场不断吸收新的农户入股。到1986年底，已有28户农户入股，全场职工39人。1987年，鸡场扩大为42个农民全员入股，股份采取记账形式。由于"以股连心"，鸡场经营蒸蒸日上。然而，生产规模的扩大受到场地、管理和资金等因素的制约。从1988起，鸡场开始与农户挂靠，改变过去简单帮助邻近农户代销肉鸡，逐渐发展为减少自养数量，办起了种鸡场、孵化场、饲料加工厂，主要从事饲养种鸡、孵化鸡苗、生产饲料。挂靠农户从鸡场领取鸡苗进行饲养，鸡场向农户提供技术、饲料、防疫、管理等产中服务，收购农户的成鸡，进行销售。最初仅有二三十农户与鸡场挂靠。由于鸡场开展全方位系列化优质服务，尤其从1989年起实行以保护价收购成鸡，保证农户获得一定的利润，在农户中信誉逐步提高，挂靠农户增至132户。1990年挂靠农户增至280户，1992年达到1500户。1992年起鸡场大规模地开展综合经营的基本建设，扩建饲料厂，建设饲料编织袋厂，引进肉鸡分割生产线和冷冻厂。1993年7月，勒竹鸡场更名为新兴温氏食品集团有限公司，1994年10月正式更名为广东温氏食品集团有限公司（以下简称"温氏集团"）。

随着经济的发展和人民生活水平的提高，肉的消费量将会不断扩大。在传统的肉食结构当中，猪肉在肉制品市场份额中居主导地位，这就说明生猪市场还有很大的扩展空间。于是，温氏集团开始进军养猪产业，改变"一鸡独大"的产业格局，初步形成鸡、猪"两条腿走路"的局面，产业结构得到进一步的优化。温氏集团培育的优质杂交种猪，在同行业中具有明显资源优势和产品特色优势，种猪产品获2001年我国国际农业博览会优质产品称号。公司肉猪产品质优量升，瘦肉率高，抗病能力强，饲养效益高。温氏集团主持的

①祝丽琴，钞贺森，田旭.生产方式转型背景下中国肉鸡产业链价格传导研究［J］.价格月刊，2017（10）：31-36.

"863"计划"猪分子细胞工程育种技术创新与优势性状新品系培育"专项，主要是对猪分子细胞工程育种技术进行创新，并对优势性状新品系进行培育。该项目的开展，推动和改善了我国种猪长期以来从国外进口的被动局面，进一步提升了我国肉猪产业的核心竞争力。2017年上半年，公司销售商品肉鸡3.81亿只，商品肉猪897.12万头，肉鸭1578.70万只，原奶、兽药、食品加工、农牧设备等产业发展势头良好。公司实现主营业务收入251.1亿元，其他业务收入1731.48万元①。温氏集团现为农业产业化国家重点龙头企业、国家级创新型企业，组建有国家生猪种业工程技术研究中心、国家企业技术中心、博士后科研工作站、农业部重点实验室等重要科研平台，拥有一支由10多名行业专家、66名博士为研发带头人，466名硕士为研发骨干的高素质科技人才队伍。

(二) 纵、横向一体化发展——产业结构的调整与优化

目前，公司的主要业务为肉鸡、肉猪的养殖和销售；其他养殖和销售业务为奶牛、肉鸭、蛋鸡、深海鱼等；配套业务为食品加工和生鲜食品流通连锁经营、现代农牧装备制造、兽药生产，如图6.15所示。主要产品为商品肉鸡和商品肉猪；其他养殖产品为原奶及乳制品、肉鸭、鸡蛋、深海鱼等；配套业务产品为肉制品和生鲜类产品、农牧设备和兽药等。

图 6.15　温氏股份产业体系

商品肉鸡、肉鸭、鸡蛋、深海鱼和乳制品的主要客户群体为批发商、终端零售商；商品肉猪的主要客户群体为批发商、肉联厂；原奶的主要客户群体为乳制品加工企业；农牧设备和兽药的主要客户群体为各养殖企业，包括公司下属各养殖分、子公司和同行业各养殖公司；肉制品和生鲜类产品的主要客户为连锁门店、机关及团体采购。

温氏集团现已形成了以养鸡、养猪为主，养牛、养鸭、蔬菜种植为辅，以动保、加工、肥业、贸易、农牧设备为配套的十大业务体系。温氏集团的产业结构可看成为，以养鸡业为中心，向纵、横两个方面发展。

1. 纵向发展。以养殖业为中心，大力发展上游和下游产业

1993年温氏集团承租了勒竹罐头厂，于1994年把该厂改建为温氏食品厂，生产鸡肉和

---

①傅晨．"公司+农户"产业化经营的成功所在——基于广东温氏集团的案例研究［J］．中国农村经济，2000（02）：41-45．

鸡汤罐头。同时，温氏集团自建万里食品有限公司，引进丹麦时产 1000 只分割鸡生产线，并配套有 1000t 的冷库 1 座，开始发展下游产业。但是，由于深加工产品不符合我国老百姓的饮食习惯等种种原因，这两家厂一直处于亏本状态，几年后便关闭停产。2001 年起，温氏集团通过调整食品加工市场产品与技术要求，重新启动食品加工业，成立了专业公司负责开拓食品加工市场。目前，已按 HACCP 管理要求建成了肉鸡屠宰加工厂 2 间，年可屠宰肉鸡 1800 万只，建成肉猪屠宰厂 1 家，年可屠宰生猪 100 万头，建成肉鸡深加工厂 1 间，生产鸡粉、调味品等，满足市场的不同需求。经过几年的努力，温氏的食品加工已渐入佳境，公司生产的冰鲜鸡等产品，专门供港澳市场，供不应求。

在上游产业探索方面，温氏集团于 1995 年成立了温氏动物保健品研究所，并在此基础上建成动物保健品厂，研制、生产兽药、疫苗；近几年，以温氏科技园的建设为基础，按 GMP 标准建设了规范化、现代化保健品厂 3 间；肇庆大华农生物制品有限公司成为农业部定点生产的 9 家禽流感疫苗生产厂家之一；另外，广东大华农公司的疫苗已经销售到印尼、越南、埃及等海外国家。

2. 横向发展。以养鸡业为中心，大力发展养猪业、养牛业和探索发展蔬菜种植

1997 年温氏集团做出了发展养猪业的重大决定，并于 2001 年成立了广东华农温氏畜牧股份有限公司专门负责养猪业。该公司到 2005 年已有存栏 10000 头纯种猪的育种基地，1100 头公猪的人工授精中心和年产 120 万头肉猪的生产基地，有员工 2200 人，6 个种猪场和 26 个商品猪场。该公司还通过了 ISO 9001 质量管理体系认证，是广东省无公害瘦肉型猪生产基地，广东省健康农业科技示范基地和广东省高新技术企业。

（三）利益联结的经营模式

公司坚持以紧密型"公司+农户（或家庭农场）"为核心的"温氏模式"发展肉鸡和肉猪养殖业务。公司根据养殖产业链管理中的技术难度、劳动强度以及资金、市场等资源配置情况，与农户以委托养殖方式合作，根据产业链流程管理要求进行合理分工，在商品肉鸡及商品肉猪产品生产过程中承担不同的责任和义务。温氏采用的是一种紧密型"公司+农户"的经营模式，公司作为农业产业化经营的组织者和管理者，将养殖产业链中的鸡、猪品种繁育、种苗生产、饲料生产、饲养管理、疫病防治、产品销售等环节进行产业整合，由公司与农户（或家庭农场）分工合作，共同完成，其利益分配机制主要有以下几点：一是"合同价收购"形式，集团在与农户签订养殖合约时即确定了领取物资和成本的价格，保证农户平均收益约为 3 元/羽鸡、170~190 元/头猪，并且将部分额外收益返还农户，从而使农户收益与市场价格脱钩，保证农户收益的稳定性。二是"提供生产资料及服务"形式，每户饲养一只鸡先向公司预交 4 元生产成本费，公司按规定统一提供鸡苗、饲料、防疫药物、技术指导四个方面的服务[1]。三是"股本分红"的形式，公司每年将利润的 60% 用于按劳分配，40% 用于股份分红。同时，企业将分红的 20% 用现金支付给职工，其余用于股票增值，记在股东名下[2]。

[1] 刘红斌，朱洁梅，戴育滨，赵明秋，吴新. "温氏模式"的畜牧业产业化利益机制分析 [J]. 惠州学院学报（社会科学版），2003（05）：23-28.

[2] 刘天军. 农业产业化龙头企业与农户利益关系研究 [D]. 西北农林科技大学，2003.

截至 2017 年 6 月 30 日，公司拥有 5.74 万户合作养殖农户（或家庭农场），其中养鸡户 3.45 万户、养猪户 2.11 万户。

（四）组织、制度及管理创新

1. 组织创新

（1）技术入股。温氏集团通过科技入股，实行"产学研结合"的科技创新模式，实现了生产技术的科学化，尤其在养殖业的育种、动物饲料营养、疾病防治三大核心技术在同业中始终处于领先地位，使得集团发展有了强大的推动力。1992 年 10 月，华南农业大学动物科学学院（原动物科学系）以技术入股的方式加盟"温氏"，取得集团 10% 的股份，扩股后变成 5%，使其成为公司的最大股东。而且华南农业大学的股票是唯一不可转让的技术股，这就保证了公司持续的技术创新动力。将企业剩余折股送股，实际上是对创新劳动的一种市场衡量，体现创新劳动对剩余的索取，对企业的发展具有战略意义。华南农业大学先后派出 30 多名专家全面参与家禽育种、饲料营养研究、鸡（猪）疫情监测和疾病防治、经营管理、技术培训等各项工作，承担国家重点攻关项目、国家科技攻关项目、"863"计划项目、省重大科技攻关项目等，为温氏集团提供了一大批先进适用饲料加工技术、鸡种培育技术、肉鸡饲养技术、动物营养保健技术、疫苗防治技术的科技成果。目前，温氏集团的产学研合作已扩大到中山大学、哈尔滨兽医研究所、华中农业大学、南京农业大学、西南农业大学、福建农业大学、华南理工大学、我国兽药监察所、中科院广东省科学院及澳大利亚昆士兰大学等国内外高等院校和研究所，通过不断实施产学研联合开发，更加促进了温氏集团的发展壮大[①]。温氏集团与高校的亲密合作是提升集团技术创新能力，获得先进技术的重要途径之一，"产、学、研"模式是"温氏模式"的重要组成部分[②]。温氏集团还设立专项技术研发和推广经费，使其形成资本的积累，为科技创新提供物质基础，实现了技术创新可持续发展。据统计，温氏集团每年有 3000 万元以上的高新技术研究开发经费，保证了研发工作的顺利进行。

（2）产业化发展模式。温氏集团在成立之初实行"公司+农户"的产业发展模式，集合种苗、饲料生产，动物防疫与技术服务，形成产销为一体的畜牧产业链全程管理。经过多年的不断改进与完善，衍生出了各种各样的生产组织形式，极大地推动了温氏集团的发展壮大，破解了传统畜牧发展难题。温氏的养殖模式让养殖农户成为公司的养殖车间，保证了养殖质量。在这种模式之下，先进的养殖技术得到迅速的推广，养殖户的生产利益得到了有效的保证，因此，有助于畜牧业的发展。

当然，这一模式还存在许多风险与不足。因此，只有不断完善和创新"公司+农户"模式，真正提高其运作效率，才能在公司与农户之间建立起长远的、稳定的市场关系，才能使我国亿万农民的生存与发展问题得到根本保障。经过多年的发展，温氏集团的合作养殖户数量不断增多，合作养殖户的养殖利润与规模也得到了大幅度的提高。"公司+农户"的合作模式也在不断地发生变化，演变出各种较先进的生产组织形式，如全进全出饲养模式、"公

①贾兵强.广东农业龙头企业——温氏集团科技创新的 STS 分析 [J].企业经济，2011（01）：124-126.
②郑庭义，黄泽文，向安强.广东农业龙头企业温氏集团的技术创新发展 [J].河北农业科学，2010，14（07）：110-113+137.

司+基地+农户"模式、公司+现代养殖户模式以及现代养殖小区模式等。另外，"公司+农户"的生产组织模式还与产业链上的其他环节结合起来，形成各有特色的生产组织形式，如"公司+养殖户+推销户"模式、"公司+政府+农户"模式、"公司+基地+农户+市场"模式、"政府+金融机构+龙头企业+农户"模式等[①]。

目前，温氏集团采用紧密型"公司+农户（或家庭农场）"模式。经过公司 30 多年的管理实践证明，该模式可以有效地整合养殖规模扩张中需要的资本、技术、土地、劳动力等资源要素。公司与合作农户（或家庭农场）紧密合作，各司其职，分工合作，实现资源优化配置，促进公司持续快速扩张。公司是合作农户（或家庭农场）一站式物资供应、技术服务和市场销售的现代农牧服务平台。公司将产业链各环节进行配套整合，形成完整的畜禽养殖一体化产业链管理模式，减少中间交易，提高公司和合作农户（或家庭农场）的养殖效率，有效避免了种苗、饲料、兽药等市场波动对公司生产经营造成的影响，使得整个生产流程可控，增强了公司抵抗市场风险的能力。

2. 制度创新

（1）生产设备的改进与机械化程度的提高。温氏集团在创立之初，奉行的依然是较为原始的经营方法，即自外购进种鸡，自己养殖、自己加工饲料、自己销售，全过程几乎是纯人工的。1985 年，勒竹鸡场 $800m^2$ 的鸡舍共养了 1 万只鸡，却因不符合出口标准而难寻销路。同时又因技术不过关，鸡的抗瘟能力差。加工饲料更是纯粹的强体力劳动，将一箩箩重约 30 千克的黄豆倒进锅里炒熟，一个晚上炒 1000 千克，劳动强度大效率又低。经过多年的发展与进步，到了 2001 年，温氏集团种鸡场内已经配备了自动送料机、半自动化饮水机。2007 年温氏集团成立了新兴华南畜牧设备有限公司，同时兼并广州华南厂，大力推动机械化、自动化的发展。同时，各生产单位开始尝试使用自动送料机、自动清粪机、自动捡蛋机等自动化机械设备，饲料厂推行自动装卸系统。生产设备的引进与机械化程度的提高，大大提高了工作效率，降低了生产成本。

（2）生产方法的改进。从 2008 年起，温氏集团转变了养鸡的生产方式，推广笼养鸡，提高土地利用率。至今，笼养鸡技术已经由 2 层逐步发展至 3 层、5 层。出口肉鸡场正在采用多层笼养鸡，效果很好；在养户中也正在进行试点推广笼养鸡技术。笼养鸡技术能够减少对土地的占用，降低养殖的成本，同时有利于鸡疾病的防治，是既经济又高效率的养殖方法。

（3）掌握畜禽养殖系列关键核心技术。在育种方面，公司拥有多项国内领先、世界先进的育种技术，不断推出优秀的新品种。目前公司拥有国家畜禽新品种 9 个，拥有核心群种猪和纯种扩繁群种猪共约 2.8 万头，核心群种鸡约 8.1 万只。在饲料营养方面，公司自主建立了猪、禽原料数据库，可根据原料实际质量情况动态调整数据参数，保证饲料配方精准；同时，通过大量试验研究制定了猪、禽不同生产阶段、不同季节的营养需要标准，在保证生产成绩的基础上，减少营养浪费。疫病防治方面，公司一直秉持"预防为主、防治结合、防重于治"的疾病防控原则，设立了设备先进的生物实验室和试验基地；建立完善的畜禽免疫程序和调整机制，对重要传染病流行规律实行实时监控制度，根据监控情况及时调整疫

①郑庭义，黄泽文，向安强. 广东农业龙头企业温氏集团的技术创新发展 [J]. 河北农业科学，2010，14（07）：110-113+137.

苗和区域性免疫方案,保证免疫效果达到最佳;建立了主要畜禽传染病的病原学、血清学检测方法和方案,具备快速分离鉴定各种病原的能力,并可在较短时间内研发出具有针对性的防控方法。目前,公司还建成了国家级企业技术中心、国家生猪种业工程技术研究中心、农业部重点实验室、博士后科研工作站、广东省企业研究院等科研平台。公司累计获得省部级以上科技奖励43项,公司及下属控股公司共有专利255项(包括发明94项、实用新型156项、外观设计5项)、计算机软件著作权10项。

3. 管理创新

(1)建立产前、产中、产后一条龙的服务体系。温氏集团重视技术服务体系的建立,组建农业科技推广网络,为养殖户提供全程服务。温氏集团的技术服务体系实行四级管理模式,即集团技术中心和集团总服务部—各区服务部(技术员)片区助理员—农户。其中,集团技术中心有决策和调控权力,他们不仅负责制定具体的饲养管理程序、饲料营养标准、疾病防治措施等方案,还负责监测鸡群的生长发育、营养水平、抗体水平状况等,并配有设备先进的实验诊断室。集团为合作农户提供种苗、药物、技术、销售服务。农户按集团要求按时接种疫苗、按饲养规范进行生产,以确保质量和成活率。集团设有禽病诊断室、咨询室等为专门为农户提供技术咨询服务。同时还派出技术服务队随时为农户解决技术难题。另外,集团还通过《温氏报》和互联网对养殖户进行管理和技术服务。总之,通过"公司—技术员—助理员—农户"四级技术管理建设,为合作农户提供包括种苗、饲料、兽药、技术和销售的产前、产中、产后的全程服务服务体系。最后,温氏的组织架构主要围绕一体化公司组织、设计,在饲料、种苗、药物、技术、销售等5个环节实现全程一体化;产供销一条龙、产学研相结合,即从饲料生产、种苗生产、肉鸡(猪)生产到销售一体化运转①。

(2)管理形式的不断改进。21世纪是科学技术的世纪,是知识技术的世纪。为顺应时代的发展,提高企业的管理效率,在21世纪初期,温氏集团便建立了强大的计算机网络来辅助集团的管理,温氏互联网站、邮件系统、内部办公司系统、销售管理系统、原材料采购系统、生产数据收集与分析系统等,改进了集团的管理形式,提高了管理的效率。2004年温氏集团决定投资6000万元在温氏科技园兴建数据中心大楼,建设集中式信息管理系统(简称EAS)。EAS的建立使温氏集团的管理形式发生重大的改变,使其快速地迈入了信息化管理②。

(五)结论与启示

温氏集团"公司+农户(或家庭农场)"经营模式适应生产力发展的需要,从其诞生之日起就具有旺盛的生命力③。多年来,公司秉承"精诚合作,齐创美满生活"核心理念,逐渐与农户建立起稳定的信任合作关系,公司规模化的稳步扩张对合作农户的依赖性逐渐加强。随着合作农户数量的逐步增加,为维护稳定的农户合作关系,公司对合作农户甄选、养殖管理、物料供应、技术服务、质量控制及收益结算等养殖过程各方面的合作监督与支持需求将不断提升。尽管委托养殖合同对于养殖过程中双方的权利义务及奖惩机制已做出明确规

---

①贾兵强.广东农业龙头企业——温氏集团科技创新的STS分析[J].企业经济,2011(01):124-126.

②郑庭义,黄泽文,向安强.广东农业龙头企业温氏集团的技术创新发展[J].河北农业科学,2010,14(07):110-113+137.

③郑华平.广东温氏集团"公司+农户"农业产业化模式实证研究[J].广东农业科学,2008(07):152-154.

定，随着合作农户数量的增加，在合作执行中仍可能存在某些农户与公司对合同相关条款的理解存在差异，导致潜在的纠纷或诉讼，对公司经营造成一定影响。同时，未来如果出现疫病、当地政策变动或其他规模化企业采取竞争手段争夺农户等情况，可能导致公司对合作农户的吸引力下降，公司与农户的信赖关系受到破坏，从而对公司业务的持续增长造成不利影响。尽管温氏的经营模式存在特有风险，但与其他经营模式相比，其仍具有重要的生产意义和制度意义。

二、湖北十堰市百万只山羊现代农业新型经营体系案例分析

（一）案例背景

十堰市辖5县1市3区，地处鄂西北山区的汉水之畔，北倚秦岭，西接巴蜀，钟灵毓秀，物华天宝，是武当仙山丹江水都及东风车城所在地，由于地处南北气候过渡区，独特的气候条件和自然环境，其孕育了丰富的生物资源。马头山羊是十堰市的优势资源和珍贵物种，该品种历史悠久，起于两汉，经过长期驯化和自然选择，形成了优良的品质和特性。马头山羊体质强健、性情温顺、耐粗饲、肉质细嫩、膻味轻、味鲜美、繁殖率高、抗病力强且杂交亲和力好，是十堰地区饲养的当家品种；1985年和2001年2次列入湖北省家畜家禽品种志，在农业院校教材中名列地方优良山羊第一。

2011年十堰市委市政府提出发展"百万只山羊"产业以来，全市各级、各部门很快把思想认识统一到市委市政府的决定上来，积极行动，把山羊产业发展作为农业增效、农民增收的骨干产业，把山羊产业发展作为"精准扶贫"的重要手段，把山羊产业发展作为"美丽乡村"建设的有效途径，探索出各具特色的山羊产业发展的新路子，形成了适合十堰市的可持续发展的山羊产业建设的新格局。经过6年的发展，实现了由散养向规模、由粗放向标准、由小农经济向商品经济的转变，湖北省十堰市畜禽规模养殖发展较快。长期以来，全市大力推进草食畜牧业发展，牛羊生产位居湖北省前列。2016年，十堰市畜禽总出栏量为2854.49万头（只、羽），其中规模养殖畜禽出栏量达到1987.23万头（只、羽），占总出栏量的69.62%。十堰市规模养殖发展有如下特点：

（1）规模养殖场数剧增。2016年，全市畜禽规模养殖场（统计标准：生猪≥500头/年出栏，奶牛≥100头/年存栏，肉牛≥50头/年出栏，肉羊≥100只/年出栏，肉鸡≥2000羽/年出笼，蛋鸡≥2000羽/年存笼）4953个，其中猪、牛、羊、肉禽、蛋禽规模养殖场分别为606个、460个、2819个、523个、545个，分别占养殖场总量的12.24%、9.29%、56.91%、10.56%、11.0%。与2011年比较，全市畜禽规模养殖场增加了2684个，总增长幅度达到126.22%，年平均增幅为21.04%、194.26%、-4.04%、80.46%。

（2）规模养殖出栏飙升。2016年，规模生产畜禽总出栏（存笼）量达到2490.23万头（只、羽），其中猪牛羊肉禽蛋禽分别为87.8万头、7.03万头、46.8万只、1845万羽、503.6万羽（存笼量）。较2011年全市畜禽规模养殖总出（存）量，除肉鸡产量减少外，其他畜禽均为快速增长。其中猪、牛、羊、肉禽、蛋禽分别增长36.7万头、4.72万头、28.7万只、-691万羽、170万羽。其增长幅度分别为71.82%、204.33%、158.56%、-27.25%、50.96%。

（3）草食家畜发展迅速。全市牛羊草食家畜规模发展尤为迅速。2011～2016 年，牛、羊规模场数量达到 3279 个，净增 2175 个，提高了 197.01%，其中牛规模场数量提高了 215.07%；羊规模场数量提高了 194.26%。牛、羊规模养殖出栏量达到 53.83 万头（只），净增 33.42 万头（只），提高了 163.74%，其中牛规模养殖出栏量提高了 204.33%；羊规模养殖出栏量提高了 158.56%。

（二）组织、制度及管理创新

1. 组织创新—规模化发展

规模化生产是保障产品稳定供给的有效途径，也是养殖企业盈利的必由之路，更是产业做大做强的根本保障；规模化羊场在产业发展中具有极大的示范带动作用，是促进产业发展的中坚力量。各县市区规模化羊场在生产中结合当地的自然资源、养殖习惯等实际情况，形成了不同的产业发展形式。比如竹溪的绿之恋羊场，通过"公司＋农户"的形式，在牧草丰盈季节把羊羔放给农户饲养，到牧草枯萎季节再按协议价格收回，利用公司加工储备的饲草集中育肥出售；竹山的茂源山羊养殖合作社通过"统一供种、统一饲料、统一防疫、统一收购、统一销售"等方式对社员管理，并按章程定期分红。这种"公司＋农户"、山羊养殖合作社的产业发展方式既带动了周边养殖，又防范了市场风险，助推了十堰市百万只山羊产业蓬勃发展。

2. 制度创新

（1）畜牧兽医部门提供支持。第一，引导标准化建设。各县市区畜牧兽医部门充分发挥工作职能职责，积极行动，提供技术支撑。对山羊养殖场户在羊场选址、场区规划、羊栏设计、废弃物无害化处理等前期工作给予标准化养殖指导。第二，指导科学化养羊。在山羊养殖过程中，畜牧兽医部门对种羊引进、配种繁育、饲养管理、牧草种植、饲草加工、疫病防控、粪污处理等关键技术环节及时给予技术咨询、指导和服务，保证了饲养管理的科学化规范化。第三，举办养羊技术培训。加强山羊养殖技术培训，提高养殖人员科技素质是实施好十堰市"百万只山羊"产业化发展的关键。为准确把握国家山羊发展产业政策，了解国内外山羊产业发展现状，提高畜牧兽医管理人员、技术干部、养殖户等从业人员养羊水平和操作技能，提升全市"百万只山羊"产业发展科技水平。第四，实施生产科研同步。为解决"百万只山羊"产业发展中的技术问题，解决生产中的难题，十堰市畜牧兽医局成立了以聘请内蒙古大学、华中农业大学等高校的国内知名养羊专家以及十堰市在生产实践中具有丰富经验的高级畜牧兽医技术骨干为成员的"百万只山羊"产业发展专家组。探索产品精深加工，为解决山羊产品销售，提升山羊产品附加值，各县市区积极开展加工招商引资工作。

（2）抓品牌，拓市场。马头山羊声名久远是马头山羊声名鹊起享誉四方的重要原因。经过 20 世纪 90 年代以来的品牌建设和推介，十堰市各级政府和业务部门经过坚持不懈地努力，获得马头山羊第一国标的发布实施。马头山羊入选地理标志产品等殊荣，为提高马头山羊知名度奠定了坚实基础；特别是近年来，十堰市委市政府将马头山羊品牌同武当品牌、车城品牌、秦巴片区品牌、区域中心城市品牌等一同推介，使马头山羊成为十堰市名片之一，其知名度越来越高，被农业部列为重点推广山羊品种，我国马头山羊秀湖北，湖北马头山羊秀十堰，如今马头山羊已被十堰市政府列入农业 4 个百万工程之一，越来越受到重视，同时

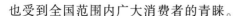

也受到全国范围内广大消费者的青睐。

3. 管理创新

成立领导机构，建立工作机制。为加强对"百万只山羊"产业建设工作的组织领导，各县市区成立了以政府领导为组长，国土、财政、扶贫、发改、畜牧等部门负责人为成员的"百万只山羊"产业发展领导小组，并设立办公室从组织上保证了"百万只山羊"产业工作的上下联动，形成了全市一盘棋。出台优惠政策，集结资金扶持。为保证"百万只山羊"产业的稳步推进，促进产业健康发展，各县市区党委、政府在政策优惠、资金扶持等方面给予了大力支持。2009 年，十堰市政府开始实施"百万商品山羊工程"，十堰市及辖区 6 个县市区均成立了山羊产业办公室，且管理机构延伸到乡镇。2010 年，"十堰市马头山羊研究所"成立。同时，市、县均设立了山羊产业财政扶持专项资金，对养羊大户和规模养羊场，实行以奖代补、先建后补等奖励政策，有力推进了全市山羊产业规模化、标准化发展进程。

（三）结论

畜禽养殖规模化集约化程度是衡量地区现代化畜牧业的主要标尺。多年来，湖北省十堰市规模养殖得到较快发展，对辖区畜牧业贡献日益彰显。发展畜牧业要紧密结合实际，提出发展措施：加强政策扶持，推动产业发展；深化改革创新，促进扩规提效；发挥龙头效应，助力产业发展；挖掘资源潜力，壮大特色养殖。

第七章　加快构建新型农业经营体系的
支撑条件与制度保障

我国农业经营体系发展将呈现多元化、多层次的发展趋势。构建新型农业经营体系应该因时制宜、因地制宜、因业制宜，实现数量与质量并重、竞争力强、科技水平先进以及可持续的目标。

第一节　加快土地制度改革，促进适度规模经营

改革开放之初，我国广大农村实行家庭联产承包责任制，所有权归集体，承包经营权归农户，称为"两权分离"，极大解放和发展了农村社会生产力[①]。2014年中央全面深化改革领导小组第七次会议审议了《关于农村土地征收、集体经营性建设用地入市、宅基地制度改革试点工作的意见》[②]，提出顺应农民保留土地承包权、流转土地经营权的意愿，将土地承包经营权分为承包权和经营权，实行所有权、承包权、经营权分置并行，形成"三权分置"格局。明晰的产权是实现"三权分置"的基础，如果权力边界不能准确划分，适度规模经营就无从谈起[③]。因此土地确权是农村土地"三权分置"和发展适度规模经营的必经之路。

但农村土地确权涉及的面广，涉及的各方利益非常复杂，农民农业生产经营积极性不高，农业投入不足。为此，我们要厘清农村土地确权过程中所面对的问题，提出相关解决对策，进一步促进农地流转，促进适度规模经营，进而推动新型农业经营主体的发展。

一、我国农村土地确权推进现状

2008年10月，中共十七届三中全会发布了《中共中央关于推进农村改革发展若干重大问题的决定》，决定正式要求了要做好农村土地确权办证工作。2011年2月，政府正式发布《关于开展农村承包经营权登记试点工作意见》，意见明确了土地改革的基本问题以及实施意见，即土地确权的流程存在问题：面积不准、四至不清、空间位置不明确、登记簿不健全等，因此，把问题解决，将土地清晰、全面地落实到户，依法赋予农民更加充分而具有保障

---

①张红宇.关于深化农村改革的四个问题［J］.农业经济问题，2016，37（07）：4-11.

②韩长赋.中国农村土地制度改革［J］.农业经济问题，2019（01）：4-16.

③巩固和完善农村基本经营制度，深化农村土地制度改革——习近平关于"三农"工作论述摘编［J］.中国农业文摘—农业工程，2019，31（04）：17-20+60.

的土地承包经营权。2011年3月，我国"十二五"规划将农村确权工作提上日程，明确指出，要推进农村土地确权工作，依法保障农民对承包土地的占有、使用、收益的权利。2011年5月，国土资源厅联合财政部、农业部下发了《关于加快推进农村集体土地确权等级发证工作的通知》，通知明确要求在过去试点的基础上创新办法，加大财政支持，加快推进农村土地确权工作。2013年中央一号文件明确提出要全面开展农村土地确权登记颁证工作，要健全农村土地承包经营权登记制度，并将用五年的时间完成农村土地承包经营权确权登记颁证工作，妥善解决农户承包地块面积不准、四至不清等问题①。2014年，中央一号文件要求抓紧抓实农村土地承包经营权确权登记颁证工作，可以确权确地，也可以确权确股不确地。2015年中央一号文件明确对土地等资源性资产，重点是抓紧抓实土地承包经营权确权登记颁证工作，扩大整省推进试点范围，总体上要确地到户，从严掌握确权确股不确地的范围。2016年中央一号文件明确提出到2020年基本完成土地等农村集体资源性资产确权登记颁证、继续扩大农村承包地确权登记颁证整省推进试点。加快推进房地一体的农村集体建设用地和宅基地使用权确权登记颁证。2017年中央一号文件明确，加快推进农村承包地确权登记颁证，扩大整省试点范围。统筹协调推进农村土地征收、集体经营性建设用地入市、宅基地制度改革试点。2018年2月，国务院发布了《中共中央、国务院关于深入推进农业供给侧结构性改革加快培育农业农村发展新动能的若干意见》，意见指出全面完成土地承包经营权确权登记颁证工作，实现承包土地信息联通共享②~④。

二、土地确权中的问题

(一)政府方面

1. 政府的执行力与公信力

由于土地确权的工作范围大、内容多、利益纠葛和矛盾多，政府的执行力与公信力尤为重要，政府公信力直接影响政府执行能力。在我国土地确权试点过程中，许多县域的工作基本无进展，一些领导干部以各种问题复杂为由进行解脱。因此，政府执行力方面面临的主要问题包括：政府工作人员没有能力执行，由于基层工作人员的年龄老化，思想僵化，工作方法不创新，无法高效完成工作；政府工作人员不想劳心劳力地执行，态度懒散。

2. 政策的衔接性

对于土地确权的相关行为而言，需要多个部门协作完成，每个部门制定政策的时间，考虑的问题都应该尽可能科学完善，避免出现冲突。我国政策制度存在严重的区域性差异，我国当前土地确权的很多问题源于过去从村到镇、县土地流转与交易的不规范，由此造成很多土地权属不清，土地划线不明，这就是过去与现在的政策衔接性问题。

①康芳. 农村土地确权对农业适度规模经营的影响 [J]. 改革与战略，2015，31（11）：96-99.

②张红宇. 关于深化农村改革的四个问题 [J]. 农业经济问题，2016，37（07）：4-11.

③王成利. 改革开放四十年来农村劳动力政策演进研究——涉农中央"一号文件"的视角 [J]. 东岳论丛，2018，39（12）：148-156.

④仝志辉，韦潇竹. 通过集体产权制度改革理解乡村治理：文献评述与研究建议 [J]. 四川大学学报（哲学社会科学版），2019（01）：148-158.

（二）农民自身方面

近些年，进城务工、求学，农村人口大量流出，很多地区留守农村的都是老人、妇女、儿童，文化水平较低，缺少对政策的理解，只关注到土地流转后获得的直接利益，有些农民认为土地确权就是减少自己的土地，使自己失去对土地的使用权和控制权，将来会没有依靠，不能正确认识土地确权的意义。因此，很多地区由于农民对于土地权证的作用和意义认识不足，参与土地确权的积极性不高，不仅阻碍了土地的合理流转和农民收益的有效保障，而且导致土地非农化使用问题的出现。

（三）技术、资金方面

土地确权工作的顺利执行需要先进的勘察和测绘技术。

1. 技术支持

现在农村土地确权的相关技术人员缺口非常大，很多地方的土地确权工作是由临时抽派的部门行政人员组成，这就大大降低了土地确权工作的质量。在一些较为落后地区，甚至根本没有相关技术人员。

2. 资金支持

此外，土地勘察和测绘工作的展开需要一定的资金支持，但各地区财政情况参差不齐，一些财政资金并不充裕的地方政府或者不愿意拿出资金用于勘察测绘，或者根本没有足够的资金支持勘察测绘。

由于勘察测绘是土地确权的重要先期工作，在人力、财力均不足的情况下，其技术分析结果准确度有限，必然影响土地确权的精准度，这已成为土地确权工作中一个亟待解决重要的现实问题。

三、土地确权相关建议

国外农村土地确权管理方面政策、原则和法律规范这些成功经验，对我国目前正在进行的农村土地确权改革有着重要启示：完善农村土地国家宏观管理制度，实现土地确权的法制化和科学化管理[①]；设立农村土地发展权制度；赋予农民长期而有保障的农村土地使用权；建立健全农村土地确权成果的社会化服务体系；实行复合的土地所有制。

对照中央对农村土地承包经营权确权登记颁证工作的基本要求以及更好地发挥农地确权工作的效果，我们提出以下建议：

（1）农地确权工作涉及千家万户，是一个巨大的惠民政策。在农地确权工作的组织实施过程中，需要按照操作流程按部就班、积极稳妥地推进，避免政策落实不到位，导致工作中存在较多不规范和错误的地方，力争减少日后的纠错、整改工作量。

（2）提高矛盾纠纷处理能力。确权是一项涉及千家万户的矛盾协调工作，可以在确权中尊重农民意愿，可以发挥基层社会组织的作用，可以积极稳妥地解决土地确权过程中遇到的矛盾纠纷，引导农民依法理性地反映问题和提出诉求。此外，对于历史遗留问题，可以先

---

①滕卫双.国外农村土地确权改革经验比较研究［J］.世界农业，2014（05）：64-67+90.

搁置争议，把没有争议的先行处理。

（3）由于测绘公司之间的技术水平、操作标准以及使用软件的差异，测绘队伍之间的操作系统不一致，这使日后的数据处理花费了较多的时间和金钱。是否可以制作一个统一的操作标准，方便日后数据的汇总、处理以及开发利用。

（4）需要建立农村土地确权登记颁证长效运行机制。建议明确土地确权后日常服务工作开展部门，将数据库平台的运营、管理、维护等工作移交至具体部门。同时，该部门还需要配备制证设备，以及时受理农村土地承包经营权证的日常登记、变更等管理，进一步稳定承包经营权制度、巩固农村承包地确权成果。此外，还需要注意数据库的保密工作，防止数据泄露。

（5）可以进一步深化农地确权成果的应用。总结完善确权面积应用在耕地地力保护补贴工作中的有关政策，进一步规范确权成果在土地经营权流转中的应用，积极探索确权面积在测土配方、抵押贷款、新型农业经营主体发展、农业保险、农田基础设施建设以及涉农政策扶持等方面的应用。

四、推进农业适度规模经营的基本条件与途径

土地确权将农民与土地物权紧密联系起来，有效确立了农民与集体、农民与土地长期稳定的产权关系，为土地流转的快速健康发展打下坚实的基础[1]，是土地流转的前提与基础。土地规模化的实现要从不同的承包户中获得承包土地，但是有于土地的权属不清，承包者与农户、村集体的矛盾纠纷非常多[2]。而且土地不确权难以在市场上流通，外面的投资者不能进入。对土地规模化发展产生不利影响。

农村土地只有确权，土地流转才能有法律效力，才能实现土地资本化，才能进入市场实现自由流转，纠纷和矛盾才能得到合理解决，同时为农业规模化经营缓解资金缺口。

（一）基本条件

1. 当前推进农业适度规模经营的基本条件日渐趋于成熟

一是越来越多的农业劳动力转移到非农产业部门，极大地降低了农地需求，为农地规模经营腾出了大量的土地资源；二是农民增收渠道发生根本性转变，工资性收入对农民的增收贡献率长期占据五成以上，通过农业生产促农增收的重要性明显减弱；三是严重老龄化的小农自给模式正逐渐瓦解，新型农业规模经营主体以及新兴的社会化服务主体数量在不断壮大，强有力地推动了农业适度规模经营多样化发展。

2. 我国务农劳动力数量依然庞大

农业兼业化、休闲化现象大量存在，农户小规模分散经营仍然是农业生产的最主要形式。随着农村市场化改革的不断深化，农户参与市场竞争的机会及其市场谈判能力愈来愈趋于下降，农产品生产供给与市场消费需求相脱节，农业服务成本不断抬高，小户分散经营格局又进一步推高了农业人力资本、农业基础设施建设运营费

①唐贤健，张因. 加快土地确权　推动土地流转　促进三农发展 [J]. 湖北省社会主义学院学报，2012（06）：64-66.
②康芳. 农村土地确权对农业适度规模经营的影响 [J]. 改革与战略，2015，31（11）：96-99.

用以及农技推广成本。

（二）农业规模经营主要途径

农村土地"三权分置"改革是全面深化改革的破冰之举。党十九大做出的重大决策部署——乡村振兴战略，是新时代治国理政的一项重大战略任务和目标。这一战略强调要深化农村土地制度改革，完善承包地三权分置，深化产权制度改革，保障农民财产权益。尤其是发展多种形式适度规模经营。关键要引导农民以多种方式流转承包土地的经营权，以及通过土地经营权入股、托管等方式，发展适应不同区域经济社会发展以及资源禀赋条件的多元多类型的规模经营①。实现农业规模经营主要有两种路径：

（1）土地集中规模经营。这种路径重点是解决"谁来种地"的问题。在发达地区或城市郊区农民来自非农产业的收入比例非常高，尤其在务工机会较多、专业化趋势明显、大量农村劳动力基本或完全脱离农业的地区，农村劳动力大量转移且长时间不回村，应着力通过土地经营权流转，培育新型农业经营主体，实现生产的规模化经营。但是我们不能为了保护工商大户的土地经营权而限制农民的土地承包权，因为这样就可能造成对农民利益的严重侵害，进而导致农民被从土地上排斥出去。如果给本地农民，在当前农村青壮年劳动力普遍进城的背景下面，具有极为重要的治理上的含义，为当前我国农村提供了有序的强有力结构支持。

（2）服务集中规模经营。这种路径重点是解决"地怎么种好"的问题。在青壮年劳动力大量外出，农民兼业化现象突出，但留守老人和妇女仍有时间和意愿务农，却干得不怎么好的广大农区，应着力通过发展农业生产性服务，培育新型农业服务主体，实现服务的规模化经营，提高农业经营集约化、规模化、组织化、社会化、产业化水平。完善家庭农场认定办法，扶持规模适度的家庭农场。加强农民合作社规范化建设，积极发展生产、供销、信用"三位一体"综合合作。总结推广农业生产全程社会化服务试点经验，扶持培育农机作业、农田灌排、统防统治、烘干仓储等经营性服务组织。支持供销、邮政、农机等系统发挥为农服务综合平台作用②~⑤，促进传统农资流通网点向现代农资综合服务商转型。鼓励地方探索土地流转履约保证保险。研究建立农业适度规模经营评价指标体系，引导规模经营健康发展。土地经营规模不是越大越好，应当有一个适宜的范围。要把握好土地经营权流转、集中、规模经营的度，要与城镇化进程和农村劳动力转移规模相适应，与农业科技进步和生产手段改进程度相适应，与农业社会化服务水平提高相适应，不能片面追求快和大，不能单纯

①张红宇.关于深化农村改革的四个问题［J］.农业经济问题，2016，37（07）：4-11.
②邓军波，黄昌武，杨芳，等.荆门市大豆产业现状与发展对策［J］.湖北农业科学，2019，58（09）：16-18.
③孙立军.山东省现代农业社会化服务体系建设与模式研究［J］.现代化农业，2019（09）：21-24.
④苗绘，翟玉.习近平农业现代化思想的内涵及其意义［J］.理论观察，2018（12）：13-15.
⑤王家忠.努力推进农机社会化服务提档升级——在全国农机社会化服务提档升级现场会上的讲话（摘要）［J］.农机科技推广，2018（12）：6-10.

为了追求土地经营规模强制农民流转土地，更不能人为垒大户①~④。

五、土地流转与新型农业主体的发展政策

新型农业经营主体的发展和农地经营权流转之间关系是互为影响、密不可分的，规模化种植是新型农业经营方式存在的前提和优势所在。在新型农业经营主体中，无论是采用合作经营、规模经营还是企业化经营，都需要大规模连片的土地进行统一耕种，以实现农业种植的规模效应。

如果农地要由新型农地经营主体来经营，首先需要在依法、自愿、有偿的前提下，从分散的农户家庭手中获得农地使用权。但是，在土地经营权自愿流转的前提下，很可能存在一整块土地中的个别农户不同意流转的情况。如果单独对个别农户给予更高的土地流转租金，那么，其他农户也会要求进一步提高租金。

为了解决这一问题，首先需要了解不同意流转农户的真实需求，注重通过提高农户的非农收入水平以降低农户对土地的依赖性，还可以通过土地置换的方法实现土地的连片出租。为了解决分散的农户和新型经营主体之间的交易成本较高的问题，可以探索在对农地进行确权的基础上，建立农地产权流转交易中心，以实现土地流转信息的公开和透明，增强流转合约的规范化，强化流转协议的法律效应。既为新型农业经营主体获得农地经营权提供便利以减少信息搜索和谈判成本，也为维护农户的土地流转权益提供保障⑤。政府除了完善土地流转制度以外，还应该因势利导，通过制度创新来激励与规范农业经营主体的发展壮大，注重优化种植结构，强化利益激励机制，依托科技实现内涵式发展，发挥农业经营主体的技术潜力与比较优势⑥。一方面，要通过土地这一关键性制度的改革推动农业的适度规模化经营，从而盘活土地资本，让现代农民充分享受城市化发展的成果；另一方面，要通过基层党建、村委会自治、协商民主等制度的改革，调动农民全面参与乡村振兴的积极性和主动性。

未来的制度设计要考虑如下方面：一是坚持农民与土地承包关系稳定与长久不变，向农民传达明确的信号，即决策者对长期稳定农民土地关系的承诺是可信的。二是继续采取设置期限的办法，第二轮承包到期后再延长 30 年。因为地放在农民手里，能保证我们 14 亿人，我们的饭碗能端在自己手里，这个对国家、对城市消费者、对农民都非常重要。

改革创业扶持政策，完善土地流转政策。借鉴国外发达国家的经验，将现有普惠制的国家农业补贴政策改为有条件的扶持政策，对扶持对象设定一定的条件，鼓励扶持有基础、有发展前景的新型农业经营主体，通过综合手段，特别是健全农村社会养老保障体系，通过健全养老保障制度，鼓励中老年人放弃现有土地，从土地养老转为依靠社会养老，实现土地

①隋福民．"小农经济"对接现代农业是中国农业现代化道路的基石［J］．宁夏党校学报，2019，21（01）：94-102.

②巩固和完善农村基本经营制度，深化农村土地制度改革——习近平关于"三农"工作论述摘编［J］．中国农业文摘—农业工程，2019，31（04）：17-20+60.

③韩长赋．中国农村土地制度改革［J］．农业经济问题，2019（01）：4-16.

④穆向丽，巩前文．我国农民与土地关系理论的演变历程［J］．农村经营管理，2019（05）：30-31.

⑤张海鹏，曲婷婷．农地经营权流转与新型农业经营主体发展［J］．南京农业大学学报（社会科学版），2014，14（05）：70-75+83.

⑥张扬．试论我国新型农业经营主体形成的条件与路径——基于农业要素集聚的视角分析［J］．当代经济科学，2014，36（03）：112-117+128.

的长期流转，从而促进农村留守人员从土地中解脱出来，减少农业人口，提高从业人员的年龄、文化、科技结构。

明确家庭农场的市场主体地位，建议国家工商行政管理总局、农业部等部门联合起来，共同制定家庭农场等主体的注册登记制度；同时在研判新型经营主体发展趋势的基础上进行超前性的政策设计，从中央政府层面上应该明确这样的发展趋势，并设计出促进它们之间联合与合作的顶层政策；切实解决新型农业经营主体的贷款、保险、农机购置、设施用地等政策问题，共同促进新型经营主体的发展以及农业现代化的实现。

第二节　完善农民培训体系，提高新型经营主体经营能力

习近平总书记在党的十九大报告中提出，要发展多种形式适度规模经营，培育新型农业经营主体，健全农业社会化服务体系，实现小农户和现代农业发展有机衔接。今年的中央一号文件提出，统筹兼顾培育新型农业经营主体和扶持小农户，采取有针对性的措施，把小农生产引入现代农业发展轨道[1]~[11]。今年的政府工作报告也提出，将大力实施乡村振兴战略，培育新型经营主体，加强面向小农户的社会化服务。培育新型农业经营主体是深入实施乡村振兴战略的重要举措，而新型职业农民培训是加快构建新型职业农民队伍的关键所在。

一、我国农民培训体系现状

目前我国已基本形成中央、省、市、县、村的五级农民职业教育培训办体系。随着"四化同步"的不断发展，规模大、层次高的教育培训任务和我国农村优质教育培训资源不足的矛盾并存，这就迫切要求加强新型职业农民教育培训体系建设。

我国"农民"还没有职业化虽然国家对农民职业培训方面给予了一定重视，也呼吁广大农民积极响应号召，积极参与进来，但是农民的参与热情还是不太高涨。对农民职业培训教育强力支持与鼓励，还缺乏刚性的法律条例支撑，对违规者应用法律约束其行为，对不执

①吴昊旻.湖北省服务小农户的农业社会化服务体系研究[D].湖北省社会科学院，2019.

②杜涛，滕永忠，田建民，田明津.小农户合作生产影响因素实证分析[J].中国农业资源与区划，2019，40（05）：134-140.

③宦玲.农村土地"三权分置"对农业劳动生产率影响的研究[D].江苏大学，2018.

④徐丽华.实施乡村振兴战略面临的问题分析与措施思考[J].农家参谋，2018（05）：45.

⑤韩俊.以"三农"思想为根本遵循　实施好乡村振兴战略[J].中国房地产，2019（05）：56-60.

⑥郭兆晖.奋进新时代　开启新征程——2018年和2019年《政府工作报告》对比分析[J].领导科学论坛，2019（08）：3-30.

⑦张超.整合社会资本　新型农业经营主体服务小农的关键[N].合肥晚报，2019-08-14（A02）.

⑧刘畅，邓铭，马国巍.家庭农场经营风险识别与防范对策研究[J].苏州大学学报（哲学社会科学版），2019，40（04）：102-110.

⑨陈晓枫，李建平.中国农民合作经济思想的发展与创新[J].毛泽东邓小平理论研究，2019（01）：20-28+107.

⑩李世煜.黑龙江省新型农业经营主体发展研究[D].吉林大学，2018.

⑪隋福民."小农经济"对接现代农业是中国农业现代化道路的基石[J].宁夏党校学报，2019，21（01）：94-102.

行者应追究其相应的法律责任。只有有了强硬的法律支撑，才能给农民职业培训更有力的保障，全社会尤其是农民才会了解和重视职业培训的重要性。

我国农民培训项目的组织和实施主体多样化，一个培训项目往往要调动起整个的省、市、县、乡等十几个单位。这种多头管理格局往往会使组织主体过于分散，相互之间功能机构重复建设，各家又都难以全部掌控全局，在资源配置、资金运用、监管等方面都没有一个规范化的准则，从而对农民职业培训体系的健康快速发展形成了制约。许多培训教师虽然有高级职称及本科学历，但讲课时理论过多，也过于教条式讲解，没有做到农民职业技术培训所要达到的实效性目的，影响了农民接受培训的积极性[①]。

二、当前新型职业农民培训工作中存在的问题

（一）政府对新型职业农民培训的重要性认识不足

从纵向上来看，各级政府主要精力仍然是抓经济建设，对农民培训工作的重视程度不够；从横向上来看，更重视劳务开发培训，而忽视农业培训，对新型职业农民培训的重要性认识不足。缺乏农民培训的相关法律法规；成人学校的软硬件条件尚未达标；各级政府制定的许多有关农民培训的政策并没有真正落实到位；培训农民、提高农业劳动者素质是一种公益性投入，但目前财政投入普遍不足；农民培训资源分散。

（二）农民培训的效果不理想

我国农民培训的需求很大，但是农民能够直接参加的培训机构又不多，缺乏有效的评价机制；农民培训师资队伍薄弱，受编制影响，有些地区的成人教育机构仅有几个管理人员，没有专职教师，固定的兼职教师数量也比较少，难以保证正常教学的需要；农民培训内容不实用，目前的农民培训内容与社会经济发展相脱节的情况比较严重，不能满足农民和农业生产的需求。

（三）农民自身对参与培训的积极性不高

部分农民受"小农"意识的影响，自给自足、小富即安的思想根深蒂固，接受新事物、新技术的意识不强，参加培训的意识淡薄，缺乏主动性和积极性。加之培训方式和形式单一，使得农民缺乏培训的热情，阻碍了农村生产力的发展。

三、新型职业农民培训模式选择影响因素[②]

（一）制度因素

新型职业农民培训的制度因素主要受培训目的和培训主体的影响。一方面是培训目的的

①李环环，牛晓静. 法国农民职业培训体系对我国的启示［J］. 中国成人教育，2017（01）：154-157.
②赵帮宏，张亮，张润清. 我国新型职业农民培训模式的选择［J］. 高等农业教育，2013（04）：107-112.

多重性。新型职业农民的培训既要注重农民基本文化素质的提升，又要实现农民职业技能的提高。另一方面是培训主体的复杂性。政府部门、事业单位、培训机构、行业企业、民间协会组织出于职能要求或者利益驱动，在特定条件下都可能成为新型职业农民培训的主体。这些培训主体由于培训方式的不同，对培训的实施步骤和具体要求也有所不同，从而造成对农民的培训形式多样复杂。

（二）经济、文化和资源条件因素

经济条件是进行模式选择的基础，一般来说，不同的经济板块应选择不同的培训模式。文化条件主要指当地学校、师资、技术人员、文化设施、传媒等教育资源情况，尽管社会的融通缩短了空间的距离，促进了资源的共享，但地域文化资源支撑的直接性仍是显而易见的。资源条件主要指当地的优势产业及其比较优势，以及有产业优势衍生的园区、项目、经济组织和技术、人才优势。我国不同区域资源禀赋不同，经济社会发展条件也各不相同。在发展现代农业的过程中，我国新型职业农民培训模式应依据不同地区的经济文化和资源状况，搞好定位，最大限度地发挥不同区域的比较优势。

（三）农业发展因素

从我国农业发展看，各地农业发展并不平衡，因此，新型职业农民培训模式的选择，主要考虑培训模式与当地农业发展现状的吻合度和方向的一致性，考虑模式的社会意义和价值取向，以提高农业劳动生产率、农业效益、农业竞争力和提高农民素质为根本目标，与现代农业的发展方向和水平相一致。

（四）技术因素

技术因素主要指培训方式和培训内容，培训方式对农民参加培训的意愿有一定影响，现场实习和面对面授课的形式比较被农民认可，因为现场培训针对性较强，授课内容具有一定的可操作性，同时面对面授课形式也可以当场解决一些实际问题，易于被农民接受。农民期望的培训内容与其经营活动密切相关，针对农民的实际需要，紧密结合农业产业结构调整、生产季节、生产技能要求和劳动力市场需求对农民进行培训，农民才会有学习的积极性。培训内容与农民的经营活动越密切，农民越愿意参加。

（五）人员因素

农民的分工、分流、分业和分化产生农民群体的多元化，因此，多元分化的新型职业农民群体是新型职业农民培训的对象。新型职业农民发展需求影响培训模式选择，模式的选择要考虑新型职业农民自身发展需求的满足情况，农民的需求动机影响培训模式选择。马斯洛明确指出，人们总是优先满足生理需求，而自我实现的需求则是最难以满足的。从总体上看，收入增长、享受保障、维护自身权益是农民的利益和需求，在实现这些利益、权利和需求的措施和过程中，必然对生产所需的土地、资本、技术、人力要素和社会发展所需的制度、政策、教育、物质、精神等要素提出更高的要求。不同区域的经济发展水平不同，需求在不同区域呈现出不同的强度和特点，处于需求发展的不同层次，此时就要选择不同的模式来满足这种需求①②。

四、国际农民职业培训对我国的启示

(一) 以色列农民职业培训对我国的启示

在以色列，农业技术推广工作本身就是对农民进行教育培训的过程，推广人员由区域农业技术推广中心派出，他们大多是某一领域的专家，大多数时间工作在农业生产的第一线，在农业实践中对农民进行免费技术指导、示范和咨询，还可以随时通过电话、互联网等媒介与农民进行双向沟通，推广中心还经常举办专业培训或季节性培训，开办农场或推广型的培训示范基地，在自己的农田、果园乡农民亲身示范、对照讲解，最有效地被农民所认识和学习。

加大政府对农业技术推广的扶持。力度由政府投资建立的农业技术推广体系拥有高素质的推广人员、完善的推广服务网络和先进的推广手段，再加上政府充足资金的保障和国家立法的支持，从而为以色列农业技术推广工作的顺利运行和可持续发展提供了有力的保障。建立产学研一体化的衔接机制，该国成立了专门从事农业教育的专门培训机构，给予推广人员丰厚的待遇和良好的进修发展平台。我国可以借鉴以色列的经验：

构建适合我国国情的产学研体制，需要制定相应的政策，打破区域、部门界限，激励教育、科研和推广三者之间的流动，实现三者的有机结合，加大对农民教育经费投入力度，充分利用农业技术培训基地、网络、广播电视、专题讲座、简报和科技宣传栏等渠道，通过农业企业和专业技术示范户的示范带动作用，进行农业知识和技能培训。

(二) 法国农民职业培训对我国的启示

在法国，政府高度重视农民职业培训教育，投入了大量的资金给予支持，农民职业培训方式、对象和内容多种多样，非常灵活和贴近农民，而且培训以实效性为基本准则，在教学中注重理论联系实际，以如何适应市场、如何适应农民的实际需要为基础制定教学课程和计划。我国可以借鉴法国经验：

加强法制建设，保障农民职业培训地位，为了构建开放、灵活、协调发展的农民职业培训体系，当务之急是彻底审查和梳理现有的以及潜在的无形培训资源，重视网络平台信息资源共享的农民职业培训体系建设；优化师资队伍，注重实用性；奖罚分明，完善监督管理机制，对培训实施过程进行有效的监督和管理，从而保障农民职业培训质量；对于审查合格的农民职业培训的教育机构，均可申请和使用农民培训扶持基金，用于完善和提高其培训办学条件，对于主动吸收农村劳动力和为其员工主动进行职业技术培训的用人单位也给予一定的优惠政策和新闻报道式的公开宣传，同时，对于自愿参加培训的农民也给予一定的补贴，提高其对于参加培训的积极性。

---

①胡湘明. 新型职业农民创业教育模式多样化研究 [J]. 课程教育研究，2015 (15)：45-46.
②郭彦丰. 影响人文关怀深入护理工作的探究 [J]. 中外医疗，2011，30 (33)：152-153.

（三） 美国农民职业培训对我国的启示

在美国，尤其重视对农业职业教育培训的法律法规，美国历史上通过了很多针对农民进行培训的法案，1862 年的《莫里尔赠地法》首开对农民培训的先河，并且建立了农工学院，开始发展美国农业高等教育，1887 年颁布的《哈奇法》、1914 年颁布的《史密斯—利弗法案》、1929 年颁布的《乔治—里德法案》、1934 年颁布的《乔治—埃雷尔法案》和 1936 年颁布的《乔治—迪尔法案》等一系列专门法规，规定了联邦政府以及州政府在农业教育培训资金支持方面的重要性，加大对州农工学院和农机推广站等农业教育、科研和推广的支持力度，在资金上不断增大投入，建立了完善的农业培训和技术推广体系。

美国重视职业农民的建设，并且有严格的准入制度，不是任何人都可以从事农业劳动，而且美国部分州规定土地不准买卖。美国农场主培训的证书分为职业技能培训证书和技术教育证书系列，而且有绿色认证标准，没有证书的人不能成为农民，不能继承和购买农场。另外，美国还建立了完善的农场主等级制度，并且有完善的农场主培育资金资助体系，包括政府、企业和个人相结合的资金体制[①]。因此，我国可以借鉴的经验：

增设正规的农业院校，各级政府建立农业试验站，农业推广机构遍布各市县，增强这些机构对农场经营管理的重视性，同时教导农场主市场营销知识和农场管理知识，注重生产技术的培训，包括种植、养殖、园艺、机械等知识，这些知识对于提高农场主素质，增强农产品生产能力都提供很多帮助。要注重社区教育，除了教学和科研以外，要对农场主等进行直接培训，各市县农业推广机构要在专业生产技能、市场营销和企业管理上提供尽可能多的教育内容。建立完善的农场主培育资金资助体系，包括政府、企业和个人相结合的资金体制，在农业立法中写出具体的资金额度用于农民培训。要完善立法体系，特别是缩短农业法的修订年限，出台顶层设计，完善职业农民培训体系。

五、加快培育新型农业主体

当前，国内新型农业经营主体发展总体呈上升势头，发展状况较好，具有较强偿债能力、资产管理能力和盈利能力，这些都是小农户所不具备的。但也面临一些亟待解决的实际问题：政府缺少合理的培育规划，投入资金不足，资金来源渠道少；部门之间协同性差，机制不健全；新型职业农民培育基础设施不健全；基层政府重视不够、认识不足；培训内容过于单一，对象覆盖范围小，手段和形式不够灵活；农民对自身职业能力培养意识的欠缺。

由于长期的低收入造成的弱势地位，再加上职业培训的期望收益不高，农业经营主体为职业培训的支付意愿较低，培训费用的减免与降低依然是很大一部分农业经营主体的主要诉求之一。因此，作为农民教育培训资金投入的主要渠道，政府依然需要加大财政支持力度来扩大职业培训范围、提升培训效果。各级财政应逐步把农民教育培训纳入公共财政投入范畴，在财政的经常性预算中设立相应投资基金，并逐年有所增加，也应注意到我国农村区域大、农业人口基数大的实际情况，如果单

[①] 史洁. 美国职业农民的培训教育体系研究 [J]. 世界农业, 2014 (12)：169-172.

纯依靠财政资金难以全面覆盖，因此为缓解投资短缺的问题还应建立多元化的投资渠道，发展政企配合类和市场运作类农民培训；应将农民培训和农民实际需要紧密结合在一起，按产业、品种培养职业农民，政府和培训机构把教学班办进乡村、乡镇和村办企业，方便农民就地、就近学习，就地培养成才。

示范带动是放大农民培训效果的有效手段，农民由于经济基础薄弱，积累少，底子薄，承担风险能力弱，大多不愿意冒风险，加上过去许多培训走过场缺乏实效，农业主体对农民教育培训持怀疑态度居多。为调动农业经营主体参与职业培训的积极性，提高参与度，就需要通过对优秀的农民教育培训成果进行宣传，通过新闻媒体与互联网等媒介，宣传农民教育培训培养的优秀学员以及新型农业经营带头人，使农民感到培训可以带来实实在在的有用知识，能够带来可观的未来收益，以此强调农民教育培训的必要性。

加强普及国家农村政策的基础性宣传，深入宣传各级政府对农民教育培训的补贴等支持政策，广泛利用广播、电视、报纸、网络、手机短信等形式展开多层次、大范围的宣传工作，既有助于营造全社会重视农民教育培训的良好氛围，提高农民对培训的认知认可程度，又对培训机构形成压力，促使其重视培训效果，防止走过场培训，为新型农业经营主体培育打下良好基础。

第三节　加强农业生产实用型机械技术的研发

2018年2月4日，新华社发布了今年中央一号文件《中共中央　国务院关于实施乡村振兴战略的意见》，这是自2004年以来，中共中央连续十五年发布以"三农"为主题的中央一号文件，充分彰显了党和国家高层对"三农"工作的重视。而在其中，农业机械化作为夯实农业生产能力基础的重要举措和乡村振兴的重要物质技术保障得到了充分体现：

"夯实农业生产能力基础。深入实施藏粮于地、藏粮于技战略，严守耕地红线，确保国家粮食安全，把我国人的饭碗牢牢端在自己手中。全面落实永久基本农田特殊保护制度，加快划定和建设粮食生产功能区、重要农产品生产保护区，完善支持政策。大规模推进农村土地整治和高标准农田建设，稳步提升耕地质量，强化监督考核和地方政府责任。加强农田水利建设，提高抗旱防洪除涝能力。实施国家农业节水行动，加快灌区续建配套与现代化改造，推进小型农田水利设施达标提质，建设一批重大高效节水灌溉工程。加快建设国家农业科技创新体系，加强面向全行业的科技创新基地建设。深化农业科技成果转化和推广应用改革。加快发展现代农作物、畜禽、水产、林木种业，提升自主创新能力。高标准建设国家南繁育种基地。推进我国农机装备产业转型升级，加强科研机构、设备制造企业联合攻关，进一步提高大宗农作物机械国产化水平，加快研发经济作物、养殖业、丘陵山区农林机械，发展高端农机装备制造。优化农业从业者结构，加快建设知识型、技能型、创新型农业经营者队伍。大力发展

数字农业，实施智慧农业林业水利工程，推进物联网试验示范和遥感技术应用。"①~⑤

农业机械是指农作物种植和畜牧业生产过程中农畜产品初加工、加工过程中使用的各种机械。而农业机械化从本质上来说，既不是农业机械的简单堆积，也不是农业劳动力的多寡，而是农民在农业生产各环节能享受到的农机服务率⑥。毫无疑问，农业机械化是替代劳动力、降低农业成本、确保国家粮食安全、把我国人的饭碗牢牢端在自己手中的支撑力量。同时，总书记还指出，要让农业成为有奔头的产业、让农民成为体面职业和有吸引力的职业。如果不借助农业机械化生产，农民还是采用传统的面朝黄土背朝天式的体力劳动，显然难以达到这一目标。也就是说，要实现乡村振兴、发展现代农业，一是从务农的心理意愿看，要降低农业的生产成本，提高务农的投资产出比，提高农业（高于打工）的比较收益；二是从务农的生理角度看，要降低务农的体力强度，让人愿意务农特别是让未来的年轻人愿意待在村里务农，而不是选择外出务工——务农的体力劳动强度要相近甚至低于外出务工工种的劳动强度。而这些，都离不开农业机械。前者，需要依靠农业机械提高规模化水平、提高科技水平、提高粮食产量，同时农业机械还是科技的工具集成与物质载体，像精细化播种、施肥、撒药等，减少粮食损失和环境污染，确保粮食产量（如机收、烘干、抢收抢种等方面的功能）。后者就不用说了，要以机器替代人力才能降低劳动强度，同时，随着科技的发展、农业机械越来越自动化、智能化，譬如，远程控制、远程维修，将进一步提高机械对人力的替代度。

一、我国农业机械化发展特点

（一）农业机械化的发展水平稳步发展

农业生产一直是我国发展中的重点内容，包括粮食作物、经济作物，在国民经济中占有很大的比重。我国的农业机械化的发展水平处于稳步上升的阶段，在农业生产中并不仅仅局限于粮食作物，已经逐渐被广泛应用到农业生产的各个领域。在农作物生产的过程中，小麦生产的机械化水平是比较高的，机械化已经广泛应用到生产的各个阶段，从播种到收获都可以进行机械化操作，很大程度上减少了人力劳作，使得农业生产的效率更高。相较于小麦，水稻、玉米和大豆对机械化生产的水平要求是比较高的，机械化生产技术还存在一定的限制，使得水稻、玉米和大豆的机械化生产停留在播种阶段。因此，农业机械化发展的过程中，需要对机械化技术进行不断的更新与完善，为农业生产机械化提供更为有利的条件。

（二）农机产品呈现多样化的发展

随着社会的发展，人们对经济作物的需求量越来越大。农业生产结构发生了很大的变

①张迪．农机补贴政策在振兴乡村战略中的意义和内涵［J］．农机使用与维修，2019（09）：33.
②中共中央　国务院关于实施乡村振兴战略的意见［J］．农村工作通讯，2018（03）：5-13.
③林海霞．论推进粮食供给侧结构性改革的重要性［J］．农民致富之友，2018（13）：216.
④郑南琼．乐清市农机购置补贴政策的执行及其优化研究［D］．福建农林大学，2018.
⑤朱礼好．农机企业高管话2019年农机市场［J］．农机质量与监督，2019（02）：39-41.
⑥彭晓琴，徐一，唐波．浅析土地流转与农业机械化的关系［J］．四川农业与农机，2019（02）：35-36+42.

化，农业生产不仅以粮食作物为主，而且更加关注经济作物和果树种植，对农业机械化发展也提出了新的要求。一方面，农业生产结构的改变，需要新的生产机械化技术进行支持；另一方面，农业生产机械化不能仅仅局限于单一的技术手段，需要对机械化技术进行创新发展。我国农业机械化发展技术手段的创新，不仅可以满足农业生产结构的要求，而且还可以进行多样化的变化，丰富农作物的种类，更好地满足人们的需求。

（三）农业机械化作业逐渐步入市场化和社会服务发展阶段

在当前农业生产与发展的过程中，市场对其的调控是比较强的，承受着很大的市场风险。农作物生产一般为小作坊规模，一方面不需要进行机械化生产的变化，另一方面也难以承受机械化生产所需的费用与所面临的风险。因此，我国农业机械化发展存在着一定的局限性，其应用推广也有一定的难度。在农业机械化发展的过程中，需要从不同的方面加强对工作的指导，可以通过一些农机作业合作社来为机械化的应用提供服务，一是对农业机械化进行更好的宣传，二是为小型农业生产提供条件，促进农业生产更好地进行。

二、我国农业机械化发展存在的问题

（一）地区之间农业机械化水平严重不平衡

我国的疆土较为辽阔，地区的发展水平存在着不平衡的现象，尤其体现在社会经济、文化背景等方面。农业生产与市场经济有着很大的关系，一方面受市场经济的调控，另一方面对市场经济也有着一定的影响。因此，社会生活各个领域发展的不平衡导致农业机械化的发展水平与应用范围也存在着较大的差异。农业生产对地理条件与气候条件的要求是不同的，一些地区的条件不适合农业生产，存在劳动力过剩的问题，造成了资源的浪费。不同地区的农业生产结构存在很大的不同，对农业机械化水平的要求就存在差异、在农业机械化发展的过程中，社会经济状况是机械化的决定要素，主要体现在对农业机械化的认识水平与应用范围等方面、社会经济发展较好的地区，农业生产机械化所面临的风险较低，农业机械化推广的范围比较广。而农业机械化的推广与发展，在一定程度上还促进了机械化技术的更新与发展，使得技术的创新性更高。社会经济发展不好的地区，农民对农业机械的购买数量不多，农业机械化发展基本处于停滞的状态、在农业机械化发展的过程中，对农业机械的推广力度也不够，使得人们对机械化存在错误的认识，给机械化的应用造成很大的影响。

（二）农机产品质量差

在农业机械化发展的过程中，机械技术存在着较大的限制。一方面，机械化技术水平不高，在农业生产中难以取得理想的效果。另一方面，机械化技术较为单一，难以满足农业产品多元化的发展趋势。首先，农机产品在使用过程中，常常会出现故障问题，而且机械的维修较为复杂，在很大程度上造成了人们的厌烦心理。我国的农产品的种类比较多，不仅有粮食作物，还有经济作物与果蔬类，而农机产品的种类较少，难以充分满足作业的需求。其次，在我国农机产品的发展过程中，存在较大的缺陷，农机产品的性能与质量不能满足农业作业的要求，还可能会给作业的进行带来安全威胁、我国农业机械化发展虽然处于稳步上升阶段，但是其各方面的条件还是存在较大的不足，农机企业之间的竞争压力较小，在很大程度上制约了技术的创新性提高与发展、国家对农机产品企业也没有相关的扶持政策，农机产品企业的规模较小，企业也没有足够的能力进行产品的研发。目前，我国大部分先进的农机产品往往由国外进口，使得农业生产的成本被提高，不利于小型农业生产规模的发展，也给农机产品的广泛应用带来了较大的问题。

（三）农机服务组织化程度较低

在当前农机产品推广的过程中，推广方式、服务方式都较为分散，其发展与推广的专业化水平也不高，不适应农机服务产业化发展的要求。农机服务组织化程度较低，缺少农机专业服务队，使得农机服务的范围存在局限性，难以得到有效的扩大与推广。农业机械化的发展，没有专业的领导队伍提供指导服务与发展策略，生产与服务能力也就难以满足机械化作业的要求，导致农业机械化发展的水平也不高。还有一些农机服务作业的进行局限于本地范围，没有实现跨地、跨乡镇、跨县的发展，也就难以为农业机械化发展提供优势。

（四）农机创新水平不高

在我国农业机械化发展的过程中，机械产品大多由国外引入，对于机械技术与农业生产技术也没有重点的研究，两者的结合存在较大的问题。一方面，农机产品企业对农业机械化的重视程度不高，农机产品的性能与质量得不到保障，也不注重对农机产品外观与机型结构方面的研究与发展，使得农机水平处于最初的发展阶段。另一方面，国家对中小农机产品企业没有相应的扶持政策，一些中小农机企业对于农机创新水平的提高缺少相应的能力，导致农业机械化得不到有效的发展。在近些年的发展过程中，没有形成具有自身特色的产品品牌，一方面没有产品特色，另一方面缺少质量保证优势，导致农业机械化发展受到限制[1][2]。

（五）农业机械化的相关制度与服务部门不健全

我国农业机械化的相关制度不够健全，农业机械化的服务体系不够完善。当前，我国农业机械设备的发展速度相对比较迅速，但我国农业机械化的相关制度没有及时地跟随我国农业机械设备的发展速度。同时，我国多数农村农业机械服务站的服务能力相对比较弱，服务范围相对比较小。

总结起来看的话，与现代农业发展新需求相比，我国农业机械化发展不平衡、不充分的问题还比较突出，发展不平衡主要表现为"三高三低"：从作物上看，小麦、水稻、玉米三大主粮的综合机械化水平较高，棉油糖等经济作物的综合机械化水平较低；从区域上看，北方平原地区的机械化水平较高，南方丘陵山区的机械化水平较低；从产业上看，种植业机械化水平较高，而畜牧业、渔业、农产品初加工、果菜茶、设施农业的机械化水平较低。发展不充分表现为"三多三少"：小马力、中低端机具多，大马力、高品质机具少；单项农机作业的技术多，集成配套的农机作业技术较少；小规模自用型农机户较多，大规模专业化农机服务组织较少。发展不充分的主要特征是作业质量不高，科技含量低，农机化的作用没有充

①杨艳.我国农业机械化发展现状及对策［J］.宿州教育学院学报，2017，20（06）：16-17+30.
②卫中旗.乡村产业振兴的内在逻辑·根本途径与关键举措［J］.安徽农业科学，2019，47（12）：247-249.

分发挥①。

三、国际规则下农机行业支持政策优化②

(一) 农机行业未来发展格局及农机购置补贴政策调整判断

（1）农机行业市场潜力依然很大。首先，近10年来，尽管我国农业机械水平有了很大的提高，2016年全国农业综合机械化率到65%，比2015年提高了2个百分点，但距离发达国家的80%～90%水平还有很大差距，我国农机发展潜力依然很大。其次，随着人口老龄化发展、城镇化进程加快，农业劳动力日益短缺，农业用工成本大幅上升，将助推农机的持续增长。最后，土地加速流转导致农业经营集中化，而大规模耕作对农机的需求更大。这些都给农机行业的发展提供了较大的市场空间。

（2）整合低端农机企业，促进市场竞争。我国农机制造大小企业有2万多家，规模以上农机制造企业有2000多家，这些企业中有大量中小型厂家生产技术含量较低的农业机械。而随着约翰迪尔、爱科、久保田、洋马等外资巨头通过建厂、合资、并购等多种方式在我国安营扎寨，大举进入我国农机市场，必然会加剧农业装备制造业的竞争，行业洗牌不可避免。同时，随着农机补贴逐步向大型、高效和高端产品倾斜，主要在低端竞争的企业可能因经营困难而面临整合，只有研发实力强、有先进管理能力的企业才能在行业整合中胜出。

（3）调整农机产品结构。一是在发达的平原地区，我国多数粮食作物耕种收环节基本实现机械化，机械化的重点将向收获后深加工、烘干等处理机械转移。二是由粮食作物机械化向经济作物机械化转移，在水稻、小麦和玉米等粮食作物逐步推广机械耕种后，小种类作物和经济类作物耕作的机械化需求将逐步扩大。三是对"特殊行业"的农业机械进行大力扶持，鼓励研发对适宜丘陵、山区作业的中小型机械、微耕机械及适合西部高原地区地貌特征的免耕机械、植保机械和牧草机械等。

（4）用户主体发生变化，对农机生产商的要求更高。近年来，随着农村土地流转的加速，新兴农民组织蓬勃发展。据统计，2015年农业合作社数量达153.1万家，涉及农户10090万户。农业合作社的快速增长推动农机市场消费主体悄然生变，过去分散的个体消费群体被农机合作组织、家庭农场、专业大户和农民合作社等消费集群所取代，成为农机厂商争夺的主要客户群体。用户主体的变化，需要农机厂商提供高质量、高技术的从整地准备、种植、管理、收获到产品加工等系列化机械和成套农机装备，而且还要完善售后服务、保证机械的维修、零配件供应以及定期对农户进行技术培训。

（5）农机产品向智能化、绿色化转型。随着信息技术的不断发展，农机产品对机电液一体化、电脑智能、故障诊断监控系统、地头自动管理系统和GPS定位系统等的应用将进一步扩大，因此先进适用、智能化、精准化、多功能和高效率的保护性耕作、复式作业、精细农业等促进可持续发展的农业装备成为农机工业的技术发展趋势。同时，用电子信息化技

---

①孙洁. 开创农业机械化发展新局面　解读《国务院关于加快推进农业机械化和农机装备产业转型升级的指导意见》[J]. 中国农村科技，2019（02）：10-13.

②徐建. 我国农机行业的现状、趋势及发展策略 [J]. 农业工程，2014，4（05）：1-4.

术改造和提升传统农业机械，促进自动化、智能化和精准化农业技术的研发及应用，是未来农业机械发展的必然。与此同时，低碳经济时代的来临，对环境保护和资源节约提出了更高的要求。在水、土地、能源等资源不断趋紧的压力下，高效节能、低碳排放等绿色环保技术将引领未来农机行业发展。

（6）农机销售模式面临转型。一是农机销售对金融工具的需求增加。一般来说，土地经营需要大量资金，为了缓解农户资金约束，可以尝试给农户提供信贷支持，如规定首付比例等。二是电子商务拓展农机销售渠道。由于电子商务有助于销售者快速突破地域限制、匹配买家，降低商品流通和交易成本，可能会对传统销售渠道带来冲击，争取终端客户将成为各厂商争夺的焦点。

（7）农机行业发展规划多元化。第一，鼓励企业竞争、市场整合，争取培育出有竞争优势的主体，可以借鉴"丰田模式"，小企业生产零部件，大企业制造组装，形成专一化分工，提高行业效率。第二，对"特殊行业"的农业机械进行大力扶持，鼓励研发。如针对地区的农机、针对经济作物的农机以及植保机等。第三，借鉴"美国爱科集团"的发展历程，鼓励资本并购，从并购中学到技术，发展企业，形成竞争优势。

（8）农机购置补贴向作业补贴的改革。考虑到农机购置补贴造成了农机行业企业规模偏小、集中度分散、低端产能过剩以及农机行业竞争不足等问题，我们建议尝试将农机购置补贴向作业补贴的改革变为补贴机械作业环节，实行机械耕作的给予补贴，虽然这存在监督成本问题，但随着科技进步，GPS跟踪技术等可能会解决监督问题。可以尝试借鉴日本等发达国家经验，将"农机购置补贴"给服务综合体（合作社的联合体），同时规定服务综合体必须为周边农户提供机械服务，综合体可以向周边农户收取合理的服务费（维持综合体的正常运转），但政府有限定最高价格的权力，最终形成可持续性的农业社会服务组织。

（二）农机购置补贴资质调整面临的主要风险

（1）对我国农机企业造成冲击。当前美国只有4家生产规模较大的农机制造企业、日本有3家、韩国有5家，而我国农机制造大小企业有2万多家，规模以上农机制造企业有2000多家，说明我国农机市场行业集中度较低，有大量中小型厂家生产技术含量较低的农业机械。如果"购置补贴开放"，国外"高端""先进"的农业机械能够获得补贴，这会提升国外产品竞争力，必然会对我国农机企业造成冲击，甚至说淘汰一批农机企业。

（2）阻碍我国"特殊行业"农业企业发展。如果"购置补贴开放"，在我国的外资企业会减少对"特殊行业"农业机械的研发和生产，转而从其他地方进口，如针对山区的农业机械，针对经济作物采收的机械，而国外"特殊行业"的农业机械相对先进，这会阻碍我国"特殊行业"农业企业发展。

（3）如果补贴的农机具在国外生产，补贴成了对外国产品的补贴，我国既没有获得技术，也没有解决就业，还造成了资金的变相外流。国家农机购置补贴政策，简单来说，就是农民购置农机时，国家财政给予一定的资金补贴。如果人们购置的农机是本国企业生产的产品，除了对农民购置农机进行了补贴，同时拉动了我国农机企业的生产和销售，相当于间接助推了我国农机生产企业的发展。但是，如果对购置国外进口农机给予补贴，那么相当于国家财政资金"变相"助推了国外农机产业的发展，无疑对我国农机产业和企业带来不利影响。当前凯斯纽荷兰、约翰迪尔、爱科、久保田等国外农机制造商，均已经通过企业收购或企业合作等方式在我国设立工厂并已经投入了生产，这在一定程度上解决了我国农民的就业问题。一旦"购置补贴开放"，如果在我国生产的农机具成本要高于其他国家，这些农机企业很有可能减少在我国的产量，转而从其他生产成本较低的国家直接进口。这样可能的问题有：①农机补贴成了对外国产品的补贴，可能会进一步降低国外农机的生产成本。②如果补贴的农机具在国外生产，可能会带来部分农机从业人员失业问题。

（三）农机购置补贴及机具资质调整国际经验分析

总体来看，世界主要国家对农机机械化都有相关支持政策，但是在实施者如何对待国内外产品则有差异。欧美等发达国家，主要通过技术认证设置门槛；巴西、俄罗斯等发展中国家，主要通过国内保护性产业政策，且以银行贷款贴息等金融支持为主。我们咨询了韩国农业机械化领域专家，被告知韩国在实施农机购置补贴时期并没有采取歧视性措施。也通过文献查询，得知巴基斯坦曾经对农机产业采取保护政策，限制外国农机进口规模；日本虽然没有对本国农机采取保护措施，但是由于其农业资源禀赋与欧美等农机行业发达的国家差异大，外国农机不适应日本的农艺要求，而日本本国农机企业则开发出适应日本农艺的农机，通过差别竞争促进了农机产业的壮大。以下是对欧洲、东亚和北美主要国家农机支持政策的一个总结。

1. 欧洲主要国家农机支持政策

（1）英国。英国的农机支持政策也是以价格补贴为主。英国扶持农业（包括农机）的立法于1947年制定，1957年的《农业法》规定，凡购置农机设备等，其费用2/3由国家给予补助；1960年的《园艺法》和1964年的《农场和园艺发展法》规定，对园艺农场进行的土地改良、建筑和购置机器设备，给予15%～25%的补助；1973年的"农场资本补贴计划"进一步规定，在农场建造干燥和贮藏农产品设施或存放农机设备的仓库，可得到20%的补贴，修建煤气、电力设施，可获25%的补贴，整治和改良土地可获67%的补贴[1][2]。

（2）德国。德国支持农机发展的政策主要包括低息贷款和价格补贴，同时为推广农机服务，还提供了柴油补贴。德国农业政策规定，农民用的柴油半价供应，政府实行23%～50%的价格补贴；国家对农民购置农机具等农业生产资料给予低息贷款；农机厂商以不同的价格来吸引农民购置农机具。20世纪50年代，为了解决城乡居民的温饱，鼓励农民使用农业机械，多施用化肥，政府对降低市场柴油和化肥价格给予补贴。而在限制生产，特别是在崇尚绿色食品、渴求纯净食物、纯净空气的今天，不仅取消了柴油和化肥的价格补贴，而且要征税。欧共体和德国政府采取的补贴、限产、征税和干预等政策措施，对农业生产是既扶持又制约。

（3）法国。法国为了推动农业机械化的发展，同样采取了价格补贴，不但补贴新农机，而且对相关的零部件也进行补贴，甚至补贴额要高于对农机的补贴。法国在20世纪50年代曾规定，凡购置新的农机具按原价优惠15%出售，购买农机零件可减价20%，差价由国家补给。60年代，法国规定农场主购买拖拉机，政府给予投资额20%～30%的补贴[3][4]。70年

①④李红. 农机购置补贴政策的经济学分析 [D]. 新疆农业大学，2008.

②完世伟. 农机化财政扶持的国际经验及借鉴 [J]. 中国农机化，2006（03）：11-14.

③陈炼涛. 法国农业现代化之路 [J]. 农机质量与监督，2005（02）：43-45.

代到 90 年代，为了更好地推广农业机械化，法国开始建立农机合作社"居马"，并将财政对农机的补贴向合作社倾斜。"居马"在成立时可获得一笔约占最初投资 15% 左右的补贴，在山区和困难地区，这项补贴可以增至 40%~50%。在购进新设备时，"居马"还可获得 20%~40% 的支持。而进入 90 年代后，法国对农机的补贴政策从农机购买补贴转向为农机使用补贴。法国政府为农民提供长期、低息的贷款，政府对农用燃油实行减税 15% 的优惠政策。

2. 韩国和日本农机支持政策

（1）韩国。韩国政府对农民购买农机主要实行财政无偿补贴政策。1970 年以后，韩国对农业机械购买者实行补助 2%、贷款 63%、自筹 35% 的政策。随后为了适应国内水稻产业的发展，韩国将补助重点定为插秧机和收获机械，实行补助 40%、贷款 60% 的全额支援供应方法。进入 80 年代后，韩国根据本国农业机械化的需要，组建经营规模为 10 公顷的机械化营农团体，允许机械化营农团体在拖拉机、插秧机、割捆机、联合收割机、植保机械和干燥机等农业机械中，以补助 40%、贷款 60% 的形式购置 5 台。而到 80 年代后期，对机械化营农团体购置农业机械的政策发生了一些改变，实行补助 50%、贷款 40%、自筹 10% 的政策；同时为促进旱田作业机械化开发了管理机，以补贴 20% 的形式支持；对一般农户实行贷款 60%~90% 的政策[1]。1990 年以来，对一般农户，农业机械价格在 200 万元以下时补助 50%，超过 200 万元补助 100 万元；对农业机械组织（农业会社法人、作业班等共同利用组织）和粮食专业户补贴 50%。1998 年以后，韩国取消了购机补贴，但加大了提供优惠贷款的幅度。农民购买农机，只需要首付 20%~30% 的资金，其余可全部采用抵押的方式向银行贷款，一般以耕地作为抵押物，5~8 年还清贷款，贷款利息远远低于工业贷款，一般为 4.5%，而其他非农行业的贷款利息一般为 6.5% 以上。对农业机械共同利用组织的农业机械购入实行补贴政策：对大规模支援 6000 万韩元（1 美元约合 1146 韩元）、对小规模支援 2000 万韩元，以补助 50%、贷款 40%；超过事业费购入的部分在购入费的 90% 之内提供贷款。大规模共同利用组织具备有 30 公顷以上的经营规模和 3 人以上的农业机械操作人员，而小规模共同利用组织具备有 10 公顷以上耕地和 2 人以上的农业机械操作人员[2]。由于农机械的年使用期短，耕种农作物不同，使用的机种也不同，购买旱地耕作农机械以及附属机械对农民是很重的负担，2003 年韩国对农机械使用率低下的旱地农机械开展租赁项目服务，项目通过设置农机械租赁事务所，农户以 1~3 天的短期租借方式进行运作。到 2013 年为止，共设置了 293 个所进行项目补助。

（2）日本。日本主要采取了低息贷款、价格补贴的方式提高农业机械的需求，但是日本农业机械化的支持政策同样是通过立法的形式设立依据，这一点和英国有相似之处。日本战后初期和 20 世纪 50 年代制定了《农业法》《农业机械化促进法》等 14 个有关法规，国家对农民引进、利用农机具所需资金，制定长期低息贷款措施：无息贷款借期 3~5 年；有息贷款借期 7~10 年；个体户贷款最大额度为 600 万日元（折合人民币 44.7 万元）；对国家指定的重点农业机械与设施（如集中育秧设备、大型拖拉机、联合收割机、干燥机、贮藏设施、加工机械等）补贴 50%；同时，还对拥有 3 公顷以上土地的农户购买大中型农业机械补助 50%；对举办农机展览、培训农民

①韩德梅. 国外农业机械化发展情况及法律政策支持 [J]. 广西农业机械化，2006（06）：6-7+20.
②于嘉茵，阚逸文，平英华. 农机购置补贴信贷约束因素研究 [J]. 中国农机化学报，2016，37（10）：254-260.

使用农机具、农机推广机构活动经费、农业机械合作组织的建设活动经费、农机修理等均补贴50%经费。日本农林省明确规定，凡是按一定标准联合起来集体购买拖拉机、插秧机、联合收割机与烘干、贮藏设备以及某些灌溉、施肥设施等，都可得到政府补贴。补贴额的50%可从中央财政得到，25%可从都道府县财政得到，其他25%则可从接受国家补贴的金融机构得到低息贷款，有的地方町村财政还要补贴12%~15%。在日本，从中央到地方都有农协机构，为农业和农民提供产前、产中和产后服务，为农民提供机械销售、配件供应、技术培训、维修服务、油料供应和农机牌证照管理等，还负责操作政府农机补贴事宜[1]~[3]。

3. 美国和加拿大农机支持政策

（1）美国。美国主要采取对农用柴油、汽油免税的方式促进农业机械化的发展。美国于19世纪末制定农业（包括农机）扶持的立法案，并经多次修订。1862年通过莫里尔法，规定全国每个县都设立推广站，加强研究、推广工作，鼓励支持农业信贷，对农用柴油、汽油实行免税，对在住宅4公顷范围内使用的农用汽车免税，并免收登记费、执照费及事故保险费等。美国的农机化有不少做法值得我国借鉴。如政府扶持措施得力，对象明确，补贴直接到农户；方向对头，关键看是否有经济效益和社会效益；考核有据，以参展量和出口量来衡量，有利于调动农户生产经营的积极性[4]。

（2）加拿大。加拿大政府主要通过采取优惠贷款和优惠税收政策等措施扶持农业机械化的发展。具体地讲，就是政府通过农业立法而实施特别赠款、价格支持和生产补贴直接向农场提供支持，同时通过成立农场信贷机构等措施解决农场购置农业机械所需资金不足的问题，农场信贷资金由联邦政府拨给，长期抵押贷款分期偿还，最长可达30年，这为农业机械化发展创造了良好条件。在税收方面，政府规定向农场或农户出售的农业机械及其农机维修配件一律免税，制造厂商进口生产农业机械用的设备和材料也一律免税。除此之外，加拿大政府还对农机产品质量和维修配件供应进行严格规定，建立了非常完善的农机产品营销与技术服务体系[5]。

（四）建议采取的对策内容及 WTO 规则、国内法规

1. 建议采取的对策

"学习、保护、提升"，学习国外的先进生产技术，保护农业生产者的利益，同时提升国内农机竞争力。从某种意义上讲，"购置补贴开放"反而是件好事，在一定程度上能够促进农机行业竞争，淘汰一批技术含量较低的农机企业，最终保留几家竞争力较强的大企业，我国电子通信市场的成功经验就是很好的说明。但这并不意味着完全放任，我们依然需要保护国内农机行业，限制部分国外农机进口，但也要开放部分农机进口，关键在于一个"度"的掌控。首先，不能完全限制进口。如果全面打开农机购置补贴政策"境内生产"的限制，对我国"土生土长"的农机企业来说，或将是灾难性的打击，那样会导致国家财政资金"变相"外流，从粮食安全长远战略角度来看，也是不允许的。其次，不能不限制进口。从

①李红.农机购置补贴政策的经济学分析［D］.新疆农业大学，2008.
②完世伟.农机化财政扶持的国际经验及借鉴［J］.中国农机化，2006（03）：11-14.
③于嘉茵，阚逸文，平英华.农机购买补贴信贷约束因素研究［J］.中国农机化学报，2016，37（10）：254-260.
④吴昭雄.农业机械化投资行为与效益研究［D］.华中农业大学，2013.
⑤吴昭雄，孙友汉.国外农业机械化投资制度对我国的启示［J］.湖北农机化，2014（02）：9-15.

我国近现代史看，"闭关锁国"成为我国落后的原因之一。我国的农机行业不能"闭门造车"，既能引进来，也要走出去，关键在于一个"度"的掌控，这需要购置补贴政策制定部门和执行部门，根据我国农业发展的实际情况把握"开闸"和"关闸"的时机。对于一些我们急需的，国内暂时提供不了的高端农机产品，可以适当引进，既解决用户的燃眉之急，也给国内企业制造一定的压力，倒逼他们成长和进步。而对于国内已经可以生产制造的，且能满足用户需求的，补贴政策的闸门则要及时关闭。

（1）从短期来看，实施非关税壁垒政策，提高农机具补贴门槛，提升农机产品质量，保护农业生产者利益，以产品适用性、安全性和企业售后服务三个方面的认证提高补贴门槛，具体有：首先，在适用性方面。一是设置进口农机产品在华销售时间要求，以审查其产品是否适应国内农业生产；二是设置农机产品质量的认证，要在符合《中华人民共和国产品质量法》的基础上，加强对农机产品质量的强制性认证和自愿性认证等技术认证，可以尝试要求国内生产企业在进口产品的设计研发环节就开始提供资料以供全程工艺认证；三是审查农机产品是否与我国农业生产环节和区域状况相配套，调整优化补贴产品清单，在认证中要优先主要粮食产后干燥、储藏过程的农机具，国内急需但没有生产能力的农机具，以及适合我国不同地域的特色农产品所需要的农机具。这些适用性认证措施有助于增进我们对进口农机具的了解，提高农机具品质，促进农机农艺的结合，提高农业经营效益。其次，在安全性方面。一是审查农机企业资质认证，是否具备生产资质，以避免国外劣质农机产品进入；二是审查机械使用安全问题，杜绝机械存在的安全隐患，保障国内购买者权益；三是要审查进口农机具的信息和网络安全，建议设置农机具定位系统的国产化要求；四是要审查国外农机企业信用安全，以防止国外农机企业欺骗我国消费者；五是要审查国外农机企业价格诚信和产业安全，以防止国外进口企业利用市场势力损害消费者权益。以价格反垄断等方式，要求享受补贴政策的国内外农机企业或经销商提供相关成本与其他国家市场价格信息，监管农机产品市场价格，保障农业生产者利益。最后，在售后服务方面。一是提出进口农机具产品必须要符合"三包要求"，以《中华人民共和国消费者权益保护法》为依据，保障消费者权益；二是对售后服务提出及时性要求，必须在一定时间内解决消费者提出的服务要求；三是提出零件与整机价格比水平要求，防止国外农机企业通过高价零部件维修费用损害消费者利益；四是对销售国外农机经销商的要求，避免国外劣质农机产品进入，损害农业生产者利益。对经销商的要求包括：①经销商经营范围应包含进口产品内容；②经销商应有进口产品生产企业在我国经营销售的授权；③应有相关部门出具的整机进口凭证；④我国国内有不少于3个使用用户，且无用户投诉、上访事件发生；⑤应有国内或国外相关机构出具的产品检验检测报告，或其他证明材料；⑥申报的产品应有符合我国法律法规、标准规范的中文说明书、三包凭证和产品合格证等随机技术文件。以上对适用性、安全性和售后服务三个方面的认证和标准把关，对国产农机具和进口农机具都适用，这样有三个方面的好处：一是通过提高农机具品质而有利于农业生产者提高效益；二是通过促进农机具有农艺相结合而有利于农业生产率提升；三是通过规范农机市场而有利于农机行业健康发展。

（2）从长期来看，鼓励研发和市场竞争，提升国内农机行业竞争力。具体政策主要包括以下几点：①支持大型农机企业研发，促进农机产品质量升级；②对"特殊行业"的国内农机企业，要大力扶持；③鼓励国内农机企业整合，学习"丰田模式"，小企业生产零部件供大企业生产，形成专业化分工；④加强农机领域的技术开发，同时做好农机的专利保护

工作；⑤加强同国外企业的合作，学习国外先进的生产技术。

（3）逐步调整农机购置补贴为农机作业补贴。农机购置补贴的主要目标应该是让农业得益。农机行业作为一个竞争性行业，不具备公益属性，不存在政府补贴的合理依据。农机行业因作为农业这一特殊且具有公益性行业的投入部门而拥有补贴理由，因此，补贴也应该站在农业生产的角度进行，作业补贴是一个很好的选择。因为农机是服务于大农业，而非某个特定农业行业，在计算黄箱政策空间时属于非特定农产品系列。目前，我们黄箱政策还有很大的空间，农机作业补贴不需要担心 WTO 规则限制。这在降低农业经营成本的同时，也有利于提高农机具使用率，符合可持续发展要求。

2. 建议采取对策的合法性分析

（1）以产品适用性、安全性提出建议的合法性分析。①必要性。首先，我国是人多地少的资源禀赋，基本国情和农情决定了我国小农户生产长期存在，而美国、加拿大等国家以大农场为主，其制造的农业机械主要针对大规模机械作业，因此进口国外农业机械时，需要充分考虑产品的适用性。其次，我国地域辽阔，自然环境复杂多样，形成了各具特色的地理区域，因此各地区的耕地土壤类型也不尽相同。国外农机的设计和制造主要针对其本国国内的农业生产需要，因此在进口国外农机时，需要考察农机的使用是否会破坏我国的耕地和土壤。最后，由于国外农机完全进口，其操作的习惯、适应性和舒适性可能也与我国存在较大差异，需要筛选出真正适合我国操作的农机。此外，我国从事农业生产的人员大多以土生土长的农民为主，而农民的知识和学历水平有限，在操作机械时可能会出现这样或那样的失误，此时农机的安全性和可靠性就相当重要，农业机械的使用必须以保障农业人员的安全为前提。②法律支撑。第一，《中华人民共和国产品质量法》第 12 条，产品质量应当检验合格，不得以不合格产品冒充合格产品[1]。第二，《中华人民共和国消费者权益保护法》第 7 条，消费者在购买、使用商品和接受服务时享有人身、财产安全不受损害的权利[2][3]。第三，《中华人民共和国消费者权益保护法》第 16 条，经营者向消费者提供商品或者服务，应当依照本法和其他有关法律、法规的规定履行义务[4]。

（2）在国外农机产品销售和零配件服务上提出建议的合法性分析。①必要性。首先，如果国外农业机械产品质量下降，或者机械售后服务不到位（如零配件不能及时跟上、劣质农机配件以次充好等），可能会影响到我国农业生产。其次，国外农机企业掌握了核心技术，因此对农机的修理和维护也有可能形成垄断，如果国外农机通过低价进入我国市场，但对维修的零配件进行高价格定位，将极大损害我国农民的农民利益。②法律支撑。《中华人民共和国消费者权益保护法》第 8 条，消费者有权根据商品或者服务的不同情况，要求经营者提供商品的价格、产地、生产者、用途、性能、规格、等级、主要成分、生产日期、有效期限、检验合格证明、使用方法说明书、售后服务，或者服务的内容、规格、费用等有关情况。

（3）在调整优化补贴产品范围和扶持措施上提出建议的合法性分析。①必要性。第一，农机补贴有利于农民买到先进、优质的农业机械，提高农民农业生产效率，在劳动力成本上

①应丹. 电子商务消费者权益保护制度研究［D］. 湖南大学，2011.
②柴梦杰. 我国区块链金融法律监管研究［D］. 河北大学，2019.
③徐焕秋. 我国股权众筹投资者权益保护研究［D］. 西南政法大学，2018.
④王硕文. 网络虚拟财产法律问题研究［D］. 河北大学，2019.

升背景下，机械替代劳动力能够节约农业生产成本，而且国外先进机械的使用有助于提升我国农业生产机械化率。第二，从我国近现代史看，"闭关锁国"成为我国落后的原因之一。我国的农机行业不能"闭门造车"，既要引进来，也要走出去，关键在于一个"度"的掌控，这需要购置补贴政策制订部门和执行部门，根据我国农业发展的实际情况把握"开闸"和"关闸"的时机。对于一些我们急需的，国内暂时提供不了的高端农机产品，可以适当引进，既解决用户的燃眉之急，也给国内企业制造一定的压力，倒逼他们成长和进步。而对于国内已经可以生产制造的，且能满足用户需求的，补贴政策的闸门则要及时关闭。②法律支撑。WTO"绿箱政策"，政府执行某项农业计划时，其费用由纳税人负担而不是从消费者转移而来，没有或仅有最微小的贸易扭曲作用，对生产的影响很小的支持措施，以及不具有给生产者提供价格支持作用的补贴措施，均被认为是"绿箱"措施，属于该类措施的补贴被认为是绿色补贴，可免除削减义务①~④。其中，第一项规定：由公共基金或财政开支所提供的一般性农业生产服务。

四、我国农业机械化发展的对策

（一）制定和完善扶持策略，增加农机化投入

农业生产是社会生产中的重点内容，对于我国各方面的发展有着很大的影响，农业机械化也是社会发展的要求。农业机械化不仅可以提高农业生产的效率，提高农业作业的安全，其对社会发展有着很重要的意义。在机械化的带领下，人们的生活水平有了很大的提高，将农业与机械生产相结合，促进了社会发展的平衡与统一、农业机械化的发展还有效地带动了农村经济水平的提高，缩小城乡距离，为城乡更好的规划提供更为有利的条件。因此，农业机械化发展涉及我国经济生活、政治生活等各个领域中、农业机械化发展也有着一定的复杂性，对各方面的要求是比较高的，需要制定和完善扶持策略，增加农机投入，也加大对农业机械化的引导。首先，各级人民政府应当把推进农业机械化纳入国民经济和社会发展计划，将其作为发展中的重点内容，为农业机械化发展提供基础条件。其次，政府还需要增大农机投入，与财政支持、金融扶持等内容相结合，从不同的方面加大对农业机械化的扶持，促进农业机械化的扩大发展。在目前农业机械化发展的过程中，一些扶持政策已经被具体落实，并且也取得了一定的效果，更多地需要对政府与企业进行正确的引导，充分发挥政策的作用与优势⑤⑥。

（二）推进宜机化制度创新

由于体制等方面原因，农田基本建设、育种、栽培等与农业机械化分属不同部门。当前

---

①赵小平，苗荣.农业现代化视角的欧盟地理标志法律保护研究［J］.山西大学学报（哲学社会科学版），2011，34（04）：112-117.

②沈明其，姜立辉.WTO"绿箱"政策与中国农民教育培训［J］.甘肃农业，2005（06）：66-67.

③周爱春.WTO框架下我国农业补贴法律制度的完善——基于环境保护的视野［J］.农业经济，2012（08）：73-74.

④李荣.腐植酸肥料行业发展的政策环境分析［J］.腐植酸，2019（05）：34-38.

⑤杨艳.我国农业机械化发展现状及对策［J］.宿州教育学院学报，2017，20（06）：16-17+30.

⑥陈焱.我国农业机械化发展现状及措施［J］.湖南农机，2013，40（11）：19+21.

我国农业生产方式虽然已经由人畜力为主进入到以机械化作业为主的新阶段，但许多地方，农田条件、种植体系仍还停留在适宜人畜力阶段。特别是广大丘陵山区，土地细碎分散，农田道路缺乏，成为"机器换人"的巨大障碍。我们要打破传统思维模式和工作定式，树立良种、良法、良田、良机"四良"结合推进农业机械化的理念，主动发声，积极进位，努力协调，推动促成有关方面达成"宜机"共识，促使机械化适应性成为品种选育、栽培方式改良、种植制度改革、农田基本建设、土地整治等工作的必要考量和必要目标，既重源头控制，又重过程管理，在政策、规划、项目、标准、规范、考核等各种制度性安排中，确保"宜机"制度供给，创造良好"宜机"条件，促使"四良"配套，拓展农业机械化发展空间，释放农业机械化发展潜力和活力。当前特别要推进丘陵山区宜机化土地整治建设，加大与发展改革、财政、国土资源等部门的沟通协调，促成有关方面充分考虑适应机械化作业服务的需要，改革完善高标准农田建设、农业综合开发、土地整理等方面的规划建设目标、工程设计标准、建设施工规范，做出"宜机"制度安排，推动丘陵山区耕地宜机化整治建设，使土地由小变大、由乱变顺、由坡变梯，田成方、地成块、渠相连、路相通，为丘陵山区农业机械化发展奠定良好基础。

(三) 加快农机试验鉴定工作改革创新

农机试验鉴定提供的试验测试技术服务和产生的检测数据、鉴定结果等信息，支持指导农机科技创新、产品生产，引导促进农机化新技术示范推广，支撑服务农机购置补贴政策实施等工作，是重要的农机化公共服务产品。农机试验鉴定工作既是农机化管理的一项基础性工作，也是农业机械化供给体系的重要组成部分。近年来，由于体制机制原因，试验鉴定供不足需的矛盾特别是创新产品鉴定难问题比较尖锐，鉴定公共服务信息化不够的短板日渐突出。补齐创新产品鉴定和鉴定服务信息化供给不足等短板，提升农机试验鉴定供给能力，是推进农业机械化供给侧结构性改革的重要一环。我们要坚持目标导向、问题导向，改革创新，做好减少鉴定分级、减少鉴定种类和简化证书管理方式等"减法"，做好增强创新产品鉴定、吸收社会机构参与检验检测、加强事中事后监管等"加法"，做好理顺实施管理关系、获证产品信息公开、"互联网+农机鉴定管理服务"等"乘法"，着力转变鉴定方式，优化鉴定供给，推动农机试验鉴定工作迈上新台阶。

(四) 提升农机化公共服务的信息化水平

信息化是当今促进公共服务发展的重要手段，也是公共服务的重要内容。经过一段时期的建设，我国农机化公共服务信息化发展取得了良好成效，全国农机化管理部门和推广、鉴定、安全监理等业务系统的网站近600个，开发了农机跨区作业服务、购机补贴管理等一批应用系统，覆盖农机化公共服务的诸多方面。但发展中还存在不同业务系统难以互联互通、信息资源流动性较差、大数据开发开放尚待起步、信息服务水平有待提高等问题。我们要把提升公共服务信息化水平列为推进农业机械化供给侧结构性改革的重要内容和有力举措，深入贯彻落实国务院促进大数据发展、推进"互联网+政务服务"等决策部署，加强统筹规划，推进互联互通，加快信息资源开发，打造开放共享平台，提升公共服务的供给效能。一要着力建设实体政务大厅、网上办事大厅、移动客户端、自助终端等多种形式相结合、相统一的公共服务平台，在农机监理牌证发放、购机补贴产品投档与补贴申领、农机鉴定证书申领发放，以及有关行政许可审批、政策业务咨询等方面，提供更加方便快捷的多样化服务。二要充分运用大数据的理念、技术和资源，大力挖掘开发农机化统计、试验鉴定、安全监理、购机补贴、技术试验示范等方面沉睡的丰富数据价值，利用大数据加强宏观决策，改进指导监管工作，支持推动公共服务精准化。三要积极推进跨部门、跨地区、跨业务系统的信息互通共享，例如试验鉴定、安全监理、购机补贴三个业务系统的网络联通与信息共享，打破"信息孤岛"，依托"互联网+"实现信息共享与业务协同，管理服务事项相互支持、检验核对，变"群众奔波"为"信息跑路"，减少重复劳动，提升监管效率，优化公共服务。

（五）健全农业机械化的相关制度和服务部门

健全农业机械化的相关制度以及服务部门，首先，通过我国各个地区之间的相关政策的协调统一，建立全面完善农业机械设备的制度体系。从而保证农业机械设备的研发、生产、销售、使用等一系列过程有着完善、全面的政策支撑。其次，建立全面、完善的农业机械化服务部门体系。随着我国社会经济以及农业经济的迅速发展，我国农业机械化的水平也在迅速提高。对于农业机械设备以及农业机械化的后续服务是决定我国农业机械化是否能够可持续发展的重要影响因素之一，所以，根据我国不同地区的实际情况，建立相应的后续服务部门可以促进我国农业机械化的迅速发展以及可持续发展。

（六）完善农业机械的结构配置

针对我国当前农业机械化发展过程中出现的农业机械设备不合理的问题，制定相应的农业机械化发展政策，并完善现有的相关政策，严格规范农业机械化发展相关政策的有效实施，加大对农业机械设备的科研力度，针对我国不同地区的农业机械设备结构的现状，进行有针对性、目的性的研发工作，做到科学、合理的配置我国不同地区的农业机械设备结构，从而提高我国总体农业机械设备的农业生产效率，促进我国总体农业机械化的迅速发展①。

（七）促进栽培技术的发展

为了确立出新的作业体系，实现高度的机械化作业发展，要从完善作业环境标准化的角度出发，如可以采取有效的栽培方式等，以此来实现农机与农艺的一体化发展。可以说农机与农艺的适应不仅可以满足农业发展的客观要求，同时也是现代化发展的方向。在农业现代化进程的影响下，要做好结合工作，为长期有效的发展提供支持②。

（八）加快完善农机购置补贴政策

（1）尽快在全国范围内实施既定相关政策，即"缩范围、降定额、促敞开"，对目前保有量已经饱和的拖拉机、谷物收获机等机械的购置应降低补贴额度，非关键重点环节机械的购置应退出补贴范围，以避免挤出效应的作用降低农机购置补贴政策的效率。

（2）政府应加强数据统计和区域农机保有量饱和状态预警，对于区域保有量呈饱和状态的农机具，政府应通过公开渠道定期发布相关保有量数据和最佳保有量范围数据，避免农

①李安宁. 聚焦重大问题　推进农机化供给侧结构性改革［J］. 农机质量与监督，2017（08）：5-8.
②鲍春鹤. 论我国农业机械化发展现状及对策［J］. 农民致富之友，2018（12）：165.

户因不掌握本区域农机保有状况而盲目购置。

（3）对于大型农机的购置者，应要求其提供农机作业面积的相关证明材料（例如流转土地合同或对外提供农机作业服务的农机作业合同），引导农民理性购置农机，避免农民购置农机后因周边同类农机保有量饱和而无稳定作业量，进而影响农机购置补贴政策的效果。总之，应充分发挥农机购置补贴政策的激励效应，使农机购置补贴政策的效果和效率实现最大程度的发挥[1]~[3]。

第四节 加快构建新型农业经营体系的金融支撑

实施乡村振兴战略，必须解决钱从哪里来的问题。要健全投入保障制度，创新投融资机制，加快形成财政优先保障、金融重点倾斜、社会积极参与的多元投入格局，确保投入力度不断增强、总量持续增加。对于此点，中共中央在一号文件里有如下表述[4]：

确保财政投入持续增长。建立健全实施乡村振兴战略财政投入保障制度，公共财政更大力度向"三农"倾斜，确保财政投入与乡村振兴目标任务相适应。优化财政供给结构，推进行业内资金整合与行业间资金统筹相互衔接配合，增加地方自主统筹空间，加快建立涉农资金统筹整合长效机制。充分发挥财政资金的引导作用，撬动金融和社会资本更多投向乡村振兴。切实发挥全国农业信贷担保体系作用，通过财政担保费率补助和以奖代补等，加大对新型农业经营主体支持力度。加快设立国家融资担保基金，强化担保融资增信功能，引导更多金融资源支持乡村振兴。支持地方政府发行一般债券用于支持乡村振兴、脱贫攻坚领域的公益性项目。稳步推进地方政府专项债券管理改革，鼓励地方政府试点发行项目融资和收益自平衡的专项债券，支持符合条件、有一定收益的乡村公益性项目建设。规范地方政府举债融资行为，不得借乡村振兴之名违法违规变相举债。

拓宽资金筹集渠道。调整完善土地出让收入使用范围，进一步提高农业农村投入比例。严格控制未利用地开垦，集中力量推进高标准农田建设。改进耕地占补平衡管理办法，建立高标准农田建设等新增耕地指标和城乡建设用地增减挂钩节余指标跨省域调剂机制，将所得收益通过支出预算全部用于巩固脱贫攻坚成果和支持实施乡村振兴战略。推广一事一议、以奖代补等方式，鼓励农民对直接受益的乡村基础设施建设投工投劳，让农民更多参与建设管护。

提高金融服务水平。坚持农村金融改革发展的正确方向，健全适合农业农村特点的农村金融体系，推动农村金融机构回归本源，把更多金融资源配置到农村经济社会发展的重点领域和薄弱环节，更好满足乡村振兴多样化金融需求。要强化金融服务方式创新，防止脱实向

①王许沁，张宗毅，葛继红.农机购置补贴政策：效果与效率——基于激励效应与挤出效应视角[J].中国农村观察，2018（02）：60-74.
②陈涛.L型农机市场走势下的战略选择：从效率竞争转为能量竞争[J].农机市场，2018（08）：21-29.
③张宗毅，王许沁，葛继红.中国农机化效率：区域差异及购置补贴影响效应——基于省域视角和DEA-Tobit模型的分析[J].湖南农业大学学报（社会科学版），2019，20（03）：1-8.
④中共中央 国务院关于实施乡村振兴战略的意见[J].农村经营管理，2018（02）：6-15.

虚倾向，严格管控风险，提高金融服务乡村振兴能力和水平。抓紧出台金融服务乡村振兴的指导意见。加大我国农业银行、我国邮政储蓄银行"三农"金融事业部对乡村振兴支持力度。明确国家开发银行、我国农业发展银行在乡村振兴中的职责定位，强化金融服务方式创新，加大对乡村振兴中长期信贷支持。推动农村信用社省联社改革，保持农村信用社县域法人地位和数量总体稳定，完善村镇银行准入条件，地方法人金融机构要服务好乡村振兴。普惠金融重点要放在乡村。推动出台非存款类放贷组织条例。制定金融机构服务乡村振兴考核评估办法。支持符合条件的涉农企业发行上市、新三板挂牌和融资、并购重组，深入推进农产品期货期权市场建设，稳步扩大"保险+期货"试点，探索"订单农业+保险+期货（权）"试点。改进农村金融差异化监管体系，强化地方政府金融风险防范处置责任。

未来一个时期内，随着经济增速放缓和资源约束加强，农业和农村经济将面临许多新挑战和新问题，农村对多元化、多层次金融产品和服务的需求日益迫切。对照新常态下农业和农村经济面临的新挑战和新趋势，农村金融服务改革创新的任务仍然艰巨。

近年来，在党中央、国务院的正确领导下，人民银行和相关部门一起，不断完善金融支农政策，农村金融改革不断深化，农村金融服务水平有效改善[1][2]。截至最新的《我国金融年鉴》显示，2016年末，全口径的涉农贷款余额26.4万亿元，同比增长11.7%；金融机构小微企业贷款余额17.4万亿元，同比增长13.9%。

对照新常态下农业和农村经济面临的新挑战和新趋势，农村金融服务改革创新的任务仍然艰巨。下一阶段仍要坚持政策支持和可持续、市场化发展有机结合的基本取向，紧紧围绕加快农业现代化和转变农业发展方式的需要，主动适应农村实际、农业特点和农民需求，以改革创新为动力，以大力发展普惠金融和健全农村金融体系为抓手，全面深化农村金融改革和鼓励创新，充分发挥政策性金融、商业性金融和合作性金融的合力，建立健全多层次、多样化、适度竞争的农村金融体系，以可负担成本实现"三农"融资可得性的全面提升[3]。

一、我国农村金融服务的现状

（一）农村金融组织体系不断完善，有效地提高了服务覆盖面和渗透率

通过多年持续努力，我国正在形成银行业金融机构、非银行业金融机构和其他微型金融组织共同组成的多层次、广覆盖、适度竞争的农村金融服务体系，政策性金融、商业性金融和合作性金融功能互补、相互协作，推动农村金融服务的便利性、可得性持续增强。

2003年以来，农村信用社改革基本实现了"花钱买机制"的政策目标，农村信用社（含农村商业银行、农村合作银行）支农能力不断增强，涉农贷款和农户贷款分别占全部贷款1/3和近七成，金融支持"三农"的主力军作用得到持续发挥。农业银行"三农金融事业部"改革在治理机制、财务核算、风险管理等方面赋予一定独立性，2012年和2013年试

① 中国农村金融服务的现状和发展方向［J］.清华金融评论，2015（07）：20-23.
② 彭雁.农村金融产品和服务创新研究［D］.西北农林科技大学，2015.
③ 周乘浪.县域农行惠农贷款服务的案例分析［D］.浙江工业大学，2018.

点范围两次扩大后，试点县支行的业务量及利润额占全行县支行业务量及利润额的比例从40%提升至80%左右，农村金融服务水平有效改善。农业发展银行改革实施总体方案于2014年11月正式完成，未来将进一步强化政策性职能，在农村金融体系中切实发挥出主体和骨干作用。邮政储蓄银行发挥网络覆盖全国、沟通城乡的优势，不断强化县域金融服务。开发银行发挥开发性金融支农作用，在促进农村和县域社会建设、积极稳妥支持农业"走出去"方面持续发挥积极作用。另外，降低农村金融市场准入门槛，新型、微型农村金融机构快速发展。通过不断培育和发展，村镇银行、小额贷款公司新型农村金融机构和组织在丰富农村金融体系、解决农村地区银行业金融机构网点覆盖率低、金融服务不足、竞争不充分等方面发挥了日益重要的作用。最新的《我国金融年鉴》显示，2016年末，全口径的涉农贷款余额26.4万亿元，同比增长11.7%；金融机构小微企业贷款余额17.4万亿元，同比增长13.9%。

推动偏远农村地区基础金融服务全覆盖工作持续推进，乡镇基础金融服务有效提高。全国金融机构空白乡镇从启动时（2009年10月）的2945个减少到1570个；实现乡镇金融机构和乡镇基础金融服务双覆盖的省份（含计划单列市）从2009年10月的9个增加到25个。

（二）农村金融产品与服务创新不断推进

人民银行从2008年开始开展农村金融产品和服务方式创新试点，2010年会同银监会、证监会、保监会将该项工作推向全国。几年来，金融机构结合农村金融服务需求特点，积极探索扩大抵押担保范围，运用微小贷款管理技术，扩大小额信用贷款和联保贷款的覆盖范围，涌现了集体林权抵押贷款、大型农机具抵押贷款、"信贷+保险"产品、中小企业集合票据、涉农企业直接债务融资工具等在全国范围内较有影响的创新产品以及一些具有地方特色的创新实践，取得了良好的效果。此外，近年随着互联网技术的深入普及，通过互联网渠道和电子化手段开展金融业务的互联网金融发展迅猛，众筹融资、网络销售金融产品、手机银行、移动支付等互联网金融业态也在快速涌现，部分互联网金融组织还在支持"三农"领域开展了有益探索。

（三）农村融资环境进一步改善，融资方式由间接融资向直接融资扩展

债券融资方面，截至2017年初，A股市场上农林牧渔板块已有89家上市公司。随着IPO发行节奏和数量逐渐常态化，A股市场共有宏辉果蔬、华统股份、天马科技等5家涉农企业登陆沪深交易所，共募集资金21.64亿元，有力支持了企业主营业务的发展[1]~[3]。除了IPO之外，不少涉农上市公司还通过各种方式增发股票融资，其中以定向增发方式为主。数据显示，自去年初至今，共有27家涉农上市公司实施了定增，非公开发行股票共计41.59亿股，实际募资总额336.90亿元。不少涉农上市公司通过定增购买优质资产，做大做强主营业务。

①中国农村金融服务的现状和发展方向 [J]．清华金融评论，2015（07）：20-23．
②彭雁．农村金融产品和服务创新研究 [D]．西北农林科技大学，2015．
③周乘浪．县域农行惠农贷款服务的案例分析 [D]．浙江工业大学，2018．

（四）农业保险覆盖面稳步扩大，风险保障能力日益提高

从地理区域分布看，农业保险已由试点初期的 5 个省（自治区、直辖市）覆盖到全国。全国共建立农业保险乡（镇）级服务站 2.3 万个，村级服务点 28 万个，覆盖了全国 48% 的行政村，协保员近 40 万人。从保险品种看，关系国计民生和国家粮食安全的农作物保险、主要畜产品保险、重要"菜篮子"品种保险和森林保险获得了重点发展，农房、农机具、设施农业、渔业、制种保险等业务逐步推广。2017 年，农业保险为 2.13 亿户次农户提供风险保障金额 2.79 万亿元，同比增长 29.24%；支付赔款 334.49 亿元，增长 11.79%；4737.14 万户次贫困户和受灾农户受益，增长 23.92%。

（五）农村基础设施建设稳步推进，农村金融生态环境有效改善

人民银行提供了灵活多样的接入方式，支持农村金融机构加入人民银行支付清算系统，目前接入的农村合作金融机构和村镇银行网点数已达 4 万多个。通过组织开展农民工银行卡特色服务、银行卡助农取款服务，为广大金融空白乡镇的农村居民提供家门口式基础金融服务，从根本上提升了金融服务在农村的可得性。目前，农村地区人均持卡量已超过 1 张。全国共有超过 4 万个农村地区银行营业网点可以办理农民工银行卡特色服务受理方业务。

加快建立小微企业和农户信息征集体系，开展小微企业信用评价和"信用户""信用村""信用乡（镇）"评定工作，完善信息共享与应用，发挥市场机制作用，形成良好的信用环境。引导涉农金融机构对守信农户简化贷款手续、降低贷款利率上浮幅度，合理引导资金流向，支持有信用、有效益的中小企业、农户发展。全部建档工作计划在 2019 年底前完成。2017 年底首先重点完成国家级、省级农产品质量安全县区域内的建档工作；2018 年底时，预计将完成全国粮食大县、"菜篮子"产品主产县、国家现代农业示范区等区域内的建档工作；2019 年底将基本实现全覆盖。

二、当前农村金融服务存在的问题

未来一个时期内，随着经济增速的放缓和资源约束的加强，农业和农村经济将面临许多新挑战和新问题，农村对多元化、多层次的金融产品和服务的需求日益迫切。对照新常态下农业和农村经济面临的新挑战和新趋势，农村金融服务改革创新的任务仍然艰巨。

（一）现有金融产品和服务尚不能有效支撑现代农业发展

首先，现代农业规模化、产业化的经营特点，决定了金融服务在规模上已不再仅仅是"小额、短期、分散"的周转式需求，也包括"长期、大额、集中"的规模化需求。其次，现代农业在服务方式上，已从传统的农业生产扩大到产业链和价值链上各个环节，金融服务上已不单纯是融资需求，而是扩展到保险、期货、证券等大金融领域。最后，现代农业发展要求更为信息化、网络化的金融服务，要求金融服务方式需更多利用互联网等电子信息平台，向现代农业经营主体提供全方位、网络化的信息服务。从目前来看，现有的金融产品和服务还不能满足新形势下农业发展的需求。

（二）多层次的农村金融体系仍有待健全

经过多年的发展，我国农村金融体系已形成政策性金融、商业性金融、合作金融在内的金融体系，但与目前农村市场主体的多样化、农业农村经济发展的多样性相比，无论是机构数量、种类，还是服务功能上仍存在不足，一定程度上制约了金融产品和服务的供给。总体上看，我国政策性金融在广度和深度上还较为欠缺，商业性金融层次不够丰富，合作金融还需在规范中探索有效发展的途径。特别是，农村中小金融机构数量不足，竞争仍不够充分，影响了农村金融服务供给。除中小金融机构发展不足外，农村地区投资环境、信用环境、公共基础服务设施等尚不完善，政策性担保机制不健全，也制约了金融资源向农村有效配置。

（三）农村金融服务的种类和多样性不足

农村市场主体的多样性，以及农业农村经济发展阶段的差异性，决定了农村金融机构和农村金融服务的多元化。正规金融与民间金融并存，规模化融资与小额分散融资需求并存，融资需求与风险管理需求并存，融资需求满足方式上，银行贷款与直接融资、融资租赁、信用贷款与抵押担保并存，等等。与农村金融服务需求的多元化相比，当前农村金融服务体系的多样性还有较大提升空间[1][2]。

（四）农业保险覆盖面和保障水平仍有待提高

目前，农业保险保障水平主要由各地根据当地财政实力确定，普遍实行"低保费、低保障、广覆盖"原则，主要承保物化成本，保障水平低。截至2013年底，三大口粮作物保险保障程度约占物化成本的75%，但仅占全部生产成本的33%，现有保障水平已远远不能满足农户特别是新型农业生产经营组织的需求。特别是，目前农业保险的大灾风险主要通过保险机构再保险和大灾风险准备金制度转移和分散，主要还是依靠保险机构自身力量，缺少国家层面的政策、资金和制度支撑[3]~[6]。

（五）我国的农业信用环境相对较差

缺乏必要的担保，导致农民贷款非常之难，长久以来造成了恶性循环，越来越难贷。农村信用体系信用度严重缺失，信用环境现状非常的恶劣，赖账、躲账的现象发生频繁，这就造成许多金融支持机构为了避开风险，提高借贷的资质要求，不敢轻易地将资金贷给农民。还有一个原因是，农民可用于抵押担保的资源非常少，除了土地使用权以及宅基地等，没有其他的可选择资源，所以农民想贷款存在着非常大的难度。尽管一些金融支持机构推出了小额贷款信用评定方案，在最初取得了一定的推进作用，这种方式并未形成长期的机制，目前

①中国农村金融服务的现状和发展方向［J］．清华金融评论，2015（07）：20-23.
②周乘浪．县域农行惠农贷款服务的案例分析［D］．浙江工业大学，2018.
③中国农村金融服务的现状和发展方向［J］．清华金融评论，2015（07）：20-23.
④王辉．新常态下农村金融服务的策略［N］．金融时报，2015-12-21（010）.
⑤董剑飞．经济新常态下我国农村金融服务的现状和对策［J］．当代经济，2015（29）：24-25.
⑥李明．基于Android平台的农村金融理财系统开发与实现［D］．湖南农业大学，2018.

来看效果并未达到当初的设想①。

三、国际农业金融政策的启示

(一) 美国农业金融体系

美国已建立起以政府为主导的多层次、全方位的农业金融体系，通过政府提供补贴、金融机构提供贷款等方式满足农业及农村发展的资金需求，通过为农业发展融通资金，为美国的农业现代化提供了坚实的保障②。

1. 商业性金融体系

农业投资具有周期长、高风险、低收益的特点，导致多数商业银行都不愿提供农业金融服务，美国农业也是如此。美国政府通过一系列政策和税收优惠鼓励商业银行进入农村金融市场，如为涉农贷款提供利率补贴，金融机构的涉农贷款占贷款总额的25%以上时，将会享受税收优惠。在政策的鼓励下，美国商业金融机构大规模进入农村金融领域，目前有超过4000家银行提供农业金融服务，占到美国银行总数的90%以上，商业银行的农业相关贷款超过其贷款总额的50%。商业性金融体系已经成为美国农村金融领域的重要组成部分，美国的商业银行也已由最初的提供农业信贷业务扩展到目前的咨询服务、土地租赁、房地产评估等中间业务。

2. 政策性金融体系

美国政策性农业金融机构设立的目的是保护小企业、小农场主等弱势经济体，通过国家的金融干预来维护自由竞争，防止农业垄断。政策性金融机构主要包括农民家计局、商品信贷公司、小企业管理局、农村电气代管理局四个机构，此外，联邦储备银行信贷体系和美国进出口银行在农业领域的业务也构成了农业政策性金融体系的补充。其中，农民家计局的职能是向低收入农民群体提供小额长期农业贷款及农业担保。商品信贷公司的职能是通过价格支持和补贴等手段使农业在遭受自然灾害减产时减小农户损失。小企业管理局的主要职能是对涉农中小企业提供小额贷款。农村电气化管理局的主要职能是为农村地区的公共设施建设提供资金支持。联邦储备银行信贷体系、美国进出口银行则是通过国家的政策金融为农村地区的发展提供保障和补充。美国的政策性农业金融机构多由政府设立，在其后的运营过程中政府逐步退出，转变为由民间资本运营，运营具有较强的独立性，不以政府行政化为主导，其业务领域也和商业性金融机构没有明显区别，两者在运营过程中相互补充，虽然政策性金融机构以实现政策性为目的，但也能取得一定的盈利效果。政策性金融机构用于农业金融领域的资金主要来自政府提供的资本金、预算拨款和部分借款，主要业务为提供商业银行和其他金融机构不愿提供的贷款业务，通过为第一产业提供生产流通所需的信贷和服务，调节农业的规模和风险，进而达到贯彻落实国家农业政策的目的。

3. 合作性金融体系

美国的合作性农业金融体系是20世纪初为应对农产品过剩危机而设立的。美国农业第

①廖大芹. 农业经济发展中的金融支持问题及对策探讨 [J]. 山西农经，2017 (23)：1-2.
②赵双剑. 美国农业金融体系研究及其对我国的启示 [J]. 改革与战略，2017，33 (05)：157-160.

一次局部性的农产品过剩危机爆发于 19 世纪末，1920 年第一次爆发了全国性的农产品过剩危机，由于持续时间较长，市场机制近乎失灵，美国政府不得不使用合作性金融机构进行行政干预，通过控制信贷活动，对农业的规模和方向进行调控，最终渡过危机。美国的合作性金融体系由联邦土地银行系统、联邦中期信用银行系统和合作社银行系统组成，这三个系统最初都是由政府出资设立，在运营过程中，政府资金部分退出，逐渐转为合作性金融机构。按照有关法律的规定，美国分成 12 个农业信贷区，每一个农贷区都设立一家独立的农业信贷管理局，同时设立一家联邦土地银行、一家联邦中期信贷银行和一家合作银行，联邦农业信贷委员会负责制定总体性的农业政策，农业信贷管理局负责对各农贷区的三家金融机构进行监督和日常管理。联邦土地银行是由美国政府于 1916 年设立，下属多家由农场主共同出资组成的联邦土地银行合作社。联邦土地银行的资金主要来自下属合作社的缴款、发行的联邦农业债券和其他借款，主要职能是为农场主提供长期不动产抵押贷款。联邦中期信用银行的构成类似于联邦土地银行，由 12 家联邦中期信用银行和下设的信用合作社组成。联邦中期信用银行为下设的信用合作社提供贷款，再由信用合作社向个体农业生产者提供短期贷款业务。信用合作社与联邦土地银行合作社的服务对象相同，但信用合作社可以向个体农业生产者提供贷款，提供的多为中短期贷款，联邦土地银行合作社只能协助其上级部门联邦土地银行办理相关贷款事宜，且办理的多为长期贷款。合作社银行是由中央合作银行和在 12 个农业信贷区分别设立的合作银行组成，农业信贷区的合作银行职能是向个体农业生产者提供流动贷款，中央合作银行的职能是为业务范围超过一个农业信贷区的大机构提供贷款和其他金融服务。

4. 农业保险体系

美国的农业保险体系可以分成三个层次：第一层次是联邦农作物保险公司；第二层次由具备经营农业保险资格的私营保险公司构成；第三层次为保险代理人和农业险查勘核损人。联邦农作物保险公司的主要职能是农业保险规则的制定、风险控制、风险的稽查以及投资再保险。成立之初，联邦农作物保险公司经营保险业务，在其经营过程中逐步退出了保险业务。由于政府会对农业保险业务提供补贴和政策优惠，因此私营保险公司愿意在联邦农作物保险公司的监督和指导下提供农作物保险业务。保险代理人和保险查勘人都需经过培训，考取从业资格后才可开展相关业务，两者均可独立开展业务，也可受雇于某家公司开展业务，保险代理人主要负责农作物保险的销售，农业险查勘核损人负责农业保险出险后的查勘核损。虽然美国的农业保险为多元化体系，但是政府依然发挥主导和决定作用。首先，政府通过制定和实施相关法律法规，为开展农业保险业务提供了法律保障。其次，政府通过保险补贴和政策支持，确保私营保险公司能够从事农业保险业务，通过宣传推广农业保险使农业从业者能够意识到保险的重要性，购买保险服务。再次，政府通过向私营保险机构提供再保险业务，降低了私营保险公司经营农业保险的风险。最后，美国的农作物保险可以免除所有税收[①]。

(二) 日本农业金融经验

日本的农业金融体系主要包括合作性金融机构、政策性金融机构和商业银行，农业信用

---

①赵双剑. 美国农业金融体系研究及其对我国的启示 [J]. 改革与战略，2017，33 (05)：157-160.

基金协会为各类金融机构提供担保和风险补偿。合作性金融和政策性金融在日本的农业金融体系中发挥了重要作用。合作性金融主要解决用于农业生产的短期流动资金需求（1年内），服务对象包括专业农户和兼业农户；政策性金融主要解决基础设施建设、农机具购置等中长期资金需求（25年内），服务对象主要是经认证的专业农户。

1. 合作性金融

农协系统是日本支持农业发展的合作性金融机构，主要由综合农协、信用农业协同组合联合会、农林中央金库三级组成。三级机构间不存在行政隶属关系，相互之间自主经营，自负盈亏，独立核算；上级组织为下一级组织提供信息以及在资金发生困难时提供支持。

综合农协是最基层的市町村一级。综合农协以本地区农户为服务对象综合开展服务工作，除了提供农业生产方面的服务外，还可以提供信贷、保险方面服务。农协共有450万会员和577万准会员，均可通过所属的综合农协办理存款、贷款、汇兑、支票转账、托收承付等金融业务。2016年3月底，综合农协贷款余额20.6兆日元，占当年农协系统全部贷款余额的48.36%。

信用农业协同组合联合会（以下简称信农联）是中间层，即都道府县一级。信农联在基层农协和农林中央金库之间起桥梁和纽带的作用，以基层农协为服务对象，吸收基层农协的剩余资金，并在基层农协需要时为其提供融资服务。2016年3月底，信农联贷款余额5.1兆日元，占当年农协系统全部贷款余额的11.97%。

农林中央金库（以下简称农林中金）是农协系统的最高层机构，它在全国范围内对系统内资金进行融通、调剂、清算，并按国家法令营运资金。同时，它还指导信农联的工作，并为它提供咨询。农林中金可对会员办理存款、放款、汇兑业务，并且可代理农林渔业金融公库的委托放款和粮食收购款。可以说，农林中金起到系统总行的作用。2016年3月底，农林中金贷款余额16.9兆日元，占当年农协系统全部贷款余额的39.67%。

日本合作性金融有两个特点：一是存贷比较低。截至2016年末，农协存款余额99.4兆日元，贷款余额仅21.7兆日元，存贷比21.8%，其余资金主要用于购买国债等收益较为稳定的金融产品。二是金融业务是农协的主要收入来源。在农协的各项业务中，信贷、保险业务持续盈利，农业生产、生活服务等业务始终处于亏损状态。2014年，农协信贷业务盈利2392亿日元，保险业务盈利1283亿日元，农业生产、生活服务等业务共亏损1816亿日元，主要靠金融业务的利润弥补亏损。

2. 政策性金融

政策性金融（也称制度金融）主要是日本政府以国家信用为基础，按照相关法规以优惠的存贷利率或条件向农业融资。政策性金融中，约90%来自农林水产金融公库（以下简称农林公库）向农业生产者提供的长期低息贷款；其余10%左右主要是农业现代化资金，通过农协提供资金、政府贴息的方式向农户发放贷款。

农林公库可直接或通过农协等金融机构间接向农业生产者提供贷款。贷款主要用于基础设施建设、稳定农业专业户经营、农林渔业安全保障（灾害救助）、培养青年农民等方面，年利率在0~0.45%之间不等。截至2016年3月底，农林公库贷款余额2.67兆日元，平均偿还年限12.8年，其中农业贷款余额1.55兆日元，占58%；林业贷款余额0.69兆日元，占26%；食品加工业贷款余额0.34兆日元，占13%；渔业贷款余额0.09兆日元，占3%。

农业现代化资金是以鼓励农业经营者实现经营现代化为宗旨而设立的。它主要针对具有一定生产规模的农户，用于各类机械、设施等农业设备投资，偿还年限在15年以内。农业现代化资金以农协充足的剩余资金为来源，政府为贷款提供债务担保并给予贴息。都道府县财政贴息1/2，中央财政贴息1/4，农户仅负担利息的1/40。2016年3月底，农业现代化资金贷款余额0.15兆日元，占农业政策金融贷款余额的9.1%。

3. 农业信用保证保险制度

日本农业金融系统建立了一套完整的农业信用保证保险制度。在都道府县层次上，地方政府、信农联、综合农协和农户共同出资设立了农业信用基金协会，为信农联、综合农协和农户提供债务担保；在中央层次上，中央政府、各农业信用基金协会和农林中金共同出资建立了农林渔业信用基金，为农业信用基金协会代偿债务的事项提供保证保险，并为农协系统和商业银行等金融机构提供融资保险。

日本农业信用保证保险制度已同整个农业金融相联系。两级协会的原始资本都来自会员出资和国家财政出资两部分。政府对这一制度的支持，加上会员之间的互助，使得各项农业贷款都具有充分的安全保障。截至2015年底，农林公库的不良贷款776亿日元，不良贷款率3.01%。由于日本农户偿还债务的积极性较高，政府担保压力并不大，以前只向农协系统开展担保业务，现在也扩展到和商业银行合作。2015年底，农业信用基金协会的担保代偿率仅为1.07%。

（三）德国农业金融

在德国的农业金融体系中，专门从事农业金融的商业银行较少，而合作银行和信用社是最重要的农业金融机构，农业信贷的60%是由合作银行和信用社提供的。由此可以看出，德国的金融体系结构是以合作金融为主导的，其他金融机构起辅助作用。

德国是世界上最早发展合作农业金融体系的国家。早在19世纪50年代，德国的威廉·雷发翼就创立了农村信用合作社，不久舒尔茨也建立了城市信用合作社，这二者就分别是沿用至今的雷发翼合作银行和大众合作银行的前身。1889年，德国又有了合作社立法，1885年组建了德国中央银行，并建立了德国合作社协会。一个多世纪以来信用合作组织迅速传播到世界各地，各个国家纷纷建立了适合本国国情的合作金融组织体系。

目前，德国的合作金融体系共分为三个层次，各级结构都是独立法人的经济实体。三个层次自下而上持股，下一层合作银行持有上一层合作银行的股份。第一层是地方性基层农村信用合作社，直接从事信用合作业务，全国共有2500家。资本金主要来自于农户、小农场主、银行雇员、自由职业者以及社会援助。第二层是三家地区性的管理机构（即地区性合作银行），分别是德西中心合作银行，德南中心合作银行和斯图加特中心合作银行。第三层是中央合作银行，是合作银行金融组织的中央协调机关，中央合作银行作为德国地区合作银行的资金融通中介系统和信用合作结算体系的管辖者，为地区合作银行以及整个德国合作信用体系服务。其总部设立于国际金融中心之一的法兰克福。

四、进一步改善农村金融服务的基本思路

（一）农村金融体系建设需要好的"顶层设计"和立法保护

城乡发展的不均衡和政策的滞后，共同引发了农村经济发展和农村金融发展的不匹配。

因此农村金融的长远发展离不开政府的统筹规划，更需要好的"顶层设计"来支撑。政府必须制定长期的农村金融体系规划方案：制定农村金融制度规范和监督执行方案设计、清晰界定政策性金融机构和商业银行、民营农村金融主体等金融机构的职责范围及合作及竞争方式、制定农村地区的客户分层细则及界定标准等，农业保险制度规范，强制农业险种和自愿性商业农业险种的界定范畴，加大农业险种的多元化，增加农业保险在保险中比重。借鉴发达国家的经验，我国农业金融体系需要政府牵头给予立法保护。只有在法律的保护之下，农村金融体系的相关金融主体才能各司其职，以维护我国农村金融体系的发展之路走得更远①。

(二) 健全农村金融机构体系和深化农村金融改革

继续适度放宽市场准入，支持小型金融机构和引导新型农村合作金融组织发展，提高村镇银行在农村的覆盖面，积极探索新型农村发展的有效途径，稳妥开展农民合作社内部资金互助试点。提高农村信用社资本实力和治理水平，牢牢支持立足县域、服务"三农"的定位。深化大中型银行和政策性银行改革，支持国家开发银行、农业发展银行、邮储银行等大中型银行为农业和农村基础设施提供期限更长、利率更低的资金。深化区域农村金融改革试点，推动形成一批可推广可复制的金融支持"三农"的经验。

(三) 落实金融服务创新

积极稳妥开展农村承包土地经营权和农民住房财产权抵押贷款试点，鼓励金融机构组合运用信贷、租赁、期货、保险、担保等工具，创新供应链融资等金融服务，为发展现代农业和农村基础设施建设提供规模化、多元化、长期化的金融支持。健全多层次资本市场，支持银行业金融机构发行"三农"专项金融债券和开展涉农信贷资产证券化，鼓励符合条件的涉农企业发行债券和股票，开展大型农机具融资租赁试点，提供农业"走出去"参与国际竞争的金融支持。

(四) 加强改善政策扶持

加强财税、货币和监管政策协调，创新政策支持方式，完善政策支持考核评价机制，推动金融资源继续向"三农"倾斜，确保农业信贷总量持续增加，涉农贷款比例不降低。完善涉农贷款统计制度，优化涉农贷款结构。延续并完善支持农村金融发展的有关税收政策。开展信贷资产质押再贷款试点，提供更优惠的支农再贷款利率。大力发展政府支持的"三农"融资担保和再担保机构，完善银担合作机制。扩大农业政策性保险覆盖面，提高保费财政补贴标准，健全农业保险大灾风险分散机制，充分发挥政策支持对保险分散农业风险的积极作用。

(五) 严密规范监管

落实中央与地方金融监管职责划分和风险处置责任，强化地方政府对小额贷款公司、新型农村合作金融等金融组织的监管责任，鼓励地方建立风险补偿基金，有效处置金融风险。

---

①孙倩，方俊芝，刘志杰. 中国农村金融市场的困境与解决路径 [J]. 农村经济与科技，2018，29（01）：118-120.

建立存款保险制度，健全金融机构风险防范和市场退出机制，为农村中小金融机构健康发展创造良好的外部环境。

（六）基础设施建设层面

进一步针对农村特点，加大对移动互联网等科技创新的应用，健全惠农支付体系，改善农村支付环境。采取多种有效方式，健全适合农户和小企业特点的信用征集和评价体系，营造良好的农村信用环境。通过真实有效的信用评估，快捷安全的支付服务，流动便利的要素市场，方便金融机构以及各类非金融机构向更多农民提供多渠道、低成本的基本金融服务。

（七）建设农村金融征信体系并实现全覆盖

防控农业金融风险。科学的监管制度规范，实现农村征信体系建设的全覆盖。商业银行在农村市场环境中"存多贷少"的根本原因之一，是信用风险。我国农村信用体系较为薄弱，特殊的客户群体和农村市场环境下，金融机构在不断地寻找收益和风险的平衡点。因此，当前农村金融的健康可持续发展，既离不开农村金融体系的建设，更要有健全的农村信用环境的建设。尽快实现农村征信体系的建设和全覆盖，控制农村金融活动中因信息不对称导致的道德风险迫在眉睫①~⑤。

（八）政府对互联网金融进行全面的备案管理

当前的传统金融行业都设有相应的机构进行监督管理，如设立银保会对银行和保险进行管理，以及证监会对证券公司、机构投资者进行监管。然而互联网金融既与金融相关联又涉及互联网，这使得我国的互联网金融处于无人监管的局面。因此，为减少问题平台的出现，重新构建民众对互联网金融的信任，必须完善职能机构的设置，明确管辖部门，同时设立专门机构对互联网金融平台进行有效监管⑥⑦。

（九）政府可以给出资金成立担保机构或者商业性的担保机构

将其拓展到农业经济领域，发展农业互帮互助的担保组织。由政府相关部门出面建立农业贷款的担保机构，构建多个层次的农业单位体系，设立农业贷款担保专项基金，专门为农业贷款提供资金担保。还应该加强农业经济的诚信建设，创造有利条件来吸引各类金融支持机构来投入资金。进一步开展信用评定制度，提高农民的信用意识，最终来改善农业信用环境⑧。

①中国农村金融服务的现状和发展方向 [J]．清华金融评论，2015（07）：20-23.

②李德．新形势下我国金融业改革与发展路径研究 [J]．西部金融，2016（02）：4-10.

③李明．基于 Android 平台的农村金融理财系统开发与实现 [D]．湖南农业大学，2018.

④杨金成．农村土地制度变革背景下的农村金融创新 [J]．黑龙江金融，2019（03）：25-27.

⑤姚珊．政府补贴、市场竞争与县域农村金融支农绩效 [D]．南京农业大学，2017.

⑥宋韬．互联网金融服务"三农"的现状及对策研究 [J]．现代商贸工业，2018，39（16）：48-49.

⑦张宁宁．基于互联网金融的涉农企业融资问题研究 [D]．湖南农业大学，2016.

⑧廖大芹．农业经济发展中的金融支持问题及对策探讨 [J]．山西农经，2017（23）：1-9.

第五节 加快构建新型农业经营体系的农业支持政策

本节主要分析我国新型农业经营体系建设中对政策的需求状况，分析财政支持资金向新型农业经营主体倾斜的政策效果，探索示范家庭农场、示范农民合作组织政策支持模式，研究财政支农资金的整合模式，探索财政支农资金引导农村金融资本和工商资本进入农业的实现模式。

一、加快构建新型农业经营体系支持政策的必要性

近年来，我国各类从事农业生产和服务的新型农业经营主体快速发展。2017年，全国农户家庭农场已超过87万家，依法登记的农民合作社188.8万家，农业产业化经营组织38.6万个（其中龙头企业12.9万家），农业社会化服务组织超过115万个[①]。

当前新型农业经营主体正处于发展的关键期，虽然发展迅速，但是仍需要政策引导支持。第一，农业在我国仍是弱势产业，需要政府支持政策；第二，农业基础设施等公共品相对较差，市场交易成本高，靠单个农业经营者无法解决；第三，目前的制度安排不利于农业经营者充分利用各种生产要素，农地流转成本高，资金获得困难，经营建设用地紧张，人才不愿意从事农业等；第四，当前正处于我国农业经济周期的低谷，一方面我国农产品结构性过剩，农产品价格低迷，另一方面国际市场竞争压力大，急需政府政策支持；第五，一些国家政府通过WTO起诉我国现有农业支持政策，我国农业竞争力急需加快提高。

党的十八届五中全会、"十三五"规划纲要、2016年、2017年、2018年中央一号文件和《政府工作报告》都提出了需要构建培育新型农业经营主体的政策体系。因此，在保障我国粮食安全的前提下，在实施乡村振兴战略大背景下，在世界贸易组织规则约束和国家财政能力的允许下，如何出台框架完整、措施精准、机制有效的支持政策，对于提高我国农业竞争力，增加农业经营者效益至关重要。

二、加快构建新型农业经营体系的政策导向

（一）引导新型农业经营主体多元融合发展

支持发展规模适度的农户家庭农场和种养大户。鼓励农民以土地、林权、资金、劳动、技术、产品为纽带，开展多种形式的合作与联合，依法组建农民合作社联合社，强化农民作为市场主体的平等地位[②③]。引导农村集体经济组织挖掘集体土地、房屋、设施等资源和资

---

①陈军，殷雨晗. 乡村振兴视角下破解新型农业经营主体"融资难"的对策研究 [J]. 武汉金融，2018（12）：66-68.

②张晖，于金富. 新时代创新农村集体经济实现形式的理论探索和实践反思 [J]. 毛泽东思想研究，2018，35（06）：47-51.

③李亮. 广西传统村落"去居民化"问题的形成与治理策略 [J]. 广西民族师范学院学报，2019，36（03）：27-31.

产潜力，依法通过股份制、合作制、股份合作制、租赁等形式，积极参与产业融合发展。支持农业产业化龙头企业和农民合作社开展农产品加工流通和社会化服务，带动农户发展规模经营。积极培育社会化服务组织，加强农技指导、信用评价、保险推广、市场预测、产品营销等服务，为农民参与产业融合创造良好条件。大力发展农机作业、统防统治、集中育秧、加工储存等生产性服务组织。发挥供销、农垦等系统的优势，强化为农民服务。促进各类新型农业经营主体融合发展，培育和发展农业产业化联合体，鼓励建立产业协会和产业联盟。

（二）引导新型农业经营主体多路径提升规模经营水平

鼓励农民按照依法自愿有偿原则，通过流转土地经营权，提升土地适度规模经营水平。支持新型农业经营主体带动普通农户连片种植、规模饲养，并提供专业服务和生产托管等全程化服务，提升农业服务规模水平。引导新型农业经营主体集群集聚发展，参与粮食生产功能区、重要农产品生产保护区、特色农产品优势区以及现代农业产业园、农业科技园、农业产业化示范基地等建设，促进农业专业化布局、规模化生产。支持新型农业经营主体建设形成一批一村一品、一县一业等特色优势产业和乡村旅游基地，提高产业整体规模效益。

（三）引导新型农业经营主体多模式完善利益分享机制

引导和支持新型农业经营主体发展新产业新业态，扩大就业容量，吸纳农户脱贫致富。推广"订单收购+分红""土地流转+优先雇佣+社会保障""农民入股+保底收益+按股分红"等模式。进一步完善订单带动、利润返还、股份合作等新型农业经营主体与农户的利益联结机制，让农民成为现代农业发展的参与者、受益者，防止被挤出、受损害。鼓励行业协会或龙头企业与合作社、家庭农场、普通农户等组织共同营销，开展农产品销售推介和品牌运作，让农户更多分享产业链增值收益。支持龙头企业与农户共同设立风险保障金。探索建立政府扶持资金既帮助新型农业经营主体提升竞争力，又增强其带动农户发展能力，让更多农户分享政策红利的有效机制。鼓励地方将新型农业经营主体带动农户数量和成效作为相关财政支农资金和项目审批、验收的重要参考依据。允许将财政资金特别是扶贫资金量化到农村集体经济组织和农户后，以自愿入股方式投入新型农业经营主体，让农户共享发展收益。鼓励农业产业化龙头企业通过设立风险资金、为农户提供信贷担保、领办或参办农民合作组织等多种形式，为农民建立稳定的订单和契约关系①。

（四）引导新型农业经营主体多形式提高发展质量

鼓励农户家庭农场使用规范的生产记录和财务收支记录，提升标准化生产和经营管理水平。引导农民合作社依照章程加强民主管理、民主监督，发挥成员积极性，共同办好合作社。鼓励龙头企业通过兼并重组，建立现代企业制度，加大科技创新，优化产品结构，强化品牌建设，提升农产品质量安全水平和市场竞争力。鼓励各类社会化服务组织按照生产作业标准或服务标准，提高服务质量水平。深入推进示范家庭农场、农民合作社示范社、农业产业化示范基地、农业示范服务组织、一村一品示范村镇创建，发挥示范带动作用。

---

①中共中央办公厅　国务院办公厅. 关于加快构建政策体系培育新型农业经营主体的意见［J］. 农业工程技术，2017，37（18）：6-9.

三、加快构建新型农业经营体系的政策措施进展

根据国务院公布的内容，2017 年中央财政共安排资金 230 亿元，继续支持农业适度规模经营，鼓励各地创新支持方式，采取贷款贴息、重大技术推广与服务等方式发展多种形式的适度规模经营。同时，继续重点支持建立完善全国农业信贷担保体系。

继续安排资金 30 亿元用于国家农业信贷担保联盟有限公司注资，安排部分资金对相关省份向国家农业信贷担保联盟注资予以补助。截至 2017 年 4 月，全国共有 33 个省（自治区、直辖市、计划单列市）完成组建省级农业信贷担保公司，全国农业信贷担保体系已完成注资 446.88 亿元，进入向下延伸分支机构并进行实质性运营的阶段，一个多层次、广覆盖的全国农业信贷担保体系初见雏形。

大力推进农业生产托管、机械化烘干等农业生产社会化服务。支持农村集体经济组织、专业化农业服务组织、服务型农民合作社等具有一定能力、可提供有效稳定服务的主体，针对粮食等主导产业和农民急需的关键环节，为从事粮棉油糖等重要农产品生产的农户提供社会化服务，集中连片推广绿色生态高效现代农业生产方式，把小农户生产引入现代农业发展轨道。

支持家庭农场发展。引导规范流转土地、健全管理制度、应用先进技术、加强农田基础设施建设、开展标准化生产等，支持典型家庭农场发展。

四、新型农业经营体系构建展望与政策保障

根据农业产业投入要素结构的差异来构建新型农业经营体系可能只是一种思路。由于我国地域辽阔，并且处于经济转型期，农业生产环境在时间和空间上存在明显的差异，我国农业经营体系发展将呈现多元化、多层次的发展趋势。此外，新型农业经营体系可能随着农业现代化内涵的演变而呈现新的发展趋势。构建新型农业经营体系应该因时制宜、因地制宜、因业制宜，实现数量与质量并重、竞争力强、科技水平先进及可持续的目标。农业现代化是"四化"同步发展的短板，加快农业现代化步伐，关键在于构建新型农业经营体系。加快构建新型农业经营体系是党和政府推进农业现代化进程的重要内容。实现"四化"同步发展离不开政策的支持，其中，加快土地制度改革，促进传统农户向适度规模经营的家庭农场和专业大户转型是发挥家庭经营优势、提升我国农业竞争力的基础。完善农民培训体系、提高新型经营主体农业经营与管理能力是农业资源配置市场化改革以及现代农业发展的要求。此外，在农村劳动力机会成本上升的背景下，加强农业生产各环节尤其是果蔬等关键环节适应性机械技术的研发，是提升农产品附加价值、充分发挥新型农业经营体系功能的重要保障。

加快土地确权工作，促进土地市场形成，培育家庭农场、专业大户等适度规模经营主体。土地确权工作是稳定农户承包权、放活土地经营权的重要基础，对于促进土地流转、培育新型农业经营主体具有重要意义。通过加快土地确权工作，在确保农户土地收益权的基础上，加快推进确权颁证工作；要以土地股份合作为组织发展方式，推进土地流转，促进农业适度规模经营；要建设示范性家庭农场和示范性农民专业合作社，推进农民合作组织的标准化改造，规范其治理结构和经营制度。

完善新型职业农民培训体系，提升"新农人"经营管理能力。构建新型农业经营体系，应该注重"人"的培养，通过职业资格培训，提高营农准入门槛，使从事农业经营成为有尊严且体面的职业。根据现代农业发展的内涵与趋势，构建多层次、全过程的培训体系，尤其是重点培养能够经营农家乐、农业休闲观光的人才。此外，在市场决定资源配置的背景下，政策对农业的扭曲将逐渐降低，需要培养具有风险管理能力的经营性人才。

加强农业社会化服务，培育各种新型农业经营主体发展，促进我国农业经营体系的转型升级。首先，我国农业生产各环节机械化是短板，因此要完善相关机械、技术的开发和推广，提高农业全程机械化水平。其次，要在主产区率先推进粮食作物的干燥储藏设备建设，逐步覆盖基本粮田保护区，并以集中区的村镇为单位，推进经济作物的产后分等、分级和产后商品化、品牌化建设，实现农产品的优质优价。最后，在农业科技方面，要引导政府支持向实用型农业技术的开发和推广倾斜；要创新农技研发、推广体制及农业服务组织，提升我国农业生产技术及装备水平[1]。

五、加快构建新型农业经营体系的财政税收政策手段

产业兴旺是乡村振兴的关键，加快构建新型农业经营体系则是乡村产业兴旺的关键。作为一个政策支持体系，加快构建新型农业经营体系的支持政策离不开财政税收、基础设施、科技、金融信贷、保险、营销、人才等全方面的考虑。由于本书其他章节已经对科技、金融、人才等方面做了分析，这一部分主要侧重对加快构建新型农业经营体系的财政税收政策的分析。

按照政策属性，财政税收政策可以分为政府购买支持和税收优惠两大类，前者包括直接补贴、政府购买服务、定向委托、以奖代补等措施，后者包括进项税核定扣除试点、农产品初加工所得税优惠目录等措施。

（一）整合直接补贴方式，提高补贴效力

2015年，财政部和农业部印发《关于调整完善农业三项补贴政策的指导意见》，鼓励各地从中央财政提前下达的农资综合补贴中调整20%的资金，加上种粮大户补贴试点资金和农业"三项补贴"增量资金，统筹安排用于支持粮食适度规模经营，重点向种粮大户、家庭农场、农民合作社、农业社会化服务组织等新型经营主体倾斜，体现"谁多种粮食，就优先支持谁"。2016年5月，财政部、农业部印发了《关于全面推开农业"三项补贴"改革工作的通知》，将种粮农民直接补贴、农作物良种补贴和农资综合补贴合并为农业支持保护补贴，以支持耕地地力保护和粮食适度规模经营[2]~[4]。

①周应恒. 新型农业经营体系：制度与路径 [J]. 人民论坛·学术前沿，2016 (18)：74-85+95.
②李莉，张宗毅. 农户品质对农户信用影响实证分析——基于"农分期"16101个农户贷款数据 [J]. 中国农业大学学报，2019，24 (01)：206-216.
③吴程灵. 中国家庭农场发展：动力、障碍及对策 [J]. 时代金融，2019 (09)：188-189+202.
④黄德辉. 当前土地利用管理存在的问题及对策 [J]. 国土资源情报，2018 (11)：41-45+20.

（二） 完善政府购买服务方式，加快形成有竞争力的农业社会化服务体系

通过政府购买服务方式，积极支持符合条件的经营性服务组织承接农业公益性服务，创新农业社会化服务机制，加快构建覆盖全程、综合配套、便捷高效的农业社会化服务体系。

以江苏张家港的试点为例：张家港市从 2010 年开始探索政府购买农药零差价集中配送服务，到 2015 年列入农业部政府购买农业公益性服务机制创新试点。到 2015 年底，全市农作物种子统一供应、农药集中配送、畜禽疫病防控等工作全部实现市场化运作，政府购买农业公益性服务机制基本建立，稻麦良种覆盖率和优质化率达 100%，农药集中配送率达 95%①。推行农药零差价集中配送，将农药销售总额的 18% 补贴给经营者，作为集中配送中心的利润，切实减轻农民用药负担；对新建供秧规模在 2000 亩以上的工厂化育秧中心，对棚架、秧架成本给予 40% 的一次性补贴（最高补助 60 万元）；对当年新建农业物联网或农产品电子商务平台的农业生产主体，按平台设备及软件投资总额一次性补贴 20%（最高补助 200 万元）；设立粮食生产专业化服务试点专项资金 100 万元；对评为国家级、省级和苏州市级农业示范园（区）的分别奖励 100 万元、50 万元和 20 万元。通过引导发展，全市逐步形成了多样化的购买服务模式，各类科研院所、专业合作社、龙头企业、检疫机构等社会化服务主体在公开公平的竞争条件下，分别以政府订购、定向委托、以奖代补、招投标等方式，积极开展农业园区规划设计、农业技术研发推广、农作物统一供种、农机作业、集中育秧等农业社会化服务，获得了较好的效果。农业社会化服务组织发展水平，直接影响承接政府购买公益性服务项目的能力。

因地制宜、有针对性地通过财政补贴或奖励等方式大力培育各类组织。对当年新建农产品贮藏加工项目且投资在 1000 万元以上的，按建安成本和设备投资总额的 20% 给予（最高补助 250 万元）一次性补贴；对配送本地农产品，年配送额（不含网上配送）2000 吨以上的奖励 20 万元；对当年度评选为农工商结合型、物业型、投资型、服务型等具有典型示范引领作用的"四型"专业合作社，每家奖励 3 万元；对按照江苏省农委先进植保专业化服务组织要求评选的市级先进植保专业化服务组织，每家奖励 2 万元；对试点全程承包植保服务面积达到 5000 亩以上的组织一次性补贴 8 万元。先后将 99 家农民专业合作社被列为优先扶持对象，并建立新型农业经营主体名录体系，鼓励开展水稻工厂化育秧、粮食烘干、农药集中配送等生产性服务以及产品营销等产后服务。截至目前，已发展各类农业社会化专业服务组织达 240 多家。同时，政府部门每年确定购买计划，发布申报公告，公示每项购买服务项目的服务能力、硬件设施等具体要求，采用公开招标、邀请招标、竞争性谈判等方式确定承接主体。与服务承接主体签订服务合同，在合同中明确服务范围、对象、数量、质量、付费标准以及资金支付方式、违约责任等并将相应的工作任务和服务价格按可量化的指标予以明确，以保障项目服务质量。

（三） 推进定向委托，提高支持政策精准性

政府购买服务项目属于《政府采购法》适用范围的，应按照有关法律法规确定承接主体，体现公开公平公正原则。政府购买服务项目不属于《政府采购法》适用范围的，符合

---

①陈建国 . 农业社会化服务政府购买机制研究 ［D］. 安徽大学，2017.

下列情形之一的，可采取定向委托方式确定承接主体，主要包括：①县级以上人民政府或授权的行政主管部门按有关规定与相关合作伙伴签订战略合作协议，按协议约定应向相关合作伙伴或特定主体购买服务的；②在事业单位分类改革过程中，按照政策规定，在改革过渡期内需要由原事业单位继续承担服务的，或者为推动某类事业单位改革，需要通过政府购买服务方式予以支持的；③对于教育类、养老类、医疗类、残疾人服务类等需要较长时间、持续购买才能发挥其效果的服务项目，需要保持政府购买服务预算连续性和项目实施社会效益的；④购买原有服务项目，若更换承接主体，将导致服务成本大幅增加或原有投资损失的；⑤落实县级以上人民政府为促进地方社会经济发展确定的公共政策和改革目标，对承接主体有特殊要求的；⑥通过公开择优方式，一次确定两家或以上承接主体，在合同有效期内，可多次委托承接相关购买服务项目的；⑦《政府采购目录》以外，政府购买服务项目单项或批量购买预算金额 5 万元以下的；⑧其他适合定向委托方式确定承接主体的情形。

（四）推进以奖代补，发挥政策引导作用

"以奖代补"资金由示范区政府按照当地现代农业发展实际做具体安排，支持环节和支持标准由当地政府制定。原则上奖补资金要集中使用，着力聚焦 1~2 个制约当地现代农业发展的关键环节予以支持，充分发挥奖补资金的使用效益。财政奖补资金重点向核心片区建设和新型经营主体倾斜，突出支持适度规模经营和改革创新。主要用于：确保稳定提高粮食产能、提高农业市场竞争力、注重农业可持续发展、强化集成技术的推广应用、发挥财政资金对金融资本的引导和杠杆作用。具体可重点用于以下两方面：①农业技术推广应用补助。重点用于示范区引进新品种、新技术和新装备，集成熟化先进适用科技成果，推进农业信息化建设等，促进产学研、农科教紧密结合。②财政引导金融投入补助。允许在以奖代补资金中安排一定的比例，支持新型经营主体发展，重点用于贴息、担保、风险补偿、保费补贴等。列为财政资金撬动金融资金试点的示范区，其奖补资金全部用于财政引导金融资本投入补助，不再安排农业技术推广应用补助。

（五）扩大进项税核定扣除试点，切实减轻涉农企业负担

进项税核定扣除指纳税人购进农产品不再凭增值税扣税凭证抵扣增值税进项税额，购进除农产品以外的货物、应税劳务和应税服务，增值税进项税额仍按现行有关规定抵扣①。同时这种措施，降低涉农企业税收负担。自 2012 年 7 月 1 日起，国家税务总局对以购进农产品为原料生产销售液体乳及乳制品、酒及酒精、植物油的增值税一般纳税人，纳入农产品增值税进项税额核定扣除试点范围，其购进农产品无论是否用于生产上述产品，增值税进项税额均按照《农产品增值税进项税额核定扣除试点实施办法》的规定抵扣。到目前为止，这项试点对减轻涉农企业负担发挥了重要作用。2018 年以来，一些地方进一步扩大试点内容，如大连把购进农产品为原料生产辣根、缫丝、土壤调理剂、焙烤食品、肉制品和果汁等产品也纳入试点范围，对于这些新增产品的企业是很大的税收减免。

---

①陈育红．餐饮业农产品增值税进项税额扣除的变化［J］．会计师，2018（23）：38-39.

（六）完善农产品初加工所得税优惠目录

对农产品初加工所得税优惠目录是对农产品初加工企业的一项重要支持政策。为了贯彻落实农、林、牧、渔业项目企业所得税优惠政策，财政部和国家税务总局于 2008 年发布《享受企业所得税优惠政策的农产品初加工范围（试行）》，同时指出将根据经济社会发展需要，适时对《享受企业所得税优惠政策的农产品初加工范围（试行）》内的项目进行调整和修改。该范围包括种植业类、畜牧业类、渔业类三个大类，粮食初加工、林木产品初加工、园艺植物初加工、油料植物初加工、糖料植物初加工、茶叶初加工、药用植物初加工、纤维植物初加工、热带南亚热带作物初加工、畜禽类初加工、饲料类初加工、牧草类初加工、水生动物初加工、水类植物初加工十四类产品。2016 年国务院办公厅印发《关于进一步促进农产品加工业发展的意见》，提出要落实农产品初加工企业所得税优惠政策。在实施乡村振兴战略，应该进一步完善并落实农产品初加工企业所得税优惠政策。

（七）落实合作社税收优惠政策

2008 年，财政部与国家税务总局发布《关于农民专业合作社有关税收政策的通知》，明确了对合作社的专门税收优惠政策。2016 年财政部和国家税务总局印发《关于全面推开营业税改征增值税试点的通知》，明确农产品深加工企业自农业生产者手中购进的免税农产品，允许其按照农产品抵扣进项税额。对开展农产品深加工的农民合作社如果符合相关条件，还可以享受高新技术企业低税率优惠、小型微利企业低税率优惠、固定资产加速折旧优惠、技术转让所得减征免征优惠、区域性优惠等政策。《企业所得税法实施条例》明确规定，企业从事农机作业和维修等农林牧渔服务业项目的所得，免征企业所得税。为农民合作社提供优质便捷的税收服务。一些地区试点给农民合作社提供财务和税务服务，以解决部分农民合作社的财务管理能力不足，降低农民合作社的运营成本①。

---

①对十二届全国人大五次会议第 8326 号建议的答复 [J]．中国农民合作社，2017（09）：68-70.

参考文献

［1］ Liu, Yumei, Wuyang Hu, Simon Jette-Nantel, Zhihong Tian. The Influence of Labor Price Change on Agricultural Machinery Usage in Chinese Agriculture ［J］. Canadian Journal of Agricultural Economics, 2014, 62（2）: 219-243.

［2］ MacDonald James M., Erik J. O'Donoghue, William D. Mcbride, Richard F. Nehring, Carmen L. Sandretto, Roberto Mosheim. Profits, Costs, and the Changing Structure of Dairy Farming. United States Department of Agriculture, Economic Research Report Number 47, 2007.

［3］ Sumner D. A., American farms keep growing: size, productivity, and policy ［J］. Journal of Economic Perspectives, 2014（28）: 147-166.

［4］ Tauer Loren W., Mishra Ashok K.. Can the Small Dairy Farm Remain Competitive in US Agriculture? ［J］. Food Policy, 2006, 31: 458-468.

［5］ Liu, Yumei, et al. The influence of labor price change on agricultural machinery usage in Chinese agriculture. Canadian Journal of Agricultural Economics 62. 2（2014）: 219-243.

［6］ MacDonald, James M., et al. "Profits, costs, and the changing structure of dairy farming."（2007）.

［7］ Sumner, Daniel A. American farms keep growing: Size, productivity, and policy. Journal of Economic Perspectives 28. 1（2014）: 147-66.

［8］ Tauer, Loren W., and Ashok K. Mishra. Can the small dairy farm remain competitive in US agriculture?. Food Policy 31. 5（2006）: 458-468.

［9］ Berry R. Albert, Cline W. R.. Agrarian Structural and Productivity in Developing Countries. Baltimore: Johns Hopkins University Press, 1979.

［10］ Carter, Colin A.. China's Agriculture: Achievements and Challenges. ARE Update 2011, 14（5）: 5-7. University of California Giannini Foundation of Agricultural Economics.

［11］ Ellis Frank. Peasant Economics: Farm Households and Agrarian Development. New York, NY, USA, Cambridge University Press, 1993.

［12］ Fan Shenggen. Technological Change, Technical and Allocative Efficiency in Chinese Agriculture: the Case of Rice Production in Jiangsu. Journal of International Development, 2000（12）: 1-12.

［13］ MacDonald, J. M.; Korb, P. and Hopp, R. A. Farm Size and the Organization of U. S. Crop Farming, ERR-152, Economic Research Service, U. S. Department of Agriculture, August, 2013.

［14］ Wu Yanrui. Chemical Fertilizer use efficiency and its determinants in China's Farming Sector. China Agricultural Economic Review, 2011, 3（2）: 117-130.

［15］2018 年中央一号文件　中共中央　国务院关于实施乡村振兴战略的意见［J］.畜牧兽医科技信息，2018（03）：11-12.

［16］2018 中央一号文件的水利亮点　中共中央　国务院关于实施乡村振兴战略的意见［J］.内蒙古水利，2018（02）：2-11.

［17］奥利弗·E.威廉姆森.资本主义经济制度——论企业签约与市场签约［M］.商务印书馆，2002.

［18］白莹，关丽鸣，史惠文.供给侧结构性改革背景下金融支持内蒙古现代畜牧业发展研究［J］.北方金融，2016（09）：82-85.

［19］班洪赟，王善高，班洪婷，田旭.世界奶业生产技术效率及其对中国的启示［J］.农林经济管理学报，2018，17（03）：334-342.

［20］鲍春鹤.论我国农业机械化发展现状及对策［J］.农民致富之友，2018（12）：165.

［21］本刊评论员.发挥新型经营主体优势　加快现代农业建设步伐［J］.江苏农村经济，2014（05）：1.

［22］蔡海龙.农业产业化经营组织形式及其创新路径［J］.中国农村经济，2013（11）：4-11.

［23］曾珍，陈兵兵，范琴.家庭农场经营模式的政策比较研究［J］.经济师，2015（01）：15-18.

［24］柴梦杰.我国区块链金融法律监管研究［D］.河北大学，2019.

［25］钞贺森，祝丽琴.中国猪肉与饲料市场价格传导机制与特征——基于非对称误差修正模型［J］.湖北农业科学，2018，57（10）：110-115+121.

［26］陈宏.关于畜牧业发展新常态的思考与解析［N］.中国畜牧兽医报，2015-06-07（005）.

［27］陈华彬.乡村振兴视阈下农业产业化联合体研究——产生机理、运营机制和实证分析［J］.重庆理工大学学报（社会科学），2019，33（03）：36-45.

［28］陈建国.农业社会化服务政府购买机制研究［D］.安徽大学，2017.

［29］陈军，隋欣.农业产业化经营组织模式分析［J］.职业圈，2007（07）：16-18.

［30］陈军，殷雨晗.乡村振兴视角下破解新型农业经营主体"融资难"的对策研究［J］.武汉金融，2018（12）：66-68.

［31］陈炼涛.法国农业现代化之路［J］.农机质量与监督，2005（02）：43-45.

［32］陈林.农业供给侧结构性改革：农民组织化与农村市场机制建设［N］.中国社会科学报，2017-08-04（006）.

［33］陈涛.L型农机市场走势下的战略选择：从效率竞争转为能量竞争［J］.农机市场，2018（08）：21-29.

［34］陈霄，吴波，王凤阁.新时代我国社会主要矛盾转化的三重意涵［J］.探索，2019（01）：12-18.

［35］陈晓枫，李建平.中国农民合作经济思想的发展与创新［J］.毛泽东邓小平理论研究，2019（01）：20-28+107.

［36］陈焱.我国农业机械化发展现状及措施［J］.湖南农机，2013，40（11）：19+21.

［37］陈叶军．孔祥智：四化同步　推进农业现代化［J］．中国合作经济，2013（02）：23-25．

［38］陈育红．餐饮业农产品增值税进项税额扣除的变化［J］．会计师，2018（23）：38-39．

［39］出燕鹏．浅析科学发展观视阀中的城乡一体化论［J］．福建商业高等专科学校学报，2012（06）：52-56．

［40］畜牧业发展新常态的思考与解析［J］．北方牧业，2015（12）：15-16．

［41］崔宝玉，刘丽珍．交易类型与农民专业合作社治理机制［J］．中国农村观察，2017（04）：17-31．

［42］崔光尚．山东省济宁市农业保险投保率的影响因素分析——以汶上县为例［J］．时代金融，2019（02）：26-30．

［43］戴贤君．湘西州果业产业化经营组织模式研究［D］．吉首大学，2013．

［44］当前我国农业发展趋势及应对_农庄淡墨-网络（http：//blog.sina.com）．

［45］邓军波，黄昌武，杨芳，汪媛媛，陈艳，姚望．荆门市大豆产业现状与发展对策［J］．湖北农业科学，2019，58（09）：16-18．

［46］董剑飞．经济新常态下我国农村金融服务的现状和对策［J］．当代经济，2015（29）：24-25．

［47］董晓波，常向阳．纵向一体化是市场与合约的必然演化形式吗——基于转换成本视角的实证检验［J］．统计与信息论坛，2018，33（02）：122-128．

［48］窦以鹏．吉林省现代农业生产体系研究［D］．吉林农业大学，2017．

［49］杜洁茹．飞逝2015 2015年畜牧业十大新闻热词［J］．今日畜牧兽医，2016（01）：4-11．

［50］杜涛，滕永忠，田建民，冄明津．小农户合作生产影响因素实证分析［J］．中国农业资源与区划，2019，40（05）：134-140．

［51］杜志雄，王新志．中国农业基本经营制度变革的理论思考［J］．理论探讨，2013（04）：72-75．

［52］段颖惠．河南省新型城镇化与农业适度规模经营关系研究［J］．安徽农学通报，2016，22（08）：1-3．

［53］对十二届全国人大五次会议第8326号建议的答复［J］．中国农民合作社，2017（09）：68-70．

［54］发展方式转变视阈下农业经营主体多元化发展研究-《学术论文联合比对库》．

［55］发展农业适度规模经营既要积极又要稳妥_姚传奇_平阴玫瑰产业化-网络（http：//blog.sina.com）．

［56］发展新型农民合作组织　壮大农业产业化龙头企业_农合农合-网络（http：//blog.sina.com）．

［57］樊英．职业农民培育问题研究［D］．湖南农业大学，2014．

［58］方志权．关于加快构建上海新型农业经营体系的思考［J］．科学发展，2015（06）：93-99．

［59］凤翔翔．我国构建新型农业经营体系研究［D］．兰州财经大学，2015．

[60] 复合型现代农业经营体系的内涵变迁及其构建策略 _ 农合农合 – 网络（http://blog. sina. com）.

[61] 傅晨 . "公司+农户"产业化经营的成功所在——基于广东温氏集团的案例研究 [J] . 中国农村经济，2000（02）：41-45.

[62] 高守国 . 考选领导干部案例分析题 [J] . 领导文萃，2014（07）：106-108.

[63] 耿献辉 . 中国涉农产业：结构、关联与发展 [D] . 南京农业大学，2009.

[64] 龚晶 . 促进农民持续增收 推动农村一二三产业融合发展 [J] . 蔬菜，2016（03）：1-5.

[65] 巩固和完善农村基本经营制度，深化农村土地制度改革——习近平关于"三农"工作论述摘编 [J] . 中国农业文摘—农业工程，2019，31（04）：17-20+60.

[66] 苟颖萍，张娟 . 习近平扶贫思想的内容维度与价值意蕴 [J] . 安庆师范大学学报（社会科学版），2019，38（03）：1-5.

[67] 构建新型农业经营体系的实践、问题及对策建议_ 漫步乡村 – 网络（http://blog. sina. com）.

[68] 关锐捷，赵亮，王慧敏 . 探析农村土地集体所有的实现形式——基于天津、四川、江苏的基层调研 [J] . 毛泽东邓小平理论研究，2014（12）：12-15+85.

[69] 关于加快构建政策体系培育新型农业经营主体的实施意见 [N] . 辽宁日报，2018-03-19（010）.

[70] 郭红东，蒋文华 . 影响农户参与专业合作经济组织行为的因素分析——基于对浙江省农户的实证研究 [J] . 我国农村经济，2004（05）：10-16+30.

[71] 郭昕璐，何念奇，石雪飞，杨琴 . 洞庭湖区水稻种植业家庭农场经营与扶持对策研究 [J] . 粮食科技与经济，2019，44（04）：28-31.

[72] 郭秀丽 . 习近平新时代生态文明建设思想的主要观念 [J] . 贵州省党校学报，2019（01）：39-44.

[73] 郭彦丰 . 影响人文关怀深入护理工作的探究 [J] . 中外医疗，2011，30（33）：152-153.

[74] 郭兆晖 . 奋进新时代 开启新征程——2018 年和 2019 年《政府工作报告》对比分析 [J] . 领导科学论坛，2019（08）：3-30.

[75] 国家发改委宏观经济研究院课题组，马晓河，黄汉权，罗松山，欧阳慧，相伟，胡拥军 . 迈向全面建成小康社会的城镇化道路研究 [J] . 经济研究参考，2013（25）：3-3.

[76] 韩德梅 . 国外农业机械化发展情况及法律政策支持 [J] . 广西农业机械化，2006（06）：6-7+20.

[77] 韩俊 . 以"三农"思想为根本遵循 实施好乡村振兴战略 [J] . 中国房地产，2019（05）：56-60.

[78] 韩毅 . 发展农业特色产业需要注意几个问题 [N] . 陇南日报，2007-11-16（004）.

[79] 韩长赋 . 积极推进新型农业经营体系建设 [N] . 人民日报，2013-08-07（009）.

[80] 韩长赋 . 构建新型农业经营体系应研究把握的三个问题 [J] . 农村工作通讯，

2013（15）：7-9.

[81] 韩长赋. 推动现代畜牧业建设率先取得新突破 [J]. 中国畜牧业，2015（14）：19-24.

[82] 韩长赋. 新型农业经营体系如何着力 [J]. 西部大开发，2013（08）：43-45.

[83] 韩长赋. 中国农村土地制度改革 [J]. 农业经济问题，2019（01）：4-16.

[84] 郝栋. 生态文明建设视域下乡村振兴战略研究 [J]. 行政与法，2019（03）：61-69+2.

[85] 郝栋. 习近平生态文明建设思想的理论解读与时代发展 [J]. 科学社会主义，2019（01）：84-90.

[86] 何广文，刘甜. 基于乡村振兴视角的农村金融困境与创新选择 [J]. 学术界，2018（10）：46-55.

[87] 何军，张兵. 对我国农业社会化服务体系建设的几点认识 [J]. 农村经济，2005（01）：113-115.

[88] 何李花，曾福生. 从新制度经济学的角度探析农民专业合作经济组织 [J]. 农村经济，2007（04）：123-125.

[89] 何一鸣. 权利管制、租金耗散与农业绩效——人民公社的经验分析及对未来变革的启示 [J]. 农业技术经济，2019（02）：10-22.

[90] 何治江，李强. 舒心农场：责任式创新下小农户"博弈胜出"新业态 [J]. 安徽农业科学，2019，47（09）：256-259+262.

[91] 胡湘明. 新型职业农民创业教育模式多样化研究 [J]. 课程教育研究，2015（15）：45-46.

[92] 胡钰. 高附加值农产品流通渠道模式特征、关键瓶颈及未来导向 [J]. 商业经济研究，2016（09）：130-131.

[93] 宦玲. 农村土地"三权分置"对农业劳动生产率影响的研究 [D]. 江苏大学，2018.

[94] 黄德辉. 当前土地利用管理存在的问题及对策 [J]. 国土资源情报，2018（11）：41-45+20.

[95] 黄季焜，邓衡山，徐志刚. 我国农民专业合作经济组织的服务功能及其影响因素 [J]. 管理世界，2010（05）：75-81.

[96] 黄迈，董志勇. 复合型现代农业经营体系的内涵变迁及其构建策略 [J]. 改革，2014（01）：43-50.

[97] 黄臻. 乡村振兴战略下贵阳城乡"三变"改革实现形式与运行机制 [J]. 贵州师范大学学报（社会科学版），2019（02）：97-106.

[98] 黄祖辉，傅琳琳. 新型农业经营体系的内涵与建构 [J]. 学术月刊，2015，47（07）：50-56.

[99] 黄祖辉，梁巧. 小农户参与大市场的集体行动——以浙江省箬横西瓜合作社为例的分析 [J]. 农业经济问题，2007（09）：66-71.

[100] 黄祖辉，徐旭初，冯冠胜. 农民专业合作组织发展的影响因素分析——对浙江省农民专业合作组织发展现状的探讨 [J]. 我国农村经济，2002（03）：13-21.

［101］回良玉．坚持不懈做好"三农"这篇大文章［J］．求是，2013.

［102］季春芳，佘君．科学范式、基本硬核与世界视野——论新中国成立初期毛泽东治国理政理论与实践的三重意义［J］．广西社会科学，2019（03）：59-64.

［103］贾兵强．广东农业龙头企业——温氏集团科技创新的STS分析［J］．企业经济，2011（01）：124-126.

［104］姜吉龙．浅议如何构建农业产业化体系［J］．农场经济管理，2014（02）：21-22.

［105］蒋和平，蒋辉．农业适度规模经营的实现路径研究［J］．农业经济与管理，2014（01）：5-11.

［106］蒋和平．农业适度规模经营多种形式实现路径探讨［J］．农村工作通讯，2013（03）：56-59.

［107］蒋和平．正确把握农业适度规模经营［J］．中国畜牧业，2015（20）：34.

［108］蒋例利，王定祥，苏婉茹．财政金融服务与新型农业经营体系构建的协同性研究［J］．重庆大学学报（社会科学版），2018，24（01）：34-45.

［109］蒋同明．新型城镇化背景下我国农业组织创新研究［J］．经济体制改革，2014（01）：68-71.

［110］蒋永穆，赵苏丹．坚持与完善农村基本经营制度：现实挑战与基本路径［J］．政治经济学报，2017，8（01）：3-14.

［111］康芳．农村土地确权对农业适度规模经营的影响［J］．改革与战略，2015，31（11）：96-99.

［112］孔祥智，高强，刘同山．中国农业现代化：资源约束与发展方向［J］．湖州师范学院学报，2014，36（05）：1-8.

［113］孔祥智，刘同山．论我国农村基本经营制度：历史、挑战与选择［J］．政治经济学评论，2013，4（04）：78-133.

［114］孔祥智．把准新时代创新农村双层经营体制的核心［J］．农村经营管理，2018（11）：8-9.

［115］孔祥智．全面贯彻全会精神　深入推进农村改革［J］．农村实用技术，2015（12）：19-22.

［116］孔祥智．中国农村土地制度：形成、演变与完善［J］．中国特色社会主义研究，2016（04）：16-22+2.

［117］寇荣，谭向勇．蔬菜批发主体技术效率分析——基于北京市场的调查［J］．中国农村观察，2008（02）：2-12+81.

［118］赖媛媛．我国畜牧业物流体系构建研究［D］．中国海洋大学，2015.

［119］劳动密集型产业_ 商务百科 - 网络（http：//baike. aliqq. c）.

［120］李安宁．聚焦重大问题　推进农机化供给侧结构性改革［J］．农机质量与监督，2017（08）：5-8.

［121］李德．新形势下我国金融业改革与发展路径研究［J］．西部金融，2016（02）：4-10.

［122］李国祥．产业融合发展是乡村振兴的重要路径［N］．上海证券报，2017-11-28（012）.

［123］李国祥．实现乡村产业兴旺必须正确认识和处理的若干重大关系［J］．中州学刊，2018（01）：32-38.

［124］李国祥．专家解读：十九大"乡村振兴战略"［J］．农经，2017（11）：28-35.

［125］李红．农机购置补贴政策的经济学分析［D］．新疆农业大学，2008.

［126］李环环，牛晓静．法国农民职业培训体系对我国的启示［J］．中国成人教育，2017（01）：154-157.

［127］李娟，张臣军．荒山变茶山"三变"促发展——安康市汉滨区晏坝镇"三变"改革的实践探索［J］．新西部，2019（09）：31-32.

［128］李俊琳．城乡一体化进程中农村土地流转问题研究［D］．沈阳师范大学，2016.

［129］李莉，张宗毅．农户品质对农户信用影响实证分析——基于"农分期"16101个农户贷款数据［J］．中国农业大学学报，2019，24（01）：206-216.

［130］李亮．广西传统村落"去居民化"问题的形成与治理策略［J］．广西民族师范学院学报，2019，36（03）：27-31.

［131］李明．基于Android平台的农村金融理财系统开发与实现［D］．湖南农业大学，2018.

［132］李明贤，樊英．新型农业经营主体的功能定位及整合研究［J］．湖南财政经济学院学报，2014，30（03）：113-121.

［133］李荣．腐植酸肥料行业发展的政策环境分析［J］．腐植酸，2019（05）：34-38.

［134］李世煜．黑龙江省新型农业经营主体发展研究［D］．吉林大学，2018.

［135］李铜山，刘清娟．新型农业经营体系研究评述［J］．中州学刊，2013（03）：48-54.

［136］李雨康．宁夏家庭农场发展问题研究［D］．宁夏大学，2015.

［137］梁守砚．农产品交易关系治理机制［D］．东北财经大学，2011.

［138］梁修全．湖北保康：建立精准扶贫长效机制［J］．新理财（政府理财），2019（07）：61-65.

［139］廖大芹．农业经济发展中的金融支持问题及对策探讨［J］．山西农经，2017（23）：1-2.

［140］林大伟．我国惠农政策推广的社会学分析［D］．华中师范大学，2014.

［141］林海霞．论推进粮食供给侧结构性改革的重要性［J］．农民致富之友，2018（13）：216.

［142］林坚．建立生态文化体系的重要意义与实践方向［J］．国家治理，2019（05）：40-44.

［143］林睿．我国物业管理服务收费难问题的对策和建议［D］．华中师范大学，2012.

［144］林雪梅．家庭农场经营的组织困境与制度消解［J］．管理世界，2014（02）：176-177.

［145］临泽县板桥镇发展多种形式新型农民合作社_甘肃张掖网-网络（http：//www.zyrb.com/）.

［146］刘畅，邓铭，马国巍．家庭农场经营风险识别与防范对策研究［J］．苏州大学学报（哲学社会科学版），2019，40（04）：102-110.

　　［147］刘国刚．我国农村新型农业经营主体的发展现状及存在问题研究［J］．农村经济与科技，2018，29（04）：218+220.

　　［148］刘红斌，朱洁梅，戴育滨，赵明秋，吴新．"温氏模式"的畜牧业产业化利益机制分析［J］．惠州学院学报（社会科学版），2003（05）：23-28.

　　［149］刘洪彬，王秋兵，边振兴．农户土地利用行为特征及影响因素研究——基于沈阳市苏家屯区238户农户的调查研究［J］．中国人口·资源与环境，2012（10）：111-117.

　　［150］刘华彬．评选百强社 目的是立标杆明方向——访中国农村合作经济管理学会理事长毕美家［J］．中国农民合作社，2019（02）：12-14.

　　［151］刘建国．山西省大同市蔬菜物流战略分析［D］．华北电力大学，2010.

　　［152］刘敬东．制度经济学理论框架下的制播分离研究［D］．上海交通大学，2010.

　　［153］刘军．江苏现代农业发展区域比较研究［D］．南京农业大学，2010.

　　［154］刘丽华，林明水，王莉莉．新乡贤参与乡村振兴的角色感知与参与意向研究［J］．福建论坛（人文社会科学版），2018（11）：181-189.

　　［155］刘明娟．基于新型城镇化视角的安徽省构建新型农业经营体系探析［J］．铜陵学院学报，2015，14（02）：30-32.

　　［156］刘启明．中国家庭经营的现实特征与发展趋势［J］．西北农林科技大学学报（社会科学版），2019，19（03）：87-95+103.

　　［157］刘涛．论习近平生态文明思想的传统文化意蕴［J］．社科纵横，2019，34（04）：12-16.

　　［158］刘天军．农业产业化龙头企业与农户利益关系研究［D］．西北农林科技大学，2003.

　　［159］刘同山，孔祥智．新时期农村基本经营制度的问题、对策及发展态势［J］．农业经济与管理，2013（05）：53-64.

　　［160］刘卫红．城乡一体化发展的主要障碍及实现路径［J］．中国集体经济，2015（22）：5-8.

　　［161］刘卫红．构建新型农业经营体系：框架和路径［J］．改革与战略，2015，031（010）：87-92.

　　［162］刘卫红．城乡一体化发展的体制机制创新［J］．改革与战略，2015，31（06）：139-143.

　　［163］刘依杭．小农户与现代农业有机衔接发展机制研究——以河南省为例［J］．河南牧业经济学院学报，2019，32（03）：1-5.

　　［164］刘永富．全面理解习近平总书记关于扶贫工作的重要论述［J］．机关党建研究，2019（05）：24-27.

　　［165］刘勇．我国城镇化战略的演进轨迹和操作取向［J］．改革，2012（09）：18-30.

　　［166］柳海燕，白军飞，仇焕广，习银生，徐志刚．仓储条件和流动性约束对农户粮食销售行为的影响——基于一个两期销售农户决策模型的研究［J］．管理世界，2011，（11）：66-75+187.

　　［167］柳晓明．大数据视角下乡村振兴人才支撑的路径选择［J］．菏泽学院学报，2019，41（03）：10-14.

［168］龙丽娜．支持新型农业经营主体　发展特色农业［J］．北方经贸，2018（05）：102-105.

［169］龙齐阳．农民专业合作经济组织发展问题研究［D］．国防科学技术大学，2006.

［170］罗列．农户经营高附加值农产品的交易成本障碍分析［D］．西北农林科技大学，2012.

［171］吕建文．实施乡村振兴战略　实现城乡融合发展［J］．环渤海经济瞭望，2018（11）：93-94.

［172］苗绘，翟玉．习近平农业现代化思想的内涵及其意义［J］．理论观察，2018（12）：13-15.

［173］闵自阳．农业发展方式测定指标体系的构建及评价［D］．河南农业大学，2015.

［174］穆向丽，巩前文．我国农民与土地关系理论的演变历程［J］．农村经营管理，2019（05）：30-31.

［175］倪旭．我国新型农业经营主体信用评价研究［D］．中国农业科学院，2018.

［176］聂辉华．交易费用经济学：过去、现在和未来——兼评威廉姆森《资本主义经济制度》［J］．管理世界，2004（12）：146-153.

［177］聂辉华．最优农业契约与中国农业产业化模式［J］．经济学（季刊），2013，12（01）：313-330.

［178］宁鹏达，董庆前．北京国际高端人才引进评估体系初探［J］．中国科技资源导刊，2018，50（05）：77-85.

［179］农村基本经营制度：理论评价与现实选择——理论-人民网－网络（http：//theory. people）.

［180］农业部经管司、经管总站研究组．发展新型农民合作组织　壮大农业产业化龙头企业——"中国农村经营体制机制改革创新问题"之二［J］．毛泽东邓小平理论研究，2013（07）：38-43+92.

［181］农业部市场预警专家委员会．中国农业展望报告：2015-2024［M］．北京：中国农业科学技术出版社，2015.

［182］诺斯．制度、制度变迁与经济绩效［M］．格致出版社，2005.

［183］欧阳德君．中国共产党在陕甘宁边区的反贫困实践［J］．延安大学学报（社会科学版），2019，41（04）：21-27.

［184］潘鹏．电商扶贫效应与长效机制的构建［J］．商业经济，2019（03）：51-52+96.

［185］潘泽江．湖北省优势农产品产业带研究［D］．华中农业大学，2005.

［186］彭洁．缓解我国农业生态压力的重要途径——试论加快我国劳动密集型农产品的生产［J］．生态经济，2006（04）：113-115.

［187］彭晓琴，徐一，唐波．浅析土地流转与农业机械化的关系［J］．四川农业与农机，2019（02）：35-36+42.

［188］彭雁．农村金融产品和服务创新研究［D］．西北农林科技大学，2015.

［189］彭艺．我国新型农业合作组织研究［D］．华中科技大学，2006.

[190] 浦徐进, 吴林海. 农户合作经济组织的增收效应分析：一个新的委托—代理视角 [J]. 软科学, 2010, 24 (012)：93-96.

[191] 乔颖丽, 岳玉平. 土地流转中农业规模经营组织类型的经济分析——基于农户与规模经营组织双向层面的分析 [J]. 农业经济问题, 2012 (04)：55-61.

[192] 冉娟, 刘春芳. 甘肃省张掖市现代畜牧业发展战略研究 [J]. 中国食物与营养, 2015, 21 (08)：23-27.

[193] 任勇. 关于习近平生态文明思想的理论与制度创新问题的探讨 [J]. 中国环境管理, 2019, 11 (04)：11-16.

[194] 沈明其, 姜立辉. WTO "绿箱" 政策与中国农民教育培训 [J]. 甘肃农业, 2005 (06)：66-67.

[195] 石磊. 着力构建现代农业产业体系 [N]. 吉林日报, 2019-06-17 (012).

[196] 时媛媛. 中国新农村建设研究综述 [J]. 农村经济与科技, 2010, 21 (02)：28-29.

[197] 史洁. 美国职业农民的培训教育体系研究 [J]. 世界农业, 2014 (12)：169-172.

[198] 张扬. 试论我国新型农业经营主体形成的条件与路径——基于农业要素集聚的视角分析 [J]. 当代经济科学, 2014, 36 (03)：112-117+128.

[199] 宋洪远, 赵海. 构建新型农业经营体系, 推进经营体制创新 [J]. 团结, 2013 (01)：31-34.

[200] 宋洪远, 赵海. 新型农业经营主体的概念特征和制度创新 [J]. 新金融评论, 2014 (03)：122-139.

[201] 宋洪远. 加快构建新型农业经营体系 [N]. 经济日报, 2013-06-05 (015).

[202] 宋洪远. 培育新型农业经营主体 发展适度规模经营 [N]. 21世纪经济报道, 2014-05-12 (023).

[203] 宋洪远. 中国农村改革40年：回顾与思考 [J]. 中国农业文摘-农业工程, 2019, 31 (01)：3-11.

[204] 宋韬. 互联网金融服务 "三农" 的现状及对策研究 [J]. 现代商贸工业, 2018, 39 (16)：48-49.

[205] 宋小亮, 张立中. 什么是农业适度规模经营——兼论与土地适度规模经营的关系 [J]. 理论月刊, 2016 (03)：156-161.

[206] 苏灿坤. 如何正确引导社会资本进入畜禽规模养殖业 [J]. 当代畜牧, 2012 (09)：50-51.

[207] 苏荣芳. 贵州农村 "三变" 改革的现状分析 [J]. 现代化农业, 2019 (03)：51-53.

[208] 隋福民. "小农经济" 对接现代农业是中国农业现代化道路的基石 [J]. 宁夏党校学报, 2019, 21 (01)：94-102.

[209] 孙洁. 开创农业机械化发展新局面 解读《国务院关于加快推进农业机械化和农机装备产业转型升级的指导意见》[J]. 中国农村科技, 2019 (02)：10-13.

[210] 孙立军. 山东省现代农业社会化服务体系建设与模式研究 [J]. 现代化农业, 2019 (09)：21-24.

[211] 孙倩, 方俊芝, 刘志杰. 中国农村金融市场的困境与解决路径 [J]. 农村经济

与科技，2018，29（01）：118-120.

[212] 孙全亮．现阶段我国农地经营制度研究［D］．中共中央党校，2011.

[213] 孙中华．大力培育新型农业经营主体　夯实建设现代农业的微观基础［J］．农村经营管理，2012（01）：1.

[214] 汤洋，李翠霞．国外典型畜牧业发展模式解读及黑龙江省畜牧业发展模式选择与对策建议［J］．管理现代化，2013（03）：41-43.

[215] 唐贤健，张因．加快土地确权　推动土地流转　促进三农发展［J］．湖北省社会主义学院学报，2012（06）：64-66.

[216] 滕卫双．国外农村土地确权改革经验比较研究［J］．世界农业，2014（05）：64-67+90.

[217] 仝志辉，韦潇竹．通过集体产权制度改革理解乡村治理：文献评述与研究建议［J］．四川大学学报（哲学社会科学版），2019（01）：148-158.

[218] 完世伟．农机化财政扶持的国际经验及借鉴［J］．中国农机化，2006（03）：11-14.

[219] 万宝瑞．当前我国农业发展的趋势与建议［J］．农业经济问题，2014，35（04）：4-7+110.

[220] 汪桂轩．金融支持县域经济发展研究［D］．华中师范大学，2014.

[221] 汪艳涛，高强，金炜博．新型农业经营主体产业化的运作模式［J］．重庆社会科学，2015（05）：27-33.

[222] 汪艳涛．农户分化背景下新型农业经营主体培育机制研究［D］．中国海洋大学，2015.

[223] 王昌虎．西方国家农场发展演进中的"踏轮效应"及其对中国的启示研究［D］．云南大学，2018.

[224] 王成利．改革开放四十年来农村劳动力政策演进研究——涉农中央"一号文件"的视角［J］．东岳论丛，2018，39（12）：148-156.

[225] 王大为，李琪．新型城镇化与家庭农场发展的耦合关系研究［J］．求是学刊，2019，46（04）：64-71.

[226] 王芳．发展现代农业　推进经营体制创新——访农业部农村经济研究中心主任宋洪远［J］．经济，2013（2）：178-180.

[227] 王海滋，周楚涵，张士彬．农业三大体系的经济学解释及对中国的启示［J］．价值工程，2019，38（22）：281-28.

[228] 王红梅．发展品牌农业　助推质量兴农［J］．河北农业，2019（01）：51-53.

[229] 王辉．新常态下农村金融服务的策略［N］．金融时报，2015-12-21（010）.

[230] 王慧敏．粮食安全背景下农地适度规模化经营综合效益研究［D］．西南大学，2018.

[231] 王济民．国外畜牧业发展模式及启示［J］．中国家禽，2012，34（01）：2-6.

[232] 王家忠．努力推进农机社会化服务提档升级——在全国农机社会化服务提档升级现场会上的讲话（摘要）［J］．农机科技推广，2018（12）：6-10.

[233] 王杰．国外畜牧业发展特点与中国畜牧业发展模式的选择［J］．世界农业，2012（10）：32-35.

[234] 王军．新时代加快蚌埠县域经济发展战略思考［J］．安徽职业技术学院学报，

2019, 18 (01): 23-25+33.

[235] 王敏. 新时期中国共产党关于产权的认识与政策 [D]. 西南交通大学, 2012.

[236] 王平. 新型农业经营体系建设要把握的四个重点 [N]. 东方城乡报, 2013-06-20 (B01).

[237] 王硕文. 网络虚拟财产法律问题研究 [D]. 河北大学, 2019.

[238] 王宪章. 深化农村土地改革, 大力推进土地有序流转 [N]. 黑龙江日报, 2015-02-17 (012).

[239] 王星. 区域畜禽养殖产业可持续发展研究 [D]. 重庆大学, 2008.

[240] 王许沁, 张宗毅, 葛继红. 农机购置补贴政策: 效果与效率——基于激励效应与挤出效应视角 [J]. 中国农村观察, 2018 (02): 60-74.

[241] 王亚. 法国农地流转的经验借鉴 [J]. 中国集体经济, 2015 (19): 162-164.

[242] 王岩. 职业体育联盟的经济分析 [D]. 上海体育学院, 2010.

[243] 王云, 崔玉芝, 赵淑琴. 关于结合土地流转发展稻田养蟹的实践与思考 [J]. 渔业致富指南, 2013 (12): 14-17.

[244] 王祖力, 辛翔飞, 王明利, 王济民. 产业转型升级亟需政府加大生猪标准化规模养殖扶持力度 [J]. 中国畜牧杂志, 2011, 47 (12): 13-17.

[245] 卫中旗. 乡村产业振兴的内在逻辑·根本途径与关键举措 [J]. 安徽农业科学, 2019, 47 (12): 247-249.

[246] 魏清泉. 城乡融合——城市化的特殊模式 [J]. 城市发展研究, 1997 (04): 28-31.

[247] 文华成, 杨新元. 新型农业经营体系构建: 框架、机制与路径 [J]. 农村经济, 2013 (10): 28-32.

[248] 我国畜牧业改革发展的 30 年 [J]. 我国禽业导刊, 2009, 26 (01): 22-25.

[249] 吴程灵. 中国家庭农场发展: 动力、障碍及对策 [J]. 时代金融, 2019 (09): 188-189+202.

[250] 吴昊旻. 湖北省服务小农户的农业社会化服务体系研究 [D]. 湖北省社会科学院, 2019.

[251] 吴昭雄, 孙友汉. 国外农业机械化投资制度对我国的启示 [J]. 湖北农机化, 2014 (02): 9-15.

[252] 吴昭雄. 农业机械化投资行为与效益研究 [D]. 华中农业大学, 2013.

[253] 武深树, 欧燎原, 谷治军, 李书庚. 推进现代养殖企业与现代养殖家庭的纵向一体化结合——基于安仁温氏委托饲养模式的个案研究 [J]. 中国猪业, 2014, 9 (07): 19-23.

[254] 吴重庆, 张慧鹏. 小农与乡村振兴——现代农业产业分工体系中小农户的结构性困境与出路 [J]. 南京农业大学学报 (社会科学版), 2019, 19 (01): 13-24+163.

[255] 辛翔飞, 张瑞荣, 王济民. 我国肉鸡产业发展趋势及 "十二五" 展望 [J]. 农业展望, 2011, 7 (03): 35-38.

[256] 新型城镇化遇上乡村振兴, 如何理解二者的关系? [J]. 广西城镇建设, 2019 (01): 6-7.

[257] 宋洪远, 赵海. 新型农业经营主体的概念特征和制度创新 [J]. 新金融评论,

2014（03）：122-139.

[258] 新型农业经营主体发展指数调查（四期）报告发布［J］. 营销界（农资与市场），2017（16）：61-63.

[259] 邢娇阳. 促进我国农业信息化建设研究［J］. 经济纵横，2015（12）：68-73.

[260] 熊志刚. 结构变迁与我国农业保险财政补贴政策研究［D］. 中央财经大学，2018.

[261] 徐焕秋. 我国股权众筹投资者权益保护研究［D］. 西南政法大学，2018.

[262] 徐建. 我国农机行业的现状、趋势及发展策略［J］. 农业工程，2014，4（05）：1-4.

[263] 徐杰舜. 城乡融合：新农村建设的理论基石［J］. 中国农业大学学报（社会科学版），2008（01）：61-67.

[264] 徐丽华. 实施乡村振兴战略面临的问题分析与措施思考［J］. 农家参谋，2018（05）：45.

[265] 徐雪高，张照新. 农业龙头企业社会责任：概念界定、履行动因与政策建议［J］. 经济体制改革，203（06）：63-67.

[266] 许金新，张文娟. 现代畜牧业发展的问题与对策浅析［J］. 山东畜牧兽医，2019，40（08）：69-70.

[267] 许溪溪. 乡村振兴战略下农村成人教育发展探析［J］. 河北大学成人教育学院学报，2019，21（01）：62-68.

[268] 杨晗，赵平飞. 现代农业发展进程中农地使用制度的创新研究——以四川省成都市为例［J］. 农村经济，2015（06）：39-43.

[269] 杨金成. 农村土地制度变革背景下的农村金融创新［J］. 黑龙江金融，2019（03）：25-27.

[270] 杨晓宇. 黑龙江省新型农业经营模式研究［D］. 哈尔滨工业大学，2016.

[271] 杨艳. 我国农业机械化发展现状及对策［J］. 宿州教育学院学报，2017，20（06）：16-17+30.

[272] 杨志海，李鹏，王雅鹏. 农村劳动力老龄化对农户耕地利用效率的影响［J］. 地域研究与开发，2015（5）：167-171.

[273] 姚海娟. 政府在新农村建设中的生态责任担当研究［J］. 农村经济与科技，2010，21（12）：7-10.

[274] 姚珊. 政府补贴、市场竞争与县域农村金融支农绩效［D］. 南京农业大学，2017.

[275] 姚元和. 渝东南翼构建新型农业经营体系研究——基于重庆市黔江区的实证分析［J］. 长江师范学院学报，2014，30（04）：39-43+150.

[276] 殷民娥. 关于实施乡村振兴战略的几点思考［J］. 安徽农业大学学报（社会科学版），2018，27（06）：1-5.

[277] 应丹. 电子商务消费者权益保护制度研究［D］. 湖南大学，2011.

[278] 尤月. 提升农产品加工企业产品及服务附加值的策略研究［J］. 经济纵横，2010（05）：80-83.

[279] 于福波. "三变"改革：农地股份合作制的新实践——以贵州省六盘水市为例

[J]．农村经济，2019（05）：112-120.

[280] 于嘉茵，阚逸文，平英华．农机购置补贴信贷约束因素研究 [J]．中国农机化学报，2016，37（10）：254-260.

[281] 余霜．新农村建设中的政府生态责任探讨 [J]．现代商业，2011（08）：113.

[282] 俞礼亮．基于钻石模型的保定市农业产业化龙头企业竞争战略研究 [D]．河北农业大学，2012.

[283] 郁建兴，高翔．农业农村发展中的政府与市场、社会：一个分析框架 [J]．中国社会科学，2009（06）：89-103+206-207.

[284] 袁浩博．吉林省农村三次产业融合发展研究 [D]．吉林大学，2019.

[285] 袁梦醒．新农村建设的路径探讨：主流观点与学理分析 [J]．泰山学院学报，2011，33（05）：103-108.

[286] 袁小慧，华彦玲，王凯．江苏省农户水稻适度规模经营模式创新研究 [J]．江苏农业学报，2014，30（03）：645-653.

[287] 袁拥政，吕飞艳，王芳，李明，刘兰芳，史宝兰，鲍承辉，张院萍．猪博论坛：建立猪业绿色发展新坐标 [J]．中国畜牧业，2018（09）：20-27.

[288] 张超．整合社会资本 新型农业经营主体服务小农的关键 [N]．合肥晚报，2019-08-14（A02）.

[289] 张闯，夏春玉，梁守砚．关系交换、治理机制与交易绩效：基于蔬菜流通渠道的比较案例研究 [J]．管理世界，2009（08）：124-140+156+188.

[290] 张迪．农机补贴政策在振兴乡村战略中的意义和内涵 [J]．农机使用与维修，2019（09）：33.

[291] 张国红．新型农业经营主体制度法律问题研究 [A] //北京市法学会，天津市法学会，河北省法学会，山东省法学会，辽宁省法学会，内蒙古自治区法学会，山西省法学会．第十三届"环渤海区域法治论坛"论文集 [C]．北京市法学会，天津市法学会，河北省法学会，山东省法学会，辽宁省法学会，内蒙古自治区法学会，山西省法学会，2018：913-919.

[292] 张海鹏，曲婷婷．农地经营权流转与新型农业经营主体发展 [J]．南京农业大学学报（社会科学版），2014，14（05）：70-75+83.

[293] 张红宇，李伟毅．新型农业经营主体：现状与发展 [J]．中国农民合作社，2014（10）：48-51.

[294] 张红宇．农业适度规模经营与粮食生产 [J]．人民论坛，2011（10）：38-39.

[295] 张红宇．关于深化农村改革的四个问题 [J]．农业经济问题，2016，37（07）：4-11.

[296] 张红宇．现代农业与适度规模经营 [J]．农村经济，2012（05）：3-6.

[297] 张红宇．新型农业经营主体发展趋势研究 [J]．经济与管理评论，2015，31（01）：104-109.

[298] 张红宇．中国现代农业经营体系的制度特征与发展取向 [J]．中国农村经济，2018（01）：23-33.

[299] 张虹．腾冲雨伞村玉雕产业生产组组方式研究 [D]．云南大学，2016.

[300] 张晖，于金富．新时代创新农村集体经济实现形式的理论探索和实践反思 [J]．

毛泽东思想研究，2018，35（06）：47-51.

[301] 张克俊，桑晚晴. 新型农业经营体系的理论认识与构建路径研究［J］. 开发研究，2014（02）：94-98.

[302] 张坤，田尧. 从城乡分离到城乡融合：历史变迁视角下的城乡发展道路［J］. 新疆农垦经济，2019（02）：5-12+25.

[303] 张谋贵. 大力发展新型农业经营主体［N］. 贵州日报，2019-03-13（012）.

[304] 张娜，王晶晶. 农户参与专业合作经济组织行为的影响因素分析［J］. 统计与决策，2010（05）：88-90.

[305] 张宁宁. 基于互联网金融的涉农企业融资问题研究［D］. 湖南农业大学，2016.

[306] 张森年. 习近平生态文明思想的哲学基础与逻辑体系［J］. 南京大学学报（哲学·人文科学·社会科学），2018，55（06）：5-11.

[307] 张晓芳. 农民政治参与主体性及其培育研究［D］. 大连理工大学，2018.

[308] 张晓恒，刘余. 规模化经营降低农业生产成本了吗？——基于前沿成本和效率损失成本的视角［J］. 农林经济管理学报，2018，17（05）：520-527.

[309] 张晓恒，周应恒，严斌剑. 农地经营规模与稻谷生产成本：江苏案例［J］. 农业经济问题，2017，38（02）：48-55+2.

[310] 张晓恒. 农户经营规模与水稻生产成本研究［D］. 南京农业大学，2017.

[311] 张扬. 试论我国新型农业经营主体形成的条件与路径——基于农业要素集聚的视角分析［J］. 当代经济科学，2014，36（03）：112-117+128.

[312] 张耀宗，刘艳艳，张多勇. 陕甘宁革命老区生态扶贫研究——以甘肃省庆阳市为例［J］. 老区建设，2019（14）：24-31.

[313] 张跃. 利益共同体与中国近代茶叶对外贸易衰落——基于上海茶叶市场的考察［J］. 中国经济史研究，2014（04）：75-88+128.

[314] 张长江. 河南省家庭农场发展的优势和阻碍因素及对策建议［J］. 中州大学学报，2019，36（02）：38-41.

[315] 张照新，赵海. 新型农业经营主体的困境摆脱及其体制机制创新［J］. 改革，2013（02）：78-87.

[316] 张宗毅，王许沁，葛继红. 中国农机化效率：区域差异及购置补贴影响效应——基于省域视角和 DEA－Tobit 模型的分析［J］. 湖南农业大学学报（社会科学版），2019，20（03）：1-8.

[317] 赵帮宏，张亮，张润清. 我国新型职业农民培训模式的选择［J］. 高等农业教育，2013（04）：107-112.

[318] 赵海. 新型农业经营体系的涵义及其构建［N］. 中国县域经济报，2013-05-27（007）.

[319] 赵海. 家庭农场的制度特征与政策供给［J］. 农村金融研究，2013（12）：5-9.

[320] 赵海. 家庭农场的制度特征与政策供给［J］. 中国乡村发现，2014（01）：157-162.

[321] 赵海. 新型农业经营体系的涵义及其构建［J］. 农村工作通讯，2013（06）：48-50.

[322] 赵海. 新型农业经营体系的涵义及其构建［J］. 中国乡村发现，2013（01）：41-46.

[323] 赵海.新型农业经营体系的涵义及其构建 [N].中国县域经济报,2013-05-27 (007).

[324] 赵佳,姜长云.兼业小农抑或家庭农场——中国农业家庭经营组织变迁的路径选择 [J].农业经济问题,2015,36 (03):11-18+110.

[325] 赵亮.农村集体经济组织的法规政策依据 [J].农村经营管理,2010 (02):20-23.

[326] 赵双剑.美国农业金融体系研究及其对我国的启示 [J].改革与战略,2017,33 (05):157-160.

[327] 赵维清,边志瑾.浙江省家庭农场经营模式与社会化服务机制创新分析 [J].农业经济,2012 (07):37-39.

[328] 赵小平,苗荣.农业现代化视角的欧盟地理标志法律保护研究 [J].山西大学学报 (哲学社会科学版),2011,34 (04):112-117.

[329] 赵颖文,吕火明,刘宗敏.关于推进我国农业适度规模经营的几点思考 [J].农业现代化研究,2017,38 (06):938-945.

[330] 浙江大学中国农村发展研究院 (CARD) 课题组.加快构建中国特色现代农业经营体系 (下) ——基于浙江省的实践与思考 [J].浙江经济,2017 (02):32-34.

[331] 浙江省家庭农场经营模式与社会化服务机制创新分析_图文 - 互联网文档资 (http://wenku.baidu.c).

[332] 郑华平.广东温氏集团"公司+农户"农业产业化模式实证研究 [J].广东农业科学,2008 (07):152-154.

[333] 郑建琼,张征.以红色文化为依托 推进革命老区脱贫攻坚新实践 [J].创造,2019 (06):43-46.

[334] 郑南琼.乐清市农机购置补贴政策的执行及其优化研究 [D].福建农林大学,2018.

[335] 郑瑞强,翁贞林.农业龙头企业支持政策分野与企农关系治理研究 [J].地方治理研究,2017 (02):71-80.

[336] 郑庭义,黄泽文,向安强.广东农业龙头企业温氏集团的技术创新发展 [J].河北农业科学,2010,14 (07):110-113+137.

[337] 郑伊凡.A 银行的电子银行业务发展战略研究 [D].浙江工业大学,2018.

[338] 中办、国办印发《关于加快构建政策体系培育新型农业经营主体的意见》[J].农村工作通讯,2017 (12):5-8.

[339] 中共中央 国务院关于实施乡村振兴战略的意见 [J].理论参考,2018 (04):4-15.

[340] 中共中央办公厅 国务院办公厅.关于加快构建政策体系培育新型农业经营主体的意见 [J].农村实用技术,2017 (08):8-10.

[341] 中共中央关于推进农村改革发展若干重大问题的决定 (辅导读本) 编写组.中共中央关于推进农村改革发展若干重大问题的决定 (辅导读本) [M].北京:人民出版社,2008.国务院办公厅.

[342] 国务院关于支持农业产业化龙头企业发展的意见 [EB/OL].(2012-03-08) [2013-05-30] http://www.gov.cn/zwgk/2012-03/08/content_2086230.htm.

[343] 石有龙. 中国畜牧业发展现状与趋势 [J]. 兽医导刊, 2018 (11): 7-10.

[344] 中国农村财经研究会课题组, 王树勤, 申学锋. 财政支持新型农业生产经营主体发展的总体思路与路径选择 [J]. 当代农村财经, 2014 (12): 6-12.

[345] 中国农村金融服务的现状和发展方向 [J]. 清华金融评论, 2015 (07): 20-23.

[346] 中国人民银行保山市中心支行课题组, 范应胜. 乡村振兴战略背景下金融支持农业产业转型路径研究——以保山市为例 [J]. 时代金融, 2018 (35): 49-51.

[347] 周爱春. WTO 框架下我国农业补贴法律制度的完善——基于环境保护的视野 [J]. 农业经济, 2012 (08): 73-74.

[348] 周乘浪. 县域农行惠农贷款服务的案例分析 [D]. 浙江工业大学, 2018.

[349] 周静瑜. 乡村振兴战略思考与实践 (上) [J]. 建筑设计管理, 2019, 36 (05): 17-20.

[350] 周明生, 李宗尧. 由城乡统筹走向城乡融合——基于江苏实践的对中国城镇化道路的思考 [J]. 中国名城, 2011 (09): 12-19.

[351] 周晓晶, 董大朋, 田宏, 野金花, 任国翠. 乡村振兴背景下黑龙江省农村三产融合路径分析 [J]. 黑龙江农业科学, 2019 (08): 141-144.

[352] 周应恒, 耿献辉. "现代农业" 再认识 [J]. 农业现代化研究, 2007 (04): 399-403.

[353] 周应恒, 耿献辉. 认识 "现代畜禽业" [J]. 中国禽业导刊, 2007 (14): 14.

[354] 周应恒, 耿献辉. 现代农业内涵、特征及发展趋势 [J]. 中国农学通报, 2007 (10): 33-36.

[355] 周应恒, 胡凌啸, 严斌剑. 农业经营主体和经营规模演化的国际经验分析 [J]. 中国农村经济, 2015 (09): 80-95.

[356] 周应恒, 刘余. 中国农业发展大趋势与新三农发展路径 [J]. 现代经济探讨, 2017 (04): 32-37.

[357] 周应恒, 卢凌霄, 耿献辉. 中国蔬菜产地变动与广域流通的展开 [J]. 中国流通经济, 2007 (05): 10-13.

[358] 周应恒, 严斌剑. 发展农业适度规模经营既要积极又要稳妥 [J]. 农村经营管理, 2014 (11): 16-17.

[359] 周应恒, 张晓恒, 耿献辉. 我国种植业经营主体发展趋势 [J]. 华南农业大学学报 (社会科学版), 2015, 14 (04): 1-8.

[360] 周应恒. 发展农业适度规模经营既要积极又要稳妥 [N]. 农民日报, 2014-10-24 (001).

[361] 周应恒. 新型农业经营体系: 制度与路径 [J]. 人民论坛·学术前沿, 2016 (18): 74-85.

[362] 周应恒. 突破体制机制瓶颈 率先实现农业现代化 [J]. 唯实, 2014 (07): 74-75.

[363] 周尤正. 中国特色农业现代化道路论 [D]. 武汉大学, 2014.

[364] 朱礼好. 农机企业高管话 2019 年农机市场 [J]. 农机质量与监督, 2019 (02): 39-41.

[365] 朱满德, 江东坡, 邹文涛. 贵州省龙头企业与农户利益联结机制探究 [J]. 江

苏农业科学，2013，41（09）：413-415.

[366] 朱晓禧，肖运来．面向农户的农产品质量安全管理对策研究 [J]．农业经济与管理，2012（06）：76-82.

[367] 朱泽．以乡村振兴战略推进农业农村现代化 [N]．学习时报，2018-07-06（002）.

[368] 竹翁．现代农业的开山者 [J]．农民科技培训，2013（03）：52-52.

[369] 祝丽琴，钞贺森，田旭．生产方式转型背景下中国肉鸡产业链价格传导研究 [J]．价格月刊，2017（10）：31-36.

[370] 邹坦永．农业产业化经营组织模式评析与优化设计 [J]．商业时代，2014（02）：119-120.